Cornelia Ott, Die Spur der Lüste

Geschlecht und Gesellschaft

Herausgegeben von

Ilse Lenz
Michiko Mae
Sigrid Metz-Göckel
Ursula Müller
Marlene Stein-Hilbers

Band 10

Cornelia Ott

Die Spur der Lüste

Sexualität, Geschlecht und Macht

Leske + Budrich, Opladen 1998

Gedruckt auf säurefreiem und altersbeständigem Papier.

ISBN 3-8100-1903-8

Druck: Druck Partner Rübelmann, Hemsbach
Printed in Germany

Inhaltsverzeichnis

Vorwort

Die Frage nach der gesellschaftlichen Organisation von Sexualität gehört zu den Kristallisationspunkten, an denen sich im Zuge der inzwischen mehr als zwanzigjährigen Geschichte der neueren Frauenbewegung immer wieder heftige Diskussionen entzündet haben. Exemplarisch zeigen sich in diesem Feld auch die Konjunkturen und der debattenförmige Verlauf feministischer Theoriebildung: die Opfer/Täter-Diskussion, die Pornographie-Debatte, die Frage nach dem Verhältnis von Ähnlichkeit und Differenz unter Frauen, die Diskussion um die historisch-kulturelle Vermitteltheit von biologischem und sozialem Geschlecht und um die heterosexuellen Normen, welche das System der Zweigeschlechtlichkeit fundieren.

Daß es im Bereich der Frauen- und Geschlechterforschung immer wieder thematische Kristallisationspunkte gibt, die fächer- und richtungsübergreifend die Diskussion fokussieren, hat zum einen mit ihrer spezifischen Situierung im Spannungsfeld von Wissenschaft und Politik zu tun; zum anderen mit theorieimmanenten Differenzierungen, Lernprozessen und mit Spezifika der jeweils tonangebenden Disziplinen. In der feministischen Theoriediskussion der neunziger Jahre ist eine neuartige Konstellation entstanden, die von TeilnehmerInnen am Diskurs häufig in der Terminologie eines Paradigmenwechsels beschrieben und in der Metaphorik eines Generationenkonflikts ausgemalt wird. Ich halte zwar die Paradigmenwechselrhetorik für übertrieben und die These vom Generationenkonflikt für differenzierungsbedürftig, gleichwohl sind innerhalb des feministischen Diskurses zur Geschlechterdifferenz und der Diskussion um Sexualität Verschiebungen unübersehbar: so sind gesellschaftstheoretische Fragestellungen zur Organisation des Geschlechterverhältnisses und zur herrschaftsförmigen Verfaßtheit von Sexualität in jüngerer Zeit ein Stück weit zurückgegetreten hinter eher mikrologisch ausgerichtete Untersuchungen der Konstruktion von Geschlecht und Sexualität im Zusammenhang bestimmter Wissen/Macht-Konstellationen. Die Wirklichkeit von „Sex“, „Gender“ und Begehren wird auch in den Sozialwissenschaften aufgesucht in einem – in sich allerdings heterogenen – sprach-, wissens- und diskurstheoretischen Horizont. Im deutschsprachigen Bereich hat sich im Zuge dieser Wendung eine spezifische Dynamik entfaltet aufgrund der Gleichzeitigkeit zweier Diskursereignisse zu Beginn der neunziger Jahre: der deutlich zunehmenden – aber im Vergleich zum englischsprachigen Spektrum späten – Rezeption poststrukturalistischer Ansätze, die im Zusammenhang der Diskussion von Judith Butlers Arbeiten einsetzte; und des Rezeptions-Booms konstruktivistischer Traditionen, für den der Text von Angelika Wetterer und Regine Gildemeister zur sozialen Konstruktion der Zweigeschlechtlichkeit und ihrer Reifizierung in der Frauenforschung Signalwirkung hatte.(Regine Gildemeister/Angelika Wetterer(1987):Wie Geschlechter gemacht werden. Die soziale Konstrtuktion der Zweigeschlechtlichkeit und ihre Reifizierung in der Frauenforschung, in: Gudrun-Axeli Knapp/ Angelika Wetterer (Hg.): Traditionen Brüche. Entwicklungen feministischer Theorie, S. 201-255). Zweifellos haben beide Richtungen der feministischen Diskussion neue Impulse gegeben. Ihr Verdienst liegt meines Erachtens darin, die kritische Reflexion auf die Implikationen feministischer Selbstpositionierung enorm angeregt zu haben: die Reflexion auf den blinden Fleck, von dem aus man sieht, was man sieht. Der Feminismus der neunziger Jahre kann nur ein antifundamentalistischer sein. Auch das Interesse an Theorie das sich im Zusammenhang dieser Diskussion wieder vernehmlicher artikulierte, die Neugier auf theoretische Entwicklungen in anderen, insbesondere den englischsprachigen Ländern, halte ich für einen Gewinn. Der Elan der vielen Aufsätze und Doktorarbeiten, die von einer „Trendwende" und vom Paradigmenwechsel sprechen rührt jedoch nach meiner Wahrnehmung nur zum Teil von den spezifischen Qualitäten der neu eröffneten theoretischen Perspektiven her. Wie so oft in der Wissenschaftsgeschichte konturierten sich auch in diesem Fall neue Ansätze, indem sie Positionen, gegen die sie sich absetzten, verzerrten und simplifizierten. So beruht ein Gutteil der neueren Essentialismuskritik, die der älteren Frauenforschung pauschal vorhält, Geschlechterdifferenz substantialisiert und verdinglicht zu haben, auf zwei Verzerrungen: zum einen auf der Nichtberücksichtigung der länderspezifischen Kontexte, in denen diese Kritik entstanden ist und dem damit einhergehenden entkontextalisierten, leicht modischen, Transfer von Topoi der Kritik; zum anderen auf der Unterschlagung der langen Tradition feministischer Identitätskritik, die aus dem Kontext psychoanalytischer und dialektischer Theoriebildung stammt. Ähnliches gilt für die machttheoretische Diskussion. In einem Teil der Fronstellungen zwischen mikroanalytischen Machttheorien und makrologisch orientierten Herrschaftstheorien haben wir es vermutlich eher mit einem Nachhall von spezifisch französischen Auseinandersetzungen mit dem orthodoxen Marxismus der sechziger Jahre und deren US-amerikanischer Rezeption zu tun, die uns nun verspätet erreicht, als mit neuen Einsichten in die Komplexität der Verhältnisse zwischen den Geschlechtern. Entweder-Oder-Positionen, theoretische Polarisierungen, Alt-Neu-Konstellationen und dergleichen mehr, haben bekanntlich – wenn sie nicht wirklich sachhaltig sind – kein langes Leben. Sie werden, wie sowohl Adorno`s Kritiken der Identitätslogik als auch

Derrida`s Dekonstruktionen lehren, leicht erschüttert durch die Reflexion auf das Eigengewicht des jeweils Ausgeschlossenen und die Folgen der Abhängigkeit des einen vom anderen. Oder sie verschleißen sich in dem atemlosen Tempo wechselseitiger Überbietung, jener „frenetischen Konkurrenz“, „die die Produktion von Titeln in „New“- und „Post-Ismen“ aktiviert und beschleunigt“. (Jaques Derrida: Einige Statements und Binsenweisheiten über Neologismen, New-Ismen, Post-Ismen, Parasitismen und andere kleine Seismen, Berlin 1997, S. 17).

Der Text von Cornelia Ott hat auf diesem Hintergrund eine besondere Stärke darin, daß er gelassen und gleichzeitig in der Sache engagiert die gängige rhetorische Struktur des „vom Vom zum Zum“ (Jandl) unterläuft. Er liegt ein Stück weit quer zu den diskursiven Fronten und gewinnt gerade dadurch seine Produktivität. Cornelia Ott kombiniert in ihrer Untersuchung „Sexualität, Geschlecht und Macht“ historische und systematische Perspektiven. Zum einen rekonstruiert sie Grundpositionen eines sexualpolitischen Diskurses, der unter dem Stichwort „sexual politics“ seit den siebziger Jahren vorwiegend im anglo-amerikanischen Raum geführt wurde und bisher im deutschsprachigen Raum eher selektiv aufgegriffen wurde. Mit dieser Übersetzungsleistung im Sinne einer zusammenhängenden Darstellung und Diskussion einer kontroversen Debatte macht sie ein Stück des politischen und wissenschaftlichen Hintergrundes transparent, auf dem auch Judith Butler ihre provozierenden Thesen formulierte. Die systematische Dimension der Studie besteht in der konsequent durchgehaltenen theorievergleichenden Perspektive, der es im Interesse einer komplexeren Sicht auf Sexualität und Geschlechterverhältnisse darauf ankommt, immanent und nah am Gegenstand nachzuweisen, an welchen Punkten auch Ansätze, die sich explizit gegeneinander artikuliert haben, wechselseitig auf analytische Potentiale der jeweiligen Gegenpositionen angewiesen sein können.

Ott's Untersuchung ist organisiert um das Spannungsverhältnis zwischen Ansätzen des sogenannten radical feminism, die die Ungleichheit zwischen den Geschlechtern begründet sehen in einer Verquickung von männlicher Dominanz und Heterosexualität auf der einen, und den meist an Foucault anschließenden Ansätzen der gay- lesbian- und queer-studies auf der anderen Seite, für die nicht die Herrschaft und Ungleichheit zwischen den Genus-Gruppen als vielmehr das Verhältnis von „normaler“ Heterosexualität und „perverser“ Sexualität im Mittelpunkt steht. Im Kontext der queer-studies wird beansprucht, Analysen von Sexualität und Macht radikalisiert zu haben. Gestützt auf Foucaults Untersuchungen zur Geschichte der Sexualität wird in der hierarchisierenden Unterscheidung von Heterosexualität und Homosexualität ein zentrales Machtdispositiv moderner Gesellschaften gesehen, an das sowohl rassen- und bevölkerungspolitische Programme anknüpfen konnten als auch neuere Entwicklungen der Technologisierung der generativen Reproduktion.

Foucault ging dabei aus von einem historisch zunehmenden Auseinandertreten von „Allianzdispositiv“ (Verwandtschaftsbeziehungen, Regulationszusammenhang von Geschlecht, Arbeit und Generativität) und dem „Sexualitätsdispositiv" (Sexualisierung von Individuen und Begehren). Mit Bezug auf genau diese These wurde in der US-amerikanischen „sexual-politics"-Debatte jüngst eine Arbeitsteilung von Sexualitäts- und Geschlechterforschung vorgeschlagen. Cornelia Ott geht den Konsequenzen nach, die sich für beide Forschungsrichtungen aus diesem Vorschlag ergeben würden. Sie entwickelt demgegenüber theoretische Perspektiven, die es erlauben sollen, die soziale Organisation von „Sexualität", „Geschlecht" und „Generativität" „als zu unterscheidende, aber durcheinander vermittelte Felder sozialer Praxis" (Ott) zu erfassen. In exemplarischen Analysen empirischer Problemkonstellationen wird anschaulich, in welchem Maße die Grenzziehungen insbesondere zwischen gesellschaftstheoretisch orientierten Analysen des Geschlechterverhältnisses und im weiten Sinne poststrukturalistischen Positionen eine adäquate Analyse des Zusammenhangs von „Sexualität", Geschlecht" und „Generativität" bisher behindert haben.

In der internationalen feministischen Diskussion um Perspektiven feministischer Machtanalyse und Herrschaftskritik, wird neuerdings immer häufiger darauf hingewiesen, daß eine der wichtigsten und schwierigsten Aufgaben für die weitere feministische Theoriebildung die ist, Analysen von Signifikationsprozessen und diskursiven Praxen zu verbinden mit Strukturanalysen von Institutionen und gesellschaftlich-ökonomischen Zusammenhänge. (z.B. Nancy Fraser, in: Seyla Benhabib/ Judith Butler/ Drucilla Cornell/ Nancy Fraser (1993): Der Streit um Differenz. Feminismis und Postmoderne in der Gegenwart, S. 149). Ich lese Cornelia Ott's Untersuchung zum Verhältnis von Sexualität, Geschlecht und Macht, der subjekt-, gesellschafts- und diskurstheoretische Ansätze aufeinander bezieht, als einen substantiellen Beitrag in dieser Richtung.

Gudrun-Axeli Knapp

Einleitung

Der gesellschaftlichen Organisation von Sexualität wird in – überwiegend im englischsprachigen Raum situierten – Untersuchungen, die sich mit der Frage nach der Hervorbringung und Verstetigung von Machtverhältnissen beschäftigen, verstärkt Aufmerksamkeit gewidmet. Das unter dem Begriff *sexual politics* seit den 70er Jahren eingeführte Forschungsgebiet gewinnt nicht zuletzt durch die Einbeziehung weiterer Theoriestränge (wie z.B. dem Poststrukturalismus) und durch die akademische Etablierung neuer sozialer Bewegungen (wie *feminist studies*, *lesbian and gay studies* und *queer studies*) frische Impulse. So hat Judith Butlers These, die biologische Geschlechterdifferenz sei eine Unterscheidung, die erst innerhalb eines heterosexuell determinierten Erkenntnisrahmens Bedeutung erlange, und ebenso ihre Schlußfolgerung, die Eliminierung der Geschlechtskategorien Frau und Mann könne diesen Erkenntnisrahmen seiner Mächtigkeit berauben, in den letzten Jahren auch hierzulande heftige Diskussionen ausgelöst. Sie kreisten allerdings im wesentlichen um das Verhältnis von »biologischem Geschlecht« und »sozialem Geschlecht« in der Konzeptualisierung der Kategorie Geschlecht.

Führte diese Kontroverse dazu, einige konzeptionelle Probleme mit der Kategorie Geschlecht zu erhellen oder zumindest deutlicher wahrzunehmen, so ist doch ein gravierender Mangel zu beobachten: Aus der Diskussion ausgeblendet wird der *Kontext*, in dem Judith Butler ihre Thesen entfaltet. Dieser Kontext kann als die theoretische Anstrengung bezeichnet werden, die Verbindung zwischen einer spezifischen gesellschaftlichen Organisation von Sexualität und modernen Machtverhältnissen herauszuarbeiten. Fragen nach den Bedeutungen, mit denen Körper, Körperfunktionen und Körpersensationen innerhalb dieses historisch und kulturell spezifischen Zusammenhangs belegt werden, und nach der Rolle, die sie für das Selbstverständnis moderner Gesellschaften und ihrer Subjekte spielen, lassen die historische Gewordenheit und gesellschaftsstrukturierende Funktion von »Sexualität« deutlich werden. Besondere Aufmerksamkeit wird dabei den asymmetrischen Konstruktionen von „Heterosexualität" und „Homosexualität" und der Auslotung ihrer wechselseitigen Bedingtheit gewidmet.

Die weitgehende Mißachtung dieses Forschungsansatzes in der hiesigen Diskussion führt meines Erachtens zu beträchtlichen Erkenntnisverlusten: Sie kappt das Konzept Geschlecht um die Dimension der sexuell-sozialen Bedeutungs- und Organisationszusammenhänge, die in »biologisches Geschlecht« und »soziales Geschlecht« eingehen. Weiterhin wird durch

Nichtthematisierung des hierarchischen Verhältnisses von Hetero- und Homosexualität die Vorstellung einer quasi „naturhaften“ Komplementarität der beiden Geschlechter gestützt, eine Vorstellung, deren historische Gewordenheit notwendigerweise Gegenstand der Forschung sein müßte.

Sexualität wird nach wie vor der Natur zugeschrieben: Je nach theoretischer Ausrichtung wird davon ausgegangen, daß dem sexuellen Triebgeschehen in der kulturellen Überformung Zwang angetan oder eine der gesellschaftlichen Entwicklung entsprechende Verfeinerung zuteil wird. Darüber hinaus wird – eher stillschweigend – aus der Tatsache der zweigeschlechtlichen Fortpflanzung der Menschen auf ein naturgegebenes heterosexuelles Begehren sowie auf eine in der Natur begründete Zwei-Geschlechter-Ordnung geschlossen. Diese Herangehensweise führt dazu, daß die geschichtliche Gewordenheit unserer Gewißheiten über Geschlechtlichkeit, bezogen sowohl auf Geschlecht als auch auf Sexualität, aus dem Blickfeld herausfallen.

Eine weitere Klärung der Wirkmächtigkeit der Kategorie Geschlecht wird aber nicht zuletzt davon abhängen, inwieweit wir in der Lage sind, das hegemoniale Organisationsprinzip Heterosexualität als ein historisch gewachsenes, von Machtverhältnissen hervorgebrachtes und Machtverhältnisse hervorbringendes, *gesellschaftliches* Organisationsprinzip zu analysieren und mit einer Analyse des Geschlechterverhältnisses zu verknüpfen. Dazu beizutragen, ist das Ziel der vorliegenden Arbeit. Als Untersuchungsbasis dienen ihr die vorwiegend im US-amerikanischen Kontext entwickelten Konzeptionen von »Sexualität«. In den USA wird bis heute eine intensive Debatte um *sexual politics* geführt, in der sich theoretische und politisch-praktische Elemente verbinden. Die ausgewählten Texte von Kate Millet, Sulamith Firestone, Adrienne Rich, Gayle Rubin und Judith Butler repräsentieren die Entwicklungs- und Konfliktlinien dieses Diskussionszusammenhanges.

Eine solche Arbeit erscheint umso dringender, als sich zur Zeit eine Art „Arbeitsteilung“ abzuzeichnen beginnt, die die Analysen von »Sexualität« und »Geschlecht« als Felder unterschiedlicher Disziplinen zu etablieren sucht. Seit Beginn der 90er Jahre bildet sich in den USA unter dem Namen „queer studies“ eine theoretische Strömung heraus, die für sich in Anspruch nimmt, über die bisherigen Diskussionen um Sexualität und Macht hinauszugehen. Weitgehend geteilt werden die Thesen, daß die kategoriale, hierarchische Unterscheidung Heterosexualität/Homosexualität

- für die gesellschaftliche Organisation von Sexualität in der Moderne fundamental ist
- die Subjektkonstituierung der Individuen kanalisiert
- das System der Zweigeschlechtlichkeit fixiert
- die Nationalgesellschaften strukturiert wie auch – durch Kolonialisierung – weltweit zum dominierenden (sexuell-sozialen) Strukturprinzip geworden ist.[1]

Verbunden mit einer radikalen Kritik der Moderne, wird dem Gegensatzpaar Heterosexualität/Homosexualität eine konstituierende Rolle bei der Entwicklung und Aufrechterhaltung moderner Machtstrukturen zugeschrieben. Der dekonstruktivistischen Analyse der herrschaftsstiftenden Wirkkraft binärer Gegensatzpaare folgend, wird davon ausgegangen, daß nur eine Verflüssigung *beider* Kategorien aus dem Teufelskreis der beständigen Reproduktion von Dominanz und Unterwerfung herausführen kann. Innerhalb von *queer studies* wird weniger die Asymmetrie der Geschlechter als vielmehr die Asymmetrie von Heterosexualität und Homosexualität fokussiert. Wesentlich gestützt wird diese Schwerpunktsetzung durch Michel Foucaults »Genealogie der Sexualität«, die das Auftauchen und die Verfestigung moderner Machtformen mit der diskursiven Produktion von Sexualität in enge Verbindung setzt.

Allein aus dieser stichpunktartigen Zusammenfassung wird deutlich, daß sich eine solche Analyse nicht umstandslos in feministische Konzepte von Sexualität einfügt. Im Mittelpunkt vieler – ebenfalls überwiegend in den USA entwickelter – feministischer Analysen zu Sexualität wird von einem unmittelbaren Zusammenhang zwischen Geschlechterhierarchie und phallozentrischer, gewalttätiger Heterosexualität ausgegangen. Die Unterdrückung von Lesben wird z.B. in Adrienne Richs einflußreichem Essay als Folge männlicher Herrschaftsansprüche angesehen, die Unterdrückung männlicher Homosexualität hingegen bagatellisiert. Kate Millet und Catherine MacKinnon sehen als Funktion von Sexualität ausschließlich die gewalttätige (Re)Produktion weiblicher Unterwerfung und männlicher Dominanz. Es ist vor allem das Phänomen sexueller Gewalt, das die Plausibilität dieser Analysen unterstreicht, aber auch der weltweit zu beobachtende Versuch der Kontrolle, Vereinnahmung und Ausbeutung der Sexualität und Reproduktionsfähigkeit von Frauen. Doch sind Analysen, die vor allem das Unterdrückungsmoment von Sexualität betonen, nicht ohne Widerspruch geblieben. Der Wunsch nach Selbstbestimmung, auch und gerade nach sexueller Selbstbestimmung, motiviert Konzepte, die die Befreiung von sexuellen Normen und damit eine natürliche, womöglich spezifisch weibliche Sexualität als Möglichkeit und Notwendigkeit postulieren. Auch hier ist die Geschlechterhierarchie der Ausgangspunkt, die – neben bürgerlich-kapitalistischer Repression – als Grundlage der „Sexualunterdrückung" identifiziert wird. Der Streit zwischen diesen beiden Positionen – *danger or pleasure* – bestimmt bis heute den feministischen Diskurs über Sexualität.

Gayle Rubin zieht aus diesem Streit bereits 1984 die Konsequenz, die die gegenwärtigen Diskussionslinien bestimmt: Die Erforschung der Konstituierung von »Sexualität« und »Geschlecht« seien zu unterscheidende Forschungsfelder, die jeweils eigenständige theoretische und methodische Herangehensweisen erfordern. Sie plädiert daher u.a. für eine Selbstbeschränkung feministischer Theoriebildung auf die Analyse der Geschlechterhierarchie. Durch die Subsummierung jeglicher sexueller Phänomene unter das Erklärungsmuster männlicher Dominanz bleibe, so Rubin, nicht nur beispielsweise das Phänomen der Verfolgung männlicher Homosexualität unberücksichtigt, es entwikkele sich auch eine Kultur der zensierenden Diskriminierung von sexuellen Ausdrucksformen, die zudem eine unheilvolle Allianz mit konservativen Gruppen eingehe.

So wertvoll diese Kritik ist, so verhängnisvoll erscheint mir die daraus folgende praktische Trennung in eine „Sexualitätsforschung" und eine „Geschlechterforschung". Beide Forschungsgegenstände kommen nicht ohne die Erkenntnisse des jeweils anderen aus, eine wissenschaftliche Arbeitsteilung führt auf *beiden Seiten* zu Reduktionen. Darüber hinaus wird der dritte „Baustein" der gesellschaftlichen Organisation von Sexualität, »Generativität«, schlicht unterschlagen bzw. entweder »Geschlecht« oder »Sexualität« beigeordnet – damit aber an den Rand gedrängt. Meine Arbeit ist daher wesentlich von dem Impuls geleitet, Grundlagen bereit zu stellen, die es erlauben, die soziale Organisation von »Sexualität«, »Geschlecht« und »Generativität« als zu unterscheidende und vermittelte Felder sozialer Praxis zu erfassen. Besonders wichtig erscheint mir dabei, die asymmetrische und ambivalente Konstruktion von „Heterosexualität" selbst, die wesentlich von der hierarchischen Organisation des Geschlechterverhältnisses bestimmt ist, herauszuarbeiten und deren Gewicht im Verhältnis von Heterosexualität/Homosexualität auszuloten.

Unter »Sexualität« verstehe ich im folgenden, mich auf die Definition von Jeffrey Weeks beziehend,

> „(...) an historical construction which brings together a host of different biological and mental possibilities – gender, identity, bodily differences, reproductive capacities, needs, desires and fantasies – which need not to be linked, and in other cultures have not been. (...) Sexuality is something which society produces in complex ways. It is a resolve of diverse social practices that give meaning to social activities, of social definitions and self-definition, of struggles between those who have power to define and regulate, and those who resist. Sexuality is not a given, it is a product of negotiation, struggle and human agency."[2]

Der Begriff »Heterosexualität« beinhaltet daher nicht die sexuelle Anziehung gegengeschlechtlicher Personen, sondern eine spezifische gesellschaftliche Organisationsform von Sexualität. Sie ist strukturiert durch eine Zwei-Geschlechter-Ordnung, die die Differenz, die Komplementarität und die Hierarchie der Geschlechter betont sowie durch ein Konzept der Generativität, das sexuelle Ausdrucksformen dem Ziel der (an die Rechtsform der Ehe gebundenen) Fortpflanzung unterzuordnen sucht. In der feministischen Diskussion wurde der Begriff »phallokratische Heterosexualität« geprägt, um den Zusammenhang zwischen dieser spezifischen Organisationsform von Sexualität und der Geschlechterhierarchie zu benennen. Diese Begriffsdifferenzierung umfaßt allerdings nicht zwangsläufig die Diskriminierung nichtheterosexueller Lebensformen. Diese Dimension moderner gesellschaftlicher Organisation von Sexualität kann als »heterosexistisch-homophob« bezeichnet werden, da mit der Konzentration auf und Idealisierung von heterosexuellen Lebensformen Angst und Abwehr vor allem gegenüber homosexuellen Lebensformen einhergehen[3].

Beibehalten wird in meiner Arbeit eine feministische Forschungsperspektive, die die Ungleichheit der Geschlechter auch in bezug auf die gesellschaftliche Organisation von Sexualität thematisiert. Ich beziehe mich dabei auf den Entwurf einer Theorie des Geschlechterverhältnisses, wie er von

Regina Becker-Schmidt vorgelegt wurde. Mit dem Begriff »Geschlechterverhältnis« bezeichnet Becker-Schmidt das

„(...) Insgesamt der institutionalisierten Gegebenheiten und normativen Regulative, die in einer bestimmten Epoche und Kultur darüber entscheiden, welche Privilegien das eine Geschlecht auf Kosten des anderen hat, wie Machtgefälle zwischen Frauen und Männern verhindert werden, welche Rechte und Pflichten beide gegeneinander zur Geltung bringen können, wie über Genealogien und intergenerative Verantwortlichkeiten entschieden wird, wie und ob gesellschaftlich notwendige Arbeit geschlechtsspezifisch verteilt wird, ob es Unterschiede im Zugang zu sozialen Räumen gibt usf. 'Männer' und 'Frauen' werden dabei als soziale Gruppen gedacht, die gerade die Geschlechterdifferenz in Relation setzt."[4]

Für westliche Industriegesellschaften läßt sich trotz nationaler Unterschiede feststellen, daß die Geschlechterverhältnisse hierarchisch organisiert sind. Ich spreche daher im folgenden von »Geschlechterhierarchie«, um diese spezifische Form der Geschlechterverhältnisse zu benennen.

Wie schon in Ansätzen zur Analyse der Geschlechterhierarchie, spielen auch in Ansätzen, die sich mit der gesellschaftlichen Organisation von Sexualität befassen, Fragen nach Machtbeziehungen, -mechanismen und -formen ein große Rolle. „Klassische" Definitionen von Macht, die primär auf ökonomische oder politische Zusammenhänge ausgerichtet sind, eignen sich nicht unbedingt dazu, die vielfältigen, machtgesättigten Verflechtungen von sozialem Handeln und strukturellen Gegebenheiten, von Attraktion, Anhänglichkeit und Abhängigkeit, von Phantasien und Affekten, die in die gesellschaftliche Organisation von »Geschlecht« und »Sexualität« eingehen, zu verstehen. Die Suche nach neuen theoretischen Modellen von Macht und Methoden der Machtanalyse, die hier greifen könnten, durchzieht die aktuelle Diskussion; ich werde dieser Frage besondere Aufmerksamkeit schenken.

Die Untersuchung gliedert sich in drei Schwerpunkte. Sie beginnt mit einer kritischen Analyse der Arbeiten von Michel Foucault zu Sexualität und Macht, wendet sich dann der Untersuchung ausgewählter Entwürfe zu »Sexualität« zu, die seit den 70er Jahren vor allem in den USA vorgelegt wurden, und wird im letzten Teil anhand spezifischer Problemfelder eine Vertiefung der im Kontext feministischer Theorien, *lesbian and gay studies* und *queer studies* entwickelten Thesen vornehmen. Diese Gliederung beruht auf den folgenden Überlegungen:

Up against Foucault

Es sind u.a. die Arbeiten von Michel Foucault, die eine Trennung der Analysen von »Geschlecht« und »Sexualität« nahezulegen scheinen. Vor allem Foucaults Thesen zu Sexualität als Vektor moderner Macht, aber auch seine historischen Arbeiten zu Homosexualität, zur „Erfindung" des Homosexuellen, werden zur Begründung einer solchen Arbeitsteilung herangezogen.

Foucaults Analysen zu Sexualität und Macht finden aber auch in zunehmendem Maße Einzug in feministische Arbeiten. Hier steht zumeist die (Zwangs)Produktion des weiblichen Subjekts im Vordergrund, wobei sich überwiegend auf Foucaults Arbeiten zur »Disziplinierung« und zu den »Technologien des Selbst« gestützt wird. Es liegt daher nahe, diesen „gemeinsamen Nenner" zum Ausgangspunkt für eine Untersuchung der gesellschaftlichen Organisation von »Sexualität« und ihrem Verhältnis zur Geschlechterhierarchie zu nehmen. Dabei bleibt es nicht aus, daß Foucaults Arbeiten selbst zum Gegenstand kritischer Untersuchung werden. Folgende Fragen stehen dabei im Mittelpunkt:

1. Foucaults Machtanalytik fokussiert Machtbeziehungen im unmittelbaren sozialen Feld. Sie scheint damit vor allem den theoretischen Bedürfnissen sog. „neuer sozialen Bewegungen" entgegenzukommen. Foucaults Thesen – Produktivität vs. Repression, Diffusion vs. Konzentration, soziale Praktiken vs. Institutionen – sind aber in Konzepte, in denen Täter und Opfer benannt und Veränderungsmöglichkeiten aufgezeigt werden sollen, nicht ohne weiteres zu integrieren. Hier muß ausgelotet werden, welche Gewinne und/oder welche Verluste eine Bezugnahme auf Foucaults Machttheorie mit sich bringt.

2. Foucault wird vielfach als Bezugstheoretiker bevorzugt, da er die Tendenz psychoanalytischer Theorien, an heterosexuellen Normierungen festzuhalten, kritisiert und da seine Subjekttheorie scheinbar ohne den Rückgriff auf psychoanalytische Theorien auskommt. Es wird auch hier zu prüfen sein, ob wir uns zur Erfassung der Enkulturation von »Sexualität« und »Geschlecht« tatsächlich mit der von Foucault angebotenen Subjekttheorie – die eine eher rudimentäre Mischung konstruktivistischer und vitalistischer/anthropologisierender Prämissen ist – begnügen können.

3. Vor allem von feministischer Seite wird kritisiert, daß Foucault in seinen Arbeiten zu Sexualität das Problem der Geschlechterhierarchie ausblendet. Gerade diese Ausblendung hat aber die Hierarchie zwischen Hetero- und Homosexualität ins Zentrum der aktuellen Ansätze zu Sexualität gerückt. Es stellt sich daher die Frage, ob – wie einige Autorinnen behaupten – es sich um eine nachrangige Auslassung handelt, die mit Einfügung der Kategorie Geschlecht „nachgebessert" werden kann, oder ob es sich hier um das Ergebnis von Foucaults Forschungen handelt, das eindeutig dem „Dispositiv Sexualität" für moderne Gesellschaften die größere Wirkmächtigkeit einräumt. Letzteres würde heißen, daß der hierarchische Organisationszusammenhang von Geschlecht, Arbeit und Generativität als strukturierendes Prinzip hinter dem Prinzip eines begehrenden, der Macht unterworfenen und sie gleichzeitig produzierenden Subjekts zurücktritt. Daraus ergibt sich die Frage nach dem Verhältnis von »Geschlecht« und »Sexualität«.

Um diese Fragen zu klären, werde ich Foucaults Machtanalyse, seine Subjekttheorie, seine Theorie der Disziplinierung der Körper sowie der diskursiven Erzeugung moderner Sexualität und schließlich seine Überlegungen zur gesellschaftlichen Regulierung durch Sexualität und Disziplinierung der

Körper darstellen und diskutieren. Ich werde zeigen, daß eine Reihe von Aporien in Foucaults Arbeiten auf seine Ignoranz gegenüber den Prozessen der von Machtungleichheit durchzogenen geschlechtlichen Vergesellschaftung zurückzuführen sind und durch die Einbeziehung derselben überwunden werden können.

Sexualitäten zwischen Zwang und Subversion

Die gesellschaftliche Organisation von Sexualität wird seit den 70er Jahren in bestimmten feministischen Analysen als ein zentrales Feld der Hervorbringung und Verstetigung der Geschlechterhierarchie betrachtet. Dieser Theoriestrang hat wenig Einzug in die hiesige Frauenforschung gefunden. Gleichzeitig ist zu beobachten, daß in der jüngsten Diskussion um Sexualität und Macht, die zumeist unter Bezugnahme auf Foucault geführt wird, feministische Sexualitätsanalysen auf „Zwang, Gewalt und Zensur" reduziert und disqualifiziert werden. Diesen einseitigen Rezeptionen möchte ich mit einer Bündelung der wichtigsten Diskussionslinien entgegentreten, die seit den 70er Jahren die Auseinandersetzung um Sexualität und Macht bestimmen.

Meine Herangehensweise ist dabei eine doppelte. Zum einen werde ich die ausgewählten Entwürfe als Analysen der gegenwärtigen Verfaßtheit der gesellschaftlichen Organisation von Sexualität lesen. D.h., ich werde sie im Foucaultschen Sinne als Texte lesen, die über moderne Machtverhältnisse und -formen Auskunft geben können. Es sind Texte von Kate Millet, Sulamith Firestone, Adrienne Rich, Gayle Rubin und Judith Butler, die ich – eingebettet in die sie begleitenden oder durch sie ausgelösten Diskussionen – in diesem Kapitel bearbeite. Die unterschiedlichen Modelle der gesellschaftlichen Organisation von Sexualität, die von den Autorinnen vorgelegt werden, verweisen auf eine komplexe, von Ungleichzeitigkeiten und Konflikten gekennzeichnete Einbettung von »Sexualität« in moderne Gesellschaften.

Zum anderen werde ich die den Texten zugrundeliegenden Theoriekontexte und deren Implikationen für das hier relevante Forschungsgebiet herausarbeiten. Von besonderem Interesse sind dabei die jeweils rezipierten Macht- und Subjekttheorien, die sowohl das sog. „moderne" als auch „postmoderne" Theorienspektrum repräsentieren. Folgende Probleme werden dabei deutlich:

1. Die Frage nach der gesellschaftlichen Organisation von Sexualität rückt das Verhältnis von ontogenetischen und sozialen Bestimmungsmomenten erneut ins Zentrum der Überlegung. Fokussiert Geschlechterforschung im weitesten Sinne die Konstituierung sexuierter Subjektivität, wird nun bedeutsam, wie Prozesse der *Sexualisierung* die Ausbildung von Subjektivität stützt. »Geschlechtlichkeit« entfaltet Bedeutung: als Geschlechter- *und* Begehrensdifferenz. Dabei wird deutlich, daß sexuelle Differenz nicht in Geschlechterdifferenz aufgeht. Die Bestimmung des Verhältnisses von Sexuierung und Sexualisierung bleibt unscharf; weder psychoanalytische noch konstruktivi-

stische Ansätze scheinen umstandslos geeignet, deren Zusammenspiel und Widersprüchlichkeit zu erfassen. Die Tendenz, Sexuierung und Sexualisierung ineinanderfallen zu lassen, durchzieht – mit erheblichen Erkenntnisverlusten – die gesamte Diskussion.

2. Den Ansätzen liegen im wesentlichen zwei unterschiedliche Machtkonzeptionen zugrunde: Eine, die den Aspekt der Unterdrückung herausstellt; eine, die produktive Effekte zum Ausgangspunkt nimmt. Beide Machtanalysen zeigen Defizite. Wird das Moment der Unterdrückung hervorgehoben, kommt es häufig zu einer Idealisierung des Unterdrückten, sei es als weibliche oder als polymorph-perverse Sexualität, sei es als nicht-heterosexuelle Sexualität. Wird das produktive Moment von Macht hervorgehoben, Sexualität z.B. als Effekt von Macht, kommt es selten zu solchen Idealisierungen, Elemente von Gewalt und Zwang in der Hervorbringung begehrender Subjekte werden jedoch vernachlässigt. Ungelöst ist auch hier die Frage nach dem komplexen *Zusammenspiel* unterschiedlicher Machtformen und -typen.

3. Die untersuchten Texte zeigen, daß innerhalb des Analysefeldes Sexualität unterschiedliche Machtlinien verlaufen, als deren Markierungen u.a. Heterosexismus und Androzentrismus genannt werden können. Weiter deutet es sich an, daß Begehren, Generativität und hierarchische Geschlechterdifferenz differente, aber ineinander verschränkte „Felder“ gesellschaftlicher und kultureller Regulierungsaktivitäten sind. Das frühe feministische Konzept der »Zwangsheterosexualität«, das in direkte Verbindung mit dem »Patriarchat« gesetzt wurde, scheint sich damit in ein eher heterogenes Machtgeflecht aufzulösen, in dem vielfältige Sexualitäten und Geschlechter koexistieren. Es stellt sich also nicht nur die Frage, wie »Sexualität« in einen gesellschaftlichen Zusammenhang eingebettet ist, sondern auch, in welchem Verhältnis »Sexualität« und »Geschlecht« in einer bestimmten gesellschaftlichen Konstellation zu einander stehen. Zu diesen Fragenkomplexen werde ich im dritten Kapitel konzeptionelle Erweiterungen bzw. Korrekturen vorschlagen.

Geschlecht, Begehren und Generativität im Schnittpunkt von Individualisierung und Totalisierung

Es sind drei Problembereiche, die ich aufgreife und weiterzuentwickeln suche. Ihre Auswahl ergibt sich sowohl aus meiner Untersuchung als auch aus gegenwärtigen Theoriediskussionen. Die exemplarische Herangehensweise, die diesem Teil meiner Arbeit zugrunde liegt, habe ich gewählt, um mich der Komplexität der Fragen, die sich in der Analyse der gesellschaftlichen Organisation von Sexualität stellen, aus unterschiedlichen Perspektiven nähern zu können.

1. Geschlecht, Begehren und Psychoanalyse. Zur Überwindung biologistischer Konzepte von »Geschlecht« hat sich die feministische Theorie in einer kritischen Aneignung schon früh psychoanalytischer Theorien bedient.

Dabei sind erhebliche Korrekturen an den psychoanalytischen Erklärungsmodellen von „Weiblichkeit“ und (weniger) „Männlichkeit“ vorgenommen worden. Kaum im Zentrum der Kritik standen allerdings die normativen Implikationen der Psychoanalyse, die „Homosexualität“ bis in die jüngste Gegenwart als Pathologie begreifen sowie deren Grundorientierung, die gelungene Geschlechtsidentität nur als „weiblich“ *oder* „männlich“ zu fassen[5]. Diese Kritik ist nun lauter geworden, vielerorts wird die Psychoanalyse als untauglich zur Analyse von »Geschlecht« und »Begehren« angesehen. Als „Ersatz“ bieten sich auf den ersten Blick konstruktivistische Theorien an, die die vielfältigen symbolischen und interaktiven Prozesse fokussieren, die Zweigeschlechtlichkeit erst hervorbringen. Jedoch sind auch die Leerstellen konstruktivistischer Ansätze offenkundig: Sie können die affektiven Prozesse nicht erklären, die geschlechtliche Differenzierung und sexuelle Objektwahl begleiten und antreiben. Meines Erachtens ist das u.a. auf die völlige Ausklammerung von »Begehren« zurückzuführen. Was bei der Psychoanalyse in mancher Hinsicht vielleicht zu bestimmend ist, das Unbewußte, taucht in konstruktivistischen Theorien überhaupt nicht mehr auf. Auch philosophisch-anthropologische Körpertheorien[6], die diese Lücke füllen sollen, entwickeln hier kein neues Konzept. Die oben erwähnte Arbeitsteilung zwischen „Geschlechterforschung“ und „Sexualitätsforschung“ scheint in diesem Kontext – mit deutlichen Nachteilen für beide Seiten – bereits vollzogen. Daher erscheinen mir trotz alter und neuer Kritik an psychoanalytischen Theorien diese nach wie vor als unverzichtbare Ansätze für die Untersuchung der Prozesse, an deren vermeintlichem Ende stabile „Geschlechtsidentitäten“ und „sexuelle Orientierungen“ stehen. Gleichwohl sind die „alte“ feministische Kritik des Androzentrismus und die eher neue Kritik des Heterosexismus in psychoanalytischen Theorien ernst zu nehmen. In einer Durchquerung neuerer psychoanalytischer Ansätze möchte ich aufzeigen, wie diese Kritik fruchtbar umgesetzt werden kann. Dabei knüpfe ich auch an konstruktivistische und dekonstruktivistische Ansätze an.

2. Die Gewaltdebatte. Einer der schwerwiegendsten Einwände, der gegen poststrukturalistische Konzepte nicht nur aus feministischer Perspektive erhoben wird, ist deren Ignoranz gegenüber physischer Gewalt. Das Insistieren auf der Dominanz diskursiver Prozesse, das Betonen der schöpferischen Wirkweise moderner Macht, das den meisten poststrukturalistischen Analysen zu eigen ist, führt zur Verharmlosung von alltäglicher Gewalt, der (nicht nur, aber in besonderem Maße) Frauen ausgesetzt sind. Ich möchte, Gayle Rubins methodische Überlegungen aus ihrem Essay „Traffic in Women“ aufgreifend, in diese Debatte intervenieren. An einem Beispiel sexueller Gewalt gegen Frauen, der Verstümmelung weiblicher Genitalien, werde ich zeigen, daß physische Gewalt und Unterdrückung weder im Gegensatz zu „produktiven“ Wirkweisen von Macht stehen noch daß (materiale) Gewalt und (diskursive) produktive Macht als (dominante) Merkmale unterschiedlicher Epochen dienen können. Eine solche Periodisierung verdankt sich u.a. dem Unsichtbarmachen der Gewalt gegen Frauen. Eine weitere Periodisierung, die nicht nur Foucault vornimmt, kommt in diesem Zusammenhang ebenfalls ins Wanken: Das Sexualitätsdispositiv, oder in Godeliers Worten, die „Bauchrednermaschine Sexualität" ist keine Erfindung der Moderne. Auch in Gesellschaften, in denen Verwandtschaftssysteme zentral sind, entwickelt sich ein Sexualitätsdiskurs, der nicht mit den Erfordernissen verwandtschaftlicher Allianz erklärbar ist. Es zeigt sich, daß »Sexualität« und »Allianz« historisch zu differenzierende Organisationsformen sind, die zusammen auftreten können, es aber nicht unbedingt müssen. Ebensowenig lassen sich ihnen charakteristische Machtformen zuordnen, im Sinne einer Verknüpfung von produktiver Macht mit »Sexualität« und repressiver Macht mit »Allianz«.

3. Gesellschaftliche Transformation und »Sexualität«. Dieser Abschnitt meiner Arbeit greift eine Frage auf, die am Ende einer Studie von Ursula Beer auftaucht: Welche kulturellen Muster führen dazu, daß sich die Geschlechterhierarchie trotz historischer Chance zur Überwindung durchhalten und sich - den neuen politischen und sozialen Verhältnissen angepaßt - neu etablieren kann? Ursula Beer stellt diese Frage im Zusammenhang mit ihrer Untersuchung der veränderten ökonomischen, politischen und sozialen Bedingungen, die sich mit der bürgerlich-kapitalistischen Gesellschaft durchsetzen und ihrem Untersuchungsbefund, daß sich im Geschlechterverhältnis vieles ändert - allerdings nicht die Unterordnung der Frauen unter die Männer. Da sich diese Persistenz weder aus ökonomischen noch politischen Erfordernissen schlüssig erklären läßt, greift Beer auf die Annahme „kultureller Muster" zurück, die sie aber nicht weiter spezifiziert. Hier setzt meine Arbeit ein: Ich werde zeigen, daß zumindest ein „kulturelles Muster" in der gesellschaftlichen Organisation von Sexualität zu finden ist. Ich rekurriere hierzu auf historisch-empirische Untersuchungen, die Aufschluß über Veränderungen und Kontinuitäten in der diskursiven und nichtdiskursiven Konstituierung von »Geschlecht«, »Begehren« und »Generativität« geben. Grundlage meiner Überlegungen ist nicht zuletzt Foucaults Ansatz der »Regulation«, mit der er eine Bevölkerungspolitik bezeichnet, in deren Zentrum die Kontrolle der »Sexualität« der Individuen steht.

Abschließend werde ich die Ergebnisse meiner Arbeit im Zusammenhang mit unterschiedlichen Einschätzungen der jüngsten Entwicklung der gesellschaftlichen Organisation von »Sexualität« und »Geschlecht« darstellen. Ich werde an drei Texten (W. Hegener, A. Bührmann, G. Treusch-Dieter) zeigen, daß die in dieser Arbeit vorgeschlagenen theoretischen Korrekturen zu einer umfassenderen Analyse gegenwärtiger Entwicklungen beitragen können.

1. Subjekt, Sexualität und Moderne Michel Foucaults „Genealogie der Sexualität"

Michel Foucaults „Der Wille zum Wissen“ ist zu einem der einflußreichsten Texte der neueren Diskussion um Sexualität und Macht geworden. Seine zentrale These, moderne Machtverhältnisse seien untrennbar mit dem Auftauchen eines diskursiven Komplexes »Sexualität« verknüpft, ermöglicht es, in der (modernen) gesellschaftlichen Organisation von Sexualität mehr als nur eine Funktion gesellschaftlicher Herrschaftsverhältnisse zu sehen. »Sexualität« gewinnt in Foucaults Analyse als wesentliches, konstitutives Element dieser Verhältnisse Bedeutung. Hier scheint zunächst eine Übereinstimmung mit feministischen Sexualitätsanalysen zu bestehen. Allerdings treten in der Foucaultschen Sexualitätsanalyse »Geschlecht« und »Sexualität« auseinander. Wird in feministischen Konzepten häufig in enger – oft sogar monokausaler - Zusammenhang zwischen Geschlechterhierarchie und der gesellschaftlichen Organisation von Sexualität angenommen, untersucht Foucault schwerpunktmäßig die Verknüpfung zwischen modernen Machtformen – Subjektivierung, Disziplinierung, Regulierung - und Sexualität. »Geschlecht« bzw. Geschlechterhierarchie sind in Foucaults Sicht nur *ein* Produkt dieses Machtfeldes. Auch die Art und Weise, wie Foucault die Machtmechanismen beschreibt, die Sexualität und Individuum miteinander verknüpfen, unterscheidet sich: Wird in feministischen Analysen dem Aspekt der Unterdrückung große Aufmerksamkeit geschenkt, ist für Foucault ausgemacht, daß es im wesentlichen produktive, anreizende Mechanismen sind, die hier zur Anwendung kommen. Trotz oder gerade wegen dieser Differenzen findet Foucaults Ansatz Eingang in neuere feministische Entwürfe.

Nun ist gerade „Der Willen zum Wissen“ einer der voraussetzungsvollsten Texte Foucaults. Voraussetzungsvoll, weil Foucault hier auf zentrale Thesen vorangegangener Arbeiten rekurriert, vor allem auf die Verknüpfung von Subjektgenealogie, Wissen und Macht. Gerade letzteres verdient besondere Aufmerksamkeit. Foucault verbindet seine Sexualitätsanalyse mit einer Machtanalytik, die in wesentlichen Elementen mit den Prämissen anderer moderner Machttheorien bricht. Machtanalytik und Sexualitätsanalyse bilden eine Einheit: Die eine ist ohne die andere nicht zu haben. Eine Untersuchung der

Foucaultschen „Genealogie der Sexualität" muß daher eine Untersuchung seiner Machtanalytik einschließen. Diese ist wiederum untrennbar von Foucaults Subjektkritik, die eine weitgehende Verwerfung der Vorstellung intentionalen, selbstreflexiven und interessengeleiteten menschlichen Handelns impliziert. Vor der Diskussion des Teils der Foucaultschen Arbeit, der für das hier behandelte Thema relevant ist, muß also eine kritische Erörterung der macht- und subjekttheoretischen Konzepte Foucaults stehen.

In einem ersten Schritt werde ich Foucaults Arbeiten zu Macht in ihrem Kontext erschließen und seine – über mehrere Texte verstreuten – theoretischen und methodischen Schlußfolgerungen gebündelt darstellen. Daran anschließend werde ich die unterschiedlichen Stränge, die Foucault in seinen subjekttheoretischen Arbeiten verfolgt, im einzelnen diskutieren. Hierbei beziehe ich auch feministische Kritiken an Foucault ein und zeige, wie diese Perspektiven eröffnen, die über problematische Setzungen in Foucaults Machtkritik hinausführen können. Erst dann lassen sich Möglichkeiten und Grenzen der Foucaultschen „Genealogie der Sexualität" ausloten.

1.1 Das Soziale als Feld moderner Macht Foucaults „Mikrophysik der Macht"

„Vielleicht kommt unsere Verlegenheit bei der Suche nach adäquaten Kampfformen daher, daß wir immer noch nicht wissen, was die Macht ist. Es hat immerhin bis zum 19. Jahrhundert gedauert, bis man erkannte, was die Ausbeutung ist. Aber was die Macht ist, weiß man wohl noch immer nicht. Und Marx und Freud genügen uns vielleicht nicht zur Erkenntnis dieser so rätselhaften Sache, die zugleich sichtbar und unsichtbar, gegenwärtig und verborgen ist, die überall ihre Hand im Spiel hat und die man die Macht nennt."[1]

Foucault entwickelt seine Konzeption zum einen in Auseinandersetzung mit orthodoxen marxistischen Positionen, die in Frankreich bis in die 60er Jahre hinein die politische Diskussion innerhalb der Linken prägten[2]. Zum anderen sind es strukturalistische Machtkonzepte, die Foucault kritisiert. Deren starre Fokussierung invarianter Machtsysteme – vor allem der Sprache – hat nicht zuletzt dazu geführt, daß Foucault seinen eigenen Forschungsschwerpunkt von einer epistemologischen Diskursanalyse hin zu einem umfassenderen Konzept von Diskurs verschoben hat, welches auch soziale Praxen einzuschließen sucht. Foucault kritisiert besonders folgende Begriffsdefinitionen und -kriterien von Macht:

– Macht als Besitz, den die einen haben und die anderen nicht, und damit verbunden die Vorstellung von interessenorientiertem Machthandeln sowie einer vertikalen Machtstruktur, die sich von oben nach unten fortsetzt.

- Die Gleichsetzung von Macht mit politischen Strukturen wie auch die damit verbundene Lokalisierung von Macht in Institutionen.
- Die ökonomische Bedingtheit von Macht, d.h. die Zuweisung einer bestimmten, auf die Reproduktion der Produktionsweise reduzierten Funktion von Macht.
- Die Gleichsetzung von Herrschaftswissen mit Ideologie und die damit verbundene Spaltung von Diskursen in „wahre" und „ideologische".
- Macht als Repression, die nur unterdrückt und damit zugleich die Vorstellung, daß die Befreiung des Unterdrückten, z.B. der Sexualität, zu einer Befreiung von Machtverhältnissen führen würde.[3]

Foucault begründet diese Kritik, die in der Tat die zentralen Prämissen moderner Machttheorien trifft, mit der historischen Veränderung der Macht- und Herrschaftsformen. Obengenannte Voraussetzungen bezögen sich auf Machtverhältnisse, die von totalitärer, zentralistischer Herrschaft gekennzeichnet seien. Sie träfen auf feudalistische Machtverhältnisse zu, in denen der Souverän mit den Mitteln des Gesetzes, das das Recht über Leben und Tod einschloß, tatsächlich von „oben" bis in die untersten Ebenen der Gesellschaft Macht ausüben konnte. „Mit anderen Worten: das Souveränitätsverhältnis – mag man dieses nun im weiteren oder engeren Sinn auffassen – bedeckte die Totalität des gesellschaftlichen Körpers"[4]. Mit den gesellschaftlichen Veränderungen des 18. und 19. Jahrhunderts seien aber Probleme aufgetreten, die mit solchen Machttechniken nicht mehr zu beherrschen gewesen seien. Foucault nennt u.a. die Eigentumsproblematik, das Bevölkerungswachstum und das Problem der Rekrutierung von Arbeitskräften als treibende Faktoren für das Auftauchen eines neuen Machttyps, der nicht im „Juridischen", wie er die Feudalmacht bezeichnet, aufgehe, diesem sogar entgegengesetzt sei: die disziplinäre und schließlich regulative Macht der Moderne.

> „Die Macht war vor allem Zugriffsrecht auf die Dinge, die Zeiten, die Körper und schließlich das Leben; sie gipfelte in dem Vorrecht, sich des Lebens zu bemächtigen, um es auszulöschen. Nun hat das Abendland seit dem klassischen Zeitalter eine tiefgreifende Transformation dieser Machtmechanismen erlebt. Die 'Abschöpfung' tendiert dazu, nicht mehr ihre Hauptform zu sein, sondern nur noch ein Element unter anderen Elementen, die an der Anreizung, Verstärkung, Kontrolle, Überwachung, Steigerung und Organisation der unterworfenen Kräfte arbeiten: diese Macht ist dazu bestimmt, Kräfte hervorzubringen, wachsen zu lassen und zu ordnen, anstatt sie zu hemmen, zu beugen oder zu vernichten."[5]

In den Machttheorien - seien es marxistische, staatstheoretische oder psychoanalytische - lebe jedoch die Idee der juridischen Macht weiter, als sei sie immer noch das angemessene und einzige Modell zur Analyse von gesellschaftlichen Machtverhältnissen. „Im politischen Denken und in der politischen Analyse ist der Kopf des Königs noch immer nicht gerollt."[6] Auch das Paradigma der Unterdrückung als der beherrschende Mechanismus der Macht verdanke sich eben dieser Tradierung einer Herrschaftsanalyse, die bürgerlich-kapitalistischen Gesellschaften nicht mehr gerecht werde. Es stelle sich also die Aufgabe, ein Konzept der modernen Macht zu entwicklen. Statt zu fragen: „Wer hat die Macht?", gelte es nun zu fragen: „Wie wirkt Macht?"

Die beiden Hauptwerke, in denen Foucault eine Konzeption der Machttypen entwickelt, die seiner Ansicht nach den spezifisch modernen Machtverhältnissen angemessen ist, sind seine historischen Untersuchungen zu Strafrecht und Sexualität[7]. Hier findet sich die „Mikrophysik der Macht", die die Entstehung und Wirkungsweise neuer Machttechniken aufzugliedern sowie methodische Hinweise zur Analyse von Machtverhältnissen zu geben sucht. Foucaults Interesse gilt der Art und Weise, wie sich gesellschaftliche Transformationen in der Sphäre des Sozialen durchsetzen und neue Machtverhältnisse entstehen.

In seinen späteren Arbeiten, die um die „Technologien des Selbst" kreisen, verändert sich Foucaults Machtanalyse. Er versucht dann, das Verhältnis zwischen Macht, Herrschaft und Widerstand zu präzisieren. Dabei wendet sich Foucaults Interesse der Art und Weise zu, wie sich Subjekte – innerhalb von Machtbeziehungen – konstituieren: Nicht mehr der gesellschaftliche Zwang, sondern das Subjekt steht im Mittelpunkt[8]. Diesen Teil der Machtanalytik werde ich zusammen mit Foucaults Subjektgenealogie diskutieren. Im folgenden werde ich mich auf die im wesentlichen in „Überwachen und Strafen" und „Der Wille zum Wissen" entwickelten Thesen konzentrieren.

Die Möglichkeitsbedingung von Macht ist für Foucault die Differenz zwischen den Individuen, in Anlehnung an die Marx'sche Theorie und unter Vermeidung des Subjektbegriffs „Kräfte" genannt. Diese Kräfteverhältnisse gingen nicht in Klassenverhältnissen auf, sondern umfaßten alle sozialen Beziehungen. Macht sei diesen immanent und werde nicht von außen auf sie ausgeübt: Macht begründe soziale Differenzierung und sei zugleich deren Auswirkung. Machtbeziehungen fänden sich damit überall im sozialen Feld, sie seien von Instabilität und Ungleichzeitigkeit gekennzeichnet. Die verstreuten Machtbeziehungen bildeten die Basis von Auseinandersetzungen, die zu immer neuen Verkettungs- oder Vernetzungseffekten von Macht führten. In diesem Machtnetz fänden komplexere Machtensembles ihren Stützpunkt für umfangreichere Strategien. Solche Machtbündelungen wirkten wiederum auf die lokalen Kräfteverhältnisse zurück. Erst durch die Berücksichtigung und In-Beziehung-Setzung dieser verschiedenen Elemente – der Differenz, der Kämpfe, der Vernetzungen und Strategien – werde Macht analysierbar: „Die Macht ist der Name, den man einer komplexen strategischen Situation in einer Gesellschaft gibt."[9] Macht sei nicht ausschließlich repressiv, sondern ebenso produktiv.

So, wie Macht überall zu finden sei, sei auch überall Widerstand zu finden. Die Ubiquität der Macht bedinge die Ubiquität des Widerstandes. Macht als Relationsbegriff schließe den Widerstand ein, er sei die Bedingung von Macht. Ebensowenig wie Macht sei der Widerstand an einem bestimmten Punkt zu finden. „Darum gibt es im Verhältnis zur Macht nicht den einen Ort der großen Weigerung - die Seele der Revolte, den Brennpunkt aller Rebellionen, das reine Gesetz des Revolutionärs."[10] Dezentralität und Partikularität kennzeichneten Widerstand in modernen Machtverhältnissen, er stehe aber niemals außerhalb von Macht. Ebensowenig könne es gelingen, Machtverhältnisse für immer zu überwinden.

Dieses Machtmodell wird von methodischen Überlegungen begleitet, die sicherstellen sollen, daß dieser generellen Linie auch in empirischen Untersuchungen gefolgt werden kann: der Machtanalytik. Foucault hat sie wie folgt gebündelt[11]:

- Die Analyse von Macht habe an deren Peripherie anzusetzen, es gelte,: „die Macht also in ihren regionalsten, lokalsten Formen und Institutionen anzugehen, besonders dort, wo sie die Rechtsregeln, die sie organisieren und begrenzen, überspringt und sich so über sie hinaus verlängert, sich in Institutionen eingräbt, sich in Techniken verkörpert und sich Instrumente materiellen, möglicherweise auch gewaltsamen Eingreifens gibt."[12]
- Im Mittelpunkt hätten die Manifestationen der Macht zu stehen, nicht deren Intentionen. „Man frage sich also nicht, warum einige herrschen wollen, was sie anstreben, welches ihre globale Strategie ist, sondern wie die Dinge auf der Ebene des Unterwerfungsprozeß funktionieren oder in jenen kontinuierlichen, ununterbrochenen Prozesssen, die die Körper unterwerfen, die Gesten lenken, das Verhalten beherrschen usw."[13]
- Die starre Trennung zwischen Herrschenden und Beherrschten, zwischen einem „Machthaben" oder „-nichthaben" müsse zugunsten einer zirkulären Vorstellung von Macht aufgegeben werden. „Die Macht funktioniert und wird ausgeübt über eine netzförmige Organisation. Und die Individuen zirkulieren nicht nur in ihren Maschen, sondern sind auch stets in einer Position, in der sie diese Macht zugleich erfahren und ausüben, sie sind niemals die unbewegliche Zielscheibe der Macht, sie sind stets ihre Verbindungselemente."[14] Es gibt kein Subjekt vor der Macht, das Subjekt ist Wirkung der Macht.
- Eine Machtanalyse habe von unten nach oben aufzusteigen, aus der Breite und Tiefe ins Zentrum zu gelangen. „So gilt es herauszufinden, wie auf der konkreten Ebene der Familie, der unmittelbaren Umgebung, der untersten Zellen oder Ebenen der Gesellschaft diese Unterdrückungs- oder Ausschlußphänomene ihre Werkzeuge und ihre eigene Logik hatten, wie sie einer gewissen Anzahl von Bedürfnissen entsprachen, man muß aufzeigen, welches die Träger waren, (...) und herausfinden, wie diese Machtmechanismen zu einem bestimmten Zeitpunkt, in einer spezifischen Situation und aufgrund einer bestimmten Anzahl von Transformationen begannen, ökonomisch vorteilhaft und politisch nützlich zu werden."[15]
- Die Trennung von Ideologie und Wissenschaft sei aufzubrechen und durch ein Begreifen der Wissensproduktionen als Basis und Produkt von Machtbeziehungen zu ersetzen. Jedes Wissen sei eingebunden in Macht-

kämpfe, damit sei die Möglichkeit ideologischer Produktionen nicht ausgeschlossen, diese können aber nicht als zentraler Ort der Macht und vor allem nicht als „wahren Diskursen" entgegengesetzt verstanden werden. „Es geht nicht darum, die Wahrheit von jeglichem Machtsystem zu befreien – das wäre ein Hirngespinst, denn die Wahrheit ist selbst Macht –, sondern darum, die Macht der Wahrheit von den Formen gesellschaftlicher, ökonomischer und kultureller Hegemonie zu lösen, innerhalb derer sie gegenwärtig wirksam ist."[16]

Die Attraktivität, die eine solche Machtanalyse für alle hat, die sich mit der Frage der gesellschaftlichen Organisation von Sexualität und deren Verstrikkung in Machtverhältnisse befassen, liegt auf der Hand. Mit der Hinwendung zu einer Mikrophysik des Sozialen bietet Foucaults Machttheorie ein Raster an, in dem »Sexualität« als eigenständiges, strukturierendes Machtfeld untersucht werden kann – befreit aus der Umklammerung ökonomischer oder herrschaftstheoretischer „Erstbegründungen". Nicht mehr strukturelle Macht – sei es als ökonomische Struktur, sei es als politische Verwaltung, sei es als Zivilisationsprozeß –, sondern die Alltäglichkeit des individuellen Verhaltens und Handelns tritt in den Vordergrund. Foucaults Auseinandersetzung mit Macht ist zunächst eine empirische, sie ist konsequent an die *Subjekte* seiner Untersuchungen geknüpft. Die Analysen der Einschließung von Leprakranken, des Ausschlusses von „Wahnsinnigen", der neuartigen Techniken der Bestrafung und der Konstituierung sexueller Subjekte sind mikrohistorische Machtstudien, die den Handlungsaspekt von Macht betonen. Eine Reihe der von Foucault entwickelten Methoden erinnern daher auch an die empirische Machtforschung[17], die sich in Anschluß an Max Weber entwickelte. Anders als diese akzeptiert Foucault eine Selbstbeschränkung auf eng umgrenzte Geltungsbereiche nicht, er begreift die im Sozialen operierenden Machtmechanismen sowohl als modellhafte Umsetzungen gesellschaftlicher Transformationen als auch als deren notwendige Voraussetzungen. Zum einen berührt Foucault hier eine Leerstelle, die zwischen handlungs- und strukturtheoretisch orientierten Machtanalysen besteht. Gerade in den an Marx anschließenden Machtanalysen wurde dem Handeln der Individuen wenig Aufmerksamkeit geschenkt, erst spät wurden hier Konzepte zur Analyse von Machtverhältnissen im sozialen Feld entwickelt[18]. Zum anderen vertritt Foucault eine Auffassung von sozialen Prozessen, die keine Aussagen über generelle Entwicklungsrichtungen oder Gesetzmäßigkeiten dieser Prozesse trifft[19].

Die Behauptung der Vorrangigkeit und der relativen Eigenständigkeit des Sozialen kennzeichnet Foucaults Machttheorie. Damit scheint das Problem, das sog. Neue soziale Bewegungen mit struktur- oder herrschaftstheoretisch orientierten Konzepten oft haben, umgangen worden zu sein: An die Stelle eines Modells von Herrschaft, das darauf basiert, eine Gesellschaft sei von einem Willen bzw. einem „ersten" Prinzip ganz und gar (wenn auch widersprüchlich) strukturiert, setzt sich ein Modell eines „Oberflächennetzes" von

Machtbeziehungen im sozialen Feld. Dieses Modell bringt jedoch auch Probleme mit sich.

Es ist in dem Sinne selbstreferentiell, als es keine Begründung außer sich selbst zu brauchen behauptet: „Die Macht bildet sich und funktioniert ausgehend von Mächten, sie errichtet sich auf Vielfältigkeiten von Machtfragen und -wirkungen."[20] Soziale Beziehungen sind somit immer Machtbeziehungen, es gibt keine Täter und keine Opfer, nur fortgesetzte Verschiebungen von Macht, Kämpfe um Macht. Damit entfällt aber auch eine Position „Außerhalb von Macht", z.B. in der Möglichkeit des Erkennens einer „Wahrheit", eines Sinnes, eines Fortschritts. Es ist vor allem diese Ubiquität und Selbstbezüglichkeit von Macht, die Foucaults Machtkritik den Vorwurf eines »Monismus der Macht« (Fink-Eitel) eingebracht hat. In der Tat scheint Foucault in aktu stattfindende Macht absolut zu setzen, ohne diese explizit mit einer Geschichtlichkeit geronnener Machthandlungen – z.B. in Gesellschaftsstukturen – in Beziehung zu setzen. Zudem betont er zwar, ganz im Weberschen Sinne, den Handlungsaspekt von Macht, ohne jedoch Intentionen oder Interessen eines handelnden Subjekts zuzulassen: ein Handlungsbegriff, der ohne Subjekt auszukommen scheint.

Wie können wir aber Machtverhältnisse benennen und kritisieren, wenn wir eine Machtkonzeption zugrunde legen, die Fragen nach Herrschaftsverhältnissen, Machtressourcen und -positionen nicht zuläßt? Benötigt nicht gerade eine auf Emanzipation gerichtete Theoriebildung eine Machtkonzeption, die Herrschende und Beherrschte, Täter und Opfer benennt?

Ich werde im folgenden diese Probleme anhand Foucaults Ausführungen präzisieren und die Stellen herausarbeiten, an denen Foucault selbst Möglichkeiten zur Überwindung dieses „Monismus der Macht" anbietet. Gleichzeitig werde ich zeigen, daß diese Aporie auch die Folge einer Analyse ist, die ein Machtverhältnis völlig ausblendet: das Geschlechterverhältnis.

1.2 Subjekt/Macht/Wissen

Kernstück der Foucaultschen Machttheorie ist die Kritik an der Annahme eines selbstreflexiven, sich seiner selbst bewußten und autonomen Subjekts, das in den Humanwissenschaften als Ausgangspunkt und Motor von Sinn und Geschichte vorausgesetzt werde. Foucault problematisiert die Beziehung zwischen Subjekt, Macht und Wissen in zwei unterschiedlichen Perspektiven: Durch welche Verschränkungen von Wissen und Macht werden Subjekte konstituiert? Und: Wie konstituieren sich Subjekte innerhalb von divergierenden Macht/Wissen-Komplexen? Ich werde zunächst herausarbeiten, wie sich Foucault zufolge Wissen und Macht miteinander verbinden und „in unserer Kultur aus Menschen Subjekte machen"[21]. Anschließend werde ich Foucaults Überlegungen zu einer „Technologie des Selbst" problematisieren, die für viele KritikerInnen eine Wendung Foucaults hin zu einer emanzipatorischen Subjekttheorie darstellen.

„Diese wirkliche und unkörperliche Seele ist keine Substanz; sie ist das Element, in welchem sich die Wirkungen einer bestimmten Macht und der Gegenstandsbezug eines Wissens miteinander verschränken; sie ist das Zahnradgetriebe, mittels dessen die Machtbeziehungen ein Wissen ermöglichen und das Wissen die Machtwirkungen erneuert und verstärkt. Über diese Verzahnung von Machtwirklichkeit und Wissensgegenstand hat man verschiedene Begriffe und Untersuchungsbereiche konstruiert: Psyche, Subjektivität, Persönlichkeit, Bewußtsein, Gewissen, usw.; man hat darauf wissenschaftliche Techniken und Diskurse erbaut; man hat darauf die moralischen Ansprüche des Humanismus gegründet. (...) Der Mensch, von dem man uns spricht und zu dessen Befreiung man einlädt, ist bereits in sich das Resultat einer Unterwerfung, die viel tiefer ist als er. Eine 'Seele' wohnt in ihm und schafft ihm eine Existenz, die selber ein Stück der Herrschaft ist, welche die Macht über den Körper ausübt. Die Seele: Effekt und Instrument einer politischen Anatomie. Die Seele: Gefängnis des Körpers."[22]

In diesem Zitat sind alle wesentlichen Elemente der Foucaultschen Subjektkritik enthalten. Foucault verwirft Annahmen, die seiner Meinung nach in den heutigen Subjekttheorien grundlegend sind: a) den Vorrang, der dem Geist gegenüber dem Körper eingeräumt werde, b) die cartesianische Vorstellung eines Subjekts, das ein autonomes, transzendentales Selbstbewußtsein besitze und damit in der Lage sei, sich selbst und die Welt zu erkennen, c) die darauf aufbauende Idee von zeitlosen wie universellen Werten und Rechten der Menschen, also die zentralen Inhalte des Humanismus, d) die Vorstellung einer Emanzipation von Unterdrückung.

Diesen Annahmen stellt Foucault eine „Genealogie des Subjektes" gegenüber. Das Subjekt – als philosophische Kategorie wie als gelebte Subjektivität – sei das Produkt einer spezifischen Verschränkung von Macht und Wissen, die Bewußtsein und Erkenntnisfähigkeit erst hervorbringe. Da es aber als Multiplikator und Produzent von Macht- und Wissenspraxen an der Perpetuierung seiner Konstitutionsbedingungen selbst mitarbeite, sei es in diesem Sinne auch ein handelndes bzw. normatives Subjekt: ein in sich gespaltenes und an der Aufspaltung seiner Welt mitwirkendes Subjekt. Macht bzw. Herrschaft dringe nicht von außen in dieses Subjekt ein, sondern durchziehe sein Inneres. Anders aber als z.B. Lacan und Derrida, die beide in der geschlossenen, selbstbezüglichen Struktur der Sprache den Schlüssel zu diesen Subjektivierungsprozessen sehen[23], sind Sinnverhältnisse für Foucault historisch kontingent und damit der Veränderung zugänglich. Die Ordnung der Sprache und der Zeichen wie auch die Erkenntnismodalitäten und Diskurse seien Diskontinuitäten und Brüchen ausgesetzt, die sich den realen, historischen Kämpfen um Macht verdankten. In diesem Sinn ist das menschliche Subjekt ein strikt historisches, das sein Auftauchen einer bestimmten Konstellation der Macht verdankt und das genausogut wieder – in einer anderen Machtkonstellation – verschwinden kann.

Eine solche Analyse beinhaltet, daß diesem Subjekt keine universelle, wert- und normenbegründende „Substanz" zugeschrieben werden kann. Im Hinblick auf die Geschichte des 20. Jahrhunderts, die für Foucault mit ihren Terrorregimen Faschismus und Stalinimus die Idee des Humanismus ein für alle mal diskreditiert hat, sei es vielmehr die vordringliche Aufgabe der Intellektuellen, die verschleierten Beziehungen von Macht, Wissen und Subjekt aufzudecken und zu kritisieren. Die spezifische Form des modernen Subjekts stellt für Foucault das zentrale Instrument der Unterwerfung der Menschen in jene anonyme, undurchsichtige Machtverhältnisse dar, die moderne bürgerlich-kapitalistische Gesellschaften prägen.

Wie sind nun Macht, Wissen und Subjekt bei Foucault verknüpft? Foucaults Rekonstruktion der Geschichte des Wissens umfaßt a) die Entstehung der Humanwissenschaften als Ergebnis wechselnder kognitiver Ordnungsmuster, sog. Episteme; b) die Verbindung von Wissen und Praxis, sog. Diskurse, als Konstitutionsbedingungen von Wissenschaftlichkeit, die die einzig legitime Form von Wissen in modernen Gesellschaften geworden ist; c) die Untersuchung der Bündelungen von Wissen, Praktiken und Techniken, sog. »Dispositiven«, durch die das moderne Subjekt konstituiert und unterworfen wird; d) die Techniken, mit denen sich das Subjekt selbst zu erkennen und sich eine Identität zu geben sucht.

Wissensproduktionen – Philosophie, Naturwissenschaften, aber vor allem die Humanwissenschaften – verdanken Foucault zufolge ihre Entstehung nicht einer neutralen Suche nach Wahrheit, Erkenntnis oder nach dem „richtigen Leben", sondern einem Willen zum Wissen, der gleichzeitig ein Wille zur Macht ist. Wahrheit sei nur der Deckbegriff dieses Begehrens nach Macht. Die Einheit zwischen dem Willen zur Macht und dem Willen zum Wissen könne noch in der Antike unverdeckt erkannt werden, da sich Wissen damals dadurch legitimierte, daß es zu politischem Machtzuwachs und Erfolg führte. Jedoch habe sich heute an die Stelle der Verifikation von Wissen durch Erfolg eine andere Legitimationsform geschoben: „eines Tages hatte sich die Wahrheit vom ritualisierten, wirksamen und gerechten Akt der Aussage weg und zur Aussage selbst hin verschoben: zu ihrem Sinn, ihrer Form, ihrem Gegenstand, ihrem selbstreferentiellen Bezug."[24]

Wahrheit sei nun zu dem Motor geworden, der die „geistige Maschine" (Luce Irigaray) in Gang halte. Die Aussageformationen, die sich um „Wahrheit" gruppieren, seien jedoch weder in sich konsistent noch von Dauer, vielmehr führten Verschiebungen und „Mutationen", die aber nicht ausschließlich als Folge von Entdeckungen zu erklären seien, zu Veränderungen dessen, was als Wahrheit jeweils anerkannt werde.

„Es sieht so aus, als hätte seit der großen Platonischen Grenzziehung der Wille zur Wahrheit seine eigene Geschichte, welche nicht die der zwingenden Wahrheiten ist: eine Geschichte der Funktionen und Positionen des erkennenden Subjekts, eine Geschichte der materiellen, technischen, instrumentellen Investigationen der Erkenntnis."[25]

Macht und Wissen werden hier genealogisch miteinander verbunden: durch die Aufdeckung einer historischen Entwicklung, in der die Suche nach der „Wahrheit" zu einem gesellschaftlich anerkannten Ziel wird, hinter dem sich Machthandeln verstecken kann.

Eine zweite Achse der Verbindung von Macht und Wissen könnte in Foucaults Bezugnahme auf Nietzsches Definition eines »Willens zum Wissen« als eines verdeckten Willens zur Macht, zu sehen sein. Nietzsche behauptet nun aber einen überhistorischen Selbsterhaltungswillen, der quasi vor jeder Erkenntnis und vor jeder politischen Konstellation steht und in den biologischen (fast schon phylogenetischen) Bedürfnissen begründet sei[26]. Einerseits distanziert sich Foucault von solchen anthropologisierenden Vorstellungen, so u.a. in seinem Aufsatz „Nietzsche, die Genealogie und die Historie", auf den ich später noch eingehen werde. So spricht auch Marti von einer wichtigen Differenz zwischen Nietzsches Biologismus und Foucaults streng genealogischer Herangehensweise[27]. Andererseits ist Foucaults Konzept der Verbindung von Macht/Wissen/Subjekt, wie er es in „Der Wille zum Wissen" vorlegt, derart nietzscheanisch durchdrungen, daß es naheliegt, Foucaults Abhängigkeit von Nietzsches Grundannahmen zu konstatieren, wie es Fink-Eitel tut[28].

Festzuhalten bleibt, daß sich in Foucaults Arbeit zwei unterschiedliche Zugänge zum Problem „Wahrheit und Macht" finden. Ich werde auf die Implikationen, die diese Verbindung enthält, zurückkommen. Doch zunächst zurück zu Foucaults historischer Analyse des Macht/Wissen Komplexes in der Moderne.

Der Prozeß der Durchsetzung dieses Macht/Wissen Komplexes werde zum einen durch die Institutionen gestützt, die sich um „Wissen" herum etablierten (z.B. Militär, Klöster, Krankenhäuser, Schulen, Universitäten mit ihrer scientific community). Er finde weiterhin dadurch Unterstützung, daß das Wissen, daß Wissenschaftlichkeit im Sozialen, in der Politik, im Recht, in der Ökonomie, aber auch in der Kunst, ja im Verhältnis der Subjekte zu sich selbst, zum Maßstab des Glaubwürdigen, des Akzeptablen und Legitimen werde. Entscheidend für die Ausbreitung und den Siegeszug des „Prinzips Wahrheit" sei die Entstehung der Humanwissenschaften und ihrer sich im Sozialen ansiedelnden Agenturen (Polizei, Sozialfürsorge, Gesundheitswesen, pädagogische Einrichtungen). Wissen und Macht sind in Foucaults Ansatz doppelt miteinander verknüpft: durch Machtmechanismen, die innerhalb der Aussageformationen wirken, wie Ausschließung, Verwerfung und Kontrolle sowie durch die Einbindung der Diskurse in Regierungs- und Herrschaftstechniken, die auf soziale Regelungsbedürfnisse antworten. Um solche Regelungsbedürfnisse zu bestimmen, greift Foucault – und damit unterscheidet sich seine Herangehensweise wesentlich von strukturalen Analysen – auf historische und auch historisch-materialistische Analysen zurück. Wissen in allen seinen Formen – als Erkenntnisverfahren wie als Erkenntniswirkungen – sei von Machtinteressen durchdrungen, es verdanke seine Herkunft wie auch seine Verbreitung bestimmten Machtkonstellationen.

Das Subjekt wiederum steht in Foucaults Werk in einer dreifachen Beziehung zu diesem Macht/Wissen Komplex. Der Mensch gerate als erkennendes Subjekt *und* als Objekt der Erkenntnis in ein Netz der Macht, das als solches gar nicht mehr identifizierbar sei. Doch ebenso suchten die einzelnen sich der Erfahrungen, die sie machen, mit kognitiven und praktischen Techniken (Reflektion und Verhaltenscodes) zu bemächtigen, um sich so selbst als Subjekte von Wissen zu konstituieren. Erfahrungen seien dabei stets als Korrelationen zu verstehen, „die in einer Kultur zwischen Wissensbereichen, Normativitätstypen und Subjektivitätsformen"[29] bestehen.

Zunächst zu den ersten beiden Bereichen dieser Beziehung zwischen Macht/Wissen und Subjekt. Es seien gerade die Humanwissenschaften, die den Prozeß der Subjektivierung eingeleitet hätten und immer noch fortsetzten. Eine Vielzahl unscheinbarer Praktiken, die z. B. in den Werkstätten, den Schulen, den Spitälern und beim Militär entwickelt wurden (und die ihre Vorläufer u.a. in Klöstern haben) und dazu dienten, die Leistung der Individuen zu steigern oder ein besseres Funktionieren der Institutionen zu sichern, bilden Foucault zufolge die Grundlage der Wissenschaft vom Menschen. Diese Praktiken würden gleichzeitig die ihnen unterworfenen Menschen formen, wiederum unterstützt von den „Erkenntnissen" der Wissenschaft, die doch eben aus diesen Praktiken gewonnen wurden. Es seien die Körper der Menschen, die hier im Mittelpunkt stünden und auf die disziplinarisch eingewirkt werde. Foucault spricht von den gelehrigen, gefügigen Körpern, denen Gewalt angetan werde, eine Gewalt allerdings, die leistungssteigernd wirke.

Ein weiterer, machtvoller Strang der Verschränkung von Macht/Wissen und Subjekt verlaufe über die Sexualisierung der Individuen. Wie ich später noch genauer ausführen werde, legt Foucault einen Schwerpunkt seiner Analysen auf die Normierung von Lüsten und Körpern, in deren Folge sich die allgemeine Auffassung etablieren konnte, daß es eine natürliche Sexualität und ein naturhaft begehrendes Subjekt gibt. In einem Prozeß, der auf den alten Techniken der Beichte aufbaue, würden die einzelnen zu erkennenden Subjekten ihrer eigenen Sexualität und einer eigenen inneren „Wahrheit". Wichtige Stützen seien hierbei die Sexualwissenschaften, die in enger Verzahnung mit Medizin, Psychiatrie und Pädagogik einen „inneren Raum" produzierten und gleichzeitig ans Licht holten.

Die Subjektivierung der Menschen sei aber nicht nur individualisierend, indem sie die Menschen hierarchisiere, trenne und vereinzele, sie sei gleichzeitig totalisierend, indem sie möglichst alle Menschen gleichen Prozeduren unterziehe, ihnen einen einheitlichen Körper, einheitliche Bedürfnisse und Fähigkeiten zukommen ließe. Sie produziere zugleich den Arbeiter wie die Arbeitskraft, das Sexualwesen wie das Gattungswesen. Die Formierung der Menschen zu Subjekten arbeite mit den Mitteln der Normalisierung, sie spalte sowohl die Menschen in sich selbst, in Bewußtes/Unbewußtes, Körper/Geist, Verstand/Gefühl etc., wie auch die Individuen untereinander, in gesund/krank, verrückt/normal, kriminell/anständig. Sie sei weiter eine Eigenleistung der

Menschen, da sich diese aktiv um Identität und Selbsterkenntnis bemühten. Den Prozeß der Entstehung des modernen Subjekts setzt Foucault in den Bezugsrahmen der sich entwickelnden bürgerlich-kapitalistischen Gesellschaft mit ihren spezifischen Problemen wie der Bereitstellung von Arbeitskraft, der Produktivitätssteigerung und der Bevölkerungskontrolle. Er betont aber, daß sich die Mittel und Praktiken dieses Subjektivierungsprozesses nicht aus der Ökonomie erklären ließen, sondern einen eigenständigen Bereich von Machtbeziehungen darstellten.

Das moderne Subjekt müsse, so Foucault, als eine historische Form des Menschen angesehen werden, die sich einer Macht verdanke, die gerade deshalb kaum zu erkennen sei, weil sie sich den Anschein des Natürlichen, des Evolutionär-Emanzipatorischen, des Ewig-Menschlichen gebe. Daher könne es weder eine Befreiung dieses Subjekts geben noch eine Versöhnung des Subjekts mit sich selbst. Foucaults Utopie ist vielmehr die Überwindung dieser Form der Subjektivierung/Unterwerfung. Er sah diese Hoffnung zunächst in den beiden unterschiedlichen Bedeutungen des Begriffs Subjekt – als Reflektionsinstanz und als konkrete historische und kulturelle Realität – begründet. In den Wissensformen der Ethnologie, der Linguistik und der Psychoanalyse sah er den Beginn einer Wende im Denken der Menschen:

> „In unserer heutigen Zeit kann man nur noch in der Leere des verschwundenen Menschen denken. Diese Leere stellt kein Manko her, sie schreibt keine auszufüllende Lücke vor. Sie ist nichts mehr und nichts weniger als die Entfaltung eines Raumes, in dem es schließlich möglich wird, zu denken."[30]

Foucaults scharfe Kritik an einem Humanismus, in dessen Zentrum ein mit sich selbst identisches, reflexives und autonomes Subjekt stehe, das zudem die Begründung normativer Wertvorstellungen abgebe und damit Ausgangspunkt jeder Kritik sein müsse, hat u. a. dazu geführt, daß seine Arbeiten als „antihumanistisch" und „reaktionär" bezeichnet wurden[31]. In der Tat ergeben sich aus seinen Verwerfungen einige ernsthafte Probleme, gerade für kritisch-theoretische wie auch politisch-praktische Ansätze. Wenn es keine universellen, allgemeingültigen Normen – wie z.B. Menschenrechte – gibt, von welchem Standpunkt aus kann dann Kritik an den bestehenden Verhältnissen geübt und Politik gemacht werden[32]? Ist Philosophie und Gesellschaftskritik überhaupt noch möglich, wenn die Aufklärung nicht etwa „nur" als gescheitert oder noch nicht verwirklicht angesehen wird, sondern selbst als Motor moderner Herrschaftsverhältnisse identifiziert wird und damit als Ganzes verworfen wird[33]? Wenn es weder Wahrheit noch ein erkennendes Subjekt mehr gibt, kann es dann überhaupt noch einen Standpunkt geben, von dem aus Erkenntnis möglich ist und damit die Chance, bestehende Verhältnisse zu verändern[34]? Muß und kann es eine Unterscheidung zwischen Machtwissen und anderen Erkenntnisformen geben, um an Foucault angeknüpfen zu können? Läßt sich so das „Bewußtsein" als emanzipatorische Kraft reetablieren[35]?

Nicht wenige sehen in der späten Arbeit Foucaults zu einer „Technologie des Selbst" eine Korrektur seiner problematischen Subjektkritik. Sie kann als Untersuchung des Bereichs charakterisiert werden, in dem Individuen nicht mehr nur als Empfänger/Vermittler gesellschaftlicher Zwänge und mächtiger Diskurse auftreten, sondern sich selbst eine Existenzweise zu geben suchen, die nicht unbedingt Abbild herrschender Verhältnisse sein müssen. Darauf werde ich im folgenden eingehen.

Wie problematisieren die Individuen die Erfahrungen, die sie z.B. – und das ist Foucaults Bezugspunkt – mit „ihrer" Sexualität machen? Welche Formen und Modalitäten sind im Spiel, wenn Individuen ein Verhältnis zu sich zu errichten suchen? Wie macht sich das Individuum zum Subjekt seiner Handlungen? Foucault unterscheidet hier zwischen einem Wissen, das aus Individuen Subjekte macht und einem Wissen, mit dem das Individuum versucht, sich selbst in Beziehung zu seiner Umwelt eine Form, einen Stil oder eine ästhetische Existenz zu geben:

> „Das ist kein Wissen, das sie (= die Subjekte) selbst beträfe, das ist kein Wissen, das die Seele erfaßte, das aus dem Selbst ein Objekt der Erkenntnis machte, das ist ein Wissen, das den Dingen gilt, der Welt, den Göttern und den Menschen, dessen Effekt und Funktion aber darin bestehen, das Sein des Subjekts zu modifizieren. Diese Wahrheit muß das Subjekt affizieren. Daß das Subjekt zum Objekt eines wahren Diskurses wird, steht nicht zur Debatte."[36]

Erst mit der Verbindung der Analyse von Macht/Wissen/Subjektivierung auf der einen und den „Techniken des Selbst" auf der anderen Seite sei, so Foucault in seinem späteren Werk, eine Genealogie des Subjekts möglich. Mit dieser Verschiebung in Foucaults Machtkritik geht sowohl eine Ausdifferenzierung des Machtbegriffs einher wie auch eine Verlagerung weg vom Körper als Zielscheibe der Macht hin zu einem Selbst, welches sich zwar nicht unabhängig von äußeren Zwängen konstituiere, jedoch auch nicht ausschließlich durch Unterwerfung unter diese[37].

Foucault modifiziert in diesem Zusammenhang das Verhältnis von Macht und Herrschaft. Herrschaftssysteme entstünden durch die Verfestigung von Machtbeziehungen und ließen kaum einen Freiheitsspielraum mehr. Er unterscheidet nun drei Ebenen in seiner Machtanalyse: strategische Beziehungen, Regierungstechniken und Herrschaftszustände[38]. Danach bezeichnen strategische Beziehungen die von Freiheit geprägte Auseinandersetzung zwischen in etwa gleichstarken Gegnern, Regierungstechniken institutionalisierte Beziehungen, in denen sich Leitende und Geleitete gegenüberstehen und Herrschaftszustände solche Beziehungen, in denen keine Reziprozität mehr besteht. Die Termini des Kampfes, des Krieges, die Foucault anfangs als allein angemessen für eine Analyse von Machtbeziehungen bezeichnete, wandeln sich nun in Termini des Spiels, in denen der Einsatz Freiheit und nicht mehr das Leben ist. Machtausübung sei dem Feld der Handlungen zuzuschreiben: Sie sei „die Wirkungsweise gewisser Handlungen, die andere verändert"[39], ihre Stütze finde sie in dauerhaften Strukturen. Nicht mehr die Produktion „gelehriger Körper", die Foucault nun der Gewalt – in Abgrenzung zu Macht – zuschlägt, sondern die verändernde Einwirkung auf Handlungen der anderen sei der eigentliche Charakter von Machtbeziehungen. Foucault schränkt jedoch ein:

„Freilich schließt die Einrichtung von Machtverhältnissen genausowenig den Gebrauch der Gewalt wie das Vorhandensein einer Übereinkunft aus; keine Machtausübung kann auf das eine oder das andere, oft auch auf beides verzichten. Aber wenn sie auch deren Instrumente oder Wirkungen sind, stellen sie nicht deren Grundlage oder Natur dar. Die Machtausübung kann wohl soviel Akzeptanz hervorrufen wie sie will; sie kann Leichen anhäufen und sich hinter allen erdenklichen Drohungen verschanzen."[40]

Dieser Teil der Arbeit Foucaults ist Gegenstand vielfältiger Interpretationen. So wird sie beispielsweise von Hinrich Fink-Eitel als Abkehr von einer poststrukturalistischen Subjektkritik angesehen, die sich aus den Schwierigkeiten erklären lasse, die Foucaults „monistische" Machttheorie aufwerfe. Erst im Spätwerk sieht Fink-Eitel die Beziehung zwischen Subjekt/Wissen/Macht von Foucault eingeholt und gleichzeitig die bisherige Machttheorie revidiert[41]. Für andere deutet sich in den „Technologien des Selbst" eine Alternative zu der Konstruktion eines Subjekts an, das nur Objekt von Wissen und Macht ist. Helmut Becker sieht sogar eine klare Trennung zwischen Wissen und Macht:

„Das Subjekt stellt ein Wissen her, das es nicht mit Macht ausstattet, und die Macht, die es haben mag, hat auf dieses Wissen keinen Einfluß. Das Wissen über sich selbst, das sich das Subjekt durch Selbstbezug verschafft, verpflichtet es vielmehr umgekehrt, die Macht, die es über andere haben kann, nicht zu mißbrauchen, sie richtig einzusetzen, und das heißt: zum Wohle aller ohne Herrschaftseffekte einzusetzen."[42]

Ich halte diese Interpretationen für höchst problematisch, auch wenn sie auf den ersten Blick die Möglichkeit beinhalten, Subjektivität anders als in den Termini der Unterwerfung zu konzipieren. Foucaults Untersuchungen über die antiken Praktiken der Selbstsorge zeigen meiner Meinung nach immer auch Versuche der Selbstmeisterung, der Triebregulierungen und auch der Beherrschung der Beziehungen zu anderen. Das Wissen über sich selbst diente auch dort der Objektivierung – innerhalb des Subjekts selbst und zwischen den Subjekten. Dieser Aspekt der „Technologien des Selbst" wird von Foucault selbst und von seinen Interpreten vernachlässigt[43].

Feministische Forschungen haben solche historischen Objektivierungsprozesse herausgearbeitet, die immer auch zu einer Ausgrenzung des Weiblichen geführt haben. Z.B. hat Jessica Benjamin den Zusammenhang einer androzentrischen Matrix der Subjektentwicklung, wie sie in Subjekttheorien zu finden ist und die stets den Aspekt der Autonomie, also der Abgrenzung, betont, mit der Marginalisierung von Bedürfnissen nach Anerkennung und Nähe aufgezeigt[44] Dadurch, so ihre These, werde stets die Herausbildung von Subjektivität sowohl mit einem Herrschaftsaspekt verbunden als auch deren interaktive Aspekte vernachlässigt. Luce Irigaray hat auf der Ebene der Diskurse und der Sprache die Vereindeutigungsprozesse und deren Kehrseite, die Ausgrenzung des/der anderen aus dem Diskurs, nachgezeichnet und die Verbindungen zwischen dieser „Ökonomie des Selben" mit Unterdrückung aufgezeigt[45].

Eine „Technologie des Selbst", die von der Möglichkeit einer Selbsterschaffung ausgeht, die zudem in einem machtfreien Raum stattzufinden scheint, bleibt hinter diesen Analysen weit zurück und verdeckt grundlegende Machtverhältnisse, anstatt sie zu erhellen.

Es scheint mir in der Tat eher so, als habe sich Foucault bzw. seine Interpreten erst in diesem Modell vollständig von einem „Monismus" der Macht überwältigen lassen, der Widerstand allein in einer »Ethik des Selbst« denkbar werden läßt. Wenn diese Interpretation richtig ist, weist Foucaults Denken hierin eine ähnliche Problematik wie Adornos Denken auf: Wenn das Gesellschaftliche nurmehr Zwang ist, kann das Moment des Widerständigen nur noch *außerhalb* des Gesellschaftlichen gesucht werden. Dieses „Außerhalb" ist bei beiden Autoren das Ästhetische: in der Kunst bei Adorno, in der Kunst der Existenz bei Foucault.

Louis McNays Diskussion der „Technologie des Selbst" nimmt diesen Faden auf. Sie sieht in ihnen die Ergänzung zu Foucaults vorherigen Modell der passiven Unterwerfung unter die Macht. Allerdings kritisiert sie die nichtdialogische Konzeption der „Technologie des Selbst", die in der Folge zu einer falschen Dichotomie zwischen Individuum und Gesellschaft führt, in der sich eine gegen die Interessen des Subjekts gerichtete Gesellschaft und ein sich selbst erschaffendes Subjekt unvermittelt gegenüberstehen. Dadurch werde aber das Widerstandspotential vollends von der Gesellschaft abgezogen und in eine Art Introspektion des Subjekts, eine Kunst der Existenz, verlegt[46]. Sie schlägt stattdessen eine kommunikative und interaktive Theorie der „Technologie des Selbst" vor, in Anschluß an Habermas.

Einen ähnlichen Vorschlag macht Sheyla Benhabib in ihrer Kritik an Adorno. Warum, so fragt sie, muß die Utopie der „opferlosen Nichtidentität" außerhalb der interpersonellen, gesellschaftlichen Beziehungen gesucht werden, wenn doch gerade in der Kommunikation mit den anderen die Grenzen und Ränder von Subjektivität, die durch die Identitätslogik verborgen sind, zum Vorschein kommen.

„Die Utopie der 'opferlosen Nichtidentität' muß in dieser Sphäre gesucht werden, wo sich Identität einzig im Durchgang durch Differenz herstellen läßt und kraft der unausgesetzten Neubestimmung der Grenzen zwischen Subjekt und dem anderen gerechtfertigt wird."[47]

Benhabib führt die Zurückhaltung Adornos, beispielsweise die Liebe als einen solchen Bereich der Kommunikation in Betracht zu ziehen, u.a. auf dessen „orthodox-freudianische Sicht der Begierde"[48] zurück. Eine ausschließlich triebtheoretische Perspektive verschließe den Blick auf die zwischenmenschlichen Beziehungen, in denen Triebe – auf Objekte bezogen – in kommunikative Prozesse eingeschlossen sind, die ein „Bei-sich-selbst-sein-im-Anderen" ermöglichen könnten. Dieser Gedankengang könnte auch auf Foucaults – wenn auch ambivalente – nietzscheanische Sicht eines „Willens zur Macht" bezogen werden, der stets allein ein Gegeneinander, einen Kampf zwischen den Individuen impliziert.

Ich halte dennoch auch eine Theorie der Interaktion und Kommunikation, wie sie in Anschluß an Habermas formuliert wird, für einen problematischen Weg, dem Dilemma zu entkommen. Die Zurückhaltung, die sowohl Adorno als auch Foucault gegenüber einem Modell der Interaktion und einer machtfreien Kommunikation einnehmen, sind m.E. berechtigt. Weder kann davon ausgegangen werden, daß es von den objektiven Verhältnissen unabhängige, egalitäre Interaktionen zwischen Subjekten geben könnte noch kann angenommen werden, daß es eine Kommunikation geben könnte, die völlig transparent und frei von Machtstrategien wäre. Zu tief sind Sprache, Diskurse und Vernunft in moderne Machtverhältnisse verstrickt.

Stattdessen könnte ein Ausweg aus dieser Problematik darin liegen, die totalisierenden Elemente in den Machtkritiken von Adorno und Foucault freizulegen, die den Blick auf die *Dynamik* und die *Widersprüchlichkeiten* der Machtverhältnisse verstellen. Regina Becker-Schmidt u.a. haben diese Kritik unter anderem an der Konzeption von Klasse und Geschlecht innerhalb der Theorie Horkheimers und Adornos wie auch anhand der Untersuchungen der doppelten Vergesellschaftung von Frauen geleistet und damit die Möglichkeit von Widerstands- und Subjektpotentialen aufgezeigt, die sich direkt aus dem Sozialen speisen[49]. Ich werde an anderer Stelle darauf zurückkommen.

Auch Foucaults Denken enthält totalisierende Elemente, die gerade durch den Ausschluß oder das nicht-miteinander-in-Beziehung-setzen der konflikthaften Konstellationen von Macht entstehen[50]. Eines dieser Elemente ist sicher die Universalisierung eines Begriffes von Macht, der selbst Produkt eines Machtverhältnisses ist. Die Aufdeckung der maskulinen Durchdringung eines „Willens zur Macht" ist ein Ansatz, dem »Monismus der Macht« entgegenzutreten, ohne allerdings die Genusgruppe „Männer" zu homogenisieren oder auf der anderen Seite ein Ideal femininer Macht aufzustellen. Es gälte vielmehr, die Geschichte der Verschränkung von maskuliner Subjektivität und Macht nachzuzeichnen. Dabei kämen auch die Geschlechterverhältnisse ins Licht, innerhalb derer sich eine solch spezifische Macht entwickeln konnte. Gleichzeitig verschöbe sich der Blick weg von einem „alles durchdringenden Machtwillens" auf konflikthafte Konstellationen im Sozialen.

Foucault bietet jedoch auch selbst eine Denkfigur an, durch die widersprüchliche Erfahrungen mit Macht benannt werden können. Im Laufe seiner Arbeit, gerade zu Sexualität, verwirft Foucault die Hoffnungen auf Überwindung der Unterwerfung der Menschen durch Subjektivierung, die er in einen Teil der Wissensproduktionen, wie Ethnologie, Linguistik und Psychoanalyse gesetzt hat. Zu sehr erscheinen ihm gerade die von ihm privilegierten Wissensformen in den Machtdiskurs verwickelt, der die Gesellschaft „unter die Herrschaft des Sexes" (Foucault) zwingt. Foucault richtet nun seine Hoffnungen auf die neuen sozialen Bewegungen: Daß sich diese Oppositionen vor allem gegen das „Regieren durch Individualisieren“ (Foucault) wehrten, indem sie sich zugleich auf das – versprochene und nicht eingelöste – Recht auf Verschiedenheit beriefen, zeige, daß der Prozeß der Subjektivierung in sich selbst Widersprüche aufweise, die zu Verschiebungen des Verhältnisses von Macht und Subjekt führen könnten. Gerade die *Gleichzeitigkeit von Individualisierung und Totalisierung* produziere widersprüchliche Erfahrungen, die die Subjekte dazu brächten, sich gegen ihre Unterwerfung zur Wehr zu setzen.

„Das Hauptziel dieser Kämpfe ist nicht so sehr der Angriff auf diese oder jene Machtinstitution, Gruppe, Klasse, oder Elite, sondern vielmehr auf eine Technik, eine Form von Macht. Diese Form von Macht wird im unmittelbaren Alltagsleben spürbar, welches das Individuum in Kategorien einteilt, ihm seine Individualität aufprägt, es an seine Identität fesselt, ihm ein Gesetz der Wahrheit auferlegt, das es anerkennen muß und das andere in ihm erkennen müssen.“[51]

Die Machtkonstellationen der Moderne erscheinen durch diese Widersprüchlichkeiten instabil, kontingent und weit davon entfernt, einer einheitlichen Logik zu folgen. Aus dieser prinzipiellen Instabilität speise sich dann auch die Möglichkeit, in die Kämpfe des Wissens einzugreifen. „Wahrheit“ entfalle zwar als Kriterium der Unterscheidung zwischen falschem und richtigem Bewußtsein, zwischen Wissenschaft und Herrschaftswissen. An ihre Stelle setzt Foucault Diskurskriterien: Das ausgeschlossene Wissen, die unterdrückten Diskurse, die nichtintendierten Effekte von Wissen, die Möglichkeit eines Denkens, das dem Begehren nach Macht widerstrebe und nichttotalisierend, nichtidentifizierend, nichthierarchisierend wäre[52].

Hiermit benennt Foucault einen Fokus inmitten der Gesellschaft und eröffnet die Möglichkeit, die Figur der „Technologien des Selbst“ im Sozialen selbst anzusiedeln. Die „Technologien des Selbst“ stellen dann die weder unproblematischen noch machtfreien Versuche dar, mit denen Menschen die widersprüchlichen Anforderungen, die an sie gestellt werden sowie die ebenso widersprüchlichen Bedürfnissen, die sie daraus entwickeln, zu verarbeiten suchen. Mit dieser Wendung der Subjektkritik kommt der Körper, nicht als anthropologische Grundlage, sondern als epistemologischer Bezugspunkt erneut ins Spiel. Der Stellenwert, den Foucault dem Körper als privilegiertem epistemologischem Gegenstand in seiner Arbeit gegeben hat, verdankt sich gerade dem tiefen Mißtrauen gegenüber einem rationalen Diskurs, der den Intellekt ins Zentrum setzt. Ich werde daher im folgenden Foucaults Machttypen der Disziplinierung und Regulierung diskutieren, für deren Untersuchung Körper und Lüste den Ausgangspunkt bildeten. Dabei geht es mir vor allem um eine Erweiterung des Machtmodells, die es erlaubt, Widersprüche und Brüche im gesellschaftlichen Raum stärker zu betonen.

1.3 Die Körper im Mittelpunkt von Disziplinierung und Regulierung

In „Nietzsche, die Genealogie, die Historie“[53] entwickelt Foucault sein Arbeitsprogramm und seine Methode, die Genealogie, die vor allem für seine Untersuchungen zu Delinquenz und Sexualität maßgebend sind. In Auseinandersetzung mit Nietzsche werden die drei Elemente der Genealogie - »Herkunft«, »Entstehung« (als Gegenstände) und »historischer Sinn« (als Instrument) - präzisiert. Sie werden gleichzeitig als Bruch mit Vorstellungen von Ursprung, Kontinuität und Teleologie spezifiziert. So bringe die Analyse der »Herkunft« nicht das „Wahre“, „Ursprüngliche“, z.B. des Subjektes, zu Tage, sondern seine Vielfältigkeit und Zufälligkeit: „Die Analyse der Herkunft führt zur Auflösung des Ich und läßt an den Orten und Plätzen seiner leeren Synthese tausend verlorene Ereignisse wimmeln.“[54] Ebenso liefere die Analyse der »Entstehung«, z.B. von Regelsystemen oder Wissensformationen, keine Argumente für eine kontinuierliche Entwicklung, sondern erfasse die (kriegerische) Auseinandersetzung zwischen gesellschaftlichen Kräften: „Die Menschheit schreitet nicht langsam von Kampf zu Kampf bis zu einer universellen Gegenseitigkeit fort, worin die Regeln sich für immer dem Krieg substituieren; sie verankert alle ihre Gewaltsamkeiten in Regelsystemen und bewegt sich so von Herrschaft zu Herrschaft.“[55] Und der »historische Sinn« unterscheide sich von einer metaphysischen Historie dadurch, daß er statt Kontinuität und Geschlossenheit Diskontinuität einführe: „Sie duldet keine beruhigende Stabilität des Lebens oder der Natur über sich; sie wird sich von keiner stummen Beharrlichkeit auf einen altehrwürdigen Zweck verpflichten lassen.“[56] Der historische Sinn kehre das Verhältnis zwischen »Ereignis« und Notwendigkeit um: Das »Ereignis« ist nicht länger eingespannt in eine sinnvolle Kontinuität oder eine teleologische Entwicklung, sondern tritt als Umsturz eines Machtverhältnisses in den Vordergrund.

Die genealogische Analyse bricht also mit philosophisch-historischen und gesellschaftstheoretischen Prämissen. Daher ist Foucault gezwungen, einen neuen Bezugspunkt einzuführen, von dem eine Genealogie ihren Ausgang nehmen könnte. Er wählt, wie Nietzsche, aber auch in Abgrenzung zu diesem, den Körper „als Leitfaden“[57]. Für Nietzsche stellte der Leib den privilegierten Gegenstand der Erkenntnis dar, da an diesem Vergangenes, Gegenwärtiges und Zukünftiges sichtbar sei. Er stelle zugleich die Antriebskräfte (und den Sinn) für jegliches menschliche Tun zur Verfügung, nicht zuletzt – im Selbsterhaltungstrieb – den Willen zum Wissen. Der Körper besitze also eine überhistorische Qualität, die historische Prozesse antreibe. Letzteres weist Foucault allerdings zurück[58]. Da die Genealogie eine Methode sei, die Ursprung, Konstanz und Teleologie zurückweist, kann sie solche Qualitäten auch dem Körper nicht zubilligen. „Die 'wirkliche' Historie stützt sich im Gegensatz zu der der Historiker auf keine Konstanz: nichts am Menschen – auch nicht sein Leib –

ist so fest, um auch die anderen Menschen verstehen und sich in ihnen wiedererkennen zu können."[59] Gefühle, Instinkte, Körper müßten ebenfalls als Gewordenes betrachtet werden, sie seien kontingenten Lebensweisen unterworfen, die es aber gerade darum zu untersuchen gelte[60].

Wie verschränkt nun Foucault Körper und Genealogie? Der Körper sei zunächst der Ort der »Herkunft«:

„Der Leib - und alles, was den Leib berührt - ist der Ort der Herkunft: am Leib findet man das Stigma der vergangenen Ereignisse, aus ihm erwachsen auch die Begierden, die Ohnmachten und die Irrtümer; am Leib finden die Ereignisse ihre Einheit und ihren Ausdruck, in ihm entzweien sie sich aber auch und tragen ihre unaufhörlichen Konflikte aus. Dem Leib prägen sich die Ereignisse ein (während die Sprache sie notiert und die Ideen sie auflösen). Am Leib löst sich das Ich auf (das sich eine substantielle Einheit vorgaukeln möchte). Er ist eine Masse, die ständig abbröckelt. Als Analyse der Herkunft steht die Genealogie also dort, wo sich Leib und Geschichte verschränken. Sie muß zeigen, wie der Leib von der Geschichte durchdrungen ist und wie die Geschichte am Leib nagt."[61]

Daraus ergibt sich, welche Rolle der Körper bei der Analyse der »Entstehung« spielt, die ihrerseits primär gesellschaftliche Prozesse zum Inhalt hat. Die Ereignisse und Machtkämpfe hinterließen ihre Spuren an den Körpern, deren „Eigenschaften" immer nur im Kontext dieser Entstehungen zu erkennen seien. Die Genealogie habe daher ihre Aufmerksamkeit nicht auf die großen Ereignisse zu richten, sondern auf das Naheliegende: „Die wirkliche Historie hingegen richtet ihre Blicke auf das Nächste – auf den Leib, das Nervensystem, die Ernährung und Verdauung, die Energien; sie wühlt in Dekadenzen und wenn sie sich den hohen Epochen zuwendet, so mit dem – nicht nachtragenden, sondern fröhlichen – Verdacht eines barbarischen und unaussprechlichen Wimmelns."[62]

Der Körper soll also die epistemologische Leerstelle ausfüllen, die mit Foucaults Verwerfung subjekttheoretischer, historisch-materialistischer und strukturalistischer Prämissen entstanden ist. Mit dem Körper „als Leitfaden" und der Genealogie als Methode sucht Foucault die Entstehung der Machttypen zu rekonstruieren, die seiner Meinung nach die Moderne kennzeichnen: Disziplinierung und Regulierung. Zusammen bilden sie den Kern der „Bio-Macht", wie Foucault die Machtbündelung bezeichnet, mit deren Hilfe moderne Gesellschaften regiert würden. Sexualität gewinnt nun als Verbindungsglied zwischen beiden und als deren privilegierter Vektor die entscheidende Bedeutung, die sie Foucault zufolge für die Konstituierung moderner Gesellschaften hat.

Disziplinierung

Ende des 18. Jahrhunderts[63] entsteht Foucaults Analyse der Delinquenz zufolge ein neuer Umgang mit den Körpern. Nicht mehr Abschöpfung, Unterwerfung und Bestrafung stünden im Mittelpunkt sozialer Praktiken, die sich seit jeher um die Körper formiert hätten, sondern Leistungssteigerung, Funktionalität und Berechenbarkeit. An die Stelle spektakulärer, gewalttätiger Manipulationen würden nun Techniken treten, die „im Detail" die Körper mit eher unauffälligen, subtilen Mitteln bearbeiteten.

„Es handelt sich immer um minutiöse, oft um unscheinbare Techniken, die aber ihre Bedeutung haben. Denn sie definieren eine bestimmte, politische und detaillierte Besetzung des Körpers, eine neue 'Mikrophysik' der Macht; und seit dem 17. Jahrhundert haben sie nicht aufgehört, immer weitere Gebiete zu erobern - so als wollten sie den gesamten Gesellschaftskörper einnehmen."[64]

Nicht die Techniken seien neu, sie hätten ihre Vorbilder u.a. in den Arbeits- und Askeseregeln der Klöster. Neu sei vielmehr die Verbindung zwischen den Techniken, den sich immer mehr ausbreitenden sozialen Institutionen und einer spezifischen Form von Wissen, was dazu geführt habe, daß immer mehr Menschen in das Netz der Disziplinierung geraten seien. Die einzelnen Techniken mit ihren Prinzipien Zeit („Taylorisierung" der Bewegungen und Tätigkeiten, Ausnutzung möglichst langer Arbeitsleistungen), Raum (Einschließung, Parzellierung, Hierarchisierung) und Überwachung (Transparenz, Übersichtlichkeit) seien u.a. in den Schulen, den Fabriken, beim Militär entstanden. Aus solchen Überlegungen, Erfahrungen und Verbesserungen hätten sich die empirischen und theoretischen Erkenntnisse der neuen Wissenschaften vom Menschen entwickelt, u.a. in Pädagogik, Medizin, Psychologie. Deren normative Aussagen über „den Menschen" wirkten wiederum in die Praxis zurück. Es bilde sich eine „politische Anatomie der Körper" aus: „Der menschliche Körper geht in eine Machtmaschinerie ein, die ihn durchdringt, zergliedert und wieder zusammensetzt."[65]

Das „Produkt" der Disziplinartechniken scheint damit ein Körpersubjekt zu sein, das den Anforderungen der sich formierenden Arbeitsgesellschaft genügen kann. Es entsteht zweierlei: ein Wissen über die Körper (und damit über „den Menschen") und ein Körperbewußtsein. Da sich beides sowohl am Körper erkennen läßt als auch empfunden werden kann, erscheint beides als „natürlich" und „organisch". Brüche zwischen Machteinwirkung und subjektivem Körperempfinden sind nicht mehr ohne weiteres erkennbar, wie dies z.B. bei gewalttätigen Machtformen noch möglich war. Dieses Bewußtsein/ Wissen umfaßt sowohl die Dimension des einzelnen, unterscheidbaren Körpers wie die des kollektiven Körpers: der Arbeiter als einzelner und die Arbeiterklasse als Kollektivsubjekt. Die Unterwerfung erscheint damit total, ein Entrinnen unmöglich: „Die Disziplin fabriziert (...) unterworfene und geübte Körper, fügsame und gelehrige Körper."[66]

Auf diese Schlußfolgerungen konzentriert sich die Kritik an Foucaults Modell der Disziplinarmacht. So kritisiert Stefan Breuer, daß Foucault nicht zwischen Dressur, Kultivierung, Zivilisierung oder Moralisierung unterscheide, Unterscheidungsmöglichkeiten, die z.B. Kant eingeführt habe[67]. In eine ähnliche Richtung argumentiert Jürgen Habermas, wenn er eine Unterscheidung zwischen Normen, die in jeder Gesellschaft notwendig sind, und Normalisierung einfordert[68]. Axel Honneth beanstandet den behavioristischen Blick auf die Individuen und ihre Körper, zudem bringe sich Foucault mit diesem Modell um die Möglichkeit einer Kritik der Disziplinargesellschaft.[69] Die Kritik von Lois McNay habe ich bereits vorweg genommen, sie betrifft die einseitige Konstruktion von Subjekten als passive, unterworfene Individuen.

Aber ist Foucaults Blick auf die „gelehrigen Körper" tatsächlich so einseitig, wie die Kritiken vermuten lassen? Foucault betont selbst mehrfach, daß es sich bei der Disziplinierung nicht um einen „one way"-Vorgang handelt. Der Körper bleibt dabei nicht bloßes Objekt, nicht nur Maschine, vielmehr lernen die Techniken an seiner Eigengesetzlichkeit, an der „Mechanik des Lebenden", sie passen sich an und wirken zurück. Die Disziplinen arbeiten nicht ausschließlich gegen den Körper, sondern auch mit dem Körper und nutzen seine Ressourcen wie Energie, Bewegungsfähigkeit, Selbsterhaltungsantriebe. In den Disziplinen wird Wissen über den Körper gewonnen, indem sie am Körper arbeiten und von ihm lernen. Mit der Intention, aus den Körpern die höchstmögliche Leistung zu extrahieren – sei es im Militär, sei es in der Schule – werden Körperzustände wie Ermüdungserscheinungen oder Konzentrationsschwächen zum Gegenstand der Disziplinen. Diese versuchen nun, die Ursachen dieser „Ausfälle" – z.B. falsche Handlungsabläufe beim Exerzieren, heimliches Onanieren – zu erkennen und zu beseitigen und die dadurch „gewonnene" Energie dem disziplinierten, nützlichen Körper einzuverleiben:

„Das Verhalten und seine organischen Anforderungen verdrängen allmählich die einfache Physik der Bewegung. Der Körper, der bis in die kleinsten Operationen hinein gelehrig zu sein hat, bringt dagegen die einem Organismus eigenen Funktionsbedingungen zur Geltung. Der Disziplinarmacht entspricht eine Individualität, die nicht nur analytisch und 'zellenförmig' ist, sondern auch natürlich und 'organisch'."[70]

Zwischen Disziplinen und Individuen bestehen multiple Verbindungen, die sie zu Verbündeten, aber auch zu Widersachern machen. Die angestrebte totale Erfassung der Körper, die Aufmerksamkeit, die jeder ihrer Regungen zugedacht wird, steigert auch die Wahrnehmung der Subjekte: Sie „lernen", daß sie einen scheinbar kostbaren Körper haben. Die Erfahrung und/oder Hoffnung, daß bestimmte Disziplinen diesen Besitz verbessern, kräftigen und leistungsfähiger machen, können dazu beitragen, daß die Individuen die Disziplinartechniken bejahen und ihnen in die Hände arbeiten, sie können aber auch dazu beitragen, daß sich die Individuen die Disziplinen aneignen und gegen deren Intentionen einsetzen.

„Körperbeherrschung und -bewußtsein konnten nur infolge der Besetzung des Körpers durch die Macht erworben werden: Gymnastik, militärische Übungen, Muskelentwicklung, Nacktheit, das Preisen des schönen Körpers... all dies liegt auf der Linie, die durch unablässige, hartnäckige, sorgfältige Arbeit der Macht am Körper der Kinder, der Soldaten, und am gesunden Körper zum Begehren der eigenen Körper geführt hat. Sowie die Macht diese Wirkung produziert hat, entsteht unvermeidlich, eben auf der Linie ihrer Eroberungen, die Rückforderung des eigenen Körpers gegen die Macht, der Gesundheit gegen die Ökonomie, der Lust gegen die moralischen Normen der Sexualität, der Heirat und der Schamhaftigkeit.“[71]

Disziplinierung und Körper stehen sich also nicht in einer starren Relation Macht-Ohnmacht gegenüber, sondern gehen Verflechtungen ein, die auf beiden Seiten zu Steigerungen von Macht führen können. Moderne Macht, so Foucault, hat von den Körpern Besitz genommen, den Körper selbst zu der Gestalt geformt, die den Individuen teuer geworden ist und damit auch den Ausgangspunkt für Widerstand bietet. Körperwissen und Körperbewußtsein sind damit nicht stets und immer deckungsgleich: Die Machtform Disziplinierung scheint unintendierte Nebenfolgen zu produzieren, die einer starren Ursache-Wirkung Relation, die in der Denkfigur der „gelehrigen und fügsamen Körper“ angelegt ist, widersprechen.

Foucault hat mit solchen sporadischen Einsprengseln wie oben zitiert, aber auch mit den verstreuten Hinweisen auf „Körperkräfte“ oder den „Körper als Organismus“ mit eigenwilligen Funktionen, Hinweise darauf gegeben, wie ein Entwurf von Bewußtsein, das auf den Techniken der Körperdisziplinen aufbaut, aussehen könnte und welche Grenzen der Macht dadurch gesetzt sind. Er macht allerdings zu Recht darauf aufmerksam, daß mit der bloßen Einforderung „natürlicher“ Körperlichkeit genau die Macht gestützt wird, die eigentlich angegriffen werden soll. Foucault geht letztlich davon aus, daß die Individuen, die die Disziplinen beherrschen wollen, stets selbst Unterworfene bleiben; es gibt keinen Ausweg aus der Disziplinargesellschaft, sondern nur Verschiebungen.

Adorno und Foucault sind hier gar nicht weit voneinander entfernt: Beide bestehen darauf, daß die „erste“ Natur eigentlich eine „zweite“ ist, eine beherrschte und disziplinierte Natur. Allerdings scheint Foucault jede Leiblichkeit zu leugnen, Körper als beliebig formbar zu betrachten. Eine solche Denkfigur entspricht der Ablehnung jeglicher Essentialismen, wie sie Foucaults Philosophie zu eigen ist[72]. Sie birgt die Konsequenz in sich, daß sich auch aus dem „Leib“ kein „normativer Ort“ ableiten läßt, der eine Ethik oder Rechtsphilosophie begründen könnte. Ein „Nicht-Identisches“ im Vermittlungsprozeß von erster und zweiter Natur läßt sich mit Foucaults Theorie der „gelehrigen Körper“ nicht denken. Im Gegensatz zu Adorno, dessen Konzept der Naturbeherrschung nahezu nahtlos in das Konzept der von der Warentauschlogik beherrschten Moderne übergeht, kann Foucault jedoch die vielfältigen sozialen Felder beschreiben, in denen Naturbeherrschung immer aufs neue einsetzt und zu Veränderungen der ihr zugrundeliegenden Techniken führt. Das ermöglicht ihm, Umbrüche genauer zu lokalisieren und deren Entwicklung nicht primär einer Logik zuzuordnen. Allerdings erreicht Foucault dies nur auf Kosten der Nicht-Einbeziehung der affektiven/unbewußten Prozesse, die in Adornos Theorie über das psychoanalytische Modell der Triebunterdrückung eingeholt werden. Dieser Verzicht macht sich gerade in Foucaults mechanistischer Sicht auf die Körper bemerkbar.

Gibt somit Foucaults Herangehensweise auf der einen Seite Hinweise auf das Funktionieren von Macht, fehlt auf der anderen Seite ein Instrumentarium, das deren ambivalenten Effekte erfassen könnte. Sie finden sich in den Individuen als Bewußtseins- und Affektstrukturen wieder, die über eine simple Reproduktion der Machtverhältnisse hinausgehen. Erst mit der Einbeziehung solcher subjektiver Verarbeitungsmodi könnte das Reiz-Reaktionsmodell, das Foucault zugrunde legt und das zu Recht als behavioristisch kritisiert wird, überwunden werden[73]. Vor allem mit dem Begriff »Lüste« – mit dem Foucault sich gegen Begriffe wie „Begehren" oder „Sexualität" wendet und der eher auf ein Potential hinweist – erschließt sich m.E. die Möglichkeit, die affektiven und ambivalenten Beziehungen zwischen Macht und Subjekt zu erfassen: Wenn das durch die Disziplinen gesteigerte Körperbewußtsein auch zu einer Steigerung des Lust-/Unlust-Empfindens beiträgt, weckt jede Disziplinierung auch Kräfte, die einer bloßen Unterwerfung Widerstand bieten und u.U. Phantasien und Handlungen motivieren könnten, die nicht nur Repetitionen von Macht sind. Allerdings können die unbewußten Kräfte, die ihren Ursprung in Verdrängungen haben, z.B. der Selbstanteile, die rigiden Identitätsanforderungen zum Opfer fallen müssen, auch eine vorwegnehmende Unterwerfung zur Folge haben. Psychoanalytischer Anknüpfungspunkt könnten hier Freuds Ausführungen zum Narzißmus sein: eine Ich-Lust, die den eigenen Körper besetzt und das Reservoir für Objektbeziehungen bildet[74].

Ich möchte aber noch eine andere Problematik aufzeigen, die aus Foucaults Zentrierung auf die Entstehung einer disziplinierenden Arbeitsgesellschaft entsteht. Foucault hat den Machttyp Disziplinierung in seiner Studie zur Entstehung moderner Straftechnologien entwickelt, der – so seine These – das gesellschaftliche Feld der Moderne völlig durchdrungen habe. Die moderne Gesellschaft bilde *ein* „Kerkersystem", *eine* Disziplinargesellschaft. Dieses Modell einer widerspruchsfreien Gesellschaft spiegelt sich in der Figur der ebenso widerspruchsfrei konzipierten „gelehrigen Körper".

Soziologische Theorien betonen jedoch, daß moderne Industriegesellschaften – deren frühe Formen Foucault untersucht – ein hohes Maß an Ausdifferenzierung aufweisen. In Anschluß an die frühe Kritische Theorie fokussiert Becker-Schmidt die historische Formbestimmtheit dieser Ausdifferenzierung:

„Moderne Industriegesellschaften sind durch die Aufteilung in voneinader klar unterschiedene Sektoren gekennzeichnet. Das gesellschaftliche Ganze reproduziert sich durch das arbeitsteilige Zusammenwirken von Funktionsbereichen, die zwar voneinander getrennt, aber doch abhängig voneinander sind: Private Lebenswelten, Bildungswesen, Produktionssphäre, Dienstleistungssektor, Staat."[75]

Das gesellschaftliche Ganze ist, so Becker-Schmidt weiter, jedoch mehr als ein Nebeneinander der Sektoren Es ist durch deren hierarchischen Zusammenschluß gekennzeichnet, in dem nicht die Funktionen die Wertigkeit der einzelnen Sphären bestimmen, sondern ökonomische, nationale, militärische und androzentrische Suprematieansprüche[76]. Das Gesellschaftsmodell, das hier unter Bezugnahme auf Adorno entwickelt wurde, zeigt eine in sich widersprüchliche, irrationale gesellschaftliche Totalität, die dem Individuum als übermächtig gegenübertritt. Die Individuen erfahren Ungleichzeitigkeiten, z.B. zwischen den Austauschprozessen in der Arbeits- bzw. Familiensphäre auch deshalb als konflikthaft, weil sie ihrer Einflußnahme entzogen sind. So konstatiert Becker-Schmidt neben der Vergesellschaftung der Individuen, die die Mechanismen bezeichnet, „mittels derer die Subjekte in die sozialen Austauschprozesse hineingenommen werden (Verwertung menschlicher Arbeitskraft, Lenkung der Konsumtion, Bewußtseinsbildung, institutionelle und normative Formierung der privaten Lebensäußerungen und Reproduktionsweisen)“[77], die Modellierung der psychischen und mentalen Persönlichkeitsstrukturen. Damit meint sie „die Vergesellschaftung der Trieb- und Affektstruktur, der Denk- und Wahrnehmungsweisen, der Handlungsmuster und Erfahrungsweisen, ja des Unbewußten.“[78]

Was in dieser Perspektive aufscheint, ist eine Gesellschaft, die – bei aller Tendenz zur Vereinheitlichung – nicht auf eine „Disziplinargesellschaft“, deren Vergesellschaftungmodi „gleichgeschaltet“ sind, reduzierbar ist. Entsprechend müßte eine Theorie der Disziplinierung Raum bieten, Widersprüchlichkeiten und Ungleichzeitigkeiten von Disziplinierungen und Entdisziplinierungen zu thematisieren: sowohl auf Seiten der Gesellschaft als auch auf Seiten der Individuen. Das Konzept der Disziplinierung müßte ergänzt werden um ein Konzept, das die hierarchische Verfaßtheit der Gesellschaft erfaßt und damit gleichzeitig Über- und Unterordnungsverhältnisse, in die die Individuen hineingenommen sind. Spätestens dann käme expliziter eine Auslassung ans Licht, die ebenfalls dazu beiträgt, daß Foucaults Figur der „gelehrigen Körper“ derart statisch und behavioristisch ausfällt. Ich meine damit die Geschlechterhierachie.

Die hierarchische Verfaßtheit der Gesellschaft, so Becker-Schmidt, spiegelt sich im Verhältnis der Geschlechter. Die dominierende Position, die die Erwerbssphäre im gesellschaftlichen Ganzen innehat, stützt die dominierende Position von Männer gegenüber Frauen: Sie kann sich als funktionale Rationalität legitimieren.

„Da Erwerbsarbeit höher bewertet wird als Hausarbeit, desweiteren Männerarbeit ausschließlich Erwerbsarbeit meint, Hausarbeit dagegen als Frauensache gilt, ergeben sich Hierarchien im Geschlechterverhältnis. Der Mann dominiert sowohl in der Erwerbssphäre als auch in der Familie, weil in beiden Sphären seine berufliche Arbeit die Verhältnisse und Beziehungen zwischen den Geschlechtern mitbestimmt. Die Minderbewertung der Hausarbeit gegenüber jeder wie auch immer professionalisierter Tätigkeit setzt sich fort in der Abwertung typischer Frauenlohnarbeit - diese wird in der Regel schlechter honoriert, weniger gefördert und gewerkschaftlich weniger geschützt.“[79]

Folge dieser Hierarchisierung ist eine Diskriminierung der Frauen in allen sozialen Bereichen, daher spricht Becker-Schmidt von »Geschlecht« als

„Strukturkategorie im Sinne eines Schichtungskritieriums, das soziale Ungleichheit anzeigt.“[80]

Frauen und Männer sind also in hierarchischer, konflikthafter Art und Weise in einen widersprüchlichen gesellschaftlichen Zusammenhang eingebunden: Sie erfahren unterschiedliche und kontradiktorische Formen der Vergesellschaftung, die nicht nur äußerlich auf sie einwirken, sondern bis in die Persönlichkeitsstrukturen hineinreichen. Die Subjekte sind – um Foucaults Begriff aufzunehmen – unterschiedlichen und widersprüchlichen Disziplinierungen, aber auch Entdisziplinierungen unterworfen.

Foucaults Perspektive, die solche Differenzierungen nicht einbezieht, führt dazu, daß eine spezifische Form der Disziplinierung – die Zurichtung der Individuen zu Arbeitskräften – verabsolutiert wird. Man könnte sagen, daß er die Disziplinierung männlicher Körpersubjekte – in Schulen, Universitäten, Militär und Fabriken – und damit die „Produktion“ männlicher Körper beschreibt. Damit reiht sich Foucault in die lange Tradition einer Geschichte des Menschen ein, die doch nur eine – zudem unvollständige – Geschichte des männlichen Subjekts ist. Es ist daher kein Wunder, wenn Foucault von *dem* Körper spricht und nicht sieht, daß nicht nur ein, sondern zwei differente Körper „produziert“ werden: weibliche und männliche. Deren Disziplinierungen haben Überschneidungen, aber auch Eigentümlichkeiten, die aus den unterschiedlichen sozialen Feldern, denen die Geschlechter zugewiesen sind, aus den unterschiedlichen Anforderungen an Frauen und Männer und aus dem *Machtverhältnis* zwischen ihnen resultieren. Indem Foucault diese Differenz nicht wahrnimmt, erfaßt er auch nicht das Wechselspiel zwischen den „subtilen“ Einwirkungen auf die Körper und der physischen Gewalt bzw. -bedrohung, die eine wesentliche Rolle in der Konstituierung des weiblichen Körpersubjekts spielen. Seine These der Durchsetzung eines neuen Typus von Macht, der Repression durch Produktion ersetzt, erhält ihre Kohärenz nicht zuletzt durch die Ausblendung des Geschlechterverhältnisses.

Doch auch dem männlichen Körpersubjekt wird Foucault nicht gerecht, da er dessen Entstehung auf einen bestimmten Lebensbereich, die Erwerbssphäre, verkürzt. Auch hier fehlt eine Analyse der widersprüchlichen Erfahrungen, die auch das männliche Subjekt in den verschiedenen gesellschaftlichen Sphären macht. Und besonders deutlich wird hier, daß eine Analyse der Disziplinierung ebenfalls eine Analyse der frühen Sozialisation umfassen muß, in die auch andere Vergesellschaftungsmodi hineinspielen. Es scheint, daß die Verdrängungen, die in diesem Zusammenhang vom männlichen Subjekt vorgenommen werden müssen, um den gestellten Anforderungen gerecht zu werden, immens sind. Sie tragen nicht unwesentlich dazu bei, daß die Machtverhältnisse in der Moderne so bleiben, wie sie sind[81].

Die Einbeziehung unterschiedlicher und widersprüchlicher Disziplinierungen innerhalb einer Zusammenhangsanalyse, die die Geschlechterdifferenz in all ihren Dimensionen berücksichtigt, könnte dazu beitragen, die Totalisierungen, die Foucaults Ansatz der Disziplinargesellschaft birgt, aufzulösen. Mit den hier vorgeschlagenen Modifikationen würde ich am „Körper als Leitfaden“ festhalten wollen. Gerade für die noch weitgehend unausgelotete Frage, wie sich das Geschlechterverhältnis als hierarchisches Verhältnis reproduziert und verstetigt, zum Teil in gegenläufiger Tendenz zu politischen und ökonomischen Entwicklungen, erscheint mir dieser Ausgangspunkt besonders geeignet. „Der Körper als Leitfaden“ führt direkt zur gesellschaftlichen Organisation von Sexualität. Mit der Figur der „Bio-Macht“ entwickelt Foucault seine Machtanalytik weiter und setzt »Sexualität« ins Zentrum.

Bio-Macht: Disziplinierung und Regulierung

> „Die Installierung dieser großen doppelgesichtigen - anatomischen und biologischen, individualisierenden und spezifizierenden, auf Körperleistungen und Lebensprozesse bezogenen - Technologie charakterisiert eine Macht, deren höchste Funktion nicht mehr das Töten, sondern die vollständige Durchsetzung des Lebens ist.“[82]

Mit dem Begriff »Bio-Macht« bezeichnet Foucault eine Bündelung unterschiedlicher Machttypen, deren vordergründige Funktion die Erhaltung, Verbesserung und Verwaltung des Leben sei. Die »Bio-Macht« überlagere seit dem 18. Jahrhundert die bis dahin vorherrschende »juridische Macht«. Nicht mehr das Recht des Souveräns, über Leben und Tod der Regierten zu entscheiden, bestimme den Typ der neuen Machtausübung, sondern eine auf Regulierung und Normalisierung ausgerichtete Machttechnologie, deren Ziel die Herrschaft über das Leben sei. Diese moderne Macht korrespondiere mit den politischen und ökonomischen Veränderungen im 17./18. Jahrhundert und stelle die Entwicklungsbedingungen des Kapitalismus sicher, sie sei, so Foucault, „ein unerläßliches Element bei der Entwicklung des Kapitalismus, der ohne kontrollierte Einschaltung der Körper in die Produktionsapparate und ohne Anpassung der Bevölkerungsphänomene an die ökonomischen Prozesse nicht möglich gewesen wäre.“[83]

Die Besonderheit der neuen Machtfiguration liege darin, daß sie weder in juristischen Kodierungen noch in Institutionen noch in abstrakten Diskursen aufgehe, auch wenn sie sich derer bediene. Sie wirke vielmehr in und durch konkrete *Dispositive*, d.h. in und durch eine Vielzahl diskursiver/nicht-diskursiver Praktiken, die sich in (vielfältigen, nicht aufeinander abgestimmten) strategischen Absichten netzartig um ein bestimmtes, für die Gesellschaft als regelungsbedürftig erkanntes Phänomen legten und sich dort sowohl untereinander verknüpften als auch in ihrer Gesamtheit dann einen Verbindungs- bzw. Neuformierungsort für weitere Praktiken abgäben[84].

Die Machtformation Bio-Macht bediene sich nicht nur der Techniken der »Disziplinierung«, sondern auch der Techniken der »Regulierung«. Damit führt Foucault einen weiteren Machttyp in seine Machttheorie ein. Disziplinierung und Regulierung unterscheiden sich vor allem in Hinblick auf ihren Wirkungsbereich:

„Ich glaube, daß wir in der zweiten Hälfte des 18. Jahrhunderts etwas Neues auftreten sehen, das eine andere, diesmal nicht-disziplinäre Machttechnologie darstellt. Eine Machttechnologie, die die ursprüngliche Technologie nicht ausschließt, die die Disziplinartechnik nicht ausschließt, sondern sich mit ihr verbindet, sie integriert, sie teilweise modifiziert und sie vor allem benutzen wird, um sich in sie einzupflanzen und um sich dank dieser vorgehenden Disziplinartechniken wirklich festzusetzen. Diese neue Technik unterdrückt die Disziplinartechnik ganz einfach deshalb nicht, weil sie auf einer anderen Ebene angesiedelt ist, sie befindet sich auf einer ganz anderen Stufe, sie besitzt eine andere Oberflächenstruktur, sie bedient sich ganz anderer Instrumente.“[85]

Die Disziplinierung sei auf die einzelnen Körper gerichtet, auf deren Nutzung und Optimierung, sie diene somit vor allem der Konstituierung der Subjekte, während die Regulierung auf einen „multiplen“ Körper „mit zahllosen Köpfen“ gerichtet sei: auf die „Bevölkerung“. Regulierung diene somit vor allem der Konstituierung von Massen. Jedoch blieben die Regulierungstechniken auf die Disziplinierungstechniken angewiesen, die „disziplinierten Körper“ stellten die Grundlage für die Regulierung des „Bevölkerungskörper“ dar.

Welche Funktionen hat nun dieser neue Machttyp, der laut Foucault seine Wurzeln in der Art und Weise hat, wie die Kirchen ihre Macht durchzusetzen suchten und der nun „politisch“ wird? Die Regulierungstechniken sollen, Foucault zufolge, die Risiken und Unwägbarkeiten eines gesellschaftlichen Ganzen eingrenzen, sie sollen ein Gleichgewicht herstellen, das das Leben der einzelnen wie des Ganzen sichern soll. Zu den Regulierungstechniken zählt Foucault die Sicherungssysteme, das Gesundheitswesen, die Kranken- und Altersvorsorge, demographische Eingriffe wie Stadtplanungen etc.: Sozialpolitik im weitesten Sinne Der neue Machttyp sei aber nicht auf Institutionen beschränkt, sondern weite sich in die Lebensführung der Individuen aus, die ihren Teil – z.B. durch Sparen, Versicherungen, Geburtenplanung – zu einer „Normalisierungsgesellschaft“ beitrügen. Nicht mehr als Disziplinargesellschaft, sondern als Normalisierungsgesellschaft bezeichnet Foucault nun die aufgeklärte Gesellschaft:

„Der abendländische Mensch lernt allmählich, was es ist, eine lebende Spezies in einer lebenden Welt zu sein, einen Körper zu haben, sowie Existenzbedingungen, Lebenserwartungen, eine individuelle und kollektive Gesundheit, die man modifizieren, und einen Raum, in dem man sie optimal verteilen kann. Zum ersten Mal in der Geschichte reflektiert sich das Biologische im Politischen.“[86]

Diese Bio-Macht, die das Leben zu schützen und es vor der Willkür der Natur wie vor der des despotischen Herrschers zu bewahren scheint, ist für Foucault jedoch genau die Macht, die in der Moderne zu den blutigsten und tödlichsten Kriegen und Machtsystemen der Geschichte geführt hat. Die Kehrseite des „Rechts auf Leben“ sei das Recht, die zu töten, die der Durchsetzung dieses Rechts angeblich im Wege stehen. Die Kriege der Moderne würden nicht mehr geführt, um einen Herrscher zu schützen oder dessen Machtbereich auszuweiten, sondern im Namen der Bevölkerung, der biologischen Existenz einer

Nation, einer „Rasse“ oder der ganzen Gattung. Die Wirkweise der »Bio-Macht« ist damit zutiefst antagonistisch.

Diesen Antagonismus verdeutlicht Foucault am Phänomen des Rassismus. Rassismus stellt nach seiner Theorie keinen „Unfall“ der aufgeklärten Moderne dar, sondern sei vielmehr eine Strategie zur Fragmentierung eines Bevölkerungsganzen, eines „biologischen Kontinuums“ und damit der Bio-Macht notwendig inhärent: Sie kann nur töten, diskriminieren oder ausgrenzen, indem sie diese Handlungsweisen als Sicherung des Lebens legitimiert. Am deutlichsten sei diese Verbindung im Nationalsozialismus geworden, der das Töten „unwerten Lebens“ als Grundbedingung des Lebens, die Ausrottung von fremden „Rassen“ als Überlebensbedingung des „deutschen Volkes“ definiert habe. Foucault weist weiter darauf hin, daß eine latent rassistische Haltung allen politischen Richtungen inhärent sei, die unreflektiert von überlegenen Klassen, Ethnien (oder, ließe sich hinzufügen, einem überlegenen Geschlecht) ausgingen. Politische Gegner in diesem Sinne sind diejenigen, die die Sicherungs- und Optimierungschancen des eigenen Lebens gefährden; Foucault spricht von einer biologischen Beziehung, in der „die Feinde, die es zu beseitigen gilt, nicht Gegner im politischen Sinne des Begriffs, sondern externe oder interne Gefahren in bezug auf die Bevölkerung und für die Bevölkerung“ sind[87].

Die Bio-Macht entfalte, so Foucault weiter, ihre doppelgesichtige Wirkung aber nicht allein im Politischen. Sie sei auch der technologischen und damit der ökonomischen Entwicklung immanent. So stehe die Atomindustrie wie die Gentechnologie im Dienste der Verteidigung und Verbesserung des Lebens, beide würden es aber zugleich gefährden. Sie würden ein Potential entwickeln, das paradoxerweise in nie dagewesener Form das Leben als solches vernichten könnte. Besonders die Gentechnologie dringe in den gesamten Gesellschaftskörper ein:

> „Dieser Exzeß der Bio-Macht tritt dann auf, wenn dem Menschen die Möglichkeit gegeben ist, nicht nur das Leben zu gestalten, sondern das Leben sich ausbreiten zu lassen, Lebendiges zu fabrizieren, Monster zu fabrizieren, schließlich unkontrollierbare und universell zerstörerische Viren zu fabrizieren.“[88]

Mit dem Konzept der Bio-Macht legt Foucault schließlich eine Machtanalyse vor, in der die verschiedenen Elemente seiner Machtgenealogie wie Subjektivierung, Disziplinierung und Regulierung, also individualisierende und totalisierende Machttechniken, ein konfliktreiches Ganzes darstellen. Die Machtformen, die von Foucault in Einzelstudien entwickelt wurden, bilden nunmehr eine komplexe Einheit, die auf unterschiedlichen gesellschaftlichen Ebenen wirken – widersprüchlich, aber dennoch einander ergänzend. Meiner Meinung nach löst Foucault erst mit dieser Zusammenführung seinen Anspruch ein, eine wirklich neue Machtanalytik entwickelt zu haben.

Wie kommt es nun aber in einer bestimmten historischen Situation zu einer solchen Verknüpfung unterschiedlicher Machtformen und zu ihrer netzartigen Verbreitung? Wie können sich diese verstreuten, schwer lokalisierbaren und auf den ersten Blick zusammenhangslosen Techniken und sozialen Praxisfelder zu einer Machtformation verbinden, die alles durchdringt? Ich habe bereits den Begriff des Dispositives kurz dargestellt. Foucault sucht damit Knotenpunkte analytisch zugänglich zu machen, in denen die über den ganzen gesellschaftlichen Raum verstreuten Handlungsweisen und -felder zusammenlaufen und gleichzeitig – quasi kristallisiert – in den gesellschaftlichen Raum ausstrahlen. Eines der bedeutsamsten Dispositive, und damit Kernstück der modernen Machtformation Bio-Macht, ist Foucault zufolge »Sexualität«. Spätestens hier wird die Brisanz deutlich, die Foucaults Machtanalytik für alle hat, die sich mit Sexualität und Macht befassen: Mit Foucault läßt sich behaupten, daß die gesellschaftliche Organisation von Sexualität nicht nur von Machtverhältnissen tangiert wird, sondern diese wesentlich konstituiert. Die Ausbreitung sog. moderner Machtverhältnisse, ihre Verankerung in den Subjekten und in den gesellschaftlichen Institutionen erfolgt diesem Ansatz nach über einen Bereich des Lebens, der uns gleichermaßen als der privateste und von Macht bedrohteste dargestellt wird.

1.4 Sexualität als Scharnier zwischen Disziplinierung und Regulierung

Wie erklärt nun Foucault diese privilegierte Rolle, die der gesellschaftlichen Organisation von Sexualität seiner Meinung nach für die Etablierung moderner Machtformen zukommt? Das Sexualitätsdispositiv sei deshalb so bedeutsam, weil es die Verknüpfung von (Individual)Disziplinierung und (Bevölkerungs)Regulierung gewährleiste, also ältere und neuere Machtformen zu einem Machtkomplex verknüpfe:

„Der Sex eröffnet den Zugang sowohl zum Leben des Körpers wie zum Leben der Gattung. Er dient als Matrix der Disziplinen und als Prinzip der Regulierungen (...) Allgemein wird also der Sex am Kreuzungspunkt von 'Körper' und 'Bevölkerung' zur zentralen Zielscheibe für eine Macht, deren Organisation eher auf der Verwaltung des Lebens als auf der Drohung mit dem Tode beruht."[89]

Foucaults Definition von Sexualität unterscheidet sich von geläufigen Definitionen in wesentlichen Punkten: Sexualität stellt keinen „natürlichen" Bestandteil des Menschen dar, der erst nachträglich in den Dienst moderner Machttechniken gestellt wird, wo er unterdrückt wird und damit jene „Charaktermasken" hervorbringe, die die Individuen an die Macht schweißten, wie es etwa Wilhelm Reich formuliert[90]. Es kann auch keine prinzipielle Unvereinbarkeit von sexuellen Trieben und Kultur angenommen werden, die notwendigerweise zu einer Unterdrükkung von Sexualität im Dienste der kulturellen Entwicklung führen muß, wie u.a. Sigmund Freud behauptet[91]. Sexualität ist auch nicht Hoffnungsträgerin für eine bessere Gesellschaft, in der Sexualität von ihrer genitalen Fixierung befreit sein würde, wie z.B. Herbert Marcuse nahelegt[92]. Was als „Sexualität" bezeichnet wird, so Foucault, sei vielmehr ein durch und durch soziales Phänomen, das auf die vielfältigen sozialen Beschäftigungen mit den Lüsten verweise, sie sei zudem ein historisch und lokal kontingentes Phänomen. Sowohl die individuellen sexuellen Ausdrucksformen wie auch die Art und Weise, wie eine bestimmte sexuelle Norm in kulturellen und gesellschaftlichen Institutionen eingebunden sei, verdankten sich keiner „Natur" und deren teleologischen Absichten, sondern gesellschaftlichen Diskursen und Praxen. Sie sei damit immer schon in Machtbeziehungen eingelassen und als solche Ergebnis sozialen Handelns. In der modernen, westlichen Industriegesellschaft hätten die Lüste eine spezifische Gestalt angenommen, die von anderen „Sexualitäten" zu unterscheiden sei. Sie sei gekennzeichnet durch eine spezifische Verbindung zwischen »Lust« und »Subjekt« sowie zwischen »Lust« und »Zeugung« und damit zentraler Kristallisations- und Ausstreuungspunkt gesellschaftlicher Machtverhältnisse[93].

Zunächst zur Verbindung von »Subjekt« und »Lust«. Diese Verbindung ist Foucault zufolge eine doppelte. Zum einen würden durch Körpertechniken, wie sie z.B. historisch im Zuge der Anti-Masturbationskampagnen, der „Hysterisierung der Frau", der psychiatrischen Behandlung von sog. „Perversen" entwickelt wurden, den Individuen eine Landkarte der erlaubten und verbotenen Lust quasi auf die Haut geschrieben. Zum anderen würde eine spezifische Art und Weise der Lust, eine Sexualität, durch diskursive Praxen, wie der an die Beichte angelehnten Aushorchung, tief ins Innerste, in die Seele der einzelnen gebrannt: Jede/r werde dazu genötigt, ihre/seine Lust zu klassifizieren, deren „wahre Natur" zu entdecken und öffentlich zu machen:

> „Die Wirkungen des Geständnisses sind breit gestreut: in der Justiz, in der Medizin, in der Pädagogik, in den Familien- wie in den Liebesbeziehungen, im Alltagsleben wie in den feierlichen Riten gesteht man seine Verbrechen, gesteht man seine Sünden, gesteht man seine Gedanken und Träume, gesteht man seine Kindheit und Leiden; mit größter Genauigkeit bemüht man sich zu sagen, was zu sagen am schwierigsten ist; man gesteht in der Öffentlichkeit und im Privaten, seinen Eltern, seinen Erziehern, seinem Arzt und denen, die man liebt; man macht sich selbst mit Lust und Schmerz Geständnisse, die vor niemand anders möglich wären, und daraus macht man dann Bücher."[94]

Diskursive *und* nichtdiskursive Praktiken brächten ein sexualisiertes Subjekt hervor, das Sexualität als seine innerste Natur begreife, die ihm die Wahrheit über sich sagen würde, wenn es sie nur zum Reden bringen könnte. Die in Sexualität gewandelten Lüste seien nicht mehr einzelne sexuelle Akte oder sexuelle Neigungen, sie bildeten vielmehr die „Natur" der Subjekte oder ihre Sondernatur, wie bei den sog. „Perversen". Diese „Natur" umfasse die ganze Persönlichkeit, deren ganzes Sein, deren ganzes Leben, nicht mehr nur den kurzen Augenblick der Lust.

> „Der Homosexuelle ist zu einer Persönlichkeit geworden, die über eine Vergangenheit und eine Kindheit verfügt, einen Charakter, eine Lebensform, und die schließlich eine Morpho-

logie mit indiskreter Anatomie und möglicherweise rätselhafter Physiologie besitzt. Nichts von alledem, was er ist, entrinnt seiner Sexualität. Sie ist überall in ihm präsent: allen seinen Verhaltensweisen unterliegt sie als hinterhältiges und unbegrenzt wirksames Prinzip; schamlos steht sie ihm ins Gesicht und auf den Körper geschrieben, ein Geheimnis, das sich immerfort verrät. Sie ist ihm konsubstanziell, weniger als Gewohnheitssünde denn als Sondernatur."[95]

Sexualität werde so zum Stützpunkt des modernen Subjekts, da sich die Individuen mehr oder weniger durch das definieren und definiert werden, was sie sexuell tun, denken oder träumen, beziehungsweise was sie sexuell tun, denken und träumen sollten. Damit hielten aber die Machtverhältnisse Einzug in die Subjekte selbst. Was vermeintlich die „eigene Natur" sei, seien die Effekte unterschiedlicher Diskurse und Praktiken, durch die Körper, Lüste und Sehnsüchte dem Subjekt vermittelt werden. Die Chance, sich gegen Machttechniken zu wehren, liege zum einen in der Widersprüchlichkeit der Diskurse und Praxen, zum anderen in der modernen Macht begründet, die das Subjekt gleichsam feiere und als Grundlage politischer und sozialer Repräsentationen voraussetze. Anders als in Machtkonstellationen, in denen die Zahl der Machtpositionen von vornherein begrenzt sei, so z.B. in ständischen Gesellschaften, produziere die Macht der Moderne in ihrem Bestreben, alle Individuen zu unterwerfen, stets neue Subjektpositionen, deren Zusammenschluß Machtpositionen verschieben könnte. So hätten z.B. die Medizin, die Psychiatrie, die Justiz aus einer nicht näher spezifizierten sexuellen Vorliebe ein (abweichendes) homosexuelles Subjekt geschaffen. Damit wurde aber gleichzeitig eine Grundlage geliefert, durch die eine Repräsentation dieser Lust und damit soziale und politische Chancen, nicht zuletzt auch sexuelle Chancen, realisiert werden können. Die Wahrheit der eigenen sexuelle „Natur" zu kennen, wird so mit einem Machtversprechen verknüpft: Es entsteht eine Wissens-Lust, die vorgeblich zur Erfüllung der Lust führt.

Die Sexualisierung des Subjekts oder die Subjektivierung durch Sexualisierung, deren Geschichte Foucault in „Sexualität und Wahrheit" zu entschlüsseln suchte, entspricht in ihrer Logik der Produktion der gefügigen Körper, wie er sie in „Überwachen und Strafen" ausgeführt hat. Handelte es sich dort um eine „Disziplinartechnologie der Arbeit"[96], entwirft Foucault hier zunächst eine „Disziplinartechnologie der Sexualität", in der er allerdings fast ausschließlich die diskursiven Praxen wie Geständniszwang und Diskursproduktionen der Sexualwissenschaften beleuchtet[97]. Es ist vor allem dieser diskurskritische Teil seiner Arbeit zu Sexualität und Macht, der breit rezipiert wird, während der andere Strang, der sich mit der eher gesellschaftsstrukturierenden Dimension der Sexualität auseinandersetzt, weniger beachtet wird. Für eine Analyse der gesellschaftlichen Organisation von Sexualität erscheint mir aber gerade dieser Zusammenhang bedeutsam.

Foucault betont, daß Sexualität im Schnittpunkt zwischen Disziplinierung *und* Regulierung steht: „Die Sexualität befindet sich genau an der Kreuzung zwischen Körper und Bevölkerung. Folglich gehört sie zur Disziplin, zugleich aber gehört sie auch zur Regulierung."[98] Es seien in einer ersten Achse die *Zeugungseffekte*, durch die Sexualität in der Moderne mit dem Machttyp Regulierung verbunden sind. So diene die Kontrolle des Bevölkerungswachstum der Sicherung der Reproduktion der Arbeitskräfte, der Minderung von Krankheiten und Unterernährung, der demographischen Verteilung und damit zur Vermeidung möglichst aller Faktoren, die die Arbeitskraft vom Produktionsprozeß abziehen könnte. Diese Analyse deckt sich weitgehend mit einer an Marx angelehnten Theorie der Reproduktion der Arbeitskraft.

Darüber hinaus sieht Foucault aber eine eigenständige Funktion der Regelung der sexuellen Beziehungen der Individuen, die nicht ausschließlich ökonomischen/reproduktiven Interessen diene, sondern der Ausbildung und Absicherung *gesellschaftlicher Differenzierungen*. Foucault unterscheidet zwischen drei Formationen der gesellschaftlichen Organisation von Sexualität als Basis gesellschaftlicher Ausdifferenzierung: »Allianz« als Merkmal der Verwandtschaftssysteme, »Blut« als Merkmal von Feudal- oder Kastenherrschaft, »Vererbung« als Merkmal bürgerlicher Gesellschaften.

Unter »Allianz« versteht Foucault Systeme des Heiratens, der Festlegung und Entwicklung von Verwandtschaftsbeziehungen, deren Ziel im wesentlichen die Reproduktion eines gesellschaftlichen Gefüges ist. Das Allianzprinzip funktioniere weitgehend durch Gesetze bzw. Regeln, die die Sexualbeziehungen der Individuen in erlaubte und verbotene teilt und mögliche sexuelle Ausdrucksformen vorschreibe oder tabuisiere. „Man kann also sagen, daß das Allianzdispositiv einem festen Gleichgewicht des Gesellschaftskörpers zugeordnet ist, das es aufrechterhalten soll: daher kommt seine Privilegierung des Rechts; daher liegt seine Stärke in der 'Reproduktion'"[99]. Es ist unschwer zu erkennen, daß Foucault das Modell der Allianz aus der strukturalen Anthropologie entlehnt hat, die in den Verwandtschaftssystemen die Basis der Vergemeinschaftung und damit der Kultur sieht. Jedoch verneint Foucault die universelle und überhistorische Konstruktion des Inzesttabus als „Regel aller Regeln". Das Allianzprinzip stellt für Foucault eine historische und damit kontingente Form der Vergesellschaftung von Individuen dar, die in ihrer Bedeutung für das gesellschaftliche Gefüge abnehmen bzw. durch andere Prinzipien überlagert werden kann.

»Blut« spiele dagegen eine grundlegende Rolle in der *Binnendiferenzierung* gesellschaftlicher Gefügen. Das „blaue Blut" des Adels habe lange Zeit die Grundlage gesellschaftlicher Stratifikation gebildet; der „Stammbaum", die richtigen Heiraten, die Weitergabe und Anhäufung von Gütern, Titeln und Status hätten die gesellschaftliche Hegemonie bestimmter Verwandtschaftsgruppen gesichert und reproduziert. Ähnliches könne für Kastengesellschaften gelten. Blut im Sinne von Blutsverwandtschaft sei aber auch konstitutiv für Abgrenzungslinien, die nicht allein politischen oder wirtschaftlichen Machtinteressen entsprängen, sie diene zusätzlich der Selbstaffirmation der Zugehörigkeit und der Absicherung innerhalb der Familien.

Im aufstrebenden Bürgertum endlich gewinne die »Vererbung« an Bedeutung. Im Kampf um gesellschaftliche Macht habe das Bürgertum der „Degeneration“ des Adels seinen „gesunden Körper“ entgegengesetzt. Leistungsfähigkeit und Stärke sollten das „blaue Blut“ ersetzen, jedoch besaß auch der „bürgerliche Körper“ diese Merkmale nicht von vornherein. Duch Kultivierung und Pflege suchte die bürgerliche Klasse, sich einen solchen überlegenen Körper zu geben.

„Bei Heiraten achtete man nicht nur auf ökonomische Imperative und die Regeln der sozialen Homogenität, nicht nur auf die Aussichten der Erbschaft, sondern auf die Gefahren der Vererbung. Die bürgerlichen Familien führten und verbargen eine umgekehrte und dunkle Ahnentafel, deren beschämende 'Adelstitel' die Krankheiten oder Belastungen der Verwandtschaft waren: die progressive Paralyse des Großvaters, die Nervenschwäche der Mutter, die Schwindsucht des Schwesterchens, die hysterischen oder liebestollen Tanten, die Vettern mit dem schlechten Lebenswandel.“[100]

Foucault setzt hier, in den Etablierungsprozeß der bürgerlichen Herrschaft, Sexualität als wertproduzierende Größe ein. Es genüge nun nicht mehr, zwischen erlaubten und verbotenen Praxen zu unterscheiden und die – vom Allianzprinzip und/oder dem Prinzip des Blutes vorgeschriebenen – Verbindungen einzugehen. Sexualität, vor allem verstanden als Fortpflanzungsfähigkeit, werde zu einem „kostbaren Gut“, das mit verschiedenen Mitteln optimiert werden müsse. Mit einem maßvollen, rationalen Sexualverhalten – z.B. durch die Vermeidung von Ausschweifungen entweder in der Vergeudung von Kraft durch die Onanie oder durch krankheitsheischende Bordellbesuche; durch die Wahl fortpflanzungsfähiger *und* gesunder SexualpartnerInnen; durch die peinliche Beobachtung und Behandlung von sexuellen Störungen, u.a. der Hysterie und der Neurasthenie; – habe das Bürgertum versucht, sich einen gesunden, leistungsfähigen „Körper“ zu geben, der seine Herrschaftsansprüche rechtfertigte. Mit der Ausweitung des Machtraums des Bürgertums sei diese Körperpolitik, die zunächst eine bürgerliche war, zur Bevölkerungspolitik geworden, die nach und nach auch die anderen Klassen einbezogen habe. Nicht mehr allein die Leistungsfähigkeit, Hygiene und Sexualität des Bürgertums seien Zielscheibe dieser Politik gewesen, sondern auch die Lebensgewohnheiten des Proletariats. Mit dieser Ausweitung bürgerlicher Körperpolitik, so Foucault, habe sich ein Sexualitätsdispositiv etablieren können und bisherige Allianzdispositive ablösen können:

„Dieses Allianzdispositiv, zu dem stabilisierende Zwangsmechanismen und ein häufig komplexes Wissen gehören, hat in dem Maße an Bedeutung eingebüßt, wie die ökonomischen Prozesse und die politischen Strukturen in ihm kein angemessenes Instrument oder keine hinreichende Stütze mehr finden konnten. Die modernen abendländischen Gesellschaften haben insbesondere seit dem 18. Jahrhundert ein neues Dispositiv entwickelt und durchgesetzt, das das Allianzsystem überlagert und, ohne es abzulösen, seine Bedeutung vermindert hat. Es handelt sich um das Sexualitätsdispositiv (...).“[101]

Foucault räumt jedoch ein, daß es sich nicht um eine einfache Überlagerung oder Ablösung handelt, sondern um eine prekäre Beziehung zwischen Allianz und Sexualität. Prekär sei diese Beziehung, da das Sexualitätsdispositiv dazu tendiere, Rechtspositionen zu unterlaufen, die nach wie vor für das Funktionieren moderner Gesellschaften von Bedeutung seien:

„Denn das ist das Paradox dieser Gesellschaft, die seit dem 18. Jahrhundert so viele dem Recht fremde Machttechnologien erfunden hat: sie hat Angst vor ihren Wirkungen und Ausweitungen und sucht sie wieder in den Formen des Rechts zu codieren.“[102]

Diese „Angst“ beruhe auf den Tendenzen der neuen Machttechnologien, ständig neue »Subjekte« und damit mögliche Machtverschiebungen zu produzieren, die gewachsene Machtansprüche gefährden könnten – soweit Foucaults Analyse.

Mir scheint diese allerdings ergänzungsbedürftig. Nicht nur die Tendenz zur ständigen Erweiterung der Anzahl sexueller Subjekte mit spezifischen Rechtsansprüchen stellte ein Problem dar. Das Sexualitätsdispositiv gefährdete mit seiner Ablösung vom Prinzip der Allianz auch bürgerliche Interessen, die vor allem die ökonomische Absicherung betrafen. Foucault nennt als wesentliches Merkmal bürgerlicher Körperpolitik die Auswahl gesunder, leistungsfähiger PartnerInnen. Dem entgegen steht aber z.B. das Bemühen, Eigentum innerhalb der Familie zu halten und zu mehren, was wiederum eine PartnerInnenwahl aus dem Verwandtenkreis erforderte. Leonore Davidhoff betont die wichtige Rolle, die das Verwandtschaftssystem in der Entwicklung des kapitalistischen Nationalstaates spielte:

„Since kin were so important to economic survival, marriage was central. Brothers-in-law were brought in as partners or sisters married existing partners. The priority given to such links is indicated by 'sibling exchange' marriage found in town and countryside, across all occupations and religious groups. In this practice, two brothers would marry two sisters or as sister and brother from one family would marry a brother and sister from another.“[103]

Solche PartnerInnenwahlen sind aber nicht zwangsläufig deckungsgleich mit den zuerst genannten Kriterien der „vernünftigen“ Heirat. Nimmt zwar im weiteren Verlauf der Geschichte die Bedeutung solcher Allianzen ab, gerade auch durch die Ausdehnung des Sexualitätsdispositivs auf die besitzlosen Klassen, zeichnet sich gleichzeitig eine neue Funktion von Verwandtschaftssystemen ab. „Verwandtschaftssysteme“ übernehmen einen Großteil gesellschaftlicher – unbezahlter und unbezahlbarer – Arbeit. Das kapitalistische System funktioniert nur auf der Basis nichtmarktvermittelter Hausarbeit und generativer Reproduktion, die zudem einseitig den Frauen zugewiesen werden. Auf den Ausbeutungscharakter verweist u.a. die fehlende finanzielle Entlohnung und Absicherung der Personen, die diese Arbeit – häufig auch noch neben der Erwerbsarbeit – leisten. Die Diskussionen um eine Pflegeversicherung und um einen Rechtsanspruch auf Kindergartenplätze verdeutlichen die Dimension des Wertes von Familienarbeit.

Jedoch fußt gerade in der Kernfamilie noch ein anderes Machtverhältnis: der Anspruch von Männern, die Generativität zu kontrollieren und ihre persönliche (psychische und physische) Versorgung zu sichern. Darüber hinaus ermöglicht erst das Zusammenspiel von männlicher Suprematie in Erwerbssphäre *und* Kernfamilie, die hierarchische Struktur des Geschlechterverhältnisses gleichzeitig durchzusetzen und zu verdecken. Die Kernfamilie als gegenwärtig privilegierte Institution des Allianzdispositives sichert somit unterschiedliche Machtverhältnisse. Es ist also keineswegs überflüssig geworden, und es kann davon ausgegangen werden, daß Machtformen, die mit dem Allianzdispositiv verknüpft sind, ebenfalls nach wie vor wirksam sind: juridische, aber auch repressive und gewalttätige Machtformen. Aus dieser Perspektive betrachtet, gefährdet das Sexualitätsdispositiv Machtverhältnisse, die gerade in der Kernfamilie ihre Sütze finden.

Es kann daher nicht allein das Sexualitätsdispositiv – mit seinen Elementen Sexualisierung der Subjekte und Vererbung – als Vektor moderner Machtverhältnisse gesehen werden, es ist vielmehr das Spannungsverhältnis zwischen Allianz- und Sexualitätsdispositiv zu beachten. Dies erscheint umso wichtiger, als in der Foucault-Rezeption häufig unterstellt wird, das Sexualitätsdispositiv habe das Allianzprinzip – zumindest was die Bedeutung für gesellschaftliche Entwicklungen angehe – abgelöst[104]. Eine solche Sichtweise hat zur Folge, daß Widersprüche und Spannungen zwischen rechtlichen Codierungen und diskursiven bzw. nichtdiskursiven Regulierungen nicht mehr wahrgenommen werden. Eine solche Sichtweise hat auch zur Folge, daß die unterschiedlichen Machtmechanismen, denen Frauen und Männer unterworfen sind, verdeckt bleiben.

Wenn also Foucault schreibt, daß das „(...) Sexualitätsdispositiv (...) mit der Technologie des 'Fleisches' im klassischen Christentum auf dem Boden der Allianzsysteme und ihrer Regeln das Licht der Welt erblickt; heute hingegen hält es das alte Allianzdispositiv am Leben."[105], macht es Sinn, nicht nur danach zu fragen, welche Folgen dieses Sexualitätsdispositiv mit seinen alle gleichermaßen treffenden Subjektivierungs- und Regulierungstendenzen hat, sondern auch, wie es ihm gelingt, patriarchale Interessen zu transformieren. Es gälte dann zu analysieren, wie die Wirkung des Sexualitätsdispositivs den männlichen Machtpositionen, die aufgrund gesellschaftlicher Entwicklungen fragil wurden, „Leib und Leben verleiht, indem sie sie mit Begehren sättigt."[106] Weiter läßt sich fragen, wie das Sexualitätsdispositiv dazu beiträgt, ein ökonomisches System, das fraglos auf zweifacher Ausbeutung beruht, zu legitimieren und akzeptabel zu machen.

Auf einem kleinen Umweg läßt sich auch noch eine dritte Funktion des Sexualitätsdispositivs erschließen. Neben der Funktion der Regulierung der (auch generativen) Reproduktion der Gesellschaft, der Funktion gesellschaftlicher Differenzierung verweist Foucault auf die Bedeutung des Sexualitätsdispositivs für staatliche Machtausübung. Über die Lehre der Vererbung läßt sich eine Bevölkerung in „Rassen" differenzieren und in ein hierarchisches Verhältnis setzen:

„Schon das biologische Kontinuum der menschlichen Spezies, das Auftauchen der Rassen, die Unterscheidung der Rassen, die Hierarchie der Rassen, die Qualifizierung bestimmter Rassen als gut und anderer als minderwertig, all das stellt eine Art und Weise dar, das biologische Feld zu fragmentieren, das die Macht mit Beschlag belegt hat, stellt eine Art und Weise dar, innerhalb der Bevölkerung Gruppen gegeneinander zu differenzieren. (...) Dies gestattet es der Macht, eine Bevölkerung als Rassenvermischung zu behandeln oder genauer, die Spezies so zu behandeln, die Spezies, die sie erfaßt hat, in Untergruppen zu unterteilen, die genau die Rassen bilden.“[107]

Was Foucault hier im historischen Sinne für die Entstehung des Rassismus annimmt, gilt meines Erachtens auch für die historische Herausbildung von Klassen- und Geschlechterverhältnissen in ihrer Dimension als *Unterscheidungspolitiken*. Foucault selbst hat die Körperpolitik beschrieben, mit Hilfe derer sich das Bürgertum als aufstrebende, neue Klasse, von anderen Klassen abzugrenzen suchte. Weiter verweist die Gleichzeitigkeit des Auftauchens einer „Sonderanthropologie des Weibes“ und der biologischen Rassenlehre im 18./19. Jahrhundert[108] auf die Ähnlichkeit der neuartigen Konstruktionen von »Geschlecht« und „Rasse“, mit denen nun versucht wurde, Hierarchien und gesellschaftliche Stratifikation im wesentlichen biologisch zu legitimieren. Auch E. Balibar[109] weist auf das stets gleichzeitige Auftreten von Sexismus und Rassismus als zwei Strategien der Einschließung und Ausgrenzung hin, die die Nation seit ihrer „Geburt“ begleite. Nicht, daß es »Geschlecht« und „Rasse“ vorher nicht gegeben habe, die Art und Weise, wie die Grenzen zwischen Frauen und Männern, zwischen „Rassen“ festgelegt werden, ist das entscheidend Neue.

Die Ideen einer beeinflußbaren und regulierbaren Vererbung, einer sexuellen Selektion, die in naturwissenschaftlichen, medizinischen und biologischen Diskursen einen immer bedeutungsvolleren Platz einnahmen, setzten sich Foucault zufolge in den rassehygienischen Diskursen fort. Nicht nur in der Binnenregulierung, sondern auch in der Verteidigung nationaler Interessen, des Schutzes der Bevölkerung vor schädigenden Einflüssen fremder Gesellschaftskörper, steht mit der Bio-Politik nun eine Politik im Mittelpunkt, die mit dem Begriff der ungleichwertigen „Rassen“ Zäsuren in ein biologisches Kontinuum legt. Damit ist es staatlicher Politik möglich, die Bevölkerung untereinander dauerhaft auszudifferenzieren, wie auch Bevölkerungen von anderen Bevölkerungen zu unterscheiden. Die „Rassenvermischung“ wird in solchen Bio-Politiken als die größte Gefahr dargestellt, die einer Bevölkerung, einer Nation drohen kann: Sie durchbricht die künstlich gesetzten Ordnungsgrenzen.

Doch auch »Geschlecht« wird in der Moderne zu einer bevölkerungspolitischen Demarkationslinie. Foucault versucht, diese Veränderung am Beispiel des Umgangs mit Hermaphroditen zu erfassen. Sei im Mittelalter der Umgang mit Hermaphroditen vor allem durch den Versuch geprägt gewesen, deren Möglichkeiten des Geschlechtwechsels einzudämmen, so werde in der zweiten Hälfte des 19. Jahrhunderts die Vermischung der Sexualmerkmale *in einem Geschlecht* zum Problem. Genügte es zuvor, zu einem bestimmten Zeitpunkt im Leben ein Geschlecht zu wählen und es dann bei Androhung von Strafe zu behalten, würde die Vorstellung, daß beide Geschlechter in einem Körper zu finden sein könnten, nun von der Norm verdrängt, daß jedes Individuum nur „ein wahres" Geschlecht haben könne.

„Biological theories of sexuality, juridical conceptions of the individual, forms of administrative control in modern nations, led little by little to rejecting the idea of a mixture of the two sexes in a single body, and consequently to limiting the free choice of indeterminate individuals. Henceforth, everybody was to have one and only one sex. Everybody was to have his or her primary, profound, determinded and determining sexual identity, as for the elements of the other sex that might appear, they could only be accidental, superficial, or even quite simply illusory."[110]

In seiner Untersuchung zu Transsexualität führt Stefan Hirschauer aus, wie die Geschlechterdifferenz zum Distinktionsvehikel der bürgerlichen Schichten und damit politisch neu besetzt wurde[111]. Nicht mehr allein die Sicherung der männlichen Höherwertigkeit, sondern die Sicherung von Klassen- oder Kulturhegemonien werde mit der neuen binären Konstruktion von Geschlecht, die keine Vermischung oder Wahlfreiheit mehr kennt, zu erreichen gesucht. Hermaphrodismus werde in dieser Entwicklung zu einem Zeichen von Unterentwicklung, das „minderwertigen Rassen oder Klassen" zugeschrieben wird, während sich kultivierte „Rassen" durch eine eindeutige Geschlechterdifferenz auszeichnen würden. Diese neue Geschlechterdifferenz wird nicht nur durch körperliche Differenz markiert, sondern zusätzlich durch eine mit dieser in Einklang stehenden „Begehrensdifferenz".

Mir scheint hier eine weitere Achse des Sexualitätsdispositivs zu liegen: Die Mitglieder einer Gesellschaft (sowohl der eigenen wie der Weltgesellschaft) über „biologische" Merkmale zu stigmatisieren und zu diskriminieren, aber auch in ein möglichst optimales Funktionieren des Systems einzubinden. Sowohl »Geschlecht« wie auch „Rasse" werden damit zu Merkmalen der „Natur", die die Position der Individuen – in an sich durch Mobilität gekennzeichneten gesellschaftlichen Gefügen – ebenso unveränderlich festzulegen suchen, wie dies einst göttlicher Wille „tat", sogar noch rigoroser: Konnten vormals – zumindest der Idee nach – sog. Heiden zu Christen werden und damit die Privilegien der „höherwertigen Kultur" erwerben, konnten sogar Individuen zwischen den von Gott gegebenen Geschlechtsmerkmalen auswählen, war selbst gesellschaftlicher Aufstieg Teil des göttlichen Willens, so ist es nun eine „Natur", die – unabhängig von menschlichem Wollen – von der Geburt bis zum Tode unabänderliche, gesellschaftliche Positionen verteilen und gesellschaftliche Ungleichheit als evolutionär wichtige Differenzierung erscheinen lassen soll. „Rassen"-, Geschlechts- und Klassenzuschreibungen verbinden sich in der Moderne zu Legitimationsbasen von Machtansprüchen der jeweils hegemonialen oder um Hegemonie kämpfenden Gruppen oder Nationen.

So war die Neuregelung des Geschlechterverhältnisses eine zentrale Aufgabe der Moderne, sie ist u.a. dadurch zuungunsten der Frauen gelöst worden, daß die politische Auseinandersetzung auf das Feld der Biologie verschoben wurde. D.h. der Konflikt, der durch die Behauptung der Gleichheit auf der einen Seite und den Willen zur Beibehaltung überkommener männlicher Suprematieansprüche auf der anderen Seite entstand, wurde maßgeblich durch eine Naturalisierung, Biologisierung und Psychologisierung von Geschlechterdifferenz zu lösen gesucht. Diese neuen Legitimationsdiskurse und -praktiken konnten auf eine lange Tradition der Abwertung des weiblichen Körpers und dessen Gebärtätigkeit zurückgreifen, ebenso auf eine Reihe von Regulierungen, die ihren Platz in den patriarchalen Hausgemeinschaften hatten[112]. Es läßt sich vorläufig formulieren, daß es u.a. die in der patriarchalen Familienform entwickelten Regulierungen von Natalität und Mortalität, von Versorgung, Sicherung und Stratifizierung waren, die in transformierter Form in die neue staatlich organisierte Gesellschaft als politische, allgemein gültige Regulierungen eintraten. »Geschlecht«, hier im Sinne einer Normierung der begehrlich aufeinander bezogenen zwei Geschlechter, deren Platz und Funktion in der Gesellschaft in Körper und Bewußtsein verankert ist, war dabei die Zauberformel.

In der modernen Konstruktion von »Geschlecht« verbinden sich die verschiedenen Effekte des Sexualitätsdispositiv: biologische Eindeutigkeit der Körper, geschlechtliche und sexuelle Fundierung des (Selbst)Bewußtseins, Reproduktionsinteresse. In einer der schwierigsten Passagen seiner Analyse der Sexualität setzt Foucault als Widerstandspunkt gegen den „Sex" die Körper und Lüste.

„Man muß sich von der Instanz des Sexes frei machen, will man die Mechanismen der Sexualität taktisch umkehren, um die Körper, die Lüste, die Wissen in ihrer Vielfältigkeit und Widerstandsfähigkeit gegen die Zugriffe der Macht auszuspielen. Gegen das Sexualitätsdispositiv kann der Stützpunkt nicht das Sex-Begehren sein, sondern die Körper und die Lüste."[113]

Anstatt hier einen Rückgriff auf eine „erste Natur" anzunehmen, möchte ich vorschlagen, das französische Wort „le sexe", das in der deutschen Übersetzung mit „Sex" übersetzt ist, in seiner ursprünglichen Doppeldeutigkeit zu lesen: das Geschlechtliche *und* das Geschlecht. Beide sind für Foucault Effekte des Sexualitätsdispositives, beide verweisen beständig aufeinander, eines hält das andere lebendig. Für eine Analyse der gesellschaftlichen Organisation von Sexualität heißt dies, die Genealogie dieser Verbindungen zwischen vorgeblich gattungsgeschichtlicher, reproduktiv-sexueller Determination und einer Zwei-Geschlechter-Ordnung aufzudecken, ihre Verstrickungen aufzuzeigen. Für eine feministische Analyse heißt dies, daß für die Analyse der Wirkmächtigkeit von »Geschlecht« die gesellschaftliche Organisation von Sexualität ein privilegiertes Forschungsfeld sein muß. Ausgangspunkt kann dann nicht mehr die kulturelle Ausarbeitung einer biologisch und/oder gattungsgeschichtlich gegebenen Geschlechterdifferenz sein, sondern Körper und Lüste: Als phänomenologische loki, an denen sich die Gewordenheit von »Heterosexualität« und »Geschlecht« in allen ihren oben bezeichneten Dimensionen aufzeigen läßt.

1.5 Mit und gegen Foucault - Bezugspunkte für eine Analyse der gesellschaftlichen Organisation von Sexualität

Foucault hat der gesellschaftlichen Organisation von Sexualität in seiner Analyse moderner Macht eine zentrale Stellung zugewiesen. »Sexualität« als diskursive und nichtdiskursive gesellschaftliche Praxis bildet in mehrerer Hinsicht die Basis moderner Machtverhältnisse:

1. »Sexualität« ist entscheidend an der Herausbildung von Subjektivität beteiligt. Die Art und Weise, wie sich ein Individuum als ein einzigartiges, mit sich identisches Subjekt zu konstituieren sucht, wird Foucault zufolge wesentlich durch die Auseinandersetzung mit der Geschlechtlichkeit (verstanden als die Affirmation eines und nur eines Geschlechts und als sexuell begehrendes Subjekt) determiniert. Da Foucault in dem Prozeß der Subjektivierung vornehmlich die Unterwerfung des Individuums unter die bestehenden Machtverhältnisse sieht, stellt »Sexualität« eines der mächtigsten Einfallstore dieser Verhältnisse ins Innere der Individuen dar: Macht und Lust gehen eine scheinbar unauflösbare Verbindung ein.

2. »Sexualität« betrifft aber auch die Vergesellschaftung der Individuen. Die Ausweitung der Bedeutung von »Geschlecht« und »Begehren« auf die gesamte Persönlichkeitstruktur, wie sie Foucault in der geschichtlich neuen Gestalt des Homosexuellen erkennt, trägt dazu bei, daß die Individuen als „Geschlechtscharaktere" in die sozialen Austauschprozesse hineingenommen werden. Diese sind, so Foucault, unter anderem durch Differenzierungen verregelt, die sich einer kollektiven Sorge um das „Leben" (Stichwort »Vererbung«) verdanken. Mit »Geschlecht« und »sexueller Orientierung« sind Ein- und Ausschlußmechanismen konstitutiv verknüpft, die eine kontrollierbare Verteilung und Ausnutzung der Individuen im gesellschaftlichen Raum ermöglichen: Das „Chaos" einer formal durch Freiheit gekennzeichneten Gesellschaft wird gebannt. Zu der individuellen Unterwerfung unter das Diktat des Identitätszwangs kommt damit die kollektive Unterwerfung unter das Diktat des „gesunden, leistungsfähigen Bevölkerungskörpers". Die Verbindung des neuen »Sexualitätsdispositiv« mit dem Prinzip der »Allianz«, welches seine Funktion in der Sicherung von Verwandtschaftssystemen und generativer Kontrolle hat, ermöglicht es, Elemente „älterer" Formen der Vergesellschaftung (z.B. feudale) in eine durch relative Durchlässigkeit und formale Gleichheit gekennzeichnete Moderne zu transformieren.

3. Die große Bedeutung, die der »Sexualität« (vornehmlich im Zusammenhang mit der generativen Reproduktion) in modernen Gesellschaften beigemessen wird, ermöglicht es – neben anderem – dem Staat, seine Macht über den gesamten Gesellschaftskörper auszubreiten und Zugriff auf die intimsten Lebensäußerungen der einzelnen zu nehmen. Foucault expliziert am Beispiel rassistischer Staatsführung und an der Machtübernahme der bürgerlichen Klasse, wie die aus der Psychologisierung, Medizinisierung und Biologisierung von

»Sexualität« gewonnenen „Gewißheiten“ benutzt werden, um sowohl ein Bevölkerungsganzes in sich als auch Bevölkerungen von einander zu differenzieren. Die (gemeinsam getragene) Sorge um eine leistungsfähige, gesunde „Bevölkerung“ ermöglicht und legitimiert staatliche Eingriffe in die – normativ unverletzbaren – Rechte der BürgerInnen, sie wird ebenfalls dazu benutzt, marginalisierten Bevölkerungsgruppen genau diese Rechte zu versagen.

Dieser Konzeption stellt Foucault eine differenzierte Machtanalytik zur Seite, die im folgenden nochmals gebündelt dargestellt wird:

1. An die Stelle von Machttypen wie Gesetzes- oder Souveränitätsmacht setzt Foucault die Machttypen Disziplinierung und Regulierung. Sie wirken nicht vornehmlich durch Institutionen auf die Individuen ein, sondern bewegen sich im Feld des Sozialen. Beide richten sich auf die Körper und durch diese hindurch auf die Persönlichkeitsstrukturen der Menschen. Sie können sich verbinden und zur Ausbildung von Macht- und Herrschaftsverhältnissen führen, Foucault nimmt eine zunehmende „Verstaatlichung“ dieser Machttypen an. Wesentlicher Stützpunkt dieser Machttypen sind die Diskursproduktionen, deren „Wille zur Macht“ durch einen allgemein akzeptierten „Willen zum Wissen“ verdeckt wird.

2. An die Stelle der „Repression“ setzt Foucault die produktiven Wirkungen der Machttypen. Sie funktionieren weniger durch Verbote als durch Anreize. Damit geht die Ablehnung klar identifizierbarer „Machthaber“ oder „Machtinstitutionen“ einher. Die Anreize können sich zu »Dispositiven« verdichten, die ein bestimmtes Feld sozialer Aktivität – hier Sexualität – besetzen und dessen Spezifika auf den gesamten gesellschaftlichen Raum ausweiten.

3. Im Modell der »Bio-Macht« verbinden sich die genannten Machttypen zu einem Machttyp, der auf allen Ebenen der Gesellschaft wirksam ist. Dennoch ist dieser Machttyp nicht ohne Widersprüche. Individualisierung und Totalisierung sind Effekte, die, so Foucault, in einem Spannungsverhältnis stehen. Dieses Spannungsverhältnis bewirkt die relative Instabilität moderner Machtformen und führt – wie Foucault dies an den Zielen der Neuen Sozialen Bewegungen ausführt – zu Widerstand gegen die Machtverhältnisse.

Michel Foucault hat damit eine entfaltete theoretische Konzeption von Sexualität und Macht vorgelegt. Ich habe jedoch gezeigt, daß diese eine Reihe von problematischen Implikationen enthält. Zu nennen sind vor allem Foucaults Entwurf der Disziplinargesellschaft, sein mechanisches Körperkonzept und das daraus folgende Konzept von Subjektivität wie auch die Ausblendung der Geschlechterhierarchie. Ich schlage daher vor, Foucaults Ansatz in folgenden Punkten zu ergänzen:

1. Foucaults Entwurf einer „Disziplinargesellschaft“, den er aus der Untersuchung der Transformation des Strafrechts entwickelt, zeichnet ein statisches und widerspruchsfreies Bild einer Gesellschaft, in der ein umfassendes Machtensemble die Individuen völlig ergriffen hat. Damit führt Foucault selbst aus, was er z.B. am Historischen Materialismus und an der Kritischen Theorie kritisiert: die Setzung eines alles durchdringenden und determinierenden Prin-

zips, einer konkurrenzlos wirkenden „Rationalität". Ich habe gezeigt, wie sich mit einem differenzierten Modell von gesellschaftlicher Totalität, wie es von Becker-Schmidt in Anschluß an Adorno ausgeführt ist, die Bruchstellen – Widersprüche und Ungleichzeitigkeiten – einer von Macht gesättigten Gesellschaft aufzeigen lassen. Die Fokussierung auf die Vergesellschaftung der Geschlechter, die Becker-Schmidt vornimmt, hat sich als fruchtbarer Ausgangspunkt erwiesen, die auch in der frühen Kritischen Theorie vorhandenen Vereinheitlichungstendenzen gesellschaftlicher Widersprüchlichkeit anzugehen. Foucaults Ansatz sperrt sich – trotz aller Differenzen – nicht völlig einer Ergänzung durch ein Modell wie dieses. Seine Gesellschaftsanalyse bezieht sich ebenfalls auf gesellschaftliche Transformationen, die durch die Durchsetzung kapitalistischer Produktionsweise bedingt sind. Vorsichtig könnte gesagt werden, daß dies der Bezugsrahmen ist, in dem er seine „Mikrophysik der Macht" kritisch entfaltet.

2. Foucault setzt seinem Modell des passiven Körpers, der den Disziplinartechnologien mehr oder weniger ausgeliefert ist, eine Technik des Selbsts entgegen, die die Prozesse fassen soll, in denen sich das Subjekt aus der Vielzahl der Diskurse eine Existenz gibt. Dieses Konzept erfaßt aber nur die kognitiven Bereiche der Selbstkonstitution; Unbewußtes, dem Bewußtsein nicht ohne weiteres zugängliche Motive des Handelns oder Verhaltens bleiben unberücksichtigt. Ebenso einseitig ist sein Konzept der „gelehrigen Körper", das eher einem Reiz-Reaktions-Modell gleicht. Beides ist vornehmlich Foucaults Mißtrauen gegenüber der Psychoanalyse zu verdanken, das vor allem in deren normativen Tendenzen begründet ist. Zudem zielt Foucaults Kritik ganz wesentlich gegen die Psychoanalyse Lacans, deren Gewicht auf der unbewußten Struktur der Sprache liegt. Die feministische Forschung hat in ihren kritischen Auseinandersetzungen mit psychoanalytischen Theorien gezeigt, daß sich deren Arbeitsweise gewinnbringend einsetzen läßt. So können mit einer psychoanalytischen Herangehensweise dem Bewußtsein nicht unmittelbar zugängliche Affektstrukturen erhellt werden, die die Ungleichheit der Geschlechter trotz z.T. veränderter gesellschaftlicher Bedingungen aufrechtzuerhalten helfen. Auch können psychoanalytische Forschungen Hinweise auf Prozesse der Disziplinierungen des Körpers liefern, die sich in der frühen Sozialisation mit den Pflege-, Nähr- und Sauberkeitshandlungen verbinden. Eine solche theoretische Erweiterung kann die Spannung sichtbar machen, die durch die Verschränkung von »Körpern« und »Lüsten« und gesellschaftlicher Disziplinierungen entsteht. Die Aufmerksamkeit, die die Psychoanalyse der Verknüpfung von Triebgeschehen und kulturellen Praxen einräumt, kann zu Ansätzen einer Theorie des Körpers und der Lüste beitragen, die geeignet wären, Foucaults zentrale Kategorie, den Körper, zu „beleiben", dessen Plastizität und Eigendynamik zu benennen. Damit kann der Blick ebenfalls differenzierter auf (kognitive und affektive) interaktive Prozesse gelenkt werden, eine Dimension, die Foucault in den „Technologien des Selbst" vernachlässigt.

3. Was auf der einen Seite als eine Stärke Foucaults erscheint, die strikte Historisierung von Sexualität und Macht, ist in Hinblick auf die Ergebnisse der Frauenforschung über die häufig differente Einbindung von Frauen und Männern in geschichtliche Abläufe, aber auch in Hinblick auf eine nicht eurozentrische Geschichtsforschung, problematisch. Geschichtswissenschaftlerinnen haben gezeigt, daß geschichtliche Entwicklungen Männer und Frauen unterschiedlich erreichen und daß das Geschlechterverhältnis z.T. von anderen Machtstrukturen berührt wird, als von denen, die im politischen/ökonomischen Bereich vorherrschen. So standen lange Zeit das „Gewaltmonopol des Staates" und das Recht des Ehemannes, seine Frau zu strafen, unvermittelt nebeneinander. Die ethnologische Forschung begreift sog. unentwickelte Gesellschaften mehr und mehr als historisch zu betrachtende Gefüge, die ihre eigene Geschichte haben. Verwandtschaftssysteme z.B. erscheinen in dieser Perspektive als in der Zeit gewordene, nicht mehr allein als „Ursprünge", die durch Kolonialisierung zerstört werden. Zudem kann, wie Godelier überzeugend dargestellt hat, die starre Regelung der sexuellen Beziehungen und Praxen auch in nicht-modernen Gesellschaften ein Strukturprinzip sein, das über bloße Verwandtschaftssyteme, also über das Allianzdispositiv, hinausgeht. Es stellt sich die Frage, ob nicht die verschiedenen Stadien sexueller Vergesellschaftung, die Foucault weitgehend historisch bestimmten Epochen zuschreibt, in „ungleichzeitiger" Form nebeneinanderher existieren, mit Überlagerungen und Dominanzen, die erst noch zu ermitteln sind. Gerade die Einbeziehung der Kategorie Geschlecht erlaubt m.E. eine genauere Bestimmung dieser Zusammenhänge, als es Foucault möglich war, der der Frage der Geschlechterdifferenz nur eine randständige Bedeutung zumißt. Damit könnte die Frage gestellt werden, ob „der Kopf des Königs" tatsächlich gerollt ist, ob die juridische Macht – und damit verbunden auch die Bedrohung des Lebens durch Gewalt – im Geschlechterverhältnis wie im gesellschaftlichen Ganzen wirklich nur noch eine marginale Rolle spielt. Foucault bezeichnet das Sexualitätsdispositiv als eine in der Moderne neu entstehende Form gesellschaftlicher Regulierung. Müßte nicht angenommen werden, daß dieses – wie das Allianzdispositiv – eine Geschichte hat, die immer schon mit dem Allianzdispositiv verknüpft ist und nun eine spezifisch moderne Form angenommen hat? Die Frage nach der Verknüpfung von Allianz und Sexualität ist von Foucault nur angerissen worden, allerdings differenzierter als von vielen InterpretInnen dargestellt, die vorschnell von einer Trennung der beiden ausgehen. Daran schließt sich der letzte Punkt meiner Kritik an.

4. Foucaults Analyse der Sexualität blendet die Geschlechterhierarchie aus. Wenn Foucault von »Geschlecht« als Produkt des Sexualitätsdispositives spricht, meint er beide Geschlechter, wenn er vom sexuell begehrenden Subjekt spricht, unterscheidet er nicht zwischen Frauen und Männern. Diese Ausblendung führt auf der einen Seite dazu, daß »Sexualität« als ein im gesamten gesellschaftlichen Raum wirksames Strukturierungsprinzip sichtbar wird, mitsamt seiner „Schattenseite", den sog. Perversionen. Anders gesagt, die Hierar-

chie zwischen normativer Heterosexualität und indiskriminierter Homosexualität tritt ins Licht. Auf der anderen Seite verführt diese Sichtweise dazu, die unterschiedliche Stellung der Geschlechter sowohl in einer normativen Heterosexualität als auch in einer diskriminierten Homosexualität zu übersehen. Genau hier liegt der Bruch, der einer Trennung zwischen »Geschlechterforschung« und »Sexualitätsforschung“ Vorschub leistet. Die Tatsache jedoch, daß eine Geschichte des Sexualitätsdispositives, die die Geschlechterhierarchie beinhaltet, noch gar nicht geschrieben ist, verlangt meines Erachtens die Zusammenführung beider Stränge. Foucaults Arbeiten machen auf der einen Seite Korrektive für bestimmte Stränge feministischer Sexualitätsforschung deutlich: Deren Herangehensweise, jegliche Form der gesellschaftlichen Organisation von Sexualität auf die Geschlechterhierarchie zu beziehen und zudem stets das repressive Moment zu fokussieren, muß überprüft werden. Auf der anderen Seite legt Foucault nahe, daß »Geschlecht« ein Produkt der gesellschaftlichen Organisation von Sexualität ist. Das hieße, daß die gesellschaftliche Organisation von Sexualität bevorzugtes Forschungsfeld für die Frage nach der Genese der Geschlechterhierarchie sein muß.

In diesem ersten Kapitel ging es um die Frage, welche Möglichkeiten und Grenzen Foucaults Arbeiten zu Sexualität für eine feministische Analyse gesellschaftlicher Organisation von Sexualität hat. Mit den theoretischen Erweiterungen und Korrekturen, die hier vorgenommen wurden, bilden Foucaults Annahmen den Hintergrund meiner weiteren Arbeit. Im nächsten Kapitel wird es darum gehen, anhand feministisch orientierter Untersuchungen zu Sexualität die Forschungsfelder »Geschlecht« und »Sexualität« konkreter zu erfassen.

2. Entwicklungslinien und Schwerpunkte in US-amerikanischen Analysen von Sexualität als Macht- und Herrschaftszusammenhang

„Ich möchte einen Weg in Richtung einer neuen Ökonomie der Machtverhältnisse vorschlagen, der empirischer und direkter auf unsere gegenwärtige Situation bezogen ist, und der mehr Beziehungen zwischen Theorie und Praxis umfaßt. Sein Ausgangspunkt sind die Formen des Widerstandes gegenüber den verschiedenen Machttypen. Metaphorisch gesprochen heißt das, den Widerstand als chemischen Katalysator zu gebrauchen, mit dessen Hilfe man die Machtverhältnisse ans Licht bringt, ihre Positionen ausmacht und ihre Ansatzpunkte und Verfahrensweisen herausbekommt."[1]

Feministische Forschung und Theoriebildung war zumindest in den Anfangsjahren eng eingebunden in eine politische Bewegung; viele der frühen Texte sind „Widerstandstexte", entstanden in oder aus Frauengruppen. Auch wenn sich das Verhältnis Feministische Forschung – Frauenbewegung sowohl zueinander als auch in beiden Polen ausdifferenziert hat, lassen sich dennoch die Texte im oben genannten Sinne lesen: als Texte, mit deren Hilfe Machtverhältnisse sichtbar gemacht werden können. Das schließt Kritik nicht aus: Auch Widerstandstexte können Machtförmigkeit annehmen.

Im folgenden stehen Entwürfe im Mittelpunkt, die jeweils unterschiedliche Zugangsweisen und Antworten zu den Forschungsfeldern »Geschlecht« und »Sexualität« beeinhalten. Sie repräsentieren die einflußreichsten Strömungen der US-amerikanischen (vornehmlich, aber nicht ausschließlich feministischen) Sexualitätsdiskussion der 70er Jahre bis heute. Kate Millet und Sulamith Firestone haben mit ihren Entwürfen zur Kritik der gesellschaftlichen Organisation von Sexualität Grundsteine der feministischen Sexualitätsdiskussion gelegt: z.B. mit der Unterscheidung zwischen biologischem und sozialem Geschlecht, mit der Kritik an einem Sexualitätsdiskurs, der männliche Sexualität verherrlicht, mit der Kritik an einer Familienform, die Frauen einseitig die (generative) Reproduktionsarbeit zuweist. In der Pornographiedebatte, die zu Beginn der 80er Jahre ihren Höhepunkt hatte, differenzieren sich die feministischen Positionen aus: Im Mittelpunkt stehen unterschiedliche Konzepte von Sexualität und Geschlechterhierarchie sowie daraus folgende unterschiedliche politische Strategien. Sichtbar werden dabei erste Brüche zwischen einer Analyse von Sexualität und Geschlechterhierarchie. Adrienne Richs Konzept der Zwangsheterosexualität stellt eine Synthese zwischen radikalen Theoretikerinnen wie Millet und den Ansätzen der feministischen Lesbenbewegung dar. Im Mittelpunkt ihrer Analyse steht die Gewalt, mit der Frauen in heterosexuelle Beziehungen gezwungen werden. Ihr Modell des „lesbischen Kontinuums“ antwortet nicht zuletzt auf den Streit zwischen heterosexuellen und lesbischen Feministinnen. Gayle Rubin legte im Abstand von 9 Jahren zwei sehr unterschiedliche Ansätze zur Analyse der gesellschaftlichen Organisation von Sexualität und Geschlecht vor. Versucht sie im ersten Essay, die gesellschaftliche Produktion der Geschlechterdifferenz und der Heterosexualität als ein gesellschaftliches System zu erfassen, unterscheidet sie im zweiten zwischen sexuellen und geschlechtlichen Systemen. Vor allem letztgenannter Ansatz reagiert auf die lauter werdenden Stimmen der sog. sexuellen Minderheiten, die die Diskriminierungen nichtheterosexueller Lebensweisen ins Zentrum ihrer Überlegungen stellen. Judith Butler schließlich sieht in der Heterosexualität die Matrix, aus der die spezifische Verschränkung von biologischem und sozialem Geschlecht sowie Sexualität entspringe, die wiederum die „Essenz“ des modernen, unterworfenen Subjekts sei. Sie bezieht sich dabei explizit auf Foucault.

2.1 Die sexuelle Tyrannei des Mannes oder die Tyrannei der Biologie?

Mit „Sexus und Herrschaft“ von Kate Millet und „Frauenbefreiung und sexuelle Revolution“ von Sulamith Firestone wurde Ende der 60er Jahre Sexualität in den Mittelpunkt der Analyse der Geschlechterhierarchie gestellt. Ausgehend von verschiedenen Disziplinen – Literaturwissenschaft und Soziologie – und unterschiedlichen Machtkonzepten – Weber und Marx – entwickelten Millet und Firestone zwei Ansätze, die bis heute Einfluß auf die Diskussion haben. Beide Texte entstanden in einer Zeit und in einem Umfeld, in der die „Repressionshypothese“ mehr war als ein akademischer Untersuchungsgegenstand. Sexuelle Befreiung schien möglich, galt als revolutionär und zudem als etwas, was jede und jeder selbst in der Hand hatte – zumindest für die, die im privilegierten Umfeld des Campus lebten. Jeder sexuelle Akt, der gegen die staatlichen und gesellschaftlichen Normen verstieß, schien das Ende der bürgerlich-kapitalistischen Ordnung anzukündigen, gleichgültig, ob es sich dabei um den nicht durch Ehe und Monogamie abgesicherten Geschlechtsakt oder um die pornographische Zeichnung auf Flugblättern handelte. Die Gesetzgebung der Bundesländer der USA, die zu jener Zeit – und teilweise bis heute – das Sexualleben der BürgerInnen mit zum Teil drakonischen Strafandrohungen zu regeln suchte, definierte tatsächlich eine Vielzahl sexueller Ausdrucksformen als kriminelle Akte. Wenn, wie Foucault sagt, „ein Hauch von Revolte, vom Versprechen der Freiheit und vom nahen Zeitalter eines anderen Gesetzes“[2] im Diskurs über die Unterdrückung des Sexes mitschwingt, so hat das seinen historischen Bezugspunkt nicht zuletzt in der Praxis der realen Kriminalisierung von „abweichendem“ sexuellem Verhalten. Es liegt dann nicht fern, den Vollzug verbotener sexueller Handlungen als „staatszersetzend“ zu betrachten.

Neben dem erfolgreichen Kampf gegen die herrschenden Verhältnisse versprach die „sexuelle Befreiung“ aber auch die Veränderung der Persönlichkeit, eine Bewußtseinsveränderung hin zum glücklichen, friedlichen Menschen. Oftmals verkürzte Rezeptionen von Freud, Marcuse und Reich unterstützten die Idee einer scheinbar problemlosen Verknüpfung von individuellem Glück und gesellschaftlicher Veränderung. Die Einheit von Theorie und Praxis der „sexuellen Revolution“ war in weiten Teilen der linken, vorwiegend studentischen Szene eine konkrete Anforderung und ein Teil ihres Lebens – gewollt oder nicht. So schreibt Rich in einem Rückblick:

„For the generation that came of age in the late 1960s, the assumption of an active sexuality was generally accompanied by a hybrid of post-Freudian, post-Reichian, post-Marcusian thinking that saw repression as evil and the throwing off of bourgeois restraints on sexuality as inherently liberatory, if not revolutionary.“[3]

Der Einspruch weiblicher Teilnehmer an diesem Experiment kam prompt. Sie erlebten hautnah die Widersprüche zwischen einer Theorie, die Gleichheit und Freiheit versprach, und einer Praxis, die auf sexueller Ebene die in anderen Bereichen erlebte Ungleichheit der Geschlechter wiederholte.

„They complained that they were expected not only to type the speeches, stuff the envelops, and prepare the food and coffee for the radical men they worked with, but to sleep with them besides, without making any demands in return. (...) And these women saw an intimate connection between the way men treated them in their organizations and the way they treated them sexually; they were two sides of a single demeaning attitude toward women – one that would not take them seriously.“[4]

Neben der Privilegierung männlicher Wünsche an und Vorstellungen über Sexualität, waren es vor allem die einseitige Zuweisung der Sorge um Empfängnisverhütung oder der Pflege und Erziehung der Kinder, die Frauen dazu bewegten, die „sexuelle Revolution“ zu kritisieren. Fehlende oder gesundheitsschädliche Verhütungsmittel, die Problematik von Abtreibungen, die einseitige Verteilung der Kinderbetreuung zu Lasten der Frauen, die männerbündische Verharmlosung sexueller Gewalt oder die in pornographischen Werken verbreiteten Gewaltphantasien gegen Frauen wurden als Zeichen dafür gesehen, daß es mit dem Kampf gegen die kapitalistisch-bürgerliche Gesellschaft nicht getan sein würde. Auch das Argument, daß die Ungleichheit von Männern und Frauen erst nach der Revolution verschwinden würde, verlor in dieser Phase, die ja die Veränderung als jetzt schon möglich versprach, an Kraft. Unter der

Herrschaft des Kapitals wurde die Herrschaft der Männer, vorläufig „Patriarchat“ genannt, sichtbar; es erlangte für viele Frauen Priorität in der Analyse und Veränderung von Herrschaftsverhältnissen. Sexualität nahm auf diesem Hintergrund in den entstehenden *consciousness raising* Gruppen zunehmend eine Schlüsselrolle ein, allerdings eine janusköpfige. Wurde Sexualität auf der einen Seite als Machtmittel der Männer zur Unterdrückung der Frauen gesehen, wurde ihr auf der anderen Seite nach wie vor – nunmehr als weibliche oder nichtpatriarchalische Sexualität – der Status einer zu befreienden *und* zur Befreiung führenden Kraft zugeschrieben. Sexualität als Vergnügen und Gefahr – mit dieser widersprüchlichen Mischung, die in den nachfolgenden Debatten zu erbitterten Frontenkämpfen führen sollte, setzen sich auch schon Millet und Firestone auseinander.

Die Tyrannei des Mannes

In „Sexus und Herrschaft“ entwickelt Millet den Begriff der „*sexual politics*“ zur Bezeichnung der vielfältigen, sich um Geschlecht und Sexualität bündelnden Machtstrategien eines ihrer Meinung nach universellen, trotz Veränderungen ungebrochenen patriarchalen Herrschaftssystems. Dessen Macht entfalte sich nicht durch eine allgemeine Unterdrückung von Sexualität, sondern durch die ideologische Überhöhung einer männlichen, gewalttätigen Sexualität. Im Zentrum dieser Sexualideologie steht für Millet der Koitus: als immer wiederkehrender Topos in einer Erzählung, aber auch als vorherrschende Form sexueller Praxis zwischen den Geschlechtern. Im heterosexuellen Geschlechtsakt verdichte sich die institutionalisierte Ungleichheit von Frauen und Männern[5]. Mit dem Vollzug des Koitus reproduziere sich männliche Macht und weibliche Unterlegenheit, nicht als Konsequenz körperlicher Gegebenheiten, sondern als Ausdruck eines ideologischen Systems. Da Sexualität in die gesamtgesellschaftlichen Verhältnisse eingebunden sei, stelle ihre jeweils herrschende und/oder propagierte Form eine Art Mikrokosmos der Kulturen dar, die für Millet zum gegenwärtigen Zeitpunkt überall auf der Welt patriarchalisch sind. Dominanz – des männlichen Geschlechts – und Unterwerfung – des weiblichen Geschlechts – dringe durch die idealisierte Form der Sexualität in den Intimbereich der Menschen ein und verleihe so dem Herrschaftssystem Patriarchat einen „natürlichen“ Anschein. Literatur und Geisteswissenschaften verstärkten diesen Effekt, indem sie die herrschende Form der Sexualität glorifizierten oder in eine wissenschaftliche Form gießen würden. Gleichzeitig würden asymmetrische Geschlechtscharaktere, die zu dieser Sexualität passen, idealisiert und rationalisiert. In dieser Logik macht es für Millet keinen Unterschied, ob es sich um literarische Texte oder wissenschaftliche Texte handelt: Beide tragen nach Millet zur Unterdrückung von Frauen bei.

Millet ist die erste feministische Autorin, die die von Stoller[6] eingeführte Unterscheidung von *sex* (dem biologischen Geschlecht) und *gender* (den

Verhaltensbereichen des Fühlens, Denkens und der Phantasie, die mit *sex* in Zusammenhang stehen, aber nicht biologisch determiniert sind) aufgegriffen hat. Damit sollten die populären Erklärungsmuster der Geschlechterungleichheit, die diese letztlich durch körperliche Geschlechtsunterschiede begründen, entkräftigt werden. *Gender* – soziales Geschlecht – tritt, verstanden als Produkt bestimmter historischer und sozialer Machtverhältnisse, in den Vordergrund dieser und der nachfolgenden Analysen. Indem *gender* überwiegend als Verhalten (gender roles) definiert wurde, richtete sich das Hauptaugenmerk auf die ideologischen Mechanismen, die zu einem bestimmten Verhalten führen sollen. So schreibt Millet:

„Dabei ist das eigentliche Kampfgebiet der Sexualrevolution mehr das menschliche Bewußtsein als die Welt der menschlichen Institutionen. So tief verankert ist das Patriarchat im menschlichen Bewußtsein, daß die Charakterstruktur, die es in beiden Geschlechtern erzeugt, mehr eine Prägung der Gedanken und der Lebensart ist als ein politisches System."[7]

Die ökonomische und soziale Benachteiligung der Frauen, die Millet in ihrer breitangelegten Analyse nicht ausspart, wird als Beiprodukt ideologischer Machtausübung gedeutet. Die materielle oder institutionelle Verankerung der Sexualideologie wird von Millet jedoch nicht weiter untersucht. Damit wird die Möglichkeit verstellt, die Gemeinsamkeiten und Widersprüche zwischen ideologischen und sozial-materiellen Zwängen zu erkennen. Auch werden „Bewußtsein" oder „Charakter" somit zu rein rationalen Kategorien. Die Individuen reagieren in Millets Entwurf kausal auf „Prägungen" und Gewalt. Vermittlungsprozesse werden nicht wahrgenommen, ebensowenig wie unbewußte Verstrickungen in Machtstrukturen. Das Unbewußte wird aus ihrer Analyse ausgegrenzt. Dementsprechend rational-kausal wird dann auch das Verhältnis von Ideologie und Verhalten, von Ideologie und Phantasien gefaßt. Männliches Sexualverhalten, männliche Fiktion und patriarchale Ideologie fallen bruchlos ineinander. In Millets Patriarchatsanalyse ist der Held in Henry Millers Büchern identisch mit dem Mann auf der Straße, er ist identisch mit dem Patriarchat und trifft stets auf die Frau, die gerade Lawrence' Romanen entsprungen zu sein scheint, passiv und ohne Begehren.

Millet verwendet ein Konzept von Herrschaft, das eine eigenwillige Mischung aus Webers Macht- und Herrschaftsbegriffen aufweist. Herrschaft, so Millet, ist das Phänomen, das die Geschlechterbeziehungen in historisch unterschiedlicher Form durchzieht. In einer Fußnote spezifiziert sie ihren Begriff von Herrschaft:

„Herrschaft im ganz allgemeinen Sinne von Macht, d.h. der Möglichkeit, den eigenen Willen dem Verhalten anderer Personen aufzuzwingen, kann in den verschiedensten Formen auftreten."[8]

Weiterhin nennt sie Kontrolle durch wirtschaftliche Faktoren und gesellschaftliche Autorität als Elemente des Weberschen Macht- und Herrschaftsbegriffs, wobei sie ökonomische Macht als Folge von ideologischer Herrschaft hervorhebt. Ein Problem in Millets Arbeit liegt in dieser Verkürzung von Herrschaft auf interpersonelle, intentionale Macht, die sie zudem auf das männliche Geschlecht und auf das Machtmittel der Ideologie einschränkt[9]. Das „Patriarchat" – ein ebenfalls von Millet in die feministische Diskussion eingeführter Begriff – wird als ein Herrschaftssystem konzipiert, das sich durch bewußtes Macht*handeln* von Männern ständig erneuert und ausweitet. Diesem personalen Machthandeln steht allerdings bei Millet, im Gegensatz zu Weber, kein Subjekt – kein Individuum mit eigenem Willen – gegenüber: Frauen erscheinen als immer schon passive Wesen. Es stellt sich damit die Frage, gegen wen sich dieses Machthandeln eigentlich richtet, warum es überhaupt notwendig ist. Auch wenn Millet das Besondere des Machtverhältnisses zwischen Männer und Frauen erfaßt – die interpersonelle, häufig von emotionaler Abhängigkeit begleitete Ausübung von Macht –, affirmiert sie letztlich dieses Machtverhältnis.

Millets empirischem Machtbegriff entspricht ihre Kritik an Freud. Diese in feministischen Analysen lange Zeit sehr einflußreiche Kritik attackiert vor allem Freuds Beharren auf dem Unbewußten als Triebfeder der geschlechtlichen Entwicklung und denunziert es als biologistischen Essentialismus. Millets rhetorisch kraftvolle Abrechnung mit Freuds normativen Aussagen zu Weiblichkeit, die ja in der Tat kritikwürdig sind, gerät zu einer Verwerfung der Kategorie des Unbewußten an sich. Danach kann sie behaupten, daß die „Prägung" durch das patriarchale System nur die Oberfläche der Persönlichkeit erreicht. Das hat zunächst den Vorteil, daß eine tiefere Verstrickung der Frauen in patriarchale Verhältnisse geleugnet und damit die Möglichkeit der bewußten Entscheidung gegen das System eröffnet werden kann. Das Motiv der „bewußten Wahl", das in feministischen Analysen zur Sexualität immer wieder auftaucht, erhält seine Kraft aber nicht zuletzt durch die Negierung des Unbewußten – und des Begehrens.

Für Millet ist die sexuelle Befreiung die Voraussetzung zur Überwindung des Patriarchats. Eine wirkliche „Sexualrevolution" müsse die Abschaffung der sexuellen Tabus, besonders auch gegen nicht-heterosexuelle Ausdrucksformen, und die Abschaffung von Prostitution und doppelter Moral sicherstellen. Vor allem aber müsse sie zur sexuellen Freiheit für beide Geschlechter führen. Sei diese Freiheit erst einmal erreicht, würden sich die Geschlechter einander angleichen, die Geschlechtsrollen verschwinden. *Gender* – Maskulinität, Femininität – verlöre seine ideelle und materielle Bedeutung weiterhin durch die Aufhebung der Kleinfamilie, die Verstaatlichung der Kindererziehung und die wirtschaftliche Unabhängigkeit der Frauen.

„Im Zusammenhang damit müßten die Züge, die als 'maskulin' und 'feminin' klassifiziert werden, und die Frage nach ihrem Nutzen neu untersucht werden: die Gewalttätigkeiten, die als 'männlich' gefördert werden, und die extreme Passivität der 'femininen' Seite würden sich beide als nutzlos erweisen; hingegen würden sich das klare Denken und die Intellektualität des 'maskulinen' Temperaments und die Zärtlichkeit und Aufmerksamkeit des 'femininen' beiden Geschlechtern empfehlen."[10]

Für die Entwicklung feministischer Analysen zu Sexualität war und ist Millets Kritik an der herrschenden Auffassung, Sexualität werde per se unterdrückt, von wesentlicher Bedeutung. Mit ihrer These, daß die Geschlechter in die gesellschaftliche Organisation von Sexualität unterschiedlich eingebunden sind, entfernt sich Millet von der „Repressionshypothese" der 68er Generation. Gleichzeitig verknüpft sie die Überhöhung von (phallozentrischer, koituszentrierter) Sexualität mit dem Machtsystem „Patriarchat". Millets Kritik gilt einem „Sexualitätsdispositiv", das die Ungleichheit der Geschlechter in die Individuen „einlagert" – als Geschlechtsidentitäten und als sexuelle Verhaltensnormen. Es ist m.E. gerade dieser Hinweis auf die Mechanismen von Dominanz und Unterwerfung, die sich stillschweigend als Norm (und Anreiz) in sexuelle Praktiken eingeschlichen haben, der auch für weitere Untersuchungen wichtig ist. Catherine MacKinnon wird später daran anknüpfen und von einer sado-masochistischen Sexualität sprechen, in der die Rollen qua Geschlecht verteilt werden: Eine Sexualität, die die Geschlechterhierarchie sowohl widerspiegelt als auch verstetigt. Auch wenn ihre Analyse ergänzungsbedürftig ist, wie Einsprüche in jüngster Zeit zeigen, verweist sie doch auf eine grundlegende Differenz der Einbindung von Frauen und Männern in die moderne Organisation von Sexualität.

Leider haben aber auch die Schwächen von Millets Analyse Einzug in feministische Entwürfe gefunden, gerade auch in die Entwürfe zu Pornographie und zu lesbischer Sexualität. Als solche Schwächen sind zu nennen: die Fokussierung auf eine ideologische Macht, die keine Brüche oder Widersprüchlichkeiten kennt; die Vernachlässigung von strukturell verankerten Macht- bzw. Herrschaftsphänomenen; die Verwerfung des Unbewußten und der Interpendenzen von *sex* und *gender*; die rationalistische Überbewertung von Bewußtsein und Interaktion. Ich werde darauf zurückkommen.

Zwar ist Millet der Utopie der Androgynität verpflichtet, ihre Konstruktion von männlicher, sadistischer Sexualität begünstigt jedoch die Idealisierung einer „weiblichen" Sexualität: Wenn „männliche" Sexualität mit Penetration gleichgesetzt wird und damit immer schon in die Spannung Dominanz-Unterwerfung eingebunden ist, kann sie kaum in eine herrschaftsfreie Sexualität integriert werden. Die „Befreiung" auch aller nicht-heterosexueller Praktiken bleibt so ein Lippenbekenntnis. Es ist kein großer Schritt, solche eindeutigen Zuweisungen von sexuellen Praxen zu einem Geschlecht mit biologischen Determinanten zu verschränken, wie z.B. Susan Brownmiller es unternimmt, wenn sie das Phänomen der Vergewaltigung aus der differenten genitalen Ausstattung von Frauen und Männern ableitet[11]. Folgerichtig erscheint als politische Utopie die Segregation der Geschlechter und als Weg dahin die Bildung von weiblichen Gegenkulturen. Die Schaffung von Frauen(frei)räumen war und ist ein wesentliches Element zur Aufbrechung der Vereinzelung von Frauen, zu deren Schutz oder einfach zu deren Vergnügen. Als generalisierte Strategie birgt Seperation aber die Gefahr, die Geschlechterdifferenz, nun nicht mehr als biologische, sondern als basale kulturelle Differenz zu reetablieren, von ebensolchen Normen begleitet wie vormals die biologische Differenz.

Die Tyrannei der Biologie

Einen anderen Weg der Analyse wählt Sulamith Firestone. Auch für sie stellt die sexuelle Revolution die Bedingung für die Überwindung des „Patriarchats", ja für die Befreiung der Menschheit dar. Sie wählt Marx und Engels als Bezugstheoretiker und wandelt deren Analysen für ihre Grundthese ab:

„Die materialistische Anschauung der Geschichte geht von dem Satz aus, daß die Dialektik der Geschlechter die Grundlage aller Gesellschaftsordnung ist: die Gliederung der Gesellschaft in zwei biologisch unterschiedene Klassen, und die Kämpfe dieser Klassen gegeneinander; die Veränderungen in den Bedingungen von Ehe, Fortpflanzung und Kinderaufzucht; und die erste Arbeitsteilung auf der Grundlage der Geschlechter, die sich dann zu dem ökonomischen und kulturellen Klassensystem weiterentwickelt, sind die Triebkräfte aller historischen Ereignisse."[12]

Die Abschaffung der Kleinfamilie, die Überwindung der geschlechtlichen Arbeitsteilung durch die Technologisierung der Fortpflanzung und die Ersetzung der Arbeit durch die Technologien der „kybernetischen Revolution" bilden den Kern dieser Gesellschaftsutopie, die wohl wie kaum eine andere den Geist der 60er Jahre einfängt. Firestone nimmt die sozialistischen Utopien auf und nutzt sie, um ihr Anliegen, die Befreiung der Frauen aus patriarchalen Zwängen, konzeptionell und analytisch zu fassen.

Der Rückgriff auf ein marxistisches Modell von Macht und Herrschaft ermöglicht es ihr, die Ebene der Institutionen und ökonomischen Strukturen in ihre Analyse einzubeziehen. Zentral ist für Firestone die strukturelle Verankerung der geschlechtlichen Arbeitsteilung, die ihrer Annahme zufolge zwangsläufig zu einer geschlechtshierarchischen Arbeitsteilung führt, und deren Bedeutung für die Formierung historisch unterschiedlicher Gesellschaften. Die geschlechtshierarchische Arbeitsteilung führe nicht nur zu gesellschaftlichen Institutionen wie Ehe, Kleinfamilie und zum Ausschluß von Frauen aus dem öffentlichen Raum, sondern setze sich in den Produktionen aus Kunst, Wissenschaft etc. fort. Neben der Aufhebung der geschlechtshierarchischen Arbeitsteilung fordert Firestone vor allem die Institutionalisierung einer öffentlichen Kindererziehung und die Abschaffung von Ehe und Familie.

Die Ziele ihrer „sexuellen Revolution" sind weitgehend mit Millets identisch, jedoch taucht in Firestones Ansatz eine neue Dimension auf: die Befreiung der Frau von der Fortpflanzung durch den von Frauen kontrollierten Einsatz der Reproduktionstechnologien. Für Firestone liegen in dem ungleichen Beitrag der Geschlechter zur generativen Reproduktion die Wurzeln sowohl der Frauen- wie der Sexualunterdrückung. Diesem, auf die Reproduktion bezogenen, körperlichen Geschlechtsunterschied müsse der Feminismus den Kampf ansagen. Und das sei, so Firestones These, erst auf dem heutigen Stand der Technik möglich, der mit der Entwicklung der Reproduktionstechnologien die Möglichkeit mit sich bringe, die Menschen von der „Tyrannei der Biologie" zu befreien:

„Die biologische Familieneinheit hat Frauen und Kinder immer unterdrückt, doch jetzt hat die Technologie zum ersten Mal in der Geschichte echte Voraussetzungen für den Umsturz dieser unterdrückerischen 'natürlichen' Bedingungen und ihrer kulturellen Verankerungen geschaffen. Die neue Ökologie hat uns hingegen gezeigt, daß es unabhängig von moralischen Gesichtspunkten, allein aus pragmatischen Gründen notwendig geworden ist, die Menschheit von der Tyrannei der Biologie zu befreien."[13]

Wenn die reproduktive Notwendigkeit körperlicher Unterschiede wegfalle, könne auch das soziale Geschlecht mit seinen hierarchischen Konnotationen überwunden werden. Sexualität werde nicht mehr wie bisher an genitale Funktionen gebunden sein, vielmehr werde sie sich auf einer Stufe reorganisieren, die Firestone in Anlehnung an Freud polymorph-pervers bzw. pansexuell nennt. Damit würden die Unterscheidungen männlich/weiblich, aber auch die Unterscheidung zwischen Kind und Erwachsenem überflüssig, an die Stelle hetero- oder homosexueller Objektwahlen trete eine Polysexualität, die keine Unterschiede anerkenne. Was Firestone fordert, ist die Befreiung der Sexualität aus dem System der Allianz, das ihrer Meinung nach vor allem in der generativen Reproduktion wurzelt. Firestone trennt nicht nur zwischen biologischem und sozialem Geschlecht, sie versucht, das biologische Geschlecht, das sie mit Schwangerschaft, Schmerzen und Genitalität verknüpft, völlig zu eliminieren.

Im Unterschied zu Millet, die die vorfindliche Praxis der sexuellen Kontakte zwischen Erwachsenen kritisiert und in ihnen die Quellen männlicher Macht lokalisiert, legt Firestone ihren Schwerpunkt – ganz in Übereinstimmung mit der Psychoanalyse – auf die Prozesse der frühen Kindheit, die sie für die weitere Gestaltung des Sexuallebens als bestimmend ansieht. Anders als bei Freud sind für sie jedoch Phantasien nur der lineare Niederschlag von mehr oder weniger traumatischen realen Erlebnissen, ungetrübt und unverstellt von Begehren, Wünschen und Verdrängung. Die Unvereinbarkeit von Sexualbefriedigung und Kultur ist ihrer Meinung nach das Ergebnis des Inzestverbotes und des daraus resultierenden Ödipuskomplexes. Wenn die Menschen gezwungen würden, zärtliche und sexuelle Strebungen zu trennen und letztere (gegenüber den Eltern) zu verdrängen, führe dies unvermeidlich zu einer Spaltung der Persönlichkeit wie auch zu einer dichotomen Setzung von Sexualität und Kultur:

„Genau diese Trennung von Sexualität und Kultur ist die Grundlage der westlichen Kultur und Zivilisation. Wenn frühe sexuelle Unterdrückung der Grundmechanismus ist, mit dem Charakterstrukturen erzeugt werden, die die politische, ideologische und ökonomische Sklaverei verfestigen, dann müßte die Aufhebung des Inzesttabus durch die Abschaffung der Familie ungeheure Auswirkungen haben: Die aus ihrer Zwangsjacke befreite Sexualität könnte unsere gesamte Kultur erotisieren und dadurch völlig neu definieren."[14]

Auch hier wird deutlich, daß Firestone ganz selbstverständlich von der Möglichkeit einer machtfreien, natürlichen Sexualität ausgeht – wenn sie denn erst aus dem Allianzsystem befreit ist. Mit ihrer Freud-Adaption legt sie den Grundstein für die Rehabilitation psychoanalytischer Theorien in der feministischen

Theoriebildung, allerdings für eine soziologisierte Version der Psychoanalyse, wie sie später, z.B. durch Nancy Chodorows Arbeit, auf die noch Bezug genommen wird, an Einfluß gewinnt. Juliet Mitchell kritisiert früh eine Rezeption von Freud, wie Firestone oder auch Millet sie ihrer Arbeit zugrunde legen:

„Sexuelle Begierden, Phantasie, die Gesetze des Unbewußten, ja das Unbewußte an sich spielen im sozialen Realismus der feministischen Kritik keine Rolle. Bei Millet ebenso wie bei den anderen feministischen Autorinnen leugnet der außer Rand und Band geratene Empirizismus mehr als das Unbewußte, er leugnet alle geistig-seelischen Kräfte außer der Ratio."[15]

Der (vorläufige) Siegeszug einer derart gereinigten Psychoanalyse ist im Grunde umso verwunderlicher, als in der feministischen Diskussion gerade die Überbetonung und Verherrlichung von Rationalität bei gleichzeitiger Abwertung von Emotionalität als Folge maskuliner Herrschaft analysiert wird. Woher rührt diese Abwehr gegen die triebdynamischen Implikationen der Psychoanalyse? Der Hinweis auf die frauenfeindlichen Tendenzen in psychoanalytischen Theorien reicht m. E. nicht aus, um diese Abwehr zu erklären. Die von der Linken übernommene Skepsis gegenüber Freuds Konzeption des Unbewußten, die sich nicht unmittelbar in Einklang mit dem Theorem der sozialen Determination bringen läßt, trägt sicher zu diesem Phänomen bei. Darüberhinaus ist der Einfluß der Soziologie Parsons, dessen Psychoanalyserezeption ähnlich funktionalistische Züge aufweist, ebenfalls von Bedeutung. Weiterführend erscheinen mir die Analysen von B. Ruby Rich und Julia Creet[16], die hervorheben, daß die vehemente Ablehnung von Phantasien, Affekten und körpergebundenen, nicht kontrollierbaren Regungen auch mit Konflikten korrespondiert, die sich aus der Auseinandersetzung mit der Entwicklung früher sexueller Bedürfnisse und der Reaktion der Bezugspersonen (in der Regel Frauen) auf diese speisen. Die Einbeziehung des Unbewußten könnte demnach den Effekt haben, daß ambivalente Gefühle und Machtkonflikte zwischen Frauen thematisiert werden müßten – ein Effekt, der anscheinend vermieden werden muß, wenn es darum geht, die Gleichheit und Solidarität aller Frauen aufzubauen.

Firestone geht aber in ihrem Entwurf noch weiter. Voraussetzung für eine sexuelle Revolution sei die radikale Abschaffung der biologischen Eingebundenheit der Menschen, wie sie sich in der körpergebundenen generativen Reproduktion ausdrücke. Nicht nur Geschlechtsrollen und -stereotypen müßten eliminiert werden, sondern (fast) alle körper- und geschlechtsgebundenen Funktionen. Übrig bleibt eine verschwommene „Erotisierung". Sexualität wird in diesem Entwurf letztlich zu einer geistigen Kraft, von Genitalien, Ambivalenzen und Fortpflanzung ebenso wie von gesellschaftlicher Unterdrückung „befreit". Es sind Geistwesen, die Firestones neue Welt bevölkern. Was hier sicher auf die Spitze getrieben wird, ist dennoch tendenziell in der weiteren Diskussion über Sexualität wiederzuerkennen. Die Marginalisierung der Analyse der körperlich-leiblichen Verfaßtheit der Geschlechterdifferenz, die nicht zuletzt durch die strikte Trennung zwischen *sex* und *gender* gefördert wurde, aber auch die neuere Entwicklung, *sex* und *gender* ineinanderfallen zu lassen und letztlich in diskursiven Interaktionen aufzulösen, setzen auf moderaterer Ebene die schleichende Austreibung des Leiblichen aus den feministischen Diskursen fort. Es ist nicht zu übersehen, daß dies einer gesellschaftlichen Entwicklung korrespondiert, in der sich um die Computer- und Gentechnologie herum Diskurse etablieren, die den Eindruck erwecken, daß ein körperloser Zustand dem jetzigen vorzuziehen sei. Die Tendenz, Körperlichkeit zu negieren, weist jedoch auch darauf hin, daß „Allianz" und „Körper", gerade über den Zusammenhang Generativität, eine derart enge diskursive Verbindung eingegangen sind, daß die Thematisierung von „Körper" zwangsläufig zu einer Aufrufung von „Allianz" führt, die eine gattungsgeschichtliche Determinierung von Geschlecht in sich zu bergen scheint. Statt das Leibliche, und damit meine ich die Wahrnehmung des Leiblichen, rational oder diskursiv aufzulösen, käme es dann aber gerade darauf an, dieses Ineinandergreifen über die Rekonstruktion der Geschichte von Allianz und Körper sichtbar zu machen.

Festzuhalten ist, daß Millets und Firestones Analysen bei aller Unterschiedlichkeit auf gemeinsamen Grundannahmen basieren. Bei beiden führt die analytische Trennung von *sex* und *gender* dazu, daß *sex* in die Untersuchungen nicht mehr eingeht (Millet) oder einer überwindbaren Natur (Firestone) zugeschrieben wird. Das Körperlich-Leibliche wird einem vorkulturellen Raum zugeschrieben. Das soziale Geschlecht wird von beiden Autorinnen im wesentlichen rollentheoretisch gedacht: Weiblichkeit und Männlichkeit sind hier erlernte Verhaltensrepertoires, die im Gegenzug also auch verlernt werden können, sie korrespondieren der Vorstellung eines Ganzheitlich-Menschlichen, das durch die Zuweisung von männlichen und weiblichen Verhaltensstereotypen zerstört werde. *Gender* wird zuallererst dem kognitiven und interaktiven Bereich zugeordnet. Damit geht eine weitgehende Verleugnung des Einflusses von Phantasien und Affekten auf die persönliche Erfahrung von *gender* einher – des eigenen wie des gegengeschlechtlichen.

Auch Sexualität wird innerhalb dieses Musters analysiert. Ist für Millet die herrschende Sexualität Ausdruck und Gewaltmittel der männlichen Herrschaft, sind es für Firestone biologisch-strukturelle Zwänge, die weibliche und männliche Sexualität verstümmeln. Bei beiden scheint jenseits dieser Verzerrungen eine „natürliche" Sexualität auf, die zu befreien sei und gleichzeitig zur Befreiung führe. Eine solche von Macht und Herrschaft befreite Sexualität sei ambivalenzfrei und im wesentlichen dem Bewußtsein zugeordnet. Triebtheoretische Annahmen, die die konflikthafte Verschränkung von leiblicher Verfaßtheit und sozialer Einflußnahme erfassen könnten, werden von beiden Autorinnen abgelehnt. Sexuelle Phantasien werden vielmehr als direkte und dem Bewußtsein zugängliche Ergebnisse sozialer Einflüsse aufgefaßt und können dementsprechend – quasi als Machtmittel – zur Unterdrückung von Frauen, aber auch von Frauen selbst zu ihrer Befreiung eingesetzt werden.

Sexualität und Macht sind den Autorinnen zufolge durch Unterdrückung miteinander gekoppelt. Sieht Millet jedoch nur die sexuelle Repression der Frauen als gegeben, während die Männer ihre Sexualität zur Dominanzsicherung einsetzten, ist für Firestone die sexuelle Repression beider Geschlechter Folge einer geschlechtlichen Arbeitsteilung, die zur Ausbildung unterschiedlicher Geschlechtsrollen und mit diesen verbundenen -charakteren führt. In beiden Interpretationen bleibt die Prämisse der Repressionshypothese – daß es eine natürliche Sexualität jenseits kultureller Einflußnahme gibt – weitgehend unhinterfragt.

Bei beiden Autorinnen ist entsprechend die Vorstellung eines Subjektes zu finden, das in der Lage ist, jenseits ideologischer Verzerrung oder biologischer Verstricktheit eine „wahre“ Sexualität, eine „authentische“ Identität, zu entwickeln. Sexualität und (Geschlechts)Identität werden damit erneut in eine kausale Verbindung gebracht, in der nunmehr sexuelles Verhalten eine bestimmende Rolle spielt. Das richtige sexuelle Verhalten wird zum Zeichen „echter Subjektivität“, einer Subjektivität, die vermeintlich nicht mehr in Dominanz und Abhängigkeit verstrickt ist. Die Kritik an einer spezifisch männlich dominierten Sexualität mündet damit letztlich in einem neuen Begründungsdiskurs, der Sexualität und Subjektivität innigst verschränkt und politisch-moralisch überhöht. Dabei teilen die Autorinnen eine Utopie der Androgynie und einer Sexualität, die keine Unterschiede macht; sie bleibt jedoch verschwommen und unausgeführt.

Wie einfluß- und folgenreich die hier angelegten Prämissen in der feministischen Diskussion um Sexualität waren und sind, läßt sich exemplarisch an dem Konflikt um Pornographie, der gut 10 Jahre später ausbrach, darstellen.

2.2 Theorie und Praxis: Die Pornographiedebatte

Im Mittelpunkt der Auseinandersetzungen über Pornographie stand zum einen die Frage, ob pornographisches Material bzw. die Sexindustrie die wichtigsten Instrumente männlicher Gewalt gegen Frauen darstellen, und zum anderen die Frage, ob es eine politisch korrekte Sexualität geben kann – und wenn ja, wie diese aussehen könnte. Darüber hinaus bestimmten Auseinandersetzungen über adäquate politische Mittel die Debatte, z.B. um das Instrument der Zensur. Wie aufgeladen und verletztend diese Diskussion geführt wurde, belegen Bezeichnungen wie „sex wars“[17], „Blutbäder“ und „Bandenkriege“[18]. Als Kontrahentinnen standen sich im wesentlichen zwei Lager gegenüber, die „Women against Pornographie“ (WAP) und „Feminist Anti-Censorship Task Force“ (FACT). Beiden Gruppen gelang es, große Teile der feministischen Bewegung zu mobilisieren, obwohl diese zu jenem Zeitpunkt weitgehend zersplittert war. Die Aktualität, die diese Debatte noch immer hat, läßt sich an den affektgeladenen Veröffentlichungen von Pally und Paglia[19] erkennen. Während diese die Kluft zwischen den sog. Pro- und Anti-Pornographie Fraktionen betonen, lassen sich jenseits einer solchen Polarisierung auch Veränderungen der Standpunkte feststellen, wie z.B. im Bündnis antirassistischer und antipornographischer Gruppen und deren Kampagnen gegen *hate speech* und *hate crimes*[20].

Der Angriff gegen die Veröffentlichung, Verbreitung und Herstellung von pornographischem Material gründet auf der These, daß die Diskriminierung und Unterdrückung von Frauen in erster Linie durch eine Sexualität transportiert wird, die als sado-masochistische Zwangsheterosexualität Frauen der Gewalttätigkeit von Männern ausliefert. (Hetero)Sexualität ist in diesen Ansätzen, die – in Weiterentwicklung der Analyse von Millet und anderen – vor allem von Dworkin und MacKinnon[21] vorgelegt wurden, nichts anderes als Vergewaltigung.

„All this suggests that what is called sexuality is the dynamic of control by which male dominance – in forms that range from intimate to institutional, from a look to a rape – eroticizes and thus defines man and woman, gender identity and sexual pleasure. It is also that which maintains and defines male supremacy as a political system."[22]

Pornographie sei das Material, an dem Männer diese sadistische Sexualität lernten und mit der sie in der Folge Frauen zu Objekten ihrer Lust machten und Gewalt gegen sie ausübten. Eine einverständliche Heterosexualität könne es nicht geben, da diese immer auf Unterwerfung und Überwältigung, also auf Ungleichheit beruhe. So verstanden ist Pornographie die Theorie, Vergewaltigung (Heterosexualität) die Praxis.

In dieser Perspektive reflektiert Pornographie nicht einfach eine bereits vorhandene Frauenfeindlichkeit in der Gesellschaft, sondern stellt diese erst her – und mit ihr die Gewalt gegen Frauen. Es ist aber nicht allein das Bildmaterial, das Gegenstand der Kritik wurde, sondern ebenfalls die Sexindustrie mit ihren Produktionsbedingungen, die Frauen ausbeute und erniedrige. Die Gewalt gegen und die Abwertung von Frauen beginne nicht erst bei der Konsumierung von pornographischen Produkten, sondern bereits bei deren Herstellung. Als ein Beispiel solcher Ausbeutungspraktiken dient der Fall von Linda Marchiano, der Hauptdarstellerin in dem Pornofilm „Deep throat". Marchiano trat an die Öffentlichkeit mit der Erklärung, daß sie zu den Praktiken, die im Film vor allem als *ihr* Vergnügen dargestellt worden waren, gezwungen worden sei. Für MacKinnon zeigt sich hier die zentrale Ideologie der Pornographie: Die Botschaft sei, daß Frauen es liebten, erniedrigt zu werden. Dabei dienten Erniedrigung und die Mehrheit der sexuellen Praktiken in pornographischen Materialien in Wirklichkeit allein der Befriedigung der Männer. Der Fall Marchiano zeige gerade, daß Frauen schon bei der Herstellung pornographischer Materialien gezwungen würden, ein solches „Genießen" darzustellen. Damit werde aber eine Kettenreaktion ausgelöst, die darin münde, daß *allen* Frauen erniedrigende und schmerzhafte sexuelle Praktiken von Männern aufgenötigt würden, die wiederum an pornographischen Darstellungen gelernt hätten, daß Frauen Spaß an Unterwerfung und Schmerz hätten[23]. Das andere häufig angeführte Beispiel für die Gewalttätigkeit von Pornographie sind sadomasochistische Materialien, deren Extrem die sog. Snuff-Filme bilden, die die Ermordung von Frauen darstellen[24]. Zusätzlich zu der Botschaft, daß Frauen Schmerzen genießen, komme hier die Botschaft, daß Männer das Recht haben, Frauen zu quälen und im Extremfall zu töten.

Pornographie ist in der Perspektive der WAP das Medium, das Gewalt gegen Frauen legitimiert und erotisiert. Ohne Pornographie und die sie stützenden patriarchalen Institutionen gäbe es, so die Schlußfolgerung, auch keine sado-masochistische Heterosexualität. Hält sich MacKinnon sehr zurück, wenn es um einen Entwurf einer Sexualität geht, der an die Stelle sadomasochistischer Sexualität treten könnte, behaupten andere hingegen die Wiederentdeckung einer Sexualität, die von der Gleichheit der PartnerInnen, von Respekt und Fürsorge geprägt sei. Sexuelle Praktiken und Phantasien, die Dominanz und Unterwerfung beeinhalten, könnten durch „politisch korrekte" Beziehungen und Verhaltensweisen ersetzt werden. Vorbildcharakter für eine partnerschaftliche Sexualität habe die Mutter-Tochter-Beziehung, in der die Werte Gegenseitigkeit, Unterstützung und Empathie sowie ganzheitliche Sinnlichkeit verwirklicht seien.

Da der Staat die Herstellung und Verbreitung von pornographischem Material mit Hinweis auf das Recht der Meinungsfreiheit unterstützt, müsse sich der Kampf auf die Veränderung dieser Gesetze richten. Im Mittelpunkt der Kritik steht dabei das Gesetz zur Meinungsfreiheit, das die Veröffentlichung pornographischer Materialien erst ermögliche. Dieses Gesetz ist MacKinnon zufolge – wie alle Gesetze – Mittel zur Aufrechterhaltung männlicher Herrschaft.

> „The rule of law and the rule of men are one thing, indivisible, at once official and unofficial – officially circumscribed, inofficially not. State power, embodied in law, exists throughout society as male power at the same time as the power of men over women throughout society is organized as the power of state."[25]

Das Gesetz zur Meinungsfreiheit basiere auf der Unterscheidung zwischen Worten, Bildern und Taten: Während die Tat der Vergewaltigung strafbar ist, ist die Darstellung von Vergewaltigung nicht strafbar, solange sie im Kontext von künstlerischen oder anderen als wertvoll definierten Inhalten stattfindet. WAP bestreiten jedoch die Gültigkeit genau dieser Unterscheidung: Sie verschleiere die Kausalbeziehung zwischen Darstellung und Tat und legitimiere damit ein zentrales Machtmittel patriarchaler Herrschaft. Pornographie, die ja bereits in der Herstellung auf Zwang beruhe, stelle vielmehr ebenso einen Straftatbestand dar, wie entsprechende – und ihnen letztlich zugrundeliegende – sexuelle Akte. Folgerichtig müßten entsprechende Gesetze zur Ahndung dieser Vergehen eingesetzt werden. Eine Unterscheidung zwischen Phantasie und tatsächlichem Handeln, wie sie in psychologisch-psychoanalytisch beeinflußten Erklärungsansätzen zur Pornographie vertreten wird, verdecke nur, ebenso wie die bestehende Gesetzgebung, die Tatsache, daß es sich bei Pornographie um ein Medium männlicher Herrschaft handele. So argumentiert MacKinnon:

„Social supremacy is made by staying inside and between people, through making meaning, and words and images make these meanings. What that means is that social supremacy can be unmade only if those meanings and those technologies are unmade."[26]

Gegen diese Position bildete sich ein Zusammenschluß von Frauen heraus, die sich vor allem für die Verteidigung und den Ausbau der liberalen Gesetzgebung aussprachen. Gerade in einer Zeit, in der die Vereingten Staaten mit Reagan und später Bush ein Erstarken konservativer und repressiver Politik erlebe, könne es, so FACT, nicht Inhalt feministischer Politik sein, in den Ruf nach repressiver Sexualpolitik einzustimmen. Zensur und Strafandrohung gegen abweichende sexuelle Ausdrucksformen seien stets Mittel jener konservativen Politik gewesen, die an der Diskriminierung von Frauen und der Unterdrückung der Sexualität von Frauen wesentlichen Anteil habe. FACT betont vor allem die Gefahr, daß Frauen, die gerade erst begönnen, mit sexuellen Ausdrucks- und Darstellungsformen zu experimentieren, unter genau die Zensur fallen könnten, die von der Antipornobewegung gefordert werde. Weibliche Sexualität, in patriarchalen Verhältnissen unterdrückt, müsse sich ohne staatliche Eingriffe oder moralische Verurteilung entwickeln können. Auch die in den sexuellen Subkulturen entstehenden Repräsentationsformen von vormals geächtetem Begehren, die eine wichtige Rolle im Kampf um gesellschaftliche Anerkennung darstellten, wie auch die in den Zeiten von Aids wichtigen Aufklärungskampagnen würden durch solche Zensurbestrebungen gefährdet. Die Argumentation von FACT folgt im großen und ganzen der Theorie der sexuellen Repression als Strategie zur Sicherung staatlicher und ökonomischer Macht. Gewalttätiges oder abweichendes sexuelles Verhalten ist in dieser Perspektive das Ergebnis von sexueller und ökonomischer Unterdrükkung. Je weniger Sexualität eingeschränkt würde, z.B. durch den Zwang zur Heterosexualität, zur Monogamie, durch soziale Ächtung etc., desto geringer würden auch die negativen Aspekte der Sexualität, wie Gewalt, Ausbeutung und doppelte Moral. In diesem Sinn schreibt Marina Valverde, die wie viele andere für diesen Standpunkt eintritt:

„Just as the need for food and shelter only results in competition, exploitation, and poverty under certain social structures such as class divisions and imperialism, so too the human need for love and sex only results in competition, misery, and misogyny under certain structural conditions. The task before us is perhaps best envisaged as the effort to discern and bring about the conditions for a nonalienated sexuality."[27]

Inhalt einer feministischen, anti-repressiven Politik sollte der Kampf für substantielle Geschlechterrechte sein, z.B. für die soziale, ökonomische und emotionale Unabhängigkeit von Frauen. Diese Rechte bildeten die Grundlage für sexuelle Freiheit, gerade auch für Frauen. Der Freiheit, als sexuelle Freiheit oder als Meinungsfreiheit, wird hier gegenüber der nicht geleugneten Diskriminierung oder Verletzung von Frauen durch pornographische Erzeugnisse ein weitaus höherer Wert zugebilligt.

Bestritten wird weiterhin der kausale Zusammenhang zwischen Pornographie und Gewalttaten gegen Frauen bzw. zwischen Phantasie und Handlungen. Die FACT Argumentation stützt sich auf Untersuchungen über Pornographie, die im wesentlichen keinen Zusammenhang zwischen dem Konsum von Pornographie und den sexuellen Präferenzen oder gar kriminellem sexuellen Verhalten feststellen[28]. Interessanterweise wird auch die Psychoanalyse herangezogen, um einen Zusammenhang zwischen Phantasie und Verhalten zu bestreiten. Mit der Gleichsetzung von Phantasie und Realität werde die Existenz des Unbewußten geleugnet und eine behavioristische Sichtweise eingeführt, die vor allem den Mann als eine Art Pawlov'schen Hund konstruiere. Auch wird argumentiert, daß Sexualität – von Frauen und Männern – aufgrund ihrer Genese zu ambivalent ist, um jemals „politisch korrekt" sein zu können. Nicht zuletzt Frauen, die sadomasochistische Praktiken vorziehen[29], wiesen die Möglichkeit eines „politisch korrekten" Sexualverhaltens zurück. Sie reklamieren das erotische Spiel mit Herrschaft und Unterwerfung als eine legitime Form der Sexualität, die ihren Bedürfnissen entspräche und nicht als Folge eines „falschen Bewußtseins" oder einer „Männeridentifiziertheit" gesehen werden dürfe. Nach dem Motto „If it feels good, do it" verteidigte z.B. die Samois Gruppe eine sexuelle Praxis, die in bestimmten feministischen Theorien als zentrale Logik der Zwangsheterosexualität identifiziert wurde, und erklärten lesbischen S/M Sex zu einer gleichberechtigten, emanzipatorischen Praxis, da sie die Geschlechterrollen ad absurdum führe. Die Forderung nach dem Verbot von S/M Pornographie als Form männlicher Herrschaftspraxis macht von diesem Standpunkt aus keinen Sinn, S/M Pornographie erscheint vielmehr als legitimes Ausdrucksmittel sexueller Bedürfnisse. Statt Eingriffe durch Zensur und Gesetze zu fordern, sei es vielmehr notwendig, „*sexual communities*" zu bilden, die ihre Mitglieder und deren sexuelle Entfaltung schützen könnten.

Bemerkenswert ist die überaus enge Verknüpfung von politischer und sexueller Identität, die dieser Debatte zugrundeliegt. Die Kultivierung und das Öffentlichmachen eines sexuellen Lebensstiles, ob nun die fürsorgliche Frauenbeziehung oder die S/M-Gemeinschaft, teilt die feministischen Frauen in unterschiedliche *politische* Lager. Die beiden Positionen wurden im Verlauf der Auseinandersetzung zusätzlich dadurch polarisiert, als sie den klassischen politischen Lagern – der Rechten und der Linken – zugerechnet werden. So spricht nicht nur die Journalistin Pally von „rechten" Feministinnen wie MacKinnon und einer „unheiligen Allianz von Feministinnen und christlichen Fundamentalisten"[30]. Eine libertäre Haltung zu Sexualität wird mit links und progressiv gleichgesetzt, während die Forderung nach Beschränkungen als rechts und repressiv verurteilt wird. Gleichzeitig werden die Argumentationslinien beider Lager auf die Kürzel „pro sex" und „anti sex" reduziert: als ginge es vorrangig darum, Frauen (und Männern) sexuelles Vergnügen zu verbieten oder zu erlauben.

Auch die „andere Seite“ knüpft politischen Erfolg, die Zugehörigkeit zum „korrekten“ Lager an die Einstellung zur Pornographie. Zweifel an der Richtigkeit ihrer Politik werden als „männeridentifiziert“ und „antifeministisch“ abgetan. Linke bzw. liberale Politik wird mit dem Versuch der Ausweitung patriarchaler, sexueller Macht gleichgesetzt. Nicht selten fällt damit eine Kapitalismuskritik unter das Verdikt „männerzentriert“[31]. Auch stellt nun sexuelles Verhalten, das sich nicht nahtlos in die Vorgaben einer von Gleichheit und Anerkennung getragenen Sexualität einfügt, die Identität als „wahre“ Feministin in Frage. Echols beschreibt dies als Wende von einem politischen Feminismus zu einem moralischen Feminismus, der sein Ziel – gesellschaftliche Veränderung – aus den Augen verloren habe:

„Cultural feminism represents a retreat from the difficulties of political struggle into the self-validation, that community-building offers. It further substitutes the fantasy of a united sisterhood for political theory.“[32]

Allerdings hat sich seit den 60er Jahren allgemein die politische Stoßrichtung verändert weg von einer – wie auch immer utopischen – gesellschaftlichen Transformation hin zu einer Etablierung von Gegenkulturen, deren Grenzen gesichert und gegen den „mainstream“ abgeschottet werden[33]. *„Sexual politics“* wurden abgelöst bzw. überlagert von *„identity politics“*[34]. Diese Entwicklung hat m. E. auch zur Folge, daß Sexualität als Gegenstand der Analyse der Geschlechterungleichheit für jene Frauen nachrangig wird, deren „sexuelle Identität“ sich nicht als subversiv oder „politisch korrekt“ erweist (z.B. heterosexuelle Frauen) oder die ihre Sexualität nicht als identitätsbestimmend ansehen bzw. andere Faktoren, wie ethnische Zugehörigkeit o.ä., als wesentlicher empfinden. Mit einer solch engen Verknüpfung von Sexualität und Identität bzw. Identitätspolitik werden weitgehend nur mehr die persönlichen Beziehungen fokussiert, die strukturellen Aspekte der gesellschaftlichen Organisation von Sexualität drohen dagegen aus dem Blick zu geraten.

Doch auch die scheinbar „politischere“ Sexualitätsanalyse von FACT weist Mängel auf. Sie stellt mit ihrer Verschränkung von Sexualität und Freiheit weitgehend eine Neuauflage der Sexualitätsanalyse der 68er dar und geht somit hinter Analysen, z.B. von Millet, zurück, die gerade in der Verherrlichung von Sexualität die Verschränkung von Sexualität und Macht lokalisieren. Auf die Fragwürdigkeit einer solchen Verbindung von Subversion, Pornographie und sexueller Freiheit weist Ilene Philipson zu Recht hin:

„With pornography a billion-dollar industry in the United States, with pornographic images used throughout advertising, and with the consumption of explicitly pornographic materials encouraged through their movement out of „dirty bookstores“ into supermarket newsstands, cable television, and the home video market, it hardly seems accurate or believable to assert that the enjoyment of pornography is a form of cultural resistance. Such enjoyment might more accurately be seen as a form of cultural conformism.“[35]

An der Debatte lassen sich auch Versäumnisse aufzeigen, die auf die ungleichgewichtige Analyse von sex und *gender* zurückzuführen sind. Weder der WAP-Position noch der FACT-Position gelingt es, befriedigende Antworten auf die Fragen nach den Vermittlungsprozessen zwischen gesellschaftlich/kulturellen Vorgaben und der leiblich/affektiven Aneignung von Geschlecht und Sexualität zu entwickeln. Geschlechtliche Körperlichkeit und sexuelles Verhalten erscheinen auf der einen Seite als bloße Effekte von Konditionierung oder Prägung, auf der anderen Seite als Ergebnis von Trieben und Bedürfnissen, die ihren Ursprung jenseits kultureller Einflußnahme hätten. Dazu gehört auch die affirmative Unterstellung einer phantasmatischen Identifizierung beim Pornographiekonsum, die vom biologischen Geschlecht völlig determiniert wird: Es wird davon ausgegangen, daß sich Männer stets mit dem männlichen Part identifizieren (für Frauen wird das selbe angenommen). Woher wird diese Gewißheit genommen, wenn nicht aus der Annahme einer weitgehenden Determinierung von „Geschlecht“ durch Körperlichkeit? Sadomasochistische Phantasien zeigen dagegen, daß die erotischen Phantasien von Überwältigung und Unterwerfung nicht den geschlechtlichen Stereotypen folgen müssen; besonders deutlich wird dies in nicht-heterosexuellen Zusammenhängen. Auch eine andere Beobachtung verweist auf eine vorschnelle, vereindeutigende „Vergeschlechtlichung“ von PornographiekonsumentInnen. Die Figur des „Voyeurs“, die vielen, wenn nicht allen pornographischen Erzeugnissen zu eigen ist, erlaubt eine phantasmatische Aufhebung der Geschlechtsidentität des Betrachters und damit eine wechselnde Identifizierung mit den am Akt Beteiligten[36]. Vielleicht ist gerade dies ein „Reiz“ von Pornographie? Jedenfalls arbeitet eine Analyse, die stets von der Übereinstimmung des (biologischen) Geschlechts des Betrachters und den von ihm vorgenommenen Identifizierungen ausgeht, Tendenzen zu, die rigide Geschlechtscharaktere und eine heterosexuelle Norm stützen.

Die Einbeziehung der Möglichkeit, daß Pornographie Geschlechterrollen nicht nur stabilisiert, sondern auch abweichende phantasmatische Identifizierungen zuläßt, rechtfertigt aber nicht deren Idealisierung als subversives Material. Philipsons Hinweis auf die ökonomische Bedeutung der Sexindustrie, den Stellenwert, den pornographische Elemente für den Konsum haben, deutet eher auf eine komplexe Verstrickung von Pornographie in gesellschaftliche Machtverhältnisse hin. Pornographie ist m.E. als eine spezifische Form eines Sexualitätsdiskurses zu betrachten, die in ihrer „unkörperlichen Materialität“[37] die Effekte gesellschaftlicher Kämpfe birgt und diese verstetigt. Pornographie wäre damit ein Diskurs, in dem sich widersprüchliche Anreize zu einer spezifischen Heterosexualität und einer spezifischen Geschlechterhierarchie manifestieren – Anreize, die aber weit über diese Felder sozialer Praxis hinausreichen. Die Verbreitung von Pornographie im gesamten gesellschaftlichen Raum – in der Arbeitswelt als mehr als nur geduldete „Entspannung zwischendurch“ ganz aktuell als Computerpornographie; in der Konsumtion als stete Verstärkung des Absatzmarktes;

in den Medien als notwendige Stütze der Einschaltquoten; im Privaten als Gleitmittel eingefrorener Kommunikation, etc. – verweist auf die stetige „Sexualisierung“ der Gesellschaft. Pornographie ist damit ein wesentliches Element des „Sexualitätsdispositivs“. Die Pornographiedebatte zeigt weiter, wie widersprüchlich „Pornographie“ in die Gesellschaft eingelassen ist: Sie wird vom Staat verboten, ermöglicht diesem somit weitgehende Eingriffe in die Intimsphäre der BürgerInnen; sie wird gleichzeitig vom Staat positiv sanktioniert, was auf die Verwobenheit von Staat und patriarchalischen Interessen verweist; sie transportiert Sexualität mitten in die ökonomische Sphäre und schneidet damit Grenzen von Privat- und Erwerbssphäre; die Ausdifferenzierungen pornographischer Erzeugnisse entlang der „Bedürfnisse“ von „Zielgruppen“ ermöglicht sowohl die Repräsentation unterschiedlicher Sexualitäten als auch deren Unterwerfung unter hegemoniale Interessen, letzteres durch ein differenziertes System von Verboten. Zur Analyse dieses Zusammenhanges gehört ein differenziertes Modell gesellschaftlicher Totalität, das in der Lage ist, die Ausformungen dieses Sexualitätsdiskurses in den verschiedenen gesellschaftlichen Sphären zu erfassen und in einen Zusammenhang zu setzen, der die hier wirksamen Hierarchien einbezieht. So kann pornographisches Material am Arbeitsplatz die Ausgrenzung von Frauen unterstützen; es kann männerbündische Inszenierungen unterfüttern; es kann in anderen Zusammenhängen wiederum ein Anreiz sein, einen anderen Umgang mit Körper und Lüsten zu erproben.

Damit wäre aber die Wechselwirkung zwischen Diskurs und sozialen Praktiken noch nicht geklärt. Die Beziehungen, die in der Pornographiedebatte zwischen Phantasie und realem Verhalten hergestellt werden, illustrieren dieses Dilemma. Von Diskursen kausal auf Phantasien und tatsächliches Verhalten zu schließen, verfehlt die dynamische Beziehung zwischen Diskurs und innerpsychischen Vorgängen ebenso wie die Annahme, daß zwischen gewalttätigen und sexistischen Diskursen wie der Pornographie und sexuellen Phantasien und Verhalten *keine* Verbindung besteht. Beide Positionen verweisen auf offene Fragen zur Dynamik zwischen Diskursen und sozialem Verhalten, die weit über den hier relevanten Problembereich hinausgehen. Auch wenn hier keine Antworten gegeben werden können, scheint mir doch *sowohl* die Unterscheidung *als auch* die Vermittlungsebenen zwischen Diskursen – sozialen Praktiken – Phantasien wesentlich zu sein. Sie lassen sich aber nur in kontextbezogenen Analysen herausarbeiten, deren theoretischer Hintergrund beides zuläßt.

Im Mittelpunkt der Pornographiedebatte stand die Kritik an einem Sexualitätsdiskurs, der die heterosexuellen Verkehrsformen der Geschlechter in Über- und Unterordnungsverhältnisse zu normieren sucht. Nur am Rande taucht die Problematisierung des Verhältnisses Heterosexualität/Homosexualität auf. Im folgenden Entwurf steht dagegen eine als hegemonial kritisierte Heterosexualität im Zentrum: als Institution, die Männern den Zugriff auf Frauen sichert.

2.3 Die Institution Zwangsheterosexualität

Adrienne Rich stellt in ihrem Essay „Zwangsheterosexualität und lesbische Existenz" die These auf, daß (alle) Frauen in sexuelle Beziehungen mit Männern hineingezwungen werden. Die Annahme, die meisten Frauen seien von Natur aus heterosexuell, ist ihrer Meinung nach Ideologie und verschleiere die Gewalt, mit der Frauen erst heterosexuell „gemacht" würden. Heterosexualität sei vielmehr die zentrale Institution, die „den Männern das Recht auf körperlichen, ökonomischen und emotionalen Zugang zu uns sichern soll."[38]. Soziale und ökonomische Ungleichheit, die Herrschaft von Männern über die Kultur und die Unterdrückung lesbischer Sexualität und Lebensformen sind nach Rich Folgen dieser Zwangsinstitution.

Mit welchen Mitteln schaffen es nun Männer, das ursprüngliche Band zwischen Frauen zu durchtrennen? Rich nennt acht Bereiche männlicher Macht: die Verweigerung einer eigenständigen Sexualität; die Aufzwingung männlicher Sexualität; die Aneignung und Kontrolle der Arbeitsprodukte von Frauen, wozu Rich auch Kinder zählt; die Einschränkung der Bewegungsfreiheit von Frauen; der (symbolische) Frauentausch; die Unterdrückung weiblicher Kreativität wie die Vorenthaltung von Bildung und Kultur. Dies seien die sich gegenseitig verstärkenden Machtmechanismen, durch die

> „(...) Frauen zu der Überzeugung gebracht wurden (und werden), daß Ehe und sexuelle Ausrichtung auf den Mann – selbst um den Preis der Frustration und Unterdrückung – unvermeindlich sind. Keuschheitsgürtel, Kinderehen, die Auslöschung lesbischer Daseinsweise (außer in exotischer, perverser Form) in Kunst, Literatur und Film sowie die Idealisierung der heterosexuellen Liebesromantik und Ehe sind einige ziemlich eindeutige Formen von Zwang: die ersten beiden sind Beispiele physischer Gewalt, die beiden anderen von Bewußtseinskontrolle."[39]

Die zahlreichen Beispiele, die Rich aufführt (von Hexenverfolgungen bis zu Klitorisbeschneidungen, von Zwangssterilisation bis zu Vergewaltigung), sind faktisch nicht zu bestreiten. Das Ausmaß der Gewalt, das Frauen in vielen Gesellschaften und in verschiedenen Epochen durch Männer erfahren müssen/mußten, ist erschreckend. In der Analyse der Geschlechterhierarchie darf diese Dimension nicht unterschätzt oder ignoriert werden. Rich listet jedoch Gewalt gegen Frauen einfach nur auf, als werde diese überall, zu allen Zeiten an allen Frauen ausgeübt. Viele sehen darin die Stärke Richs, ein sich durchziehendes Muster patriarchaler Herrschaft – nämlich Gewalt – sichtbar zu machen und damit die systemische, universelle Dimension männlicher Herrschaft aufzuzeigen. Ich sehe eher die Gefahr, daß damit die Möglichkeit einer historisch-kontextuellen Analyse von Heterosexualität und männlicher Macht verstellt wird, die neben dem Persistierenden auch Brüche und Veränderungen benennen könnte.

Es scheint für Rich jedoch wichtiger – und diese Haltung teilt sie mit einer Reihe von anderen Autorinnen wie z.B. Mary Daly – die Botschaft einer immer und überall existierenden Institution Zwangsheterosexualität zu übermitteln, als deren historische Veränderungen und unterschiedliche Formen zu analysieren. Das hat zunächst den Vorteil, eine ebenfalls universelle und zeitlose Frauengemeinschaft konzipieren zu können. Die politische Praxis, die ihr Entwurf nahelegt, ist die der Separation: der Zusammenschluß in kraftvollen Frauenzusammenhängen. Rich setzt der Zwangsinstitution Heterosexualität den Entwurf einer „natürlichen" Gemeinschaft der Frauen entgegen, die ein breites Spektrum von Beziehungen zwischen Frauen – von der Mutter-Tochter Beziehung bis hin zur lesbischen Beziehung – umschließe: das „lesbische Kontinuum". Rich nimmt auch auf psychoanalytische Ansätze Bezug, um dieses zu belegen. Die engen Bindungen zwischen Müttern und Töchtern wie zwischen Freundinnen, deren Wert und Verbreitung verleugnet werde, belegten, wie unerheblich für Frauen Beziehungen mit Männern seien.

„Wenn Frauen die früheste Quelle emotionaler und körperlicher Zuwendung für weibliche wie männliche Kinder sind, würde es – zumindest aus feministischer Sicht – logisch erscheinen, folgende Fragen zu stellen: ob nicht die Suche nach Liebe und Zärtlichkeit dann nicht beide Geschlechter primär zu Frauen führt, warum Frauen diese Suche jemals in eine andere Richtung lenken sollten; (..)"[40]

Rich verknüpft in ihrem Essay die Elemente eines radikalen Feminismus, wie z.B. von Millet vertreten, mit denen eines radikal-lesbischen Feminismus, wie z.B. von Daly vertreten, und bietet damit eine auf den ersten Blick verbindende Position für unterschiedliche Interessen an. Mit dem frühen, sog. „radikalen" Feminismus teilt sie die Annahme, daß Sexualität und vor allem die Aufzwingung von starren Geschlechterrollen die Basis der Geschlechterungleichheit sei sowie weiter eine Konzeption von Macht, die vorwiegend im kollektiven und individuellen Handeln der Männer begründet sei. An die Stelle einer Kritik der Geschlechtsrollenzwänge setzt Rich allerdings ihren Entwurf der differenten Geschlechtsidentitäten. So sei den Frauen zwar eine auf den Mann fixierte Geschlechterrolle aufgenötigt, quasi unter dieser käme aber eine Geschlechtsidentität zum Vorschein, die sich durch Körper- und Beziehungserfahrungen konstituiert. So sei das „lesbische Kontinuum" eine Lebensform, an der nur Frauen teilhaben könnten. Es habe seine Wurzeln in der nur Frauen zugänglichen Erfahrung der Mutterschaft und sei damit eine Daseinsform, die Männer nicht nachvollziehen oder teilen könnten, auch wenn die Institution Heterosexualität ihre Macht verloren haben sollte. Besonders deutlich wird die hier vorgenommene Naturalisierung von sozialem Geschlecht in Richs Abgrenzung der lesbischen von der schwulen Existenz:

„Doch man muß die Unterschiede dagegenhalten: die fehlenden wirtschaftlichen und kulturellen Privilegien der Frauen im Vergleich zu denen der Männer und die *qualitativen Unterschiede zwischen Frauen- und Männerbeziehungen*: darunter zum Beispiel der vorherrschend anonyme Sex und die Rechtfertigung der Päderastie unter männlichen Homosexuellen, der ausgesprochene Jugendkult in den männlich-homosexuellen Maßstäben für sexuelle Attraktivität usw."[41]

Männer bleiben hier immer männlich, auch in nicht-heterosexuellen Bezügen, wie auch Frauen immer weiblich bleiben, entweder im lesbischen Kontinuum oder in der lesbischen Existenz. Diese Setzung verändert auch den theoretischen Zusammenhang zwischen (Hetero)Sexualität und sozialem Geschlecht. Für Millet bringt eine bestimme Form von Sexualität das soziale Geschlecht erst hervor. Dagegen erfaßt die Institution Zwangsheterosexualität bei Rich bereits vorfindbare soziale Geschlechter bzw. wird von dem einen Geschlecht dem anderen aufgezwungen. Ist schon in Millets Entwurf die Unterscheidung zwischen Diskursen über Frauen und Männer und den tatsächlich existierenden Menschen sehr vage, verschwindet sie in Richs Entwurf völlig. Ihre Thesen über schwule Sexualität legen nahe, daß männliche Sexualität immer „heterosexuell" ist – also mit Zwang und Unterwerfung verbunden –, auch wenn sie zwischen Männern stattfindet. Männliches Geschlecht und Heterosexualität bleiben in ungeklärter Art und Weise[42] stets verschränkt. Frauen hätten dagegen keinen Bezug zur Heterosexualität außer über Zwang, ihre „eigene" Sexualität konstituiere sich über die Beziehungen zu anderen Frauen. Die Hervorhebung von sexuellen Beziehungen gegenüber sexuellem Verhalten unterscheidet Richs Thesen ebenfalls von früheren Entwürfen. Es sind nicht mehr sexuelle Praktiken, die Dominanz und Unterwerfung transportieren, wie z.B. noch Koedt[43] behauptete, sondern die Beziehungen zum gleichen oder anderen Geschlecht, jedenfalls für Frauen. Nunmehr ist das biologische Geschlecht der SexualpartnerInnen ausschlaggebend für die Einbindung in oder Befreiung von der Institution Zwangsheterosexualität und damit der Herrschaft der Männer. Das heißt aber nicht, daß die Praktiken keine Rolle mehr spielen: Sie ergeben sich für Rich aber aus einer bereits angelegten Geschlechts-*wesenheit,* die – als weibliche – nur „gesunde" Praktiken kenne. Das Auftreten z.B. von sado-masochistischen Praktiken unter Lesben kann damit nur als Ergebnis einer nicht überwundenen „Männerzentriertheit" gedeutet werden.

Was ist nun eine „frauenzentrierte" Sexualität? Für Rich und andere stellt weibliche Sexualität im wesentlichen eine Erotik dar, die nicht-genital und nicht einmal notwendigerweise auf den Körper oder den sexuellen Austausch bezogen ist.

> „(...) wir entdecken Erotik allmählich nach weiblichen Maßstäben: als etwas, das auf keinen einzelnen Körperteil und nicht einmal auf den Körper als solchen beschränkt ist; als eine nicht nur diffuse, sondern, wie Audre Lorde es beschrieben hat, allgegenwärtige Energie, die sich im 'Teilen, Mitteilen von Freude -körperlicher, emotionaler oder psychischer Freude' und in gemeinsamer Arbeit ausdrückt, als machtverleihende Freude, die uns 'weniger willens macht, Ohnmacht oder jene anderen demütigenden und für mich unnatürlichen Zustände wie Resignation, Verzweiflung, Selbstzurücknahme, Depression und Selbstverleugnung zu akzeptieren."[44]

Sie trifft sich damit mit den spirituell-orientierten Entwürfen von Daly oder auch Griffin, die Sexualität vor allem als geistige Energie bestimmen. Wenn auch die Genitalzentriertheit des westlichen Sexualdiskurses zu Recht zu kritisieren ist, zensiert Rich mit ihrer Version die sexuellen Ausdrucks- und Empfindungsmöglichkeiten von Frauen und trägt ungewollt auch dazu bei, daß Lesbisch-sein einmal mehr in einer seiner Dimensionen verleugnet wird. Die Rehabilitation des Lesbianismus als modellhafter Form von gleichberechtigten Beziehungen und „politisch-korrekten“ sexuellen Praktiken und das Angebot für (noch) nicht lesbische Frauen, im lesbischen Kontinuum aufgehoben zu sein, ohne sexuell aktiv sein zu müssen, wird durch die Abspaltung der sexuellen Dimension lesbischer (aber auch heterosexueller) Beziehungen erreicht. Dies ist aber eine Strategie, die sowohl hetero- als auch homophoben Tendenzen entspricht[45]. Mit der Aufspaltung von „guter“ und „schlechter“ Sexualität in weiblich/männlich, polymorph-pervers/genital oder homosexuell/heterosexuell können vordergründig ambivalente Gefühle, die mit Lust verknüpft sind, abgewehrt werden. Als theoretischer Entwurf oder politische Utopie ist eine solche Analyse daher wenig geeignet.

Jedoch verweist diese Konstruktion auf einen anderen, tiefer liegenden, Zusammenhang. Das Motiv der Mutter-Tochter Beziehung als ideales Vorbild einer bindungsorientierten weiblichen Sexualität durchzieht ein breites Spektrum feministischer Theoriebildung. Dabei fällt auf, daß immer wieder hervorgehoben wird, weibliche Sexualität zeichne sich durch geringe genitale Fixiertheit aus, es ginge weniger um Triebbefriedigung als um emotionalen Austausch. In diese Richtung argumentieren so unterschiedliche Autorinnen wie Rich, Chodorow, Hartsock und Irigaray, um nur einige zu nennen[46]. Natürlich läßt sich so eine demagogisch-gehaltvolle Alternative zu „männlicher“ Sexualität entwerfen, die ja in der Tat von vielen Frauen häufig als unbefriedigend erfahren wird:

> „Every woman here knows in her gut the vast differences between her sexuality and that of any patriarchally trained male's – gay or straight.(...) that the emphasis on genital sexuality, objectification, promiscuity, emotional noninvolvement, and coarse invulnerability was the male style, and that we, as women, placed greater trust in love, sensuality, humor, tenderness, commitment.“[47]

Die Gefahr dieses Entwurfes liegt jedoch darin, daß alle Gefühle, Phantasien, Verhaltens- und Begehrensformen, die nicht in einer idealisierten Mütterlichkeit aufgehen, tabuisiert werden müssen. Wenn eine nichtgenitale, auf Bindung und Empathie beruhende Rekonstruktion der psychosexuellen Beziehung zwischen der Mutter und dem Kind als ideale Ausdrucksform von Sexualität in den Vordergrund gerückt wird, wird gerade ein Prozeß beschrieben und wiederholt, in dem „Weiblichkeit“ nur durch den Verzicht auf eine aktive, genitale Sexualität (bei Freud als „phallisch“ bezeichnet) erreichbar zu sein scheint. Ideale „Mütterlichkeit“ und „Weiblichkeit“ sind, zumindest in westlichen, modernen Gesellschaften, an den Verzicht auf solche Strebungen gebunden, die nicht in erster Linie das Wohl und die Entwicklung anderer verfolgen. Freud hat – verschlüsselt und letztlich affirmativ – die schmerzlichen Niederschläge dieser Norm beschrieben, als er das Erreichen von Weiblichkeit/Mütterlichkeit mit der Aufgabe aktiver sexueller Bedürfnisse in Verbindung brachte. Statt jedoch diese Entwicklung als zwangsläufig zu betrachten, gilt es, die theoretische Verkürzung von weiblicher Subjektivität auf „Mütterlichkeit" zu kritisieren. Es mag sein, daß Mutterschaft eine Suspension von Begehren und die empathische Zurücknahme eigener Bedürfnisse bedeuten kann, daraus aber den Schluß zu ziehen, dies sei für die Sexualität von Frauen konstitutiv, ist Projektion. Diese Vereinseitigung wird in Richs Entwurf aber nicht mehr kritisiert, sondern idealisiert. Die Tabuisierung der Bedürfnisse von Frauen nach Autonomie, Selbstbehauptung und Ablösung, die sich im sexuellen Begehren mit den Bedürfnissen nach Intimität, Bindung und Austausch mischen können, aber niemals darin aufgehen, wird damit fortgeschrieben[48]. Die Identifizierung mit der Mutter – hier auf der theoretisch/politischen Ebene – erweist sich wie ehedem auf der Ebene der psychosexuellen Entwicklung als zwiespältig: Was als Zuwachs von Macht und Stärke erlebt wird, ist zugleich Verzicht auf sexuelle Autonomie – zumindest innerhalb eines kulturellen Kontextes, der weibliche Subjektivität auf Mütterlichkeit reduziert.

Julia Creet thematisiert diese Spannung im Zusammenhang mit der Auseinandersetzung über S/M Praktiken in lesbischen Beziehungen. Die selbstbewußte Propagierung sado-masochistischer Sexualität als gleichwertige sexuelle Praxis stelle eine Rebellion sowohl gegen die (symbolische) Mutterfigur „Feminismus" wie auch gegen das Verbot frühkindlicher Sexualität durch die (biologische) Mutter dar. Mit Bezug auf Lacans „Gesetz des Vaters" stellt Creet die These auf, daß der Feminismus für die Frauen, die dort eingebunden sind, ebenfalls auf einer symbolischen Ebene operiere, die sie „Gesetz der Mutter" nennt; auch wenn dieses nicht im entferntesten die symbolische, institutionelle und strukturelle Verankerung hat wie das patriarchale Gesetz mit seinen Regeln, Verboten und Geboten.

> „I believe that the prohibitions of feminism have become linked with earlier parental prohibitions, particularly in relation to sexual desire. Perhaps the most striking feature of lesbian s/m writing and of writing on lesbian s/m, is that it is less a conscious transgression of the law of the Father ('woman as lack'), than a transgression against the feminist Mother ('women' as 'morally superior'), or what would I call the Law of the Mother."[49]

Ein Feminismus, der mit dem „weiblichen Prinzip" die Mutter ins Zentrum stellt, als Integrationsfigur und als Identifikationsangebot, rufe sowohl Assoziationen von Stärke und Macht wie auch von Verbot und Ohnmacht auf. Die Auseinandersetzungen über die „richtige" Konzeption von *sex*, *gender* und Sexualität seien in diese Dynamik eingebunden. Die Auseinandersetzung um sexuelle Praktiken, wie zum Beispiel dem Spiel mit Unterwerfung und Dominanz, spiegele diesen Konflikt wieder: S/M werde entweder als gefährlich, männlich abgelehnt oder als lustvoll, befreiend, subversiv gefeiert. Die Verschiebung von *sexual politics* zu *identity politics* und neuerdings zu *queer politics* ist m.E. auch Ausdruck dieser Dynamik, die Macht und sexuelle Identität doppelt miteinander verknüpft: als Identifikation mit der (mütterlichen, feministischen) Macht und als Rebellion gegen diese Macht. Zum einen entschlüsselt diese These Vereinfachungen in Richs Entwurf eines „lesbischen Kontinuums": Die komplexen und auch konflikthaften Beziehungen zwischen Frauen werden zugunsten eines positiven weiblichen Beziehungsideals marginalisiert. Zum anderen deutet die These auf eine Problematik in bestimmten feministischen Diskursen über Sexualität und Geschlecht. Die analytische Fokussierung auf maskuline symbolische Strukturen, wie auf das „Gesetz des Vaters", verhindert nicht selten eine Analyse der Dynamik von Mutter-Tochter-Beziehungen.[50]

Das immer wiederkehrende Motiv der Mutter-Tochter Beziehung und deren ambivalentes Verhältnis zum Begehren verweist auf die Bedeutung der präödipalen Phase für die Herausbildung weiblicher Subjektivität und ihre Positionierung in einer Ökonomie des Begehrens. Diese Konstellation wird aber von Theorien, die den ödipalen Konflikt in den Mittelpunkt der Ausdifferenzierung von Subjektivität stellen, nicht erfaßt. Sie scheint mir aber gerade in Hinblick auf den Analysezusammenhang „Sexualität", hier besonders für die Erfassung der unterschiedlichen Stellung, die die Geschlechter in der gesellschaftlichen Organisation von Sexualität einnehmen, bedeutsam.

Richs Entwurf zur Zwangsheterosexualität ist problematisch, da in ihm, kurz gesagt, weibliche Sexualität als natürlich und gut, männliche dagegen als schlecht konstruiert wird. Die Art der sexuellen Beziehungen und deren Ausdrucksformen werden in Richs Entwurf zu Stützen quasi naturförmiger Geschlechtsidentitäten. Rich verknüpft „Weiblichkeit" mit exklusiven leiblichen Erfahrungs- und Ausdrucksmöglichkeiten, die Männern nicht zur Verfügung stehen, egal in welchen gesellschaftlichen Verhältnissen sie sich befinden. Wenn Rich auch nicht ausdrücklich von biologischen Determinanten spricht, so fallen in ihrem Entwurf doch letztlich biologisches Geschlecht und soziales Geschlecht ineinander. „Weibliche Erotik" wird bei Rich zum theoretischen „Kitt" der brüchig gewordenen Beziehung zwischen den Kategorien biologisches und soziales Geschlecht, zum ultimativen Unterscheidungsmerkmal zwischen den Geschlechtern im Dienst einer Politik der Differenz und Separation. Damit nähert sich Rich einer konservativen Auffassung des natürlichen, teleologischen Zusammenhangs zwischen Leiblichkeit, Subjektivität und Sexualität, allerdings mit dem Unterschied, daß sie weibliche Homosexualität als naturgemäß setzt, Heterosexualität dagegen als unnatürlich. Ein theoretischer Zugang zu einer Rekonstruktion der Gewordenheit auch von Homosexualität bleibt damit versperrt.

Ihre Analyse der Institution Heterosexualität berücksichtigt darüber hinaus nur die bewußte, intentionale Handlungsebene, auf der Männer die Ausführenden, Frauen die passiven Empfängerinnen sind. Rich unterscheidet nicht zwischen intentionalem, persönlichem Machthandeln und in gesellschaftlichen Normen, Institutionen und Strukturen geronnener Macht. Macht und Unterwerfung sind säuberlich zwischen Männern und Frauen aufgeteilt, andere Machtverhältnisse, die diese – nach Klasse, Hautfarbe oder ethnischer Herkunft unterschieden – ebenfalls in Abhängigkeitsverhältnisse setzen, spielen in ihrem Entwurf keine Rolle. Genausowenig geht sie auf die historischen oder lokalen Ausformungen solcher Hierarchien ein. Damit gelingt es Rich zwar, wie schon beschrieben, die direkte, physische Gewalt, die auf Frauen ausgeübt wird, herauszuarbeiten und damit einen wichtigen Aspekt der Geschlechterhierarchie zu benennen. Die Komplexität des Zuammenspiels direkter und struktureller Macht gerät dabei allerdings aus dem Blick.

Trotz dieser Schwächen ist Richs Essay in seiner radikalen Infragestellung einer natürlichen Heterosexualität immer noch aktuell. Von der „Natürlichkeit" der Heterosexualität auszugehen, ist eine Prämisse, die den Blick auf das Machtgefüge im Geschlechterverhältnis, aber auch auf gesellschaftliche Strukturierungsprozesse verstellen kann. Dies gilt nicht nur für klassische Ansätze der Ungleichheitsforschung[51], sondern auch für feministische Konzepte. Auch wenn die Mehrheit der Menschen in heterosexuellen Beziehungen lebt, kann nicht davon ausgegangen werden, daß dies die Folge natürlicher, weitgehend biologischer Vorgaben ist. Eine solche Teleologie hat bereits Freud zurückgewiesen und die Konflikte und Umwege untersucht, die der (weder für alle zutreffenden, noch stabilen) Konstituierung einer heterosexuellen Objektwahl zugrundeliegen. Untersuchungen zu Sexualität und Generativität müssen somit nicht nur analysieren, welchen Transformationen die Regulierung von Gebärfähigkeit, die Kontrolle über genealogische Linien, die Pflege und Aufzucht der Kinder in unterschiedlichen ökonomischen/politischen Systemen unterliegt. Sie müssen ebenso danach fragen, wie eine bestimmte Bezogenheit der Geschlechter aufeinander hergestellt und gesichert wird. Es sind Fragen nach den Organisationsprinzipien und Machtmechanismen wie auch nach den subjektiven Motiven und Handlungsweisen, die eine bestimmte Form von Sexualität als natürlich und universell erscheinen lassen, die es nach wie vor zu beantworten gilt.

Rich hat – neben dem Aspekt der Gewalt – noch eine weitere m.E. sehr wichtige Dimension der „Institution Heterosexualität" angesprochen. Diese strukturiere die Beziehungen zwischen den Menschen in der Form, daß allein das heterosexuelle Paar (mit seinen Kindern) eine legitime Beziehungsform darstelle. Moderne »Heterosexualität« ist danach die – historisch zu bestimmende – Grundlage von Allianzsystemen. Das beinhaltet die Möglichkeit einer Historisierung von „Allianzsystemen" und damit die Chance, deren Veränderungen in Bezug zur Geschlechterhierarchie zu setzen. Wenn ich auch Richs These eines „lesbischen Kontinuums" nicht teile, so halte ich es doch für wichtig, festzuhalten, daß die exklusiv gegengeschlechtliche Paarlogik andere mögliche Beziehungs- und Austauschformen unterdrückt. Es wäre genauer zu untersuchen, wie sich diese – für europäische, moderne Gesellschaften grundlegende – zunehmend alle Gesellschaftsmitglieder umfassende Norm zur monogamen und lebenslangen Ehe herausbilden konnte[52] und welche Formen des Zusammenlebens und des Austausches damit diskriminiert wurden.

Rich zeigt weiter, daß die Institution Heterosexualität für Frauen und Männer unterschiedliche Folgen hat: Physischer und sexueller Gewalt sind vor allem Frauen ausgesetzt. Eine Theorie der Zwangsheterosexualität müßte die unterschiedlichen Ebenen, Bereiche und Mechanismen herauszuarbeiten, in denen das System Heterosexualität gesellschaftlich konstruiert und reproduziert wird und zugleich aufzeigen, mit welchen Differenzierungen Individuen in dieses System eingeschlossen werden. Dabei müssen auch die Verbindungen von Heterosexualität mit anderen gesellschaftlichen Ordnungsprinzipien berücksichtigt werden. Weiter wäre zu fragen, welche subjektiven Motive dazu beitragen, daß sich Frauen und Männer in dieses Ordnungssystem einfügen, es als ihre „eigene Natur" begreifen, aber auch, woraus sich Potentiale zu anderen Lebens- und Beziehungsformen speisen. Nicht zuletzt muß danach gefragt werden, wie Heterosexualität und andere Sexualitäten zu einander in Beziehung gesetzt werden. Um letzteres wird es u.a. in den Essays von Gayle Rubin gehen, die ich im folgenden vorstelle und diskutiere.

2.4 Sex/gender systems oder sex systems und gender systems?

Mit Gayle Rubins Essays zur gesellschaftlichen Organisation von Sexualität liegen zwei Entwürfe vor, die in ihren Differenzen auch die Entwicklung innerhalb der Diskussion um Sexualität widerspiegeln. Im ersten, 1975 erschienenen, Essay entwickelt Rubin den Entwurf der *sex/gender systems*, die sowohl (Hetero)Sexualität wie auch die hierarchische Geschlechterdifferenz hervorbrächten. 1984 dagegen stellt sie die These auf, daß es *sex systems und gender systems* gebe, die jeweils ihre eigene Genesen und Ausformungen besäßen und in ihrer Überschneidung und Unterschiedlichkeit zu untersuchen seien. In diesen Ansatz geht die Auseinandersetzung mit den Kämpfen sexueller Minderheiten ein, die – außerhalb der Frauenbewegung – ihr Recht auf Identität und Anerkennung durchzusetzen suchen.

Sex/gender systems

In „Traffic in Women" entwickelt Rubin den Begriff *sex/gender systems*, der den historisch spezifisch in jeder Gesellschaft vorhandenen Bereich sozialen Lebens bezeichnen soll, in dem sexuelle Manifestationen und Fortpflanzungsfähigkeit in Produkte menschlicher Aktivität umgeformt werden und das die Aufgabe hat, die Befriedigung der so entstandenen Bedürfnisse zu kanalisieren[53]. Rubin sucht damit eine Alternative zu Begriffen wie „Patriarchat" oder „Mode of Reproduction". Der Begriff „Patriarchat" betone vor allem den Herrschaftsaspekt der Geschlechterordnung sowie der gesellschaftlichen

Organisation von Sexualität und eigne sich daher schlecht dazu, die Gesamtheit der Regelungen, die sich um Geschlecht und Sexualität legen, zu erfassen. Der Begriff „Mode of Reproduction" beinhalte eine falsche Trennung zwischen Produktion und Reproduktion, die die Verschränkung von Produktion und Reproduktion sowohl in der Ökonomie als auch in der sog. Privatsphäre verdecke. Der Begriff *sex/gender system* sei dagegen ein Analyseraster, innerhalb dessen Aspekte wie Ungleichheit oder Verschränkung mit einer bestimmten ökonomischen Verfaßtheit herausgearbeitet werden könne. Der Begriff *sex/gender systems* ist in der englischsprachigen Frauenforschung seit langem etabliert. So schreibt Cynthia Cockburn:

> „Um aber die Idee einer geschichtlichen Entwicklung sichtbar zu machen, brauchen wir einen anderen übergreifenden Terminus, den Gayle Rubin prägte, als sie von sex/gender-System sprach. (...) So wie der Kapitalismus nur eine von mehreren folgenden Produktionsweisen ist, so ist das Patriarchat nur eines von mehreren möglichen sex/gender-Systemen."[54]

Doch zurück zu Rubins Entwurf. Die Befriedigung sexueller und generativer Bedürfnisse in ihrer kulturellen Überformung stelle eine zentrale menschliche Aufgabe dar, und sei somit ein Motor für soziale Aktivitäten, gesellschaftliche Entwicklungen und Strukturierungen. Sexualität und Geschlechtsidentität sind Rubins Analyse zufolge durch und durch Ergebnisse sozialer Arbeit, sie können leiblich-körperliche Faktoren aufnehmen, aber auch erheblich von ihnen abweichen. Rubin leugnet einen Dimorphismus nicht, betont aber, daß die leiblich-körperliche Verfaßtheit der geschlechtlich unterschiedenen Menschen weitaus größere Potentiale und Überschneidungen aufwiesen, als die kulturelle Geschlechterdifferenz zulasse. *Gender*, die Differenzierung und Klassifizierung der Menschen in zwei distinkte Gruppen, habe vielmehr „den Effekt der Unterdrückung einiger Persönlichkeitsanteile an allen Menschen, Frauen und Männern"[55].

Welche Strukturen weisen nun *sex/gender systems* auf? Zur Beantwortung dieser Frage greift Rubin auf ethnologische Forschungen zurück. Dort wird – vor allem in der strukturalistischen Anthropologie – dem Frauentausch große Aufmerksamkeit gewidmet. Dieser konstituiere und strukturiere in den meisten Fällen die Heirats- und Verwandschaftsbeziehungen der untersuchten Gesellschaften. Die Beobachtung, daß es stets Frauen seien, die anläßlich von Heiraten zwischen Männern getauscht werden, hat Levi-Strauss dazu geführt, die These aufzustellen, daß dem scheinbar willkürlichen Vorgehen bei Heiraten eine Struktur unterliege, die den Menschen gar nicht bewußt sei: die Herstellung von Verwandtschaftsbeziehungen durch Tausch, vor allem durch den Tausch von Frauen. Da die Herstellung von Verwandtschaftsbeziehungen gleichursprünglich mit Soziabilität sei, komme, so Levy-Strauss, dem Frauentausch eine kulturstiftende, überhistorische und universelle Rolle zu. Dagegen argumentiert Rubin, daß der Frauentausch bereits Strukturprinzip eines spezifischen Allianzsystems sei, das zur Unterdrückung der Frauen, zur Zwangsheterosexualität und zur Ausprägung einer starren Geschlechterdifferenz führe. Durch den Frauentausch würden Frauen und Männer in unterschiedlich bewertete Positionen gebracht, die Männer als Tauschende untereinander verbinde und sie mit Status und Ressourcen ausstatte, während Frauen als Getauschte nicht in der Lage seien, durch den Tausch soziale Beziehungen zu knüpfen und (ideellen oder materiellen) Gewinn aus ihm zu ziehen. Der Frauentausch wird damit erklärungsbedürftig: Er verweist auf eine (weitgehend unbewußte) Verregelung von Ungleichheit.

„Frauentausch ist eine Umschreibung dafür, daß die sozialen Beziehungen eines Verwandtschaftssystems sicherstellen, daß Männern mehr Rechte, vor allem Rechte über Frauen haben, als Frauen über Männer oder Frauen haben."[56]

Ein mit dem Frauentausch eng verknüpftes Prinzip menschlicher Gemeinschaftsbildung wird im Inzesttabu gesehen, also dem Verbot des innerfamiliären Geschlechtsverkehrs. Das Inzesttabu und die Exogamieregel gewährleiste, daß der Tausch von Frauen und die daran anschließenden sozialen Beziehungen zwischen den Familien und Gruppen überhaupt stattfinden. Es reguliere die Wahl der PartnerInnen, indem es erlaubte und verbotene PartnerInnen konstituiere. Frauentausch und Inzesttabu regulieren damit aber auch, und das ist Rubins These, erlaubte und unerlaubte Sexualität: Erlaubt und erwünscht ist die heterosexuelle Ehe zwischen nichtverwandten PartnerInnen. Prinzipien der Arbeitsteilung (Verbot oder Gebot der Übernahme bestimmter Arbeiten) führten darüber hinaus zur Herausarbeitung von zwei zu unterscheidenden Genus-Gruppen und sicherten darüber hinaus die ökonomische Abhängigkeit dieser so produzierten Genus-Gruppen. Damit wird anderen möglichen Partnerschaften die Existenzgrundlage entzogen. Auch hier arbeitet Rubin ein erklärungsbedürftiges Strukturprinzip von Allianzsystemen heraus: das Verbot von homosexuellen Beziehungen.

Weil all diese Elemente – Frauentausch, Inzesttabu, geschlechtliche Differenzierung – ihren Sitz im Verwandtschaftssystem hätten und Grundbedingung für den Kern der Verwandtschaftsbeziehungen, die Ehe, seien, zieht Rubin den Schluß, daß „wir nach dem ultimativen Ort der Frauenunterdrückung eher im Frauenhandel als im Warenhandel suchen sollten“[57]. Bestätigung für ihre These, daß in der Familienorganisation die Basis jedes *sex/gender systems*, auch eines patriarchalen, liegt und auch in unserer Gesellschaft Geschlechterhierarchie hervorbringt, findet Rubin in der Psychoanalyse, genauer in der Theorie des Ödipuskomplexes, wie sie Lacan ausgearbeitet hat.

Aus den Übereinstimmungen zwischen Freuds/Lacans Ödipustheorien und der Analyse der Verwandtschaftsbeziehungen von Levi-Strauss, die jeweils das Inzesttabu in den Mittelpunkt stellen, entnimmt Rubin, daß unser sex/gender System immer noch nach dem Tauschprinzip organisiert sei. Das ursprünglich bisexuelle Kind werde im ödipalen Konflikt mit der heterosexuellen Norm und der Tauschökonomie konfrontiert, und damit gleichzeitig mit der Hierarchie der Geschlechter. Während der Junge unter dem Druck der Kastrationsdrohung sein auf die Mutter gerichtetes Begehren gegen das „Recht“ auf eine spätere Frau eintausche – ein Handel zwischen Vater und Sohn –, müsse das Mädchen erkennen, daß es nicht nur seine Liebe zur Mutter aufgeben muß, sondern zu allen Frauen. Weitere Folge sei, daß das Mädchen erkenne, daß es nichts habe, was es tauschen könne und ihm somit nur die mediale Stellung in der Gleichung Vater-Sohn bleibe: als Mutter des Vater-Sohnes. Gleichzeitig müsse es akzeptieren, daß es auf aktive sexuelle Strebungen zu verzichten habe. Auf Lacan eingehend, deutet Rubin den Phallus in der Terminologie des Tausches als symbolisches Objekt, das in der Familie getauscht wird, und zwar unter Männern:

„Er (der Phallus, C.O.) ist die Verkörperung des männlichen Status, den Männer erreichen können, und mit dem verschiedene Rechte verbunden sind, darunter das Recht auf eine Frau. Er passiert die Frauen und setzt sich bei den Männern fest.“[58]

Der Ödipuskomplex wiederhole so beim Individuum den Tausch, der im Inzesttabu initiiert wird. Während der ödipalen Phase müsse das Kind realisieren, daß es Unterschiede zwischen den Geschlechtern gibt, daß man nur ein Geschlecht haben kann, daß man bestimmte Personen nicht lieben darf und daß die beiden Geschlechter nicht die gleichen sexuellen Rechte oder Zukunftsaussichten haben. Daher ist für Rubin der Ödipuskomplex in allen *sex/gender systems* „die Maschine, die die geeignete Form geschlechtlicher Individuen herstellt.“[59]

Folglich sieht Rubin als Aufgabe der Frauenbewegung die Zerschlagung der Ödipusstruktur, die das heutige *sex/gender systems* dahingehend verändern werde, daß die individuelle Konflikterfahrung weniger zerstörerisch werde. Zu einer solchen Veränderung gehöre die Beteiligung beider Geschlechter an der Kinderpflege, die Abschaffung der obligatorischen Heterosexualität und der festumrissenen Geschlechtsrollen. Eine solche feministische Revolution würde eine Vielfalt sexueller Ausdrucksweisen hervorbringen und die menschliche Persönlichkeit von der „Zwangsjacke des Geschlechts“ befreien.

„Sie (die Frauenbewegung, C.O) muß davon träumen, obligatorische Sexualität und Sexrollen zu eliminieren. Den Traum, den ich am überzeugensten finde, ist der von einer androgynen und geschlechtsidentitätslosen (aber nicht asexuellen) Gesellschaft, in der die eigene Anatomie keine Bedeutung für das hat, was man ist, was man tut, und mit wem man Liebe macht.“[60]

Gerade in diesem Schlußwort ist Rubins Eingebundenheit in die Ansätze der frühen radikalen Feministinnen unverkennbar. Statt aber, wie bspw. Millet, die Wurzeln der Geschlechterhierarchie in dem – empirisch zugänglichen – Machthandeln von Männern zu sehen, nutzt Rubin strukturalistische Theorien, die die verdeckten Strukturen freizulegen suchen, welche das soziale Leben der Menschen verregeln. Während die Marx'sche Analyse die Strukturen der ökonomisch-materiellen Austauschprozesse fokussiert, interessieren sich strukturalistische Theorien für Bewußtseinsstrukturen, für geistig-kommunikative Austauschprozesse, die als ebenso grundlegend für das soziale Leben angesehen werden wie ökonomisch-materielle. Wie sich am Beispiel des Frauentausches zeigt, sind solche geistig-kommunikativen Austauschprozesse in der Folge auch materielle Austauschprozesse, so daß die Unterscheidung zwischen „materiell“ und „geistig“ nur in der Präzisierung der inhaltlichen Momente solcher Prozesse zu treffen ist.

Mit der Herausarbeitung der Strukturprinzipien eines *sex/gender* Systems sucht Rubin die Eingebundenheit von Frauen *und* Männern in ein Ordnungsgefüge aufzuzeigen, das für beide Geschlechter, aber vor allem für Frauen, zu Einschränkungen von Handlungs- und Entwicklungspotentialen führt. Dadurch erscheint Heterosexualität nicht als etwas, das genuin männlichen Interessen entspringt und den Frauen fast ausschließlich mit den Mitteln der Gewalt aufgezwängt wird, sondern als Ergebnis einer Reihe von Ordnungsprinzipien – wie Exogamieregeln, Arbeitsteilung, Austauschformen, Beziehungsregeln –, die den Individuen selten oder gar nicht bewußt sind, aber dennoch den Platz jedes einzelnen im Gesamtgefüge bestimmen. An die Stelle der Macht der Männer über die Frauen tritt die Macht eines Systems über alle, das aber trotzdem Frauen gegenüber Männern benachteiligt.

Im Gegensatz zu Levi-Strauss oder Lacan sieht Rubin dieses System nicht als sozialem Handeln vorgängig, sondern als Ergebnis sozialer Aktivitäten und damit prinzipiell veränderbar. Die Regulierung und kulturelle Aneignung sexueller Ausdrucks- und Empfindungsmöglichkeiten sei zwar eine für alle Gesellschaften wichtige soziale Aktivität und daher überall anzutreffen, daraus folge aber nicht, daß das von Levi-Strauss und Lacan beschriebene Modell des Frauentausches oder eines Primats des Phallus die einzige mögliche Form einer solchen Regulierung sein müsse[61].

Hier setzten aber auch die Schwierigkeiten des theoretischen Ansatzes von Rubin ein. Es ist schwer zu verstehen, wie Menschen in einem System, dessen Regeln ihrem Bewußtsein entzogen sind, zu Akteuren werden können, ja, welchen Platz Handeln und subjektive Motive in struktural-psychoanalytischen Modellen von Gesellschaft einnehmen können, in denen das Unbewußte – als bestimmendes Element von Sprachsystemen und psychischer Strukturierung – vorrangig ist. Um diese Dimensionen einbeziehen zu können, muß meines Erachtens der Theorierahmen erweitert werden.

So zeigen u.a. ethnopsychoanalytische Untersuchungen, daß Menschen die tief im gesellschaftlichen Ganzen eingelagerte Geschlechterdifferenz sehr wohl konflikthaft erleben können. Wie Florence Weiss beschreibt, dienen sowohl Mythen, die die Möglichkeit des Geschlechtswechsels beeinhalten als auch Rituale, in denen ein Geschlechtswechsel vorgenommen werden kann, dem Versuch, Konflikte, die aus der „biologischen Geschlechtertrennung entstehen, zu bearbeiten[62]. Auch lassen sich Hinweise darauf finden, daß heterosexuell normierte Allianzregeln und gelebte Beziehungen nicht übereinstimmen müssen. Nach unseren Maßstäben als homosexuell zu bezeichnende Beziehungen können auch in Gesellschaften gelebt werden, deren Allianzprinzip

Sexualität und heterosexuelle Ehe streng verschränkt: Ein Individuum des gleichgeschlechtlichen Paares genügt durch den Wechsel seines Geschlechts den Anforderungen des Allianzsystems[63]. Symbolische Struktur, soziale Praxis und psychische Strukturen müssen demzufolge in ihrem Zusammenhang und in ihren Unterscheidungen analysiert werden. Eine solche Herangehensweise fehlt in Rubins Entwurf.

Besonders deutlich wird dieses theoretische Dilemma an Rubins These, daß die „Zerschlagung des Ödipuskomplexes" zur Überwindung eines – modernen – phallogozentristischen *sex/gender* Systems führen kann. Rubin konstruiert hier zum einen die überhistorische Gültigkeit eines spezifischen Allianzsystems, indem sie dieses ungebrochen in eine hochgradig ausdifferenzierte Gesellschaft überträgt, andererseits behauptete sie die Möglichkeit, dieses verändern zu können. Woraus sollte sich das Potential zu einer solchen Veränderung speisen? Rubin benennt keine Konfliktlinien, die zu Brüchen oder Legitimationsverlusten der symbolischen und sozialen Praxen führen könnten[64]. M.E. ist das u.a. darauf zurückzuführen, daß Rubin das *sex/gender* System auch in modernen Gesellschaften im wesentlichen auf den Bereich der Familien und der Verwandtschaftsstrukturen beschränkt. Wenn aber, wie ich bereits ausgeführt habe, Geschlechterhierarchie und das System der Heterosexualität im gesellschaftlichen Ganzen verankert ist, sind Veränderungen in der Vater-Mutter-Kind-Beziehung nur möglich, wenn auch z.B. in der Erwerbssphäre die Benachteiligungen von Frauen aufgehoben werden.

Ein anderes Problem ihrer Analyse liegt darin, daß Rubin die Reduzierungen, die beiden Geschlechtern durch das System starrer Geschlechtsidentitäten und des Gebot zur heterosexuellen Vergemeinschaftung zugefügt werden, erklären kann, aber nicht, warum es eigentlich immer das weibliche Geschlecht ist, das, wie sie selbst sagt, stärkerer Unterdrükkung/Normierung ausgesetzt ist. Wie kommt es dazu, daß es in fast allen *sex/gender* Systemen gerade die Frauen sind, die unter den Einschränkungen und Versagungen stärker zu leiden haben? Deutet nicht gerade die Herausbildung von Machtverhältnissen auf Widersprüche in *sex/gender systems* hin?

Rubin unterscheidet sich deutlich von Rich und anderen durch ihre Anerkennung von Sexualität als einem zu kulturell und sozial wichtigen Aktivitäten führenden Bedürfnis aller Menschen, also nicht nur der Männer. Wertende und normierende Entwürfe zu Sexualität und Geschlecht finden sich bei Rubin nicht, sie hält an der frühen Utopie der Frauenbewegung fest, die darauf hoffte, geschlechtliche und sexuelle Normierungen zu überwinden. Noch klarer wird diese Haltung in Rubins zweitem Essay, in dem neun Jahre später vor allem der Einfluß der *sexual identity politics* zu spüren ist, aber auch die Auseinandersetzung mit einer Richtung des Feminismus, die in ihrem Versuch, die herrschende Form von Sexualität zu kritisieren, Sexualität selbst zum Gegner erhebt.

Sex systems

Rubin bezweifelt in ihrem zweiten Essay, daß Feminismus die Theorie ist, die besonders geeignet ist, Sexualität zu analysieren.

„Ich will die Annahme in Frage stellen, daß die Frauenbewegung privilegierte Theorie und Praxis ist oder sein soll, die Sexualität analysieren kann. Feminismus ist die Theorie der Geschlechterunterdrückung. Automatisch anzunehmen, daß sie damit auch eine Theorie der Sexualunterdrückung ist, verfehlt, zwischen *gender* und *erotic desire* zu unterscheiden.“[65]

Es sei falsch, so Rubin, aus der vorzufindenden Gleichsetzung von Sexualität und Koitus zu schließen, daß sexuelle Unterdrückung das gleiche sei wie Geschlechterunterdrückung. Auf Foucault zurückgreifend, argumentiert Rubin nun, daß die Moderne davon geprägt sei, die Individuen durch die Regulierung der Sexualität und nicht mehr durch die Regulierung der Verwandtschaftsbeziehungen in die bestehenden Machtverhältnisse einzubinden. Jedoch habe das Sexualitätsdispositiv seine Herkunft im Kontext des Verwandtschaftssystems, somit wiesen beide Regulierungssysteme Berührungspunkte auf:

„Gender berührt die Operationen des Sex-Systems, und das Sex-System hat geschlechtsspezifische Manifestationen. Aber obwohl beide verbunden sind, sind sie nicht das gleiche, und sie ergeben die Basis von zwei getrennten Arenen sozialer Praxis.“[66]

Deutlich würden diese unterschiedlichen Praktiken am Beispiel der Diskriminierung sexueller Minderheiten, in denen zusätzlich zu der Diskriminierung als Frau, als Schwarze(r), als Angehörige(r) unterer Schichten, immer eine sexuelle Diskriminierung hinzukomme. Mit sexueller Diskriminierung sind alle Formen der Benachteiligung, der Abwertung und der Gewalt gegen Individuen gemeint, deren sexuelle Orientierung oder deren sexuelle Vorlieben nicht dem Ideal der monogamen Heterosexualität folgen. Für Rubin ergibt sich daraus die Aufgabe, eine Theorie der Sexualität zu entwickeln, die „erotische Ungerechtigkeit und sexuelle Unterdrückung identifizieren, beschreiben, erklären und denunzieren“[67] kann. Unterdrückung jedoch nicht als Unterdrückung einer essentiellen Sexualität, sondern als Verfolgung und Deklassierung von Individuen aufgrund ihrer sexuellen Partnerwahlen oder Verhaltensweisen.

„Man könnte dann in folgenden Begriffen über *sexual politics* nachdenken: Bevölkerung, Nachbarschaft, Besiedlung, Migration, städtische Konflikte, Epidemien, Polizeitechnologien.“[68]

Die Unterdrückung abweichender Sexualitäten stellt für Rubin ein Stratifikationssystem sui generis dar, das für moderne Gesellschaften kennzeichnend sei. Gesetzgebung, soziale Sanktionen und Institutionen wie Familie, Militär, Ausbildungsstätten bildeten zusammen ein System, das nach einer ganz eigenen Dynamik zur Aussonderung und Deklassierung von Bevölkerungsgruppen führe. Weder die Kategorien „Rasse", Klasse oder Geschlecht seien geeignet, diese Stratifikation zu erklären, da selbst Privilegien, die sich aus der Zugehörigkeit zu einer statushöheren Gruppe ergeben, nicht sicher vor sexueller Verfolgung schütze.

„In seiner schwersten Form ist das Sexualsystem ein Kafkaesker Alptraum, in dem unglückliche Opfer zu Herden menschlichen Viehs werden, deren Identifizierung, Überwachung, Behandlung, Einkerkerung und Bestrafung die Grundlage für Jobs und Befriedigung für Tausende von Sittenpolizisten, Gefängniswärtern, Psychiatern und Sozialarbeitern bilden."[69]

Das *sex system* sei jedoch nicht statisch, es variiere in der Härte der Verfolgung wie auch in der Zielgruppe der Verfolgung. War z.B. die Masturbation im 19. Jahrhundert Gegenstand heftigster Ächtung, stelle sie heute ein – bedenkt man die überall angebotenen Hilfsmittel[70] – normales Sexualverhalten dar, für das niemand mehr belangt werde. Ebensolches gelte für nichteheliche, heterosexuelle Sexualität. Für die Gegenwart stellt Rubin ein hierarchisches sexuelles Werte- und Schichtungssystem fest, an dessen Spitze die ehelich-monogame, fortpflanzungsorientierte heterosexuelle Sexualität stünde, gefolgt von der monogamen heterosexuellen und – mit einigem Abstand – der monogamen eheähnlichen homosexuellen Sexualität. Am unteren Ende dieser Skala stünden Transvestiten, Transsexuelle, Fetischisten,SadomasochistInnen, Prostituierte, Pädophile. Je tiefer auf der Skala, desto drastischer die Sanktionen und Verfolgungen. Gleichzeitig sei das *sex system* Austragungsort sozialer Kämpfe um Anerkennung und Status. Ausdruck dieser Kämpfe seien z.B. die Schwulen- und Lesbenbewegungen, die sich in den letzten Jahrzehnten gerade in den Vereinigten Staaten auf der „Werteskala" weit nach oben gekämpft hätten. Solche Kämpfe würden aber auch zwischen den sog. sexuellen Minderheiten ausgetragen, was zu Ausgrenzungen und Ausdifferenzierungen innerhalb der „Außenseiter" führe, die einige auf der Werteskala nach oben rutschen lassen und andere ans Ende verweisen. Auch die Frauenbewegung habe Teil an diesem Tauziehen um gesellschaftliche Anerkennung und Macht. Rubin argumentiert, daß durch die Betonung einer überlegenen weiblichen Sexualität eine Ideologie entstehe, die an die Stelle der monogamen Heterosexualität die monogame lesbische Beziehung setze und anderen Sexualitäten gegenüber genauso intolerant sei wie die Ideologie der „natürlichen" Heterosexualität. Damit werde nur eine Ideologie durch eine andere ersetzt, aber nicht mehr nach der institutionellen Verankerung von Geschlechterdiskriminierung gefragt:

„Ein großer Teil der gegenwärtigen feministischen Literatur verknüpft die Unterdrükkung der Frauen mit der graphischen Repräsentation von Sex, Prostitution, Sexualerziehung, Sadomasochismus, männlicher Homosexualität und Transsexuellen. Was ist mit der Familie passiert, der Religion, der Erziehung, der Kinderbetreuungspraxis, den Medien, dem Staat, der Psychiatrie, der Diskriminierung im Arbeitsleben und der ungleichen Bezahlung?"[71]

Es sind ihrer Meinung nach eher die Sexualwissenschaften und die Geschichtswissenschaften, die mit ihrer Theorie der »sexuellen Zwischenformen« und der Methode der Historisierung eine Grundlage für eine angemessene Analyse von Sexualität geben. Rubins Vorstellungen eines nicht-diskriminierenden und nicht-verfolgenden Sexualsystems ist von der Anerkennung der Pluralität sexueller Verhaltensweisen und Beziehungen geprägt, die ihren Ausdruck und ihre Ethik in den *sexual communities* fänden, die sich z.T. jetzt schon herausbildeten.

„Was wir brauchen ist eine radikale Kritik der sexuellen Arrangements, die die konzeptionelle Eleganz Foucaults und die Leidenschaft Reichs hat."[72]

Foucault und Reich – in dieser Verbindung kommt die Ambivalenz, die Rubins Analyse des *sex systems* durchzieht, exemplarisch zum Ausdruck. Rubin ist einerseits einer historischen Perspektive verpflichtet, die die soziale Konstruktion von Sexualität betont und damit auch die Herausbildung von sexueller Identität als gesellschaftliche Praxis begreift. Ihr Konzept der Stratifikation durch sexuelle Normen, die Individuen über ihre sexuellen Verhaltensweisen und Beziehungen an die Macht bindet bzw. die es ermöglichen, Machtbeziehungen in innerste und privateste Lebensbereiche auszuweiten, folgt Foucaults Machtkritik und seiner Analyse der Sexualität. Andererseits bleibt Rubin dem Paradigma der Repression in dem Sinne verbunden, daß zugunsten einer normativen Sexualität andere Sexualitäten unterdrückt werden, diese zu „bösartigen" Sexualitäten gestempelt und verfolgt werden. Dagegen setzt sie ein den Sexualwissenschaften entnommenes Modell der sexuellen Zwischenstufen. Dieses Modell geht davon aus, daß es – quasi von Natur aus – verschiedene Formen von sexuellen Verhaltensweisen gibt, die alle auf ihre Weise „nützlich" und „gutartig" seien, da sie, ebenso wie Varianz im allgemeinen, ein wichtiges Evolutionsprinzip darstellten. Damit wird aber unterstellt, daß sexuelle Präferenzen angeboren sind, also eine genetische Grundlage haben.

Rubin gerät in das Dilemma der doppelten Strategie der *sexual politics* der Schwulen- und Lesbenbewegung, die auf der einen Seite stets beweisen müssen, daß ihre Sexualität nicht pervers, krankhaft oder neurotisch ist, sondern ebenso „natürlich" wie Heterosexualität; auf der anderen Seite aber auf die historische Kontingenz jeglicher sexuellen Identität hinweisen müssen, um dem Vorwurf der „Widernatürlichkeit" zu entkommen. Gerade die Geschichte der medizinischen und psychiatrischen Zuweisungen an Homosexuelle zeige, so das Argument für die soziale Konstruktion von Geschlecht, daß Sexualität weder essentialistisch noch normativ erklärbar ist.

Jon Ward beschreibt das Dilemma, in dem sich damit Schwule (wie auch Angehörige anderer „sexueller Minderheiten") bewegen:

„People like myself imagined we had found homosexuality within us; now we learn that we have found ourselves in homosexuality. If we persevere in wearing this chimerical garment – I am gay – it is in a strange twilight of actions without centres, a condition rich in strategies but empty of substance...Gay thought (...) having suffered humiliation at the hands of Freud, and having long since lost the cause of nature' third sex, now clings to history with a certain grimness."[73]

Die „sexual identity politics" bewegen sich also zwischen zwei unvereinbaren Positionen: auf der einen Seite das Argument der Naturwüchsigkeit, auf der anderen Seite das Argument der sozialen Konstruktion von Sexualität. Dabei überwiegt in den theoretischen Entwürfen letzteres. Sexuelle Identität als Ausdruck der Wahlmöglichkeit von Beziehungen und Lebensformen, wie es in den weithin akzeptierten Thesen von Jeffrey Weeks[74] angelegt ist, läßt aber wenig Raum für die Frage, warum Menschen ihre Begehren auch unter Androhung von Strafe oder sogar gegen ihren erklärten Willen nicht aufgeben können oder wollen. Oder anders formuliert:

„Gay is good, Gay is proud. Well, yes, I suppose. If I had been given a choice (but who is?), I would prefer to be straight."[75]

Diesen Paradoxien scheint Rubin ihr Modell der sexuellen Vielfalt entgegensetzen zu wollen. Damit konstruiert sie jedoch – gegen ihren ausdrücklichen Willen – wiederum Sexualitäten, die scheinbar in der Natur der Individuen angelegt sind und deren Verhältnis zu gesellschaftlichen Einflüssen ungeklärt bleibt. „If it feels good, do it"[76] verweist auf eine Vorstellung von Sexualität, die a priori „gut" ist und die eine Wahrheit beinhaltet, die die Individuen fühlen und erfahren können – wenn man sie läßt. Damit verfängt sich Rubin in die Widersprüche der Theorien, die nahelegen, Sexualität müsse nur befreit werden, um ihren ambivalenten Charakter zu verlieren. Beide Theorien, die der Wahl und die der genetischen Disposition, verfehlen letztlich die komplexen Prozesse, die zu Objektwahlen und Triebzielen führen. Rubins Fokus auf Unterdrückung und Verfolgung führt darüber hinaus zu einer Idealisierung normativer Heterosexualität. Der hierarchische Zusammenhang zwischen einer asymmetrischen Konstruktion von Heterosexualität und anderen Sexualitäten entgleitet ihr. Indem sie Heterosexualität in ihrer monogamen Form als nicht-unterdrückt und nicht-verfolgt konzipiert, was ja in ihrer Theorie folgerichtig ist, kann sie den „stummen" Zwang zu heterosexuellen Objektwahlen und Beziehungen und den ihnen zugrundeliegenden asymmetrischen Geschlechtsidentitäten nicht mehr erfassen. Heterosexualität wird ebenso zur Wahl oder zur einer Form der „gutartigen Varianz" wie Homosexualität oder Pädophilie, nur daß die Heterosexuellen das Glück haben, nicht verfolgt zu werden. »Geschlecht« spielt dann tatsächlich keine Bedeutung mehr, nur noch die Unterscheidung „normal/pervers".

Nun ist dies durchaus bedenkenswert. Ist es tatsächlich so, daß in modernen Industriegesellschaften die Familie mit ihrer Reproduktionsfunktion immer weniger das Ziel von Regulierungspraktiken wird, dagegen die Individuen mit ihren sexuellen Identitäten und Lebensstilen ins Zentrum der Regulierung treten? Tritt die Vervielfältigung und gleichzeitige Unterwerfung von sexuellen Identitäten an die Stelle des Geschlechterverhältnisses? Sind „Männer“ und „Frauen“ als Stratifikations- und Klassifikationskategorien eine aussterbende Spezies? „You can now be a gay and a 'real man', lesbian and a true (or even better) woman.“[77]? Ist das Auftauchen solch unterschiedlicher Selbst- und Fremddefinitionen, die tief in die Individuen hineinreichen und deren Handlungen und Lebensformen maßgeblich leiten, die auch zu Umwälzungen in Konsum, Wohn-, Arbeits- und Lebensformen führen können, Ausdruck einer Veränderung der Machtstrukturen oder nur eine modernisierte Form der Macht, die von den „wahren“ Gegensätzen ablenkt und eine Solidarisierung verhindert? Eine Analyse von »Sexualität« und »Geschlecht« muß diese Fragen berücksichtigen.

Damit zusammenhängend ist auch die gängige Verschränkung der Kategorien biologisches Geschlecht, soziales Geschlecht und Geschlechts"identität" auf universalisierende Tendenzen zu überprüfen. Die Entdeckung, eine (abweichende) sexuelle Identität mit vielen anderen zu teilen, ist für viele eine Erfahrung, die ihr Verständnis von der Welt, ihr Selbstverständnis und ihren Lebensstil grundlegend verändert:

„Knowing I was a lesbian transformed the way I saw, heard, perceived the whole world. I became aware of a network of sensations and reactions that I had ignored my entire life.“

„I find my identity as a gay man as basic as any other identity I can claim to. Being gay is a more elemental aspect of who I am than my profession, my class, or my race.“[78]

Für andere bilden, trotz ihrer nicht-heterosexuellen Orientierung, andere Bezugspunkte, wie Klasse, Ethnie oder Geschlecht, die Grundlage für ihre Selbstdefinition. Für nicht wenige ist ihre sexuelle Orientierung oder Präferenz ein Störfaktor in ihrem Selbstbild, „wishing they could swallow a magic pill and not be homosexual“[79], oder sie wünschen sich, wie Sandra Lee Bartky, eine „therapeutic technique for releasing the heterosexual women (...) from the prisonhouse of necessity into the free space of choice.“[80] Für andere wiederum ist ihr geschlechtlicher Körper ein „Fremdkörper“, der erhebliches Leiden verursacht, erst mit der chirurgischen Umwandlung scheint der Weg für ein integriertes Selbstkonzept und für sexuelle Beziehungen frei zu werden. Manche transsexuelle Frauen und Männer wählen gleichgeschlechtliche PartnerInnen, andere gegengeschlechtliche, nicht wenige bleiben bei ihren PartnerInnen aus der Zeit vor der Geschlechtsumwandlung. Der plötzliche oder endlich verwirklichte Wechsel der sexuellen Orientierung stellt weiter die Stabilität von Identitätskonzepten und die Zugehörigkeit zu bestimmten Gruppen in Frage. Menschen, die sich zu beiden Geschlechtern hingezogen fühlen, stehen vor dem Paradox, eine sexuelle Identität zu haben, die nicht als solche gilt: Bisexualität. Sexuelle Präferenzen, wie S/M, Pädophilie u.a.m., bilden die Grundlage für weitere Identitätskonzepte, die ebenso lose wie eng mit sexueller Orientierung oder biologischem Geschlecht verbunden sein können.

Biologisches Geschlecht, soziales Geschlecht, sexuelle Orientierung und sexuelle Präferenz erscheinen hier zum einen als Variablen, aus denen Identitätskonzepte, verstanden als bewußte Selbstentwürfe, beliebig gebildet werden können. Sie scheinen aber auch nicht in jedem Fall – und zu jeder Zeit – den „Kern“ von Selbstkonzepten auszumachen. Auf der anderen Seite verweisen Konflikte, die viele mit der Unveränderbarkeit und Starrheit ihrer sexuellen Orientierung und/oder Präferenz haben, auf eine Qualität von Identität, die dem Willen und dem Bewußtsein nicht zugänglich ist. Identität ist hier „Möglichkeit und Gefängnis“ (Weeks) zugleich. Dieses Paradox wirft Fragen auf, die mit den klassischen Theorien wie dem Geschlechtsrollenansatz oder den hier verwandten psychoanalytischen Theorien nicht hinreichend geklärt werden können. Beide binden die Entwicklung von sexueller Identität an eine wenig problematisierte „Normalität“, an Heterosexualität, und bieten für andere Entwicklungen nur die fragwürdige Perspektive der Devianz oder Perversion. Auch wenn z.B. Homosexualität mittlerweile nicht mehr zu den „Perversionen“ zählt, wird sie doch von der Mehrzahl der Psychotherapeuten und PsychoanalytikerInnen als „Störung“ betrachtet. Diese Norm findet sich auch in der Theoriebildung. Aber auch feministische Konzepte von Sexualität und Geschlechterhierarchie erreichen hier ihre Grenze. Mit der Vielfalt der an den Rändern einer vorgeblich fest verankerten Heterosexualität aufscheinenden Sexualitäten mitsamt der sie überziehenden Diskriminierungen wird die enge Verbindung zwischen *gender*, Sexualität und männlicher Macht fragwürdig.

In diesem Sinne ist Rubins Ansatz zur (vorläufigen) Trennung der Analyse von Sexualität und Geschlecht sehr fruchtbar. Die in der Schwulen- und Lesbenbewegung entstehenden Arbeiten, zu denen auch der vorliegende Essay von Rubin zu zählen ist, stellen mit ihrem Fokus auf die gesellschaftlichen/kulturellen Veränderungen im Umkreis der *sexual minorities* eine materialreiche und anregende Quelle dar. Die Kritik an feministischen Analysen, die Sexualität stets nur aus dem Blickwinkel der Geschlechterhierarchie betrachten, ist m.E. berechtigt. Eine solche Fokussierung übersieht, daß trotz der unbestreitbaren Hierarchien innerhalb heterosexueller Beziehungen das heterosexuelle Paar die größte gesellschaftliche Anerkennung genießt und über Privilegien verfügt, die anderen sexuell konstituierten Beziehungsformen versagt bleiben. An der Figur „verheiratete Frau“ lassen sich die unterschiedlichen Positionierungen durch „Geschlecht“ und „Sexualität“ ablesen: in einer Analyse, die Geschlecht ins Zentrum stellt, verweist sie auf Deklassierung; in einer Analyse, die Sexualität ins Zentrum stellt, auf Privilegierung. Weiter ist zu beobachten, daß eine Kritik der Heterosexualität durchaus von androzentrischen, eine Kritik der Geschlechterhierarchie von heterosexistischen Setzungen begleitet sein kann. Ersteres läßt sich z.B. daran ablesen, wenn die unterschiedlichen Positionen der Geschlechter, die auch homosexuelle Lebensformen tangieren, nicht in die Analyse einbezogen werden, sondern vielmehr der männliche Homosexuelle zur theoretischen Leitfigur wird. Letzeres zeigt sich darin, wenn die „Natürlichkeit“ von Heterosexualität nicht in Frage gestellt wird. Frauenverachtung und Homophobie sind Effekte von Bewußtseinsstrukturen, die auf zwei unterschiedliche Organisationsprinzipien verweisen.

Die Verschiebungen in der Konstituierung, Verfolgung und Diskriminierung nicht-heterosexueller Lebensformen stellen somit ein eigenständiges Untersuchungsgebiet dar, das nicht auf das Machtverhältnis zwischen Frauen und Männern reduziert werden kann. Diese Untersuchungen tragen zu einer Historisierung und Kontextualisierung der Geschlechterhierarchie bei, sie ermöglichen es ebenfalls, neue Einsichten über die Konstituierung von Geschlechtsklassifizierungen und -identitäten zu gewinnen[81].

Die Grenzen einer analytischen Trennung zwischen „Geschlecht" und „Sexualität" lassen sich ebenfalls an Gayle Rubins Entwurf des *sex systems* ablesen. Sie richtet ihren Blick konsequent auf den Ausschluß sog. sexueller Minderheiten durch eine heterosexuelle Norm, in deren (privilegiertem) Mittelpunkt das heterosexuelle Paar steht. Rubin entgeht dabei aber, daß die sexuelle Praxis, die das Herz der Heterosexualität ausmacht, eine spezifische ist: eine phallozentrische, die sich durch *Einschluß* (z.B. der Sicherung der Verfügbarkeit weiblicher Sexualität) und *Ausschluß* (aller nicht-phallischen Praktiken) konstituiert. Damit zusammenhängend zeichnet sich diese heterosexuelle Norm dadurch aus, daß sie Sexualität in einen ursprünglichen Zusammenhang mit Fortpflanzung setzt, die konstitutiv für diese Norm ist[82]. Auf solche Zusammenhänge haben z.B. Rich, Firestone und Millet hingewiesen. Es ist anzunehmen, daß eine derart spezifische Form der Heterosexualität auch die Konstitution anderer Sexualitäten tangiert. Es käme also darauf an, *Sexualität*, *Geschlecht* und *Generativität* als unterschiedene, aber aufeinander verwiesene Organisationsprinzipien zu untersuchen.

Im nächsten Absatz geht es um einen Analyseansatz, der eine bestimmte Form gesellschaftlicher Organisation von Sexualität als Ausgangspunkt zu einer Untersuchung von »Geschlecht« nimmt.

2.5 Die heterosexuelle Matrix

Während die um das Verhältnis von Geschlecht und Sexualität situierten Diskussionen in der deutschsprachigen Frauenforschung keine nennenswerte Resonanz gefunden haben, wurde Judith Butlers Buch „Das Unbehagen der Geschlechter" seit seinem Erscheinen zum Anlaß zahlreicher Veröffentlichungen[83] und heftiger Kontroversen. Interessanterweise hat aber diese Diskussion keine Hinwendung zu Fragen nach der Rolle einer bestimmten gesellschaftlichen Organisation von Sexualität für die Reproduktion der Geschlechterhierarchie ausgelöst. Dabei steht genau diese Frage im Mittelpunkt von Butlers Arbeit, wenn sie Heterosexualität als eine der beiden Machtformationen benennt, die die Geschlechterdifferenz in ihrer uns bekannten Gestalt produziere und damit die Grundlage der Geschlechterhierarchie bereitstelle. Ich werde im folgenden diesen Aspekt vorstellen und problematisieren. Dabei berühre ich natürlich auch die Kontroversen, die Butler ausgelöst hat.

Butler kritisiert vor allem drei Prämissen, die, wie sie sagt, den feministischen Diskurs beherrschen: a) die Annahme, daß Macht stets mit den Mitteln der Unterdrückung arbeite, b) die Annahme, daß es zwei, und nur zwei Geschlechter gebe und geben könne, c) die Annahme, daß eine geschlechtlich fundierte Identität[84] notwendigerweise die Grundlage feministischer Politik bilden müsse. An Foucault anschließend, stellt sie die These auf, daß alle drei Annahmen einer bestimmten theoretischen Position entspringen, die sie humanistisch nennt.

„Die humanistischen Konzeptionen des Subjekts neigen in erster Linie dazu, eine substantielle Person zu unterstellen, die als Träger verschiedener, wesentlicher und unwesentlicher Attribute auftritt. Eine humanistische feministische Position würde also die Geschlechtsidentität als Attribut einer Person begreifen, die wesentlich als eine ihrer geschlechtlichen Bestimmtheit vorangehende Substanz (pregendered substance) oder als 'Kern' charakterisiert ist und ein universales Vermögen der Vernunft, der moralischen Überlegungen oder Sprache bezeichnet."[85]

Mit der Annahme eines Kernsubjektes ginge einher, daß Macht stets als etwas konzipiert werde, das diese „Substanz" in irgendeiner Form unterdrücke, verstümmele oder an ihrer Entfaltung hindere. Nun habe zwar die feministische Theorie einen wesentlichen Bestandteil der sog. Subjekttheorien kritisiert, nämlich die Vorstellung, daß aus dem anatomischen Geschlechtsunterschied eine spezifische Geschlechtsidentität entspringe, also eine Reihe von Persönlichkeitsmerkmalen bzw. Attributen, die nicht oder nur unwesentlich von sozialen, kulturellen oder historischen Verhältnissen tangiert seien. Mit der Unterscheidung zwischen »biologischem« und »sozialem« Geschlecht sei versucht worden, die kontingente, spezifischen gesellschaftlichen Verhältnissen entsprungene Verfaßtheit von Geschlechtsidentität und -rolle herauszustellen. Es werde an der biologischen Differenz festgehalten, aber gleichzeitig die Möglichkeit postuliert, die daraus folgende Polarisierung von Geschlechtscharakteren aufheben zu können. Damit, so Butlers Kritik, sei aber die „Metaphysik der Substanz" nicht ernsthaft in Frage gestellt worden. Geschlechtsidentität sei zwar nunmehr ein – mehr oder weniger wesentliches – Attribut, das aber einem immer noch behaupteten „Kern" des Subjekts anhänge. In diesem „Kern" verberge sich aber noch die anatomische Geschlechterdifferenz. So sei es dann möglich, „Frauen" als Subjekte einer Politik zu bestimmen: Das anatomische Geschlecht begründe geradezu den Anspruch, für eine gesellschaftliche Gruppe und deren Interessen reden zu können. Jedoch zeigten die Schwierigkeiten, die feministische Politik mit anderen Subjektpositionen hat, die durch „Rasse", Ethnie, Klasse gestiftet sind, daß eine Privilegierung des Geschlechts als Begründer einer politischen Identität dazu tendiere, andere Unterdrückungsverhältnisse auszuschließen. Anstatt also die politischen Möglichkeiten der Repräsentation zu erweitern, wie es eine Zielsetzung feministischer Politik sei, schließe die Behauptung eines Subjekts „Frau" wiederum andere Subjekte aus. Damit zeige sich, daß Foucault mit seiner Subjektkritik recht habe, wenn er darauf hinweist, „daß die juridischen Machtregime die Subjekte, die sie schließlich repräsentieren, zunächst auch produzieren“[86]. Ein Feminismus, der auf der Geschlechterdifferenz als natürliche Basis von Wissen und Politik bestehe, reproduziere somit genau die Machtstrukturen, die er angreifen möchte. Butlers Frage lautet daher:

„Wie müssen wir dann die ‘Geschlechtsidentität‘ reformulieren, damit sie auch jene Machtverhältnisse umfaßt, die den Effekt eines vordiskursiven Geschlechts (sex) hervorbringen und dabei diesen Vorgang der diskursiven Produktion selbst verschleiern?“[87]

Butler schlägt nun vor, in Anlehnung an Foucault eine „Genealogie der Geschlechterontologie“ durchzuführen. Foucault habe mit seiner Methode der Genealogie eine Möglichkeit erschlossen, „Ursprungsmythen“, und so bezeichnet Butler die Vorstellung von zwei natürlichen Geschlechtern, zu dekonstruieren. Dabei müsse aber neben dem sozialen Geschlecht auch das biologische und darüberhinaus auch das *Begehren* in die Analyse eingeschlossen werden. Erst aus der vermeintlichen Kohärenz dieser drei Elemente erwachse die Wirkkraft von Geschlechtsidentität als essentialistische Unterfütterung des modernen Subjekts – im diskursiven Raum wie auch bei den Individuen selbst. Es ist unschwer zu erkennen, und Butler weist auch selbst darauf hin, daß es Foucaults Thesen von der Unterwerfung durch Sex sind, auf die Butler rekurriert. Das Ziel einer solchen Genealogie beschreibt sie wie folgt:

„Eine politische Genealogie der Geschlechterontologie wird also – wenn sie erfolgreich ist – den substantivistischen Schein der Geschlechtsidentität in die konstitutiven Akte dekonstruieren, diese Akte innerhalb des Zwangsrahmens verorten und durch die verschiedenen Kräfte erklären, die das gesellschaftliche Erscheinungsbild der Geschlechtsidentiät kontrollieren.“[88]

Butler analysiert weibliche und männliche Geschlechtsidentität (als vermeintliche Einheit von biologischem und sozialem Geschlecht und Begehren) als Effekt einer heterosexuellen Matrix und einer phallogozentrischen Ordnung bezeichnet. Was ist unter „heterosexueller Matrix“ zu verstehen?

„Der Begriff heterosexuelle Matrix steht in diesem Text für das Raster der kulturellen Intelligibilität, durch das die Körper, Geschlechtsidentitäten und Begehren naturalisiert werden. Ich stütze mich dabei auf Monique Wittigs Begriff des ‘heterosexuellen Vertrags‘, und weniger stark auf Adrienne Richs Begriff der ‘Zwangsheterosexualität‘. Es geht darum, ein hegemoniales diskursives/epistemisches Modell der Geschlechter-Intelligibilität zu charakterisieren, das folgendes unterstellt: Damit die Körper eine Einheit bilden und sinnvoll sind, muß es ein festes biologisches Geschlecht geben, das durch ein festes soziales Geschlecht (Maskulinität/Femininität) zum Ausdruck gebracht wird, das durch die zwanghafte Praxis der Heterosexualität gegensätzlich und hierarchisch definiert ist.“[89]

Richs Konzept der Zwangsheterosexualität habe ich bereits eingeführt. Was versteht Monique Wittig unter einem heterosexuellen Vertrag? Wittig folgt Rousseaus Verständnis eines *contrat social*, der weniger auf einer einmaligen

Übereinkunft, sondern auf der Summe fundamentaler Konventionen beruht, die „obwohl sie vielleicht niemals formal artikuliert wurden, durch das Leben in einer Gesellschaft bindend eingeführt sind.“[90] Jede/r, die/der in einer durch Gesellschaftsvertrag gestifteten Gemeinschaft lebe, müsse diesen stets neu bestätigen, damit der Vertrag seine Gültigkeit behalte. Genau diese Funktionsweise gelte für Heterosexualität: „In einer Gesellschaft zu leben heißt in einem heterosexuellen System zu leben“[91]. Heterosexualität beruhe auf Regeln und Konventionen, die nie öffentlich gemacht würden, die nicht an Institutionen gebunden sind, sondern sowohl in den symbolischen Ordnungssystemen wie im alltäglichen Leben befolgt werden, ohne das dies bewußt würde, die so selbstverständlich zum Leben gehörten „wie Arme oder Beine, wie die Atemluft“. Sie sei nirgendwo niedergeschrieben, aber in allen mentalen Kategorien vorhanden. Auch Frauen seien „Mitunterzeichnerinnen“ dieses Vertrages, solange sie als in heterosexuellen Beziehungen lebende Frauen dessen Regeln befolgen, obwohl er gegen ihre Interessen verstoße. Wie Leibeigene seien Frauen in den Gesellschaftsvertrag eingeschlossen. Geschlecht sei diejenige Kategorie, durch die sich Gesellschaften als heterosexuelle gründeten. Sie werde wie andere Kategorien, z.B. „Rasse“, gebildet, indem ein Teil für das Ganze genommen wird. Sie mache nur Sinn in einer Relation, die im Falle von „Geschlecht“ durch den heterosexuellen Vertrag gestiftet sei. Für Wittig ist dies ein gewalttätiger Prozeß, der vor allem Frauen betrifft[92]. Eine Veränderung dieses Vertrages sei nur möglich, wenn sich Frauen nicht länger dieser Kategorie unterwerfen.

Verglichen mit den Konzepten von Heterosexualität, wie sie Millet und Rich entworfen haben, betont auch das Modell des Vertrages die Dimension des Handelns, allerdings ist es hier ein Handeln, das keinen bewußten Reflektionen oder Motiven unterliegt. Damit trifft sich Wittigs Entwurf mit Rubins früherem Entwurf des *sex/gender* Systems. Allerdings betont Wittig – und besonders darin folgt ihr Butler – die *diskursive* Erzeugung und Reproduktion von Heterosexualität durch die grammatikalische Unterscheidung von Geschlecht. Eine stets schon geschlechtlich differenzierte Sprache zergliedere – durch sich ständig wiederholende Sprechakte – die Körper und setze sie als geschlechtlich fragmentierte zusammen. Diese geschlechtliche Differenzierung versteht Wittig strikt materiell: Es geht ihr um die Einschreibungen in die Körper (als Wissen und Bewußtsein). Wie noch zu sehen sein wird, setzt hier Butlers Kritik ein, die Wittigs Vorstellung eines (unbeschädigten) Körpers *vor* diskursiven Reglementierungen zurückweist.

Als zweiten Zwangsrahmen benennt Butler die phallogozentrische Ordnung. Damit meint Butler eine maskuline Herrschaft, die Irigaray zufolge, in Anknüpfung und Kritik an Derrida und Lacan, ihre Wirkkraft aus einer spezifischen Strukturierung von Sprache und Diskurs beziehe. Diese „theoretische“ Maschine, die es den Menschen erst ermögliche, über sich und die Welt zu reflektieren, reproduziere maskuline Herrschaft, indem sie die Geschlechterdifferenz – wie im übrigen jede Differenz – auslösche. Das „Andere“ – die Frau, das Unbewußte, der Körper – würde konsequent in eine Logik des Gleichen gestellt: Es diene, als das Nicht-Identische, das Nicht-Eine, das Nicht-Subjekthafte, dazu, die Kohärenz und Überlegenheit eines männ-lichen Subjekts zu bestätigen und zu reproduzieren. So könne z.B. das männliche Begehren – in der Sprache und der symbolischen Ordnung als Phallus markiert – seine Einzigartigkeit dadurch gewinnen, daß ein weibliches Begehren ausgelöscht wird (dadurch, daß es, da nicht markiert, nicht repräsentierbar ist). Die symbolische Konstruktion der Frau als Mangel stelle den leeren Spiegel dar, in dem sich das männliche Subjekt „erkennen" könne. In die phallozentrische Ordnung sind alle Subjekte eingebunden, da diese, symbolisch vermittelt durch das „Gesetz des Vaters", die Mutter-Kind-Symbiose aufbreche und es den Menschen ermögliche, als Subjekte in die Kultur einzutreten.

„Das Gesetz des Vaters" ist Lacans Bezeichnung der Prozesse, die im Ödipuskomplex zur Errichtung eines Über-Ich führen und in dem der unmittelbare Bezug zum »Realen« (zum Körper, zur Mutter) durch die Welt der (maskulin dominierten) Sprache ersetzt werde. Das Subjekt habe nun zu sich und zu den anderen nur vermittels sprachlicher Konventionen Zugang: Ein Zugang, der stets begrenzt ist, da die Sprache zwar verspreche, sich und den anderen nahezukommen, sie aber selbst die (unhintergehbare) Barriere zu diesem Wunsch darstelle. Ist dieses Schicksal Lacan zufolge unvermeidlich, so geht zwar Irigaray ebenfalls von der Notwendigkeit einer symbolischen Ordnung aus, allerdings ist diese für sie veränderbar. Die symbolische Ordnung könne durch diskursive Einschreibungen, die der Logik des Gleichen widerstehe, verändert werden. Auch für Irigaray gilt, daß diskursive Prozesse materielle Prozesse sind: Eine Veränderung der symbolischen Ordnung kann danach auch eine Veränderung des Körperwissens und damit des Körperbewußtseins bewirken.

Wenn Heterosexualität und Phallogozentrismus Butler zufolge die „Zwangsrahmen" sind, die Geschlechtsidentität – im Sinne einer normativen Einheit von biologischem und sozialem Geschlecht sowie eines heterosexuellen Begehren – hervorbringen, dann stellen sich die Fragen, *wie* Geschlechtsidentitäten hervorgebracht wird und *welche* Machtformationen daran beteiligt sind. Zunächst zu Butlers Genealogie der Geschlechterontologie, die die Entstehung kohärenter Geschlechtsidentitäten zu erklären sucht.

Es sind psychoanalytische Texte, mit denen Butler die Entstehung der Geschlechterdifferenz rekonstruieren möchte. Nicht das Inzesttabu, das den Ausgangspunkt der geschlechtlichen Differenzierung bei Freud und Lacan darstelle, sei der „Ursprung" (mehr oder weniger) stabiler Geschlechtsidentitäten. Vielmehr setze der ödipale Konflikt eine geschlechtliche Differenzierung und ein heterosexuelles Begehren voraus. Es sind ja bereits kleine Mädchen und kleine Jungen, die ein auf das gegengeschlechtliche Elternteil gerichtetes Begehren aufweisen. Eine Analyse, die hier ansetze, „verdecke" aber die Geschichte, wie aus dem Kind ein Mädchen oder ein Junge werde und warum es seine Liebe auf ein gegengeschlechtliches Objekt richte. Da aber, Lacan und Levi-Strauss zufolge, erst mit dem Inzesttabu bzw. mit dem „Gesetz des Vaters“ Kultur bzw. das sprachlich Erreichbare einsetzt, wird dieser ganze Bereich der „Natur“ bzw. dem „Realen“ und damit einem vordiskursiven Feld zugerechnet. Dagegen wendet Butler ein:

„Dieses Konzept vom 'Geschlecht-als Materie' oder vom 'Geschlecht-als-Instrument' ist freilich eine Diskursformation, die als naturalisierende Begründung für die Unterscheidung Natur/Kultur und die von ihr gestützten Herrschaftsstrategien fungiert. Die binäre Beziehung zwischen Kultur und Natur fördert ein hierarchisches Verhältnis, in dem die Kultur der Natur frei eine Bedeutung 'auferlegt' und sie damit zum 'Anderen' macht, das sich für die eigenen, schrankenlosen Zwecke aneignen läßt und die Idealität des Signifikanten sowie die nach dem Modell der Herrschaft organisierten Bezeichnungsstrukturen sichert“[93]

Inzesttabu wie auch ein „Gesetz des Vaters“ sind Butler zufolge „strategische Erzählungen“, die „die Konstituierung des Gesetzes als geschichtlich unvermeidlich erscheinen läßt, indem sie eine einzige, autoritative Darstellung einer unwiederbringlichen Vergangenheit liefert.“[94]. Diese Erzählung vermittle zugleich auch, daß dieses Gesetz stets repressiv sei, mit den Mitteln der Unterdrückung und Verdrängung arbeite. Eine Untersuchung der Prozesse, die zur geschlechtlichen Differenzierung und zu einem heterosexuellen Begehren führen, muß Butler zufolge zum einen *vor* dem Inzesttabu einsetzen und zum anderen hinterfragen, ob es sich tatsächlich um repressive Machtmechanismen handelt. Sowohl Irigaray wie Rubin legten nahe, so Butler, daß dem heterosexuellen Inzestverbot ein Verbot homosexueller Beziehungen vorausgeht bzw. in ihm enthalten sei. Butler zieht daraus den Schluß, Mädchen wie Jungen hätten zunächst gleichgeschlechtliche Liebesobjekte. Das Verbot des homosexuellen Begehrens bewirke den Verlust dieser Liebesobjekte, der von den Kindern verarbeitet werden müßte. Sich an Freuds Thesen zur Melancholie anlehnend, bezeichnet Butler die Einverleibung als den Modus der Verarbeitung dieses Verlustes. Das verlorene Liebesobjekt würde einerseits verleugnet: „Ich habe diese Person nie verloren und nie geliebt, ja sogar nie eine solche (gleichgeschlechtliche, C.O.) Liebe empfunden.“[95], andererseits im Körper bewahrt. Dieses „im oder am Körper bewahren“ sei eine literalisierende Phantasie, die den Körper geschlechtlich differenziere – in Anlehnung an das verlorene Liebesobjekt.

„Somit müssen wir die hier konstruierten Konzepte von Männlichkeit und Weiblichkeit als in ungelösten homosexuellen Besetzungen gründend neu denken. Die melancholische Zurückweisung/Beherrschung der Homosexualität findet ihren Höhepunkt in der Einverleibung des gleichgeschlechtlichen Objekts des Begehrens, um erneut in der Konstruktion diskreter sexueller Naturen aufzutauchen, die ihren jeweiligen Gegensatz erfordern und durch Ausschließung instituieren.“[96]

Und:

„Die Verortung und/oder das Verbot der Lüste und Begierden in bestimmten 'erogenen' Zonen ist genau jene Form der Melancholie, die die Geschlechtsidentitäten differenziert und die Oberfläche des Körpers überflutet. Der Verlust der lusterzeugenden Objekte wird durch die Einverleibung dieser Lust aufgelöst. Folglich wird die Lust durch die Zwangseffekte des Gesetzes, das die Geschlechtsidentitäten differenziert, sowohl determiniert als auch verboten."[97]

Durch das Verbot der Homosexualität werden also Butler zufolge die Körper der kleinen Mädchen und Jungen erotisiert und geschlechtlich differenziert. Das Mädchen bewahre an seinem Körper die (verbotene) Liebe zur Mutter, der Junge seine (verbotene) Liebe zum Vater. Statt also gegen das Verbot verstoßen oder den Verlust betrauern zu müssen, könnten sie damit das verlorene Objekt am und im Körper tragen:

„Die Liebe zum Vater ist gleichsam im Penis gespeichert, durch eine undurchdringliche Verleugnung gerettet, und diese kontinuierliche, fortgesetzte Verleugnung stellt die Struktur und Aufgabe des Begehrens dar, das sich nun auf den Penis konzentriert."[98]

Jedoch genüge diese Verarbeitung noch nicht. Das heterosexuelle Begehren habe die Aufgabe, diese Vorgeschichte vollends zu verdecken. Heterosexualität sei eine Maskerade, eine melancholische Sexualität, die einen Verlust verdecken soll, der nicht einmal betrauert werden darf[99]:

„The straight man becomes (mimes, cites, appropriates, assumes the status of) the man he 'never' loved and 'never' grieved; the straight woman becomes the woman she 'never' loved and 'never' grieved."[100]

Die/der gegengeschlechtliche PartnerIn soll nun – quasi anstelle des eigenen Begehrens – das verlorene Objekt lieben, dessen Verkörperung das geschlechtlich differenzierte Subjekt ist. Die Rekonstruktion der geschlechtlichen Differenzierung und des heterosexuellen Begehrens ist also laut Butler folgende: Das Tabu der Homosexualität führe zum Verlust früher, gleichgeschlechtlicher Liebesobjekte, die durch die melancholische Einverleibung am Körper bewahrt werden und diesen nach dem Vorbild des Liebesobjekts sexualisiert. Zugleich wird das homosexuelle Begehren verleugnet. Derart mit weiblichen und männlichen „Anlagen" ausgestattet, wie Freud die geschlechtliche Differenzierung vor dem Ödipuskomplex bezeichnete, trete das Kind nun in den Ödipuskomplex ein. Hier werde nun ein weiteres Verbot – neben dem Verbot des Inzest – ausgesprochen: „So (wie der Vater) darfst Du nicht sein"[101]. Damit könne nun auch ein Ich-Ideal errichtet werden und somit eine – von der verbotenen Lust nicht tangierte – Identifizierung mit dem gleichgeschlechtlichen Elternteil. Gleichzeitig werde das heterosexuelle Begehren, zwar auf später verschoben, sanktioniert und bestätigt. Die Einheit von geschlechtlicher Differenzierung und heterosexuellem Begehren sei damit – wenn der Ödipuskomplex einen positiven Ausgang hatte – erreicht. Allerdings handele es sich bei diesen Geschlechtsidentitäten um Scheinidentitäten, die fragil und instabil seien. Diese Instabilität sei es, die die Möglichkeit in sich berge, durch die Parodie von Weiblichkeit und Männlichkeit deren Scheincharakter offensichtlich zu machen und sowohl das Begehren wie auch die Geschlechtsidentitäten zu multiplizieren.

Nun bleibt es noch, die Machtformationen zu benennen, die Butler zufolge an der Vereinheitlichung geschlechtlicher Subjekte beteiligt sind. Es sind Verbote, also eine juridische Macht, die sowohl die Körper geschlechtlich differenzierten und erotisierten als auch das heterosexuelle Begehren hervorbrächten. Damit sind es aber Verbote, die nicht unterdrücken, sondern vielmehr *produzieren*. Es könne daher, so Butler, keine Strategie sein, nach irgendwelchen „ursprünglichen" – weiblichen, polymorphen, lesbischen, bisexuellen – Lüsten zu suchen und diese zum Ausgangspunkt der Analyse von Geschlecht zu nehmen. Es gelte vielmehr, die möglichen, widersprüchlichen, durchaus nicht stabilen sexuellen und geschlechtlichen Identitäten kulturell intelligibel zu machen, also nach Formen von Symbolisierungen zu suchen, wie sie z. B in der Travestie, in lesbischen Identitäten wie *butch* und *femme* o.ä. zu finden seien. Aber auch hier müsse darauf geachtet werden, daß solche neuen Identitäten als flexible, kontingente aufgefaßt werden. Butler schlägt die Strategien der Parodie und der Performanz vor, die nicht eine „untergründige" Wahrheit suchen, sondern darauf beharren, daß hinter der Maske stets nur eine weitere Maske zu finden ist. Durch eine solche Strategie würde die juridische Macht, die ihre Wirkkraft gerade dadurch erhalte, daß sie eine „Wahrheit", ein „Vorher", einen „Ursprung" postuliere, geschwächt. Die heterosexuelle Matrix verlöre durch die Vervielfältigung von Geschlechtsidentitäten ihre Basis und damit ihre Wirkkraft.

„Ein Verlust der Geschlechternormen (gender norms) hätte den Effekt, die Geschlechterkonfigurationen zu vervielfältigen, die substantivistische Identität zu destabilisieren und die naturalisierten Erzählungen der Zwangsheterosexualität ihrer zentralen Protagonisten: 'Mann' und 'Frau' zu berauben."[102]

Judith Butler greift mit ihrer Arbeit implizit eine Frage auf, die vor allem die Ethnomethodologie gestellt hat: Wie kommt es dazu, daß wir zwei, und nur zwei Geschlechter wahrnehmen und als „irreduzibles Faktum" begreifen? Sowohl neuere Befunde aus der biologischen Forschung, die statt auf Geschlechtspolarität auf ein Geschlechtskontinuum hinweisen, wie ethnologische Forschungen, die auf das Vorhandensein von mehr als zwei Geschlechtern in verschiedenen Kulturen aufmerksam machen, wie auch Forschungen über Transsexualität legen nahe, daß die Zwei-Geschlechter-Ordnung eine soziale Konstruktion ist, die sowohl in symbolischen Strukturen verankert ist als auch eine aktive Leistung der Menschen darstellt[103]. Diese Theorieansätze begnügen sich zumeist damit, die Prozesse, mit denen Zwei-Geschlechter-Ordnung in aktu produziert werden, zu beschreiben und stellen zudem kaum die Frage, welche affektiven Verankerungen sie haben und welche Rolle Sexualität dabei spielt. Butler fragt dagegen danach, unter welchen Machtverhältnissen Zwei-Geschlechter-Ordnung zur Norm wird und weiter, durch welche psychosomatischen Verarbeitungsmodi diese „unter die Haut" geht.

Butler erkennt in der Zwei-Geschlechter-Ordnung, bzw. im „binären Rahmen", wie sie es nennt, einen Stützpfeiler der Machtformationen, die die

Subjekte in modernen Gesellschaften unterwerfen. Erst mit der normativen Zwei-Geschlechter-Ordnung, in die Butler zufolge die Norm des heterosexuellen Begehrens eingeht, erhalte das selbstidentische, autonome Subjekt den Schein der „Naturhaftigkeit". Butler führt damit die Frage nach der *Funktion* einer »Zwei-Geschlechter-Ordnung« ein. Diese etabliere sich, so Butler, innerhalb einer heterosexuellen Matrix und stützt mit ihrer vorgeblichen Evidenz das Verbot homosexueller Begehren und das Gebot distinkter Geschlechtsidentitäten. Mit dieser Verortung erweitert sie die Theorien, die sich um die Produktion einer Zwei-Geschlechter-Ordnung situieren, durch die Einbeziehung von normativer Sexualität und der Frage nach der Funktion dieses Ordnungssystems.

Dennoch sind Butlers Reformulierungen der Entstehung von Geschlechtsidentität und der Machtformationen, die an diesem Prozeß beteiligt sind, unbefriedigend. Beide bleiben hinter den Möglichkeiten, die ihre Bezugstheorien bieten, zurück. Und sie werfen eine Reihe von Problemen auf. Zunächst zur Reformulierung der Entstehung von geschlechtlicher Subjektivität.

Wie aus den vorausgehenden Entwürfen zu sehen war, bringt die Frage, wie die Geschlechterdifferenz – mit ihrer leiblich-affektiven *und* sozialen Dimension – zu fassen ist, erhebliche Probleme mit sich. Butler kritisiert m.E. zu Recht die Vernachlässigung der Konstitutionsprozesse eines körperlichen Geschlechts durch eine analytische Trennung von *sex* und *gender*, die sich fast ausschließlich auf die sozialen Aspekte von Geschlecht bezieht. Anstatt aber nun die die Entstehungsgeschichte von biologischem *und* sozialem Geschlecht in ihrer Verschränkung, aber auch in ihrer Widersprüchlichkeit zu untersuchen, läßt Butler *sex* und *gender* ineinander fallen: Leibliche und soziale Geschlechterdifferenz werden ihr zufolge nach dem gleichen Muster diskursiv erzeugt. Der geschlechtlich differenzierte Körper wie auch Geschlechtsidentität ist Butler zufolge der Effekt eines diskursiven Hegemonialen, das die Körperumrisse wie „Demarkationslinien" konstruiert[104]. Die Folgen dieser – letztlich funktionalistischen – Sichtweise lassen sich an ihrer Konstruktion der geschlechtlichen Einschreibung durch eine „melancholische Identifizierung"[105] aufzeigen. Es entgeht Butler, daß

- Identifizierungsprozesse stets ambivalent und fragmentarisch sind, d.h., zur Liebe zum Objekt gesellt sich stets eine aggressive Dimension wie auch, daß das verlorene Objekt nur partiell introjiziert wird. Eine „phantasmatische Identifizierung" bedeutet dann auch, daß nicht nur Liebe, sondern auch Haß in den Körper eingeschrieben wird sowie weiter, daß es sich um partielle Identifizierungen handeln kann, die nur Teile des Körpers strukturieren.
- Mädchen und Jungen gerade durch die leiblich-gebundene Prokreation in der Mutter-Kind-Dyade unterschiedlich positioniert sind. Es kann also nicht automatisch davon ausgegangen werden, daß für beide ein gleichgeschlechtliches Liebesobjekt am Beginn der geschlechtlichen Differenzierung steht.

– Libido und Objekte nicht in einer ausschließlichen Beziehung stehen, d.h., daß neben dem Begehren des Objekts auch narzißtische bzw. mimetische Begehren[106] eine Rolle spielen. In die Prozesse der Identifizierung gehen eine Vielzahl von Begehren ein.

Diese Dimensionen lassen sich aber nur erfassen, wenn die leiblich-affektive Verfaßtheit als *konstitutiv* in die Prozesse der Vergeschlechtlichung einbezogen wird. Würden diese ernstgenommen, müßten gerade auch nichtdiskursive Praktiken, die in der Pflege, Ernährung und Zuwendung zum Kind ihren Platz haben, beachtet werden. Butler verstellt sich solche analytischen Zugänge nicht zuletzt dadurch, daß sie einen „vordiskursiven" Körper nicht zulassen will. Das Ergebnis ist – neben der völligen Mißachtung einer nach Geschlecht differenzierenden Umwelt – eine „Entleibung" des Subjekts, die große Ähnlichkeit mit Firestones Vision von der Überwindung der Natur im Menschen hat. Wie bei Firestone scheint auch in diesem Entwurf der Preis für die Aufhebung der Geschlechterdifferenz die Austreibung des Körperlichen zu sein.

Butlers Vision der diskursiven Körpersubjekte verdankt sich m.E. einer Lacan'schen Psychoanalyse, die leibliche Prozesse nur noch insofern berücksichtigt, als sie in sprachlichen und symbolischen Systemen aufgehoben sind. Mit der Fokussierung auf das „Gesetz des Vaters", des Regimes einer präponierten sprachlichen Ordnung, wird eine Phase der menschlichen Entwicklung verabsolutiert, in der Sprache tatsächlich eine große Rolle spielt: die Aufrichtung eines Über-Ichs, das „vor allem Wortvorstellungen enthält und (...) seine Inhalte von auditiven Wahrnehmungen, Geboten und der Lektüre (bekommt, C.O.)"[107]. Butler sucht mit dem »homosexuellen Verbot« eine der ödipalen Phase vorausgehende Stufe psychischer Differenzierung zu rekonstruieren, läßt sie aber nach den selben Mustern verlaufen wie die ödipale. Die Art und Weise der frühen Interaktionen zwischen Kind und (symbolischer und „realer") Mutter unterscheidet sich jedoch, wie psychoanalytische Studien zeigen, von späteren ödipalen Kommunikationsmustern erheblich.

Diese Herangehensweise spiegelt sich auch Butlers Entwurf der juridischen Macht. Sie kritisiert zwar die Vorstellung einer repressiven Macht, hält aber am Modell der juridischen Macht fest. Das *Verbot* der Homosexualität wie die Sanktionierung von Heterosexualität durch eine hegemoniale diskursive Ordnung stellen in Butlers Entwurf die produktiven Mächte dar, die nun alles „produzieren": die Lüste, das Unbewußte, die erogenen Körper, homosexuelles und heterosexuelles Begehren. Damit weist sie aber dieser Macht – die letztlich, worauf auch Lacan hinweist, eine maskuline ist – geradezu Schöpfungsqualitäten zu. Es ist aus dieser Perspektive nicht mehr ersichtlich, wie einer solchen Macht zu entrinnen sein könnte. Butlers Hinweis darauf, daß gerade in den multiplen Kreationen dieser Macht die Chance zur Veränderung liege, bleibt vage. Wenn wir davon ausgehen, daß diese Macht eine Vielzahl von geschlechtlichen und sexuellen Positionen bereitstellt, dann wäre nicht mehr zu erklären, worin der hegemoniale Effekt dieser Macht bestehen sollte.

Foucault suchte dieses Dilemma durch die historische Verschränkung von Allianz und Sexualität zu erfassen: Deren sich gegenseitig verstärkende und destabilisierende Wirkungen sollten erklären, wie sexuelle Positionen zugleich ermöglicht und verboten werden. Butler greift diese Denkfigur nicht auf, in ihrem Entwurf fallen Allianz und Sexualität ineinander – wie schon körperliches und soziales Geschlecht. Mit der Fokussierung auf eine juridische Macht, die wiederum mit der von Lacan entlehnten Figur des „Gesetzes des Vaters“ identisch ist, affirmiert Butler eine spezifische Form der Macht, eine patriarchalische Macht. Sie unterstellt, daß diese, und nur diese, die Möglichkeit der Subversion bereitstellt. Butler verstellt damit die Möglichkeit, die Entwicklungsgeschichte patriarchaler Macht zu erfassen und deren historisch/kontextuellen Differenzierungen aufzeigen zu können. Butler ontologisiert somit eine spezifische Konstellation von „Allianz“ und „Sexualität“.

Es könnte der Eindruck entstehen, daß sowohl die spezifische Konstruktion des Körpers wie auch der Monismus der Macht, die in Butlers Analyse vorherrschen, eine Konsequenz der Übernahme des Foucaultschen Machtkonzeptes ist. Butler bezieht sich ja ausdrücklich auf Foucault. Bestätigt sich damit die vielfältige Kritik an Foucaults Machtkritik? Ist also meine These, daß sie für die Untersuchung von Sexualität geeignet ist, in Frage gestellt?

Zur Beantwortung dieser Fragen ist es sinnvoll, sich noch einmal genauer anzusehen, wie Butler Foucault rezipiert und mit welchen anderen Theorien sie diese Rezeption verbindet. Butler stützt sich explizit auf Foucaults Subjektkritik, auf die Genealogie und auf Teile seiner Sexualitätsanalyse. Weniger deutlich wird ihre Bezugnahme auf Derrida. Nun haben Derrida und Foucault eine Reihe von Gemeinsamkeiten. Beide stellen die vorherrschenden Konzepte von Wahrheit, Subjekt und Erkenntnis in Frage, beide sind von Nietzsche beeinflußt, beide richten sich gegen strukturalistische Positionen. Elisabeth Grosz benennt jedoch klar den Unterschied zwischen Derrida und Foucault: „Unlike Foucault, Derrida‘s concern (shared with Lacan) is with power relations, not between discursive and non-discursive practices, but *within the order of discurse.*“[108] Es scheint nun, als ignorierte Butler genau diesen Unterschied, oder anders, als adaptierte sie Foucault nur in dem Maße, wie dieser der Derrida‘schen Herangehensweise zu entsprechen scheint. Damit muß sie aber Foucaults Verschränkungen von diskursiven und nichtdiskursiven Praktiken aufgeben, wobei die letzteren gerade die sozialen Zwänge wie auch deren Geschichtlichkeit aufzeigen sollen, die sich in Diskursformationen niederschlagen. Foucault hat gerade mit seiner Methode der Genealogie gesellschaftliche Auseinandersetzungen einzubeziehen gesucht, die ihm zufolge den Motor der Veränderungen von Macht, auch diskursiver Macht, darstellen. Damit bietet er – mit weiteren Ergänzungen, wie ich sie vorgeschlagen habe – die Möglichkeit, das starre, sich-aus-sich-selbsterklärende Machtmodell strukturalistischer Analysen zu überwinden. Butler behandelt dagegen die Wirklichkeit wie einen Text, Frauen und Männer wie Phoneme, die durch ihr – von den sprachlichen Zwangssystemen befreit – „Gleiten“ neue Bedeutungen schaffen könnten. Leiblichkeit, wie auch Geschichtlichkeit und sozialer Kontext, haben in Butlers Diskursanalyse keinen Platz, ebensowenig wie physische Gewalt. Damit entfernt sie sich aber von Foucaults Arbeiten in einem solchen Ausmaß, daß der Bezug auf seine Theorie teilweise nur mehr rhetorisch ist. Sie geht damit m.E. hinter die Möglichkeiten zurück, die Foucaults Arbeiten bereitstellen. Butlers Arbeit zeigt damit gleichzeitig, daß eine diskurstheoretische Analyse, die auf der Prämisse „Wirklichkeit ist ein Text“ beruht, Erkenntnismöglichkeiten verstellt, wenn es um Menschen aus Fleisch und Blut sowie um komplexe gesellschaftliche Zusammenhänge geht. Die dekonstruktivistische Diskursanalyse, entwickelt in der Literaturwissenschaft, hat den Text zum Gegenstand und analysiert diesen als eine Ebene, die weder allein die Erfahrungen und Intentionen des Autors noch die gesellschaftliche Wirklichkeit wiedergibt. Vielmehr wird ein Text als Element in einem System von Texten verstanden, das Bedeutungen produziert und in dessen Kontext sich die Bedeutung eines Textes erst entfalten kann. Die Ausblendungen, die in Butlers Arbeit zu erkennen sind – u.a. die Ausblendung von Körperlichkeit, von sozialer Praxis, von gesellschaftlichen Strukturen, von Geschichte und Kontextualität sowie von physischer und psychischer Gewalt – sind m.E. unweigerliche Folgen einer diskurstheoretischen Perspektive, die – für die Untersuchung eines bestimmten und wichtigen Bereiches entwickelt – ohne Erweiterung auf soziale Praktiken angewendet wird. Butlers Analyse, die ja als Kritik feministischer Entwürfe angelegt ist, weist frappierende Ähnlichkeiten mit Millets und Firestones Arbeiten auf. Sie teilt verblüffenderweise mit Millet die fehlende Unterscheidung zwischen Diskurs und sozialer Praxis, mit Firestone den Ausschluß von Körperlichkeit und Generativität. Nicht zuletzt dadurch erstarrt Butlers Analyse in einer funktionalistischen Logik, einer Logik, die sie mit ihren Vorgängerinnen vereint.

Trotz dieser Kritik halte ich daran fest, daß Judith Butlers Arbeiten einen Raum eröffnet haben, in dem es sich weiterzudenken lohnt. Die heftigen Diskussionen um Körperlichkeit, die sich vor allem im deutschsprachigen Raum an Butlers „Unbehagen der Geschlechter“ entzündeten, die Begeisterung für wie auch die heftige Ablehnung ihrer Thesen, weist darauf hin, daß hier ein Klärungsbedarf wie auch -potential angerissen wurde. Mir scheint, daß Butler mit dem Hinweis auf den weitgehenden Ausschluß einer analytischen Beschäftigung mit dem körperlichen Geschlecht einen neuralgischen Punkt getroffen hat. Die Verschränkung von Geschlecht und Geschlechtlichkeit ist im Begriff „biologisches Geschlecht“ deutlicher als im Begriff „soziales Geschlecht“. Stärker als im Deutschen kommt dies im Englischen zum Tragen, das für Sexualität und biologisches Geschlecht „sex“ einsetzt. Mit der Marginalisierung der Analyse der Konstitutionsgeschichte des biologischen Geschlechtes wird es möglich, »Geschlecht« und »Sexualität« zu trennen. Diese Trennung scheint in doppelter Weise attraktiv. Zum einen erlaubt sie, die Dimension der Fortpflanzung auszuklammern, die scheinbar doch stets auf die „Naturhaftigkeit“ der Zwei-Geschlechter-Ordnung verweist. Zum anderen wird es möglich, eine Auseinandersetzung mit einer hegemonialen Sexualität zu vermeiden und weiter deren „Naturhaftigkeit“ zu behaupten. Hinter der lautstarken Verteidigung eines körperlichen Geschlechtes, das nicht dekonstruierbar sei, was häufig mit der Betonung des generativen Moments einhergeht, scheint der Wunsch aufzutauchen, bei aller Kritik doch die komplementäre Beziehung der Geschlechter zu wahren: eine Komplementarität, die doch schon das Ergebnis einer heterosexuellen Matrix ist. Butler sucht diesen Zusammenhang wiederherzustellen, daran gilt es festzuhalten.

Doch für eine Untersuchung von »Sexualität« müßte Butlers Entwurf erweitert werden. Butler begreift die gesellschaftliche Organisation von Sexualität als Verhältnis von Heterosexualität und Homosexualität und stellt damit deren hierarchisches Moment in den Mittelpunkt. Wie immer richtig das ist, verdeckt diese Analyse doch, daß dies bereits eine Reduktion der Hierarchien und Differenzierungen darstellt, die in der modernen Organisation von Sexualität existieren. Rubins zweiter Essay weist darauf hin. Darüber hinaus reduziert Butler auch „Heterosexualität“, indem sie diese als „melancholische“ für beide Geschlechter gleich und zudem statisch, ins Unbewußte verlegt, konzipiert. Gerade die Auseinandersetzung von Frauen mit den Anforderungen normativer Heterosexualität und den damit verknüpften Geschlechtsstereotypen zeigt aber, daß diese sehr wohl Hierarchisierungen zwischen den Geschlechtern aufweisen, sowie auch, daß sie dem Bewußtsein zugänglich werden können.

2.6 Zusammenfassung

Aus dem hier untersuchten Material lassen sich sich fünf Modelle der Kritik der gesellschaftlichen Organisation von Sexualität herausarbeiten, deren Grundzüge ich im folgenden gebündelt darstellen werde.

1. das Modell der sado-masochistischen Heterosexualität. Dieses Modell geht von der These aus, daß sexuelle Phantasien und Aktivitäten durch eine gewaltige Diskursproduktion auf eine spezifische Form reduziert werden. Die stetige Aufrufung von sexualisierter Dominanz und Unterwerfung in Bildern und Texten hat eine hegemoniale sexuelle Praxis zu Folge, in der Sadismus und Masochismus die beiden zur Verfügung stehenden Positionen sind. Mit dieser Sexualität ist die Herausbildung der Geschlechtscharaktere männlich/weiblich eng verbunden: deren hierarchisches Verhältnis ist sowohl Effekt wie notwendiges Bestandteil sadomasochistischer Heterosexualität. Geschlechterhierarchie und sadomasochistische Sexualität bedingen einander und stützen sich gegenseitig ab. Die Unterdrückung anderer Sexualitäten beruht hauptsächlich auf der Durchsetzung dieser spezifischen Form von Sexualität, deren idealisierte Praxis der Koitus ist.

2. das Modell der Zwangsinstitution Heterosexualität. Grundthese ist hier, daß Sexualität das zentrale Mittel ist, durch das ein bestimmtes Allianzsystem durchgesetzt wird, das Männern den Zugriff auf die (Re)Produktionskräfte von Frauen sichern soll. Die Zwangsinstitution Heterosexualität wird mit sexueller und physischer Gewalt durchgesetzt, zerstört wird dadurch ein Allianzsystem, das durch weibliche Genealogie und Beziehungen zwischen Frauen gekennzeichnet ist.

3. das Modell der generativen Heterosexualität. Hier wird davon ausgegangen, daß sich aus der Notwendigkeit, die generative Reproduktion zu sichern, eine normative Heterosexualität herausbildet, die auf dem Verbot von Homosexualität/polymorpher Sexualitäten und dem Gebot der Zwei-Geschlechter-Ordnung beruht. Beides führt zur Reduzierung menschlicher Möglichkeiten. Offen ist dabei, ob sich die Geschlechterhierarchie zwangsläufig aus der Institutionalisierung von generativer Heterosexualität ergibt (wie von Firestone vertreten) oder ob sich diese entlang der zweiten Funktion von Allianzsystemen entwickelt, die die Verteilung von Macht und Status zu regeln sucht (so in etwa Rubin)

4. das Modell der sexuellen Schichtung. Dieses Modell fokussiert Sexualität als ein Mittel, moderne Gesellschaften zu strukturieren. Anerkennung, Macht und Status sowie ökonomische Chancen werden danach entlang subtiler Trennlinien verfügbar, die sich via sexueller Lebensstile ausbilden. Monogame Heterosexualität bildet das privilegierte „Innen", um das sich andere sexuelle Lebenstile gruppieren, deren Diskriminierung variiert.

5. das Modell der heterosexuellen Matrix. Im Zentrum steht die These, daß ein diskursiv/epistemischer Bezugsrahmen „Heterosexualität" an der Herausbildung einer spezifischen Subjektivität maßgeblich beteiligt ist, die wiederum Kern moderner Machtverhältnisse ist. Heterosexualität ist hier das „Raster", das die Annahme begründet, Körper, Geschlechtsidentität und Begehren seien kohärente, stabile Grundlagen mit sich selbst identischer Subjekte.

Die Grenzen der einzelnen Modelle habe ich aufgezeigt. In ihrer Gesamtheit verweisen die Modelle aber auf ein komplexes Feld, in dem „Sexualität" operiert. Die gesellschaftliche Organisation von Sexualität tangiert

- die Ebene der Herausbildung von Subjektivität;
- die Ebene der Herausbildung von Vergemeinschaftung/ Verwandtschaftsstrukturen;
- die Ebene der hierarchischen Organisation von Geschlecht;
- die Ebene der generativen Reproduktion;
- die Ebene der sozialen Differenzierung;
- die Ebene der Differenzierung des gesellschaftlichen Raumes
- die Ebene ökonomischer und staatlicher Regulation;
- die Ebene der Sprache, der Repräsentations- und Legitimationssysteme.

Damit gilt, was auch schon für die Analyse von »Geschlecht« herausgearbeitet wurde, daß eine Analyse von »Sexualität« nicht von einem Teilbereich auf das Ganze schließen kann. Ebensowenig wie sich die Geschlechterhierarchie aus der Familienorganisation allein erklären läßt, kann z.B. aus der Organisation der generativen Reproduktion Sexualität erklärt werden. Und für das Verhältnis von »Geschlecht« und »Sexualität« gilt, daß beide zwar verschränkt sind und sich gegenseitig als Legitimationsgrundlagen ständig zitieren; das bedeutet aber nicht, daß die Hegemonie einer bestimmten Sexualität allein aus einer bestimmten Form der Geschlechterordnung heraus erklärt werden kann – und umgekehrt.

Weiter läßt sich an den untersuchten Entwürfen die Komplexität der Art und Weise ablesen, *wie* sich eine spezifische Organisation von Sexualität durchzusetzen sucht. Sexuelle/geschlechtliche Vergesellschaftung enthält Elemente der physischen Gewalt und Elemente des steten Anreizes; sie wird passiv erlitten und aktiv angestrebt; sie vermittelt sich durch diskursiv/symbolische Systeme *und* durch soziale Praxis, sie ist das intimste, privateste *und* zugleich hochgradig öffentlich; sie modelliert Affekte und Interessen. Aus dem Material läßt sich ebenso die Schwierigkeit herausarbeiten, zwischen »Geschlecht« und »Sexualität« zu unterscheiden. Sie tauchen stets als „Paar" auf, scheinen untrennbar verknüpft. Dennoch: diese „Verschmelzung" ist Effekt, nicht Ursache. Es gilt, zwischen Sexuierung und Sexualisierung zu unterscheiden und damit gleichzeitig deren Verschränkung zu erkennen.

Eine Analyse der gesellschaftlichen Organisation von Sexualität hätte also an der Komplexität und Machtgesättigtheit, aber auch der Widersprüchlichkeit ihres Untersuchungsobjekts anzusetzen. Damit korrespondiert eine notwendige Unterscheidung zwischen der Ebene einer systematischen Analyse der gesellschaftlichen Organisation von Sexualität und subjektiven Aneignungsformen. Eve Kosofsky Sedgwick hat eine Reihe von »Differenzen« herausgearbeitet, die zur Vorsicht gegenüber einer Unterstellung von der Kohärenz der „großen" Differenzierungen aufrufen. Selbst für Menschen, deren Geschlecht, „Rasse", Nationalität, Klasse und „sexuelle Orientierung" identisch sei, könnte nicht unterstellt werden, daß ihre sexuellen Gefühle, Einstellungen, Praktiken und Wünsche identisch seien. So könne für einige Sexualität besonders wichtig sein, für andere nicht. Einige hätten viel Sex, andere nicht; einige praktizierten Sex nur in festen Bindungen, andere mit Unbekannten; für einige sind sexuelle Phantasien wichtiger als „tatsächlicher" Sex; für einige ist Autoerotik wesentlicher Bestandteil ihres Sexlebens, für andere spielt diese keine Rolle usw.[109] Hinzuzufügen wären Unterscheidungen nach Alter, Lebenssituation etc. In fast allen hier untersuchten Entwürfen wurde eine solche Trennung nicht vorgenommen, was sich denn auch in entsprechend reduzierten und normativen Konzepten von weiblicher und männlicher Sexualität niederschlägt.

Dennoch bleibt die Aufgabe, Vereindeutigungsprozesse sichtbar zu machen, die das Reich der Möglichkeiten beschränken und weiter aufzuzeigen, wie sich diese Prozesse in einem Überhang an Objektivität, z.B. einer normativen, phallozentrischen Heterosexualität mit ihren zwanghaften Geschlechtskonzepten und in Affektstrukturen, wie z.B. Homophobie und Frauenverachtung, niederschlagen. Die kulturell/symbolische Verschränkung von »Geschlecht« und »Sexualität« erscheint mir dabei einer der wichtigsten Mechanismen. Um eine genauere Erfassung dieser Verschränkung geht es u.a. im dritten Kapitel meiner Arbeit.

3. Geschlecht, Sexualität und Generativität im Schnittpunkt von Individualisierung und Totalisierung

In den vorangegangenen Kapiteln meiner Arbeit stand die kritische Aufarbeitung der gegenwärtigen Diskussion über Sexualität und Macht im Mittelpunkt. Im folgenden werde ich einige Probleme, die oben andiskutiert wurden, nochmals bündeln und vertiefen. Alle hängen mit der grundlegenden Frage nach dem Verhältnis von »Geschlecht« und »Sexualität« zusammen. Ich habe gezeigt, daß eine Fokussierung auf jeweils eine Kategorie oder deren Hierarchisierung zu sehr unterschiedlichen – und letztlich vereinseitigenden – Entwürfen zur gesellschaftlichen Organisation von Sexualität führen.

Mich interessiert im weiteren aus einer feministischen Perspektive, wie die hierarchische Organisation von »Geschlecht« durch eine heterosexistische und phallokratische Organisation von »Sexualität« gestützt wird und in welcher Form beide miteinander in Beziehung gesetzt werden. Exemplarisch werde ich diesen Fragen anhand von Problemstellungen nachgehen, die a) in psychoanalytischen Erklärungsmodellen der psychosexuellen Subjektkonstitution, b) in der Analyse der Strukturierung von *sex/gender systems* und c) in der Untersuchung der Transformation des Geschlechterverhältnisses in modernen Gesellschaften auftreten, wenn »Sexualität« und »Geschlecht« als zentrale Analysekategorien gesetzt werden.

Die Auswahl dieser drei sehr unterschiedlichen Untersuchungsgegenstände ergibt sich aus den Ergebnissen der ersten beiden Kapiteln meiner Arbeit. Es hat sich gezeigt, daß gerade hier große Potentiale zur weiteren Bearbeitung des hier zur Debatte stehenden Themas zu erkennen sind, aber auch, daß ein erheblicher Klärungsbedarf besteht. Im ersten Abschnitt stehen neuere psychoanalytische Erklärungsmodelle im Mittelpunkt, in denen versucht wird, die Entwicklung von Geschlechtsidentitäten und sexuellen Orientierungen ohne Rekurs auf eine normative Zwei-Geschlechter-Ordnung und eine Idealisierung von Heterosexualität zu erfassen. Im zweiten Abschnitt werde ich anhand der Praxis der

Beschneidung zeigen, daß die gesellschaftliche Organisation von »Geschlecht« und die gesellschaftliche Organisation von »Sexualität«, hier in einer spezifischen Gesellschaft, komplexe Strukturen ausbilden, dabei jedoch Paradoxien produzieren, die u.a. durch Eingriffe am weiblichen Körper verdeckt werden. Im letzten Abschnitt steht die Frage nach der Einbeziehung von »Geschlecht« und »Sexualität« in gesellschaftstheoretische Erklärungsmodelle der Transformation des Geschlechterverhältnisses in modernen Gesellschaften im Zentrum. Die Verknüpfung des Foucaultschen Ansatz der „Bevölkerungsregulierung" mit der Erweiterung historisch-materialistischer Analysen, wie Ursula Beer mit der Einbeziehung der „Bevölkerungsweise" bzw. der „generativen Reproduktion" vorschägt, gibt den Blick frei auf die Bedeutung der gesellschaftlichen Organisation von Sexualität auch und gerade in modernen Gesellschaften.

3.1 Geschlecht, Begehren und Psychoanalyse

„Man versteht aber auch, warum man von dieser Kritik nicht erwarten konnte, den Raster für eine Geschichte dieses Dispositivs abzugeben. Ebensowenig wie man von ihr erwarten kann, die Bewegung auszulösen, die dieses Dispositiv abträgt"[1]

Mit „dieser Kritik" meint Foucault die Psychoanalyse. Er begründet seine Haltung mit der These, gerade die Psychoanalyse habe mit ihrer Fokussierung Inzesttabu und Ödipuskomplex einer Verstärkung des Sexualitätsdispositivs in die Hände gearbeitet, indem sie es an ein Prinzip der Allianz gebunden habe. Damit konnte es eines der stärksten „taktischen Elemente" des Sexualitätsdispositivs werden:

„Die Garantie, daß man am Grunde der Sexualität eines jeden das Verhältnis Eltern-Kinder wiederfinden würde, ließ in dem Augenblick, wo alles auf den entgegengesetzten Prozeß zu verweisen schien, die Verhäkelung zwischen dem Sexualitätsdispositiv und dem Allianzdispositiv weiterbestehen."[2]

Für Foucault ist diese Verschränkung von Familienstruktur und psychosexueller Entwicklung Grund genug, der Psychoanalyse jegliche Erklärungskraft für die Wirkungsweise des modernen Sexualitätsdispositivs abzusprechen, und viele folgen ihm darin. Ich habe im ersten Kapitel meiner Arbeit gezeigt, zu welchen Verkürzungen dieser bewußte Verzicht auf psychoanalytische Erklärungsmodelle von Subjektivität besonders in Foucaults Subjekttheorie führt. Deren einseitige Fokussierung bewußter, rationaler und kausaler Beziehungen zwischen Gesellschaft und Individuum ähnelt frühen feministischen Ansätzen von Subjektivität, die ebenfalls auf einer vehementen Kritik an und Ablehnung von psychoanalytischen Erklärungsansätzen beruhen. Im Rahmen meiner Untersuchung wurde dies am deutlichsten an Kate Millets Arbeit. Feministische

Entwürfe zu Sexualität haben sich aber, wie meine Untersuchung weiter zeigt, nach und nach der Psychoanalyse wieder geöffnet, nicht ohne eine Reihe von Veränderungen, vor allem in den Konzepten von Weiblichkeit, vorzunehmen. Das auch hier nach wie vor Klärungsbedarf besteht, zeigt meine Diskussion der Entwürfe von Firestone und Rich.

Gay and lesbian studies sowie *queer studies* kritisieren vorrangig diejenigen normativen Setzungen der Psychoanalyse, die in der Konzeptualisierung schwuler und lesbischer Subjektivität deutlich werden. Wie könnte aber die Kritik an einer normativen Zwei-Geschlechter-Ordnung und Heterosexualität in psychoanalytische Modelle integriert werden? Hier scheint zunächst eine Bezugnahme auf Lacan weiterführend, dessen radikale Unterscheidung zwischen Körper und Sprachsystemen die bei Freud anklingenden Biologismen umgeht. Aber sowohl Rubins als auch Butlers „Reformulierungen" der psychosexuellen Entwicklung wiesen Vereindeutigungen auf, die nicht zuletzt durch eine Vernachlässigung der Differenz zwischen Körper und Sprachsystemen bzw. zwischen Materialität und Denksystemen entstehen.

Meine These, die ich im weiteren diskutieren werde, lautet, daß sich den Problemen einer Rekonstruktion der Genese von Geschlecht und Begehren durch die Einbeziehung von Ansätzen, die sich mit „Bisexualität" und mit den unterschiedlichen Schicksalen sexueller Wünsche bei Mädchen und Jungen beschäftigen, angenähert werden kann. Dazu bedarf es einer Sichtweise, die neben den Objektbeziehungen auch narzißtische Wünsche und deren Schicksale rekonstruiert. Diese Perspektive könnte dazu beitragen, eine Geschichte der „Körper und Lüste" freizulegen, die nicht ständig der Geschichte eines heterosexuellen Begehrens unterworfen ist. Ich werde dazu zunächst die beiden, vor allem in der US-amerikanischen Theoriebildung, einflußreichsten psychoanalytischen Positionen zur Herausbildung von Geschlecht und Begehren noch einmal kurz darstellen.

Nancy Chodorows Arbeit „Das Erbe der Mütter"[3] stellt den Versuch dar, mit Hilfe von objektbeziehungstheoretischen Ansätzen den Erwerb von Geschlechtsidentität und heterosexueller Objektwahl zu klären. Objektbeziehungstheoretischen Ansätzen zufolge entwickelt das Individuum in den ersten Lebensjahren in der Auseinandersetzung mit den primären Liebesobjekten – zunächst mit der Mutter, dann auch mit dem Vater – eine eigene Identität, die im wesentlichen alle nachfolgenden Einflüsse strukturiert. Es wird angenommen, daß die wesentlichen Konfliktlinien dieses Prozesses im Ödipuskomplex zusammenlaufen, dessen gelungene Bewältigung sich in der Kohärenz zwischen Geschlecht, Geschlechtsidentität und heterosexueller Orientierung zeige wie auch in der (idealerweise) stabilen Herausbildung des psychischen Apparates mit seinen Ich- und Über-Ich Funktionen. Chodorow dagegen setzt ihre Analyse in der präödipalen Phase an. Für sie führt die weitgehende Abwesenheit des Vaters in dieser Zeit zu unterschiedlichen Entwicklungen, Fähigkeiten und Eigenschaften von Mädchen und Jungen. Primäres Identifikationsobjekt sei für Mädchen und Jungen die Mutter. Mädchen, die das Geschlecht ihres primären Liebesobjektes teilen, könnten aus den Identifikationen mit der Mutter weitgehend konfliktfrei ein Selbst-Bild errichten. Diese Entwicklung werde durch die größere Bereitschaft der Mutter, sich mit ihren Töchtern statt mit ihren Söhnen zu identifizieren, verstärkt. Dagegen müßten Jungen, um eine eigene, männliche Identität zu erwerben, die Identifikationen mit der Mutter verdrängen, was wiederum durch die Bereitschaft der Mütter, die Söhne als verschieden von sich zu sehen und zu behandeln, unterstützt werde. Durch diese unterschiedlichen Ausgangspositionen würden Eigenschaften wie Bezogenheit, Fürsorge und Empathie, die für Chodorow die Grundlage von Mütterlichkeit bilden, Teil der weiblichen Identität. Für Jungen sei dagegen eine männliche Identität nur als negative, mütterliche Werte ablehnende, erwerbbar, was durch die Abwesenheit des Vaters, der positive Inhalte von Männlichkeit vermitteln könnte, noch verschärft würde.

Auch für die Entwicklung sexueller Identität habe die ungleiche Anwesenheit von Mutter und Vater Folgen. Während für den Jungen wie für den erwachsenen Mann die Frau das Liebesobjekt bliebe, bzw. bleiben könne, müsse das Mädchen seine homosexuelle Orientierung zur Mutter aufgeben und sich dem Vater zuwenden. Chodorow entwickelt daraus die Theorie, daß die heterosexuelle Liebe für die erwachsene Frau psychisch und physisch immer sekundär und tendenziell unbefriedigend bleibt. Für den erwachsenen Mann sei die heterosexuelle Liebe in psychischer Hinsicht wie im Koitus selbst eine befriedigende, aber auch gefährliche Einholung früher Wünsche. Gefährlich deshalb, weil sie der ambivalenten Erfahrung der Verschmelzung in der früheren Beziehung mit der Mutter nahe käme. Die Problematik heterosexueller Beziehungen werde von den Geschlechtern unterschiedlich verarbeitet. Frauen holten sich die ihnen in heterosexuellen Beziehungen versagten Befriedigungen hauptsächlich über die Beziehung zu ihrem Kind. Genau hierin sieht Chodorow den Motor der Reproduktion von Mütterlichkeit. Männer suchten sich dagegen durch Distanz, Kontrolle und Abwertung gegen die gefährliche, aber dringend gesuchte Nähe zu Frauen abzusichern, was auch ihre Abwesenheit in der Familie erkläre. Damit schließt sich der Kreis: Spezifische Geschlechtsidentitäten verdanken sich einer geschlechtlichen Arbeitsteilung, die wiederum in den spezifischen Geschlechtsidentitäten wurzelt.

Für beide Geschlechter sei die heterosexuelle Liebe ambivalent: Für Frauen, weil sie in ihr keine Erfüllung finden, für Männer, weil sie frühkindliche Konflikte aufbrechen läßt. Chodorow nimmt diesen Faden aber nicht auf, sondern harmonisiert die hier aufscheinenden Konflikte. So behauptet sie, daß Frauen (häufig) ein rationaleres und distanzierteres Verhältnis zu Männern hätten, dafür aber eine reichere Innenwelt und sowohl bessere wie zahlreichere soziale Beziehungen. Männer seien dagegen von Frauen emotional wie auch sexuell abhängiger und würden versuchen, diese Abhängigkeit durch den Ausbau ihrer Vormachtstellung – durch Distanz und Kontrolle – abzuwehren. „Weiblichkeit“ und „Männlichkeit“ wie auch die für Frauen und Männer unterschiedliche Sexualität werden von Chodorow als Ergebnis einer geschlechtsspezifischen Arbeitsteilung analysiert, die in patriarchalen Gesellschaften allein den Frauen die Kindererziehung zuweist. Chodorows Analyse gewinnt ihre Attraktivität vor allem durch die Behauptung der Veränderbarkeit psychosexueller Entwicklungsmuster durch eine grundlegende Veränderung der geschlechtlichen Arbeitsteilung. Doch woraus sollte der Wunsch nach einer solchen Veränderung entstehen? Schließlich sind in ihrem Modell keine Brüche zu erkennen[4]. Geschlechtsidentität und Geschlechterrollen scheinen sich vielmehr wunderbar zu ergänzen. In einigen feministischen Entwürfen zu „weiblicher Identität", z.B. von Rich, war zu sehen, wie gerade Chodorows Entwurf einer empathischen Mütterlichkeit als Grundlage der Behauptung einer Geschlechtswesenheit aufgegriffen wird.

In Lacans Lesart von Freud, die von Levy-Strauss und Saussure beeinflußt ist, steht die Entwicklung des begehrenden, geschlechtlich-differenzierten Subjektes im Mittelpunkt. Anders als Freud, der die Entwicklungsprozesse der psychischen Differenzierung in Verknüpfung mit der körperlichen Differenz zu verstehen sucht, trennt Lacan scharf zwischen biologischen Gegebenheiten (Signifikaten) und ihrem symbolischen, durch Sprache konstituierten, Bedeutungen (Signifikanten).

> „Lacan unterminiert den Anspruch, daß Gender-Idenität, so wie sie derzeitig bestimmt ist, in irgendeiner Weise von der Natur des Geschlechtes oder der Geschlechtlichkeit vorgeschrieben ist. Umgekehrt werden Geschlecht und Geschlechtlichkeit bestimmt und beschränkt durch die Strukturen der Gender-Identität und nicht andersherum."[5]

Lacans These zur geschlechtlichen Differenzierung lautet, daß mit der Verdrängung der ursprünglichen Erfahrung der Einheit von Mutter und Kind, die durch die schmerzliche Erkenntnis der Verschiedenheit des mütterlichen und kindlichen Begehrens in Gang gesetzt wird, jeder direkte Zugang zum „Realen" unmöglich wird. Der Bruch zwischen dem zu Bezeichnenden und dem Bezeichnenden zeige diese grundsätzliche Unmöglichkeit, das „Reale" unvermittelt zu erkennen. Das Erreichen einer von anderen getrennten Subjektivität sei stets mit dem Verlust des unmittelbaren Zugangs zur Realität verbunden. Zwischen Realität und Subjekt schiebe sich die Herrschaft der Sprache und der in ihr produzierten Bedeutungen, die zwar das Subjekt konstituieren, aber gleichzeitig spalten und unterwerfen. „Das Reale" bilde nunmehr das Reich des Unbewußten, das, obschon nicht mehr erreichbar, das Symbolische konstituiert und gleichzeitig stört.

Für Lacan ist die präödipale Phase der Mutter-Kind-Beziehung nicht in der symbolischen Ordnung der Sprache aufgehoben. Er konzentriert sich folgerichtig auf die ödipale Phase, auf den Eintritt des Kindes in die symbolische Ordnung, gestiftet durch das „Gesetz des Vaters". Wie bei Freud, spielt für Lacan das Motiv der Kastration die Hauptrolle in diesem Drama. Letzterer führt aber eine Unterscheidung zwischen Penis und Phallus ein. Penisneid und Kastrationsangst, für Freud durch die Beobachtung des Fehlens des Organs verursacht und Auslöser der Unterwerfung unter die Geschlechterdifferenz, werden in Lacans Theorie zu je einer spezifischen Position innerhalb einer Ökonomie des Begehrens, in der der Phallus die verlorene und begehrte Symbiose mit der Mutter repräsentiert. Phallus sein (d.h. das geliebte Objekt zu sein) oder Phallus haben (d.h. über das geliebte Objekt zu verfügen) seien die beiden Subjektpositionen, die in patriarchalischen Gesellschaften von Frauen und Männern eingenommen werden müssen. Subjektivität und die Positionierung in eine dieser beiden Möglichkeiten gehörten untrennbar zusammen, ebenso wie ein heterosexuelles Begehren, da scheinbar nur das andere Geschlecht den Phallus realisieren, also das Begehren stillen kann. *Scheinbar*, weil dieses Begehren in Wirklichkeit immer verfehlt werde, weil der durch den Phallus repräsentierte Wunsch, die Symbiose mit der Mutter, unerfüllbar ist. *Scheinbar* auch, weil der Besitz des Penis eben nicht den Besitz des Phallus darstelle. Diese Verkennung sei vielmehr das Ergebnis einer phantasmatischen Identifikation von Penis und Phallus, die ebenso wie die fortwährende Konstruktion der Ähnlichkeit zwischen Signifikat und Signifikant seine Kraft aus der imaginären Konstitution eines Ichs bezieht, das – sich im Spiegel „erkennend" – der Täuschung erliege, mit sich selbst identisch zu sein. Für die beiden so konstituierten Geschlechtssubjekte habe die phantasmatische Identifikation von Phallus und Penis, die zudem durch die Wertschätzung, die der Penis in patriarchalen Kulturen genießt, gestärkt wird, unterschiedliche Folgen. Könne sich der Mann als begehrendes Subjekt begreifen, da er den Penis hat, so sei die Frau, die den Penis nicht hat, ein von Mangel gezeichnetes, kastriertes Subjekt, also ein Subjekt, das sich in der symbolischen Ordnung nicht als begehrendes einschreiben kann. So stehe am Ende dieser Entwicklung eine Hierarchie der Geschlechter: obwohl die männliche Subjektposition das Ergebnis einer Täuschung sei, könne nur sie sich in der symbolischen Ordnung transzendieren. Das Weibliche, die Frau, existiere nicht; sie sei als Mangel, als das Fehlende, als das Kastrierte in der Sprache nicht repräsentierbar und beschreibbar. Für Lacan sind die Strukturen, die diese ungleiche Stellung der Geschlechter in der symbolischen Ordnung hervorrufen, unveränderbar, da die Verdrängung der Mutter-Kind-Symbiose und die Unterwerfung unter das Gesetz des Vaters die einzigen Wege zu einer wie auch immer verfehlten Subjektivität seien.

Juliet Mitchell nahm als erste US-amerikanische Feministin Lacans Thesen auf, indem sie die Entwicklung von Geschlechtsidentität und die damit verbundene Geschlechterhierarchie den Strukturen des Unbewußten und der Sprache zurechnet, die weitgehend unabhängig von äußeren Ereignissen sind[6]. Stellen in Chodorows Freudrezeption die reale Anwesenheit und die Verhaltensweisen der Mutter wie auch die Abwesenheit des Vaters Einflüsse dar, die sich in entsprechenden psychischen Strukturen niederschlagen, so sind es bei Mitchell die allgemeinen, nicht auf reale Personen zu reduzierenden Gesetze und Verbote einer universellen symbolischen Ordnung, in die das Kind zwangsläufig hineingerät, unabhängig davon, was die wirklichen Bezugspersonen tun. Auch schlägt sich in dieser Perspektive die sexuelle Differenz nicht unmittelbar in konkreten und kohärenten Verhaltensweisen, Erkenntnispotentialen oder Eigenschaften nieder, da die sexuelle Differenz in Lacans Sinn eine Positionierung in bezug auf den Phallus ist, die immer auch die Unmöglichkeit einer stabilen Geschlechtsidentität nach sich zieht. Trotz dieser prinzipiellen Instabilität von Geschlechtsidentität werde, so Mitchell, die stets neue Produktion geschlechtlich differenzierter Individuen durch die Verankerung der sexuellen Differenz in den Verwandtschaftsstrukturen sowie in den gesellschaftlichen symbolischen Austauschprozessen gesichert. In den Austauschprozessen wiederhole sich die unterschiedliche Positionierung der Geschlechter zum Phallus und damit zum „Gesetz des Vaters“: Männer tauschten (Frauen, Gaben, Wörter) aus, und bildeten damit kulturelle Strukturen, während Frauen nur die Getauschten seien und so keinen Zugang zur Produktion von kulturellen Werten hätten. Dem Bewußtsein unzugänglich, könnten Geschlechtsidentität und auch sexuelle Orientierungen und Praxen nicht einfach willentlich verändert werden.

Lacans Konzept der sexuellen Differenz unterminiert jede Tendenz, von einer bestimmten Geschlechtsposition auf besondere individuelle Potentiale, seien es Erkenntnis- oder Verhaltenspotentiale, zu schließen. Das sexuelle Subjekt mit seinen Konnotationen Autonomie, Kohärenz und Selbstreflektivität ist in dieser Perspektive in jedem Fall eine Täuschung, gestiftet durch unbewußte Phantasien. Auch der Rückgriff auf eine der Kultur vorgängige biologische Differenz als grundlegende Determinante der sexuellen Differenz ist mit Lacans Theorie nicht mehr möglich. Das scheint zunächst von Vorteil, da damit ein Rekurs auf eine körperliche Evidenz von Zwei-Geschlechter-Ordnung unmöglich wird. Aber: Mit dieser Ausklammerung von Leiblichkeit wird gleichzeitig das Symbolische oder das Unbewußte mit einer Macht ausgestattet, die eine Veränderung der asymmetrischen Beziehung der Geschlechter auszuschließen scheint. Und: Eine Rekonstruktion dessen, wie sich symbolische Ordnung und Leiblichkeit verschränken, welche konflikthafen Prozesse damit einhergehen mögen, bleibt verschlossen. Im Gesetz des Vaters scheint eine ahistorische, universelle Macht auf, die, selbst Teil des Unbewußten, die Herrschaft über Unbewußtes und Bewußtes an sich gerissen hat. Dieser Herrschaft scheint sich nichts mehr entgegensetzen zu können. Die Probleme, die sich aus diesem Modell ergeben, sind besonders an Judith Butlers Reformulierung von Geschlechtsidentität deutlich geworden. Darüber hinaus weisen die im Zusammenhang mit einer Kritik der feministischen Sexualitätsanalysen aufscheinenden Ambivalenzen in der frühen Mutter-Tochter-Beziehung darauf hin, daß gerade in der präödipalen Phase tiefgreifende Normierungsprozesse ablaufen. Chodorows Entwurf erfaßt diese allerdings nur partiell, da sie in ihrer Analyse der präödipalen Phase triebdynamische Aspekte marginalisiert bzw. harmonisiert.

Beide Ansätze – objektbeziehungstheoretische und strukturalistische – binden sexuelle/geschlechtliche Individuation an eine spezifische Familienorganisation, erstere an „wirkliche“ Vater-Mutter-Kind-Beziehungen, letztere an eine symbolische Ordnung, in der sich eine bestimmte Konstellation Vater-Mutter-Kind verstetigt hat. Beide Ansätze stabilisieren dadurch aber eine Zwei-Geschlechter-Ordnung und eine gesellschaftliche Organisation von Heterosexualität, die sich quasi „naturwüchsig" aus den vorgefundenen Strukturen ergeben.

Geschlechterdifferenz und Identifizierung

Ich möchte im weiteren zeigen, wie die Einbeziehung weiterer psychoanalytischer Theoriestränge dazu beitragen kann, über die hier dargestellten Probleme hinauszugehen. Ich halte hier Regina Becker-Schmidts Überlegungen zur Subjektkonstituierung, die kritisch an Freud anschließen, für richtungsweisend:

> „In der Differenzierung seines Inneren, in der Strukturierung seiner psychischen Regulative und Systeme ist das Subjekt Ausdruck seiner Trieb- und Erkenntnisschicksale. In dieser intrapsychischen Dynamik ist es aktiv und passiv, Opfer und Täter. Es ist abhängig von den Triebobjekten und den Erkenntnischancen, die die Umwelt bereithält. Es nimmt aber ebenso Objektwahlen und Besetzungen nach eigenen Bedürfnissen vor. Die Phantasietätigkeit, die Fähigkeit zur Imagination, unterläuft die Grenzziehung von Erlaubtem und Verbotenem und bringt -gegenüber der objektiven Realität- eine psychische ins Spiel. So erhalten sich Wünsche und Erfahrungen am Leben, die in der Wirklichkeit sanktioniert wurden. Das macht das Subjekt schwer erziehbar, gegen Zähmung widerspenstig. Das Subjekt ist das Ensemble seiner Introjekte und Identifikationen: Ich bin eine Reihe Anderer, die ich von außen nach innen genommen habe. Die anderen waren weibliche und männliche Liebes- und Haßobjekte. Wie könnte ich also in der Polarisierung aktiv/passiv, männlich/weiblich aufgehen?"[7]

Regina Becker-Schmidt benennt hier die Bezugspunkte, in deren Spannungsbogen sich Subjektivität, und damit auch Geschlechtsidentität, herausbildet: Triebdynamik, Objektbeziehungen und soziale Umwelt. Sie gehen komplizierte Verbindungen ein, deren Finalität sich nicht in berechenbarer Eindeutigkeit fassen läßt, weder durch Rückgriff auf einen Determinismus körperlicher Sensationen noch durch Rückgriff auf kulturelle, gesellschaftliche Vorgaben. In dieser Sichtweise wird deutlich, daß Identität oder Subjektivität niemals als kausales Ergebnis vorgängiger, naturhafter „Anlagen" oder sozialer Praxen angesehen werden können, aber auch nicht als Ergebnis einer ausschließlich diskursiven Macht. Eine Analyse des Prozesses der Herausbildung von Subjektivität kann nur gelingen, wenn die hier genannten Dimensionen in ihrer wechselseitigen Verknüpfung und Spannung beachtet werden.

Becker-Schmidt setzt die heterogene Entwicklung des Ichs in Beziehung mit einem geschlechtlich differenzierten Körper als Quelle unterschiedlicher Selbstbilder und Selbstrepräsentationen und sieht in der Verarbeitung des Dimorphismus eine besondere Dimension weiblicher und männlicher Subjektbildungen. Damit folgt Becker-Schmidt Freud, ohne jedoch dessen phallozentrische Sichtweise zu übernehmen: Für beide Geschlechter birgt diese Erfahrung der körperlichen Differenz Konflikte. Ich komme darauf zurück.

Auf der Ebene der Körpererfahrungen und -wahrnehmungen bilden sich, so Becker-Schmidt, Unterschiede heraus, die der körperlichen Morphologie folgen: Frauen und Männer erlebten Innen und Außen, Sexualität und Sinnlichkeit verschieden. So wichtig ich die Verknüpfung der Prozesse der psychischen Differenzierung mit Körpererfahrungen und -wahrnehmungen erachte, scheint mir hier ein Konzept zugrunde zu liegen, das in Becker-Schmidts Ausführungen stets revidiert wird[8], aber in körperorientierten psychoanalytischen Entwürfen[9] häufig vertreten wird. Konsequent zu Ende gedacht, wird darin der Körper und seine Wahrnehmung zu einer quasi natürlichen Grundlage der Zwei-Geschlechter-Ordnung. Gleichzeitig werden mögliche sexuelle Erfahrungen mit einer Geschlechterdifferenz verschränkt, was in der Folge bedeuten würde, daß wir es mit einer „männlichen“ und „weiblichen“ Sexualität zu tun hätten, die sich aus der körperlichen Differenz ergibt.

Sowohl in den Theorien Freuds zur geschlechtlichen Differenzierung wie auch in Erfahrungsberichten von Frauen und Männern wird aber offensichtlich, daß die phantasmatische Besetzung des Körpers als geschlechtlich-sexuell strukturiertes Ganzes sich zwar an Körperfunktionen/-sensationen entzündet, sich aber durchaus nicht in Übereinstimmung mit den körperlichen Gegebenheiten festigt. Ein Beispiel dafür sind Transsexuelle, deren phantasmatische Körperwahrnehmungen nicht mit dem biologischen Körper übereinstimmen. Der Körper wird dabei aber nicht bedeutungslos, er wird vielmehr u.U. als eine schwerwiegende Störung der Selbstwahrnehmung empfunden und nicht selten zur Quelle körperlicher und seelischer Leiden. Morphologie und phantasmatische Besetzung des Körpers stehen hier in einem engen, aber eben nicht kausalen Verhältnis. Wenn wir nicht davon ausgehen wollen, daß es sich dabei – wie bei anderen Körperbesetzungen, die nicht unmittelbar an Körperfunktionen und -morphologie ansetzen – um „Fehlentwicklungen“ handelt, stellt sich die Frage nach der Beziehung zwischen Morphologie und phantasmatischer Besetzung erneut[10]. An dieser Frage ist, wie ich gezeigt habe, Butler gescheitert. An die Stelle eines bereits konstitutionell geschlechtlich differenzierten Körpers setzt sie das Schicksal homoerotischer Objektbeziehungen: Das Ergebnis, eindeutig männlich und weiblich affektiv besetzte Körper, ist das gleiche.

Es stellt sich also nach wie vor die Frage, wie sich Körperlichkeit in ein Konzept der psychosexuellen Entwicklung einbinden läßt, ohne daß sie a priori zum Träger zweigeschlechtlicher Bedeutung wird.

Wenn wir uns den psychoanalytischen Theorien zuwenden, stellen sich in diesem Zusammenhang zwei vordringliche Probleme, die ich bereits in der kurzen Zusammenfassung von Chodorows und Lacans Modellen angedeutet habe. Erstens: Freud und viele seiner NachfolgerInnen messen dem anatomischen Unterschied, richtiger dem Penis, eine Schlüsselrolle in der Entwicklung von Geschlechtsidentität zu. Einen Penis zu haben oder ihn nicht zu haben, entscheidet ihnen zufolge über die weitere Entwicklung. Die Feststellung des anatomischen Geschlechtsunterschiedes führt danach zu Neid und Kastrationsangst und löst die Überlagerung früherer Identifizierungen durch sekundäre aus, die schließlich bei Mädchen und Jungen eine adäquate Geschlechtsidentität und eine heterosexuelle Orientierung herbeiführen. In Lacans Theorie besiegelt der Phallus die geschlechtlichen Positionen, die die Subjekte einnehmen können. Die von ihm vorgenommene Setzung einer „natürlichen Überlegenheit" der männlichen Genitalausstattung (bzw. dessen Signifikanten) werden nicht hinterfragt, obwohl es Bewertungen sind, die weder aus „Natur" noch aus der Struktur der Sprachsysteme hervorgehen. Warum ist der Phallus der einzig mögliche Signifikant des Begehrens? Wie kommt es dazu, daß allein der Penis eine unumstößliche „Realität" darstellt, an der sich vorgeblich phantasmatische kindliche Vorstellungen zu brechen haben?

Das zweite Problem ergibt sich aus der psychoanalytischen These, daß der Prozeß des Erwerbs einer weitgehend sicheren Geschlechtsidentität in der Kindheit abgeschlossen werde (oder mit weitreichenden Folgen verfehlt werde). Damit scheint die kulturelle/gesellschaftliche Aufgabe, den Rahmen für diesen Prozeß bereitzustellen, ebenfalls weitgehend auf die Kindheit begrenzt zu sein. Dieser These widersprechen indessen sowohl individuelle „Krisen", wie sie in der Adoleszenz, in coming-outs oder in psychischen Problemsituationen zum Ausdruck kommen, wie auch die offensichtliche kulturelle/gesellschaftliche Inszenierung und Sanktionierung der Zwei-Geschlechter-Ordnung, die bis ins Alter bestimmend bleiben. Mit der schwerpunktmäßigen Fokussierung auf die in der frühen Kindheit stattfindenden Prozesse treten aber Einflüsse, die über die Kernfamilie hinausgehen, zurück. Eine Erweiterung des Blickfeldes kann dazu beitragen, die u.a. von Foucault kritisierte Verschränkung von Sexualität und Familienstruktur aufbrechen.

Einen Weg, die beschriebenen Probleme anzugehen, scheint Freuds Theorie der Bisexualität darzustellen. Sein Postulat, daß in jedem Menschen (organische) weibliche und männliche Anlagen als Reste einer uterinen Bisexualität zu finden sind, hat, wie er selbst zugibt, in seiner Theorie keine rechte Einbettung gefunden. Einerseits besteht er darauf, daß männliche und weibliche Anlagen in jedem Individuum vermischt sind, er zieht diese These unter anderem hinzu, um „homosexuelle" Wünsche des kleinen Jungen zu erklären; andererseits behauptet Freud, daß alle Kinder zunächst in ihrer psychosexuellen Entwicklung männlich sind (in Bezug auf ihre Begehrensstruktur). Freuds Postulat der Bigeschlechtlichkeit steht in einem scharfen Kontrast zu der privilegierten Rolle, die er der Männlichkeit und dem Penis einräumt. Mit der Behauptung einer organischen Bisexualität entzieht er diese gleichzeitig einer psychosexuellen Erklärung, sie stellt für ihn den „gewachsenen Fels" dar, an dem die Psychoanalyse ihre Grenze findet. Dies ist auch der Grund, warum Freud die psychischen Verletzungen, die aus der Realisierung der Geschlechterdifferenz resultieren können, als Anlaß zu Verdrängungen ablehnte: Er befürchtete, daß damit die Verdrängungslehre auf „biologische" Faktoren begrenzt würde. Wenn wir aber Bigeschlechtlichkeit nicht als biologische Dimension, sondern als Ergebnis von Identifizierungen mit weiblichen und männlichen Liebesobjekten betrachten, wie Becker-Schmidt überzeugend herausarbeitet, ergibt sich eine neue Perspektive, in die sowohl Körperwahrnehmungen als auch die sozialen und kulturellen Bedingungen, unter denen geschlechtliche Differenzierungen stattfinden, verstärkt einbezogen werden können.

Irene Fast entwickelt in ihrem Buch „Von der Einheit zur Differenz“[11] einen die Freudsche Theorie aufgreifenden und gleichzeitig kontrastierenden Ansatz zum Verständnis des Prozesses der geschlechtlichen Differenzierung in der präödipalen und ödipalen Phase. Sie nimmt die Freudschen Thesen zur Bigeschlechtlichkeit auf und versucht, die darin enthaltenen Naturalisierungen in einer entwicklungstheoretischen Perspektive zu reinterpretieren. Im Mittelpunkt ihrer Arbeit steht die These, daß die Anerkennung des Geschlechtsunterschiedes als eine Tatsache, die die eigene Person betrifft, von kleinen Mädchen und Jungen als Grenze erlebt wird, die ihre bisherigen Phantasien beschneidet. Auch wenn sie akzeptieren, daß es Geschlechtsunterschiede gibt, bestehen sie zunächst darauf, daß sie nicht auf sie selbst zutreffen. Sie entwickeln eine »geschlechtsübergreifende Haltung«, die lange Zeit die Geschlechterdifferenz – zumindest subjektiv – negiert. Fast bezieht sich auf klinisches Material, das den Peniswunsch der Mädchen und den Gebärwunsch der Jungen belegt, deutet dies aber nicht als Wunsch, das jeweils andere Geschlecht zu *sein*, sondern als Wunsch, von der – in der Umwelt wahrgenommenen – Geschlechterdifferenz nicht persönlich betroffen zu sein. Am Ausgangspunkt der geschlechtlichen Differenzierung stehe bei beiden Geschlechtern die Vorstellung, alles zu können und zu sein, was das andere Geschlecht auch kann und ist. Fast zufolge entwickelt sich das Kind von dieser geschlechtsübergreifenden Haltung hin zur subjektiven Anerkennung einer festen weiblichen oder männlichen Geschlechtsidentität.

Die geschlechtsübergreifende Haltung der Kinder werde noch bestärkt durch die frühkindliche Phantasie vom Hermaphrodismus der Eltern. Sowohl die Vorstellung der phallischen Mutter wie die des gebärenden Vaters sei klinisch belegt. Der Verzicht auf die geschlechtsübergreifende Subjektivität wird nach Fast durch die soziale Erfahrung der Geschlechterdifferenz und durch die Realisation tatsächlicher Körpergrenzen erreicht.

> „Im Laufe der Differenzierung komplementärer subjektiver Definitionen der Männlichkeit und Weiblichkeit – deren jede eine Zeitlang Identitätscharakter besitzt – erkennen sie (die Kinder, C.O) allmählich, daß die ihnen selbst inadäquate Geschlechtsidentität das Privileg des anderen Geschlechts darstellt, und verpflichten sich selbst zu einer Identität, die dem eigenen Geschlecht angemessen ist.“[12]

Die Herausbildung einer adäquaten Geschlechtsidentität ist Fast zufolge ein unbedingt notwendiger Entwicklungsschritt, dessen Verfehlung zu einer Reihe von psychischen Störungen bis hin zur Psychose führen könne. Gleichzeitig führt ihrer Meinung nach eine kulturelle Überbetonung starrer, dichotomer Geschlechtsidentitäten ebenfalls zu Störungen. Phänomene der Abwertung des anderen Geschlechts seien Symptome einer durch kulturelle Normierungen mißlungenen Geschlechterdifferenzierung.

In Fasts Sichtweise stehen „am Anfang“ der Entwicklung von Geschlechtsidentität frühkindliche Identifizierungen mit gleich- und gegengeschlechtlichen Liebesobjekten, die von den Kindern ebenfalls als »geschlechtsübergreifend« wahrgenommen werden. Es kann also weder von homo- noch von heterosexuellen Objektwahlen gesprochen werden, da eine solche Einteilung ohne prästabilisierte Geschlechtsidentitäten nicht vorgenommen werden kann. Diese Deutung geht weit über Freuds These einer angeborenen Bisexualität hinaus, da hier die Bedeutung von weiblich/männlich erst im Laufe identifikatorischer und psychosexueller Prozesse mit spezifischen Körperteilen oder Empfindungen verknüpft wird. Sie kritisiert weiter die Freudsche These, beide Geschlechter wiesen zunächst eine grundlegende männliche Geschlechtlichkeit auf, die nur das Mädchen überwinden müsse, um zu ihrer Weiblichkeit zu gelangen[13]. Fasts Überlegungen widersprechen aber auch einer an Chodorow angelehnten Sichtweise, daß es stets die Mutter sei, mit der sich die kleinen Kinder identifizieren.

Auch wenn die geschlechtsspezifische Arbeitsteilung (auf die Fast nur am Rande eingeht) in die Überlegungen einbezogen wird, bestätigt sich, daß nicht nur die Mutter Identifikationsobjekt ist. Jessica Benjamin hat die unterschiedlichen affektiven Besetzungen und Probleme, die diese Arbeitsteilung bewirkt, eindrucksvoll geschildert und die Rolle betont, die die wechselnden Identifizierungen mit *beiden* Elternteilen (oder anderen Bezugspersonen) in dem Prozeß der Loslösung und Subjektstabilisierung haben. Gerade dadurch, daß die Mutter durch ihr Monopol in Ernährung, Pflege und Zuwendung eine allmächtige Position einnimmt, könne der Vater zum Zeichen von Autonomie werden, die das Kind als Ausweg aus der es beängstigenden Abhängigkeit zur Mutter sieht. Der Vater könne damit zu einem überaus begehrten Liebesobjekt werden, auch wenn, oder gerade weil er selten anwesend ist. Die präödipale Phase sei nicht als ausschließliche Mutter-Kind-Dyade zu sehen, sondern bereits als Triade. Benjamin sieht in den Identifizierungen der Mädchen und Jungen mit dem Vater, die sie als homoerotisch bezeichnet, wichtige Entwicklungsschritte:

> „Durch die Zentrierung der Forschungsperspektive von der ödipalen auf die präödipale Phase werden nun die 'männlichen' Strebungen des kleinen Mädchens, also ihre Neigung, sich sowohl mit dem Vater als auch mit der Mutter zu identifizieren, als legitimer Weg der psychischen Entwicklung sichtbar. Männlichkeit erscheint nicht mehr als die ursprüngliche Orientierung der Kinder beiderlei Geschlechts, bleibt aber weiterhin mit dem Streben nach Differenz verbunden, also mit jenem Streben zur Außenwelt, zur Ablösung, das für Mädchen ebenso wichtig ist, wie für den Jungen, um ein Gefühl der Handlungsfähigkeit zu bekommen. Die homoerotische Identifikation mit dem Vater bietet dem kleinen Mädchen wie dem kleinen Jungen ein Vorbild der Autonomie.“[14]

Es kann also auch nicht, wie Judith Butler annimmt, davon ausgegangen werden, daß diese frühen Identifizierungen ausschließlich homosexuelle sind, die zu einem am gleichgeschlechtlichen Liebesobjekt orientierten Körperbild und einer diesem entsprechenden Geschlechtsidentität führen. Vielmehr gehen die Ergebnisse dieser phantasmatischen Prozesse, die zudem eng an Körpersensationen gebunden sind, deren Orte im Laufe der Entwicklung sich umgruppieren (Oralität, Analität, Genitalität), nicht unmittelbar in der kulturell geforderten/verbotenen oder in vorgegebener, geschlechtlicher Leiblichkeit auf. Es muß eher angenommen werden, daß die wahrgenommene objektive Geschlechterdifferenz in einem konflikthaften Verhältnis zum subjektiven Empfinden einer grenzüberschreitenden Geschlechtlichkeit – verstanden als Geschlecht und Sexualität – steht.

Fast erwähnt die Allmachts- und Ganzheitsphantasien, die mit dieser Phase entgrenzter Geschlechtlichkeit verbunden sind. Jedoch ist auch diese „Ganzheit" im Grunde eine Vielheit ambivalenter, miteinander in Widerspruch stehender Strebungen, die einen Rückgriff auf dieses Stadium als glücksversprechende polymorphe Sexualität oder als Reich der freien Lüste verbieten. Identifizierungen sind ambivalent und sie müssen vom Ich in einer Weise organisiert werden, die diese Ambivalenz erträglich macht. Es kann also nicht darum gehen, eine anfänglich entgrenzte Geschlechtlichkeit zu feiern, sondern darum, die Konflikthaftigkeit zwischen kulturell geforderter geschlechtlicher/sexueller Eindeutigkeit und Vorstellungen/Erfahrungen von unbegrenzten sexuellen/geschlechtlichen Möglichkeiten und Körperlichkeit zu erfassen. Was geschieht dabei mit der »geschlechtsübergreifenden Haltung«? Welche Verarbeitungsmechanismen sind hier aufzufinden? Welche Spuren hinterläßt sie in den Affektstrukturen und Bewußtseinsstrukturen der Individuen?

Verdrängung und Verwerfung – zur asymmetrischen Verarbeitung der Geschlechterdifferenz

Fasts Interpretation, daß Mädchen und Jungen im Zuge der Reifung der kognitiven Fähigkeiten die geschlechtsübergreifenden Phantasien „aufgeben" und die gesetzten Grenzen „anerkennen", greift zu kurz. Die geschlechtliche Differenzierung ist Fast zufolge weniger von der genitalen/sexuellen Erfahrung determiniert, da diese sich aufgrund der frühen Identifizierungen mit den Liebesobjekten einer Einteilung in männlich/weiblich oder homosexuell/heterosexuell widersetzt, sie sei vielmehr eine kognitive Leistung, die einen Verzicht auf vorstellbare und erwünschte Geschlechtspositionen darstellt. Diese Vorstellung überschätzt zum einen die kognitiven Elemente von Subjektivität und marginalisiert den Einfluß unbewußter Phantasien auf das Bewußtsein. Zum anderen wird ein Entwicklungsmodus und -ziel von Identität vorausgesetzt, das sich in der Anerkennung gesellschaftlicher Vorgaben erschöpft. Damit wird aber die Konflikthaftigkeit zwischen Individuationsprozessen und gesellschaftlichen Vorgaben nicht wahrgenommen und deren Spuren werden allzu schnell auf das Feld der Fehlentwicklungen verschoben[15]. Es stellt sich m. E. vielmehr die

Frage, *warum* und *mit welchen Folgen* Mädchen und Jungen ihre geschlechtsübergreifenden Haltungen „aufgeben". Darüber hinaus muß gefragt werden, wie es dazu kommt, daß mit der Geschlechtsdifferenzierung nicht nur geschlechtsübergreifende Haltungen aufgegeben werden, sondern vielmehr „Weiblichkeit" – im Sinne einer erstrebenswerten Subjektposition – abgewertet wird.

Wichtig erscheint mir an dieser Stelle die Beobachtung von Regina Becker-Schmidt, die zeigt, daß gerade Jungen ihre geschlechtsübergreifenden Wünsche verdrängen (müssen), da sie mit der Tatsache konfrontiert werden, daß sie niemals so sein können wie ihre Mutter. Die hochgeschätzten Attribute des Liebesobjektes – Gebärfähigkeit und die Fähigkeit zu nähren – bleiben ihnen für immer versagt: „Ihm werden die Erwachsenen nicht versprechen, daß ihm Brüste noch wachsen werden, daß er später einmal ein Kind gebären wird. Der Junge muß seine Einverleibungsphantasien, so nutritiv, so lustspendend wie sein erstes Vorbild zu sein, zurücknehmen."[16]

Während Becker-Schmidt vor allem die identifikatorischen Aspekte der geschlechtlichen Differenzierung anspricht – das mimetische Begehren, wie sie es nennt –, möchte ich im folgenden versuchen, die Dimension der »narzißtischen Lust« einzubeziehen, das Streben nach Selbstvergewisserung und Autonomie durch lustvolle und befriedigungsuchende Beschäftigung mit dem eigenen Körper-Ich. Dieses Körper-Ich ist aber bereits ein Selbst, das sich den internalisierten Objektbeziehungen verdankt. Mit der Fokussierung auf eine solche Ich-Lust könnte die Dimension von Körperlichkeit einbezogen werden, ohne daß auf morphologische Gegebenheiten rekurriert werden muß, diese sind bereits überformt. Ich denke, daß gerade in diesem Zusammenhang heterosexuelle Normen dazu führen, geschlechtsübergreifende Vorstellungen und Selbstkonzepte zugunsten stereotyper und hierarchischer Weiblichkeits- und Männlichkeitskonzepte aufzugeben.

Für die Entwicklung dieser Perspektive gibt eine Passage in Freuds Text „Die endliche und die unendliche Analyse" erste Hinweise. Freud bezeichnet mit dem Begriff „die Ablehnung der Weiblichkeit" die Weigerung der PatientInnen, die Geschlechterdifferenz „angemessen" zu verarbeiten.

„Man hat oft den Eindruck, mit dem Peniswunsch und dem männlichen Protest sei man durch alle psychologischen Schichten hindurch zum 'gewachsenen' Fels durchgedrungen und so am Ende seiner Tätigkeit. Das muß wohl so sein, denn für das Psychische spielt das Biologische wirklich die Rolle des unterliegenden gewachsenen Felsens. Die Ablehnung der Weiblichkeit kann ja nichts anderes sein als eine biologische Tatsache, ein Stück jenes großen Rätsels der Geschlechtlichkeit."[17]

Was der von der Analyse unerreichbaren Verdrängung anheimfalle und von dort seine störenden Wirkungen entfalte, sei „das Gegengeschlechtliche". Obwohl die „Ablehnung der Weiblichkeit" bei beiden Geschlechtern vorzufinden sei, habe sie für Frauen und Männer andere Erscheinungsformen: bei den Frauen äußere sie sich als Penisneid, bei Männern als Kastrationsangst. Freuds Interpretation zeigt den in Fasts Ansatz fehlenden Modus der

Verdrängung auf, der den Prozeß der geschlechtlichen Differenzierung begleitet. Statt von „Anerkennung" der Geschlechterdifferenz bzw. von einer „Aufgabe" geschlechtsübergreifender Identifizierungen zu sprechen, müßte – mit Freud – von einem Verdrängungsmechanismus ausgegangen werden. Damit wäre verständlich, daß sich bei der Frau ein Penisneid als Folge der Verdrängung männlicher Identifizierungen erhält. Für den Mann wäre jedoch die analoge Figur zum Penisneid der Gebärneid. Statt dessen konstatiert Freud für das männliche Geschlecht – und seine Beobachtung scheint sich zu bestätigen[18] – einen „Protest" gegen die Weiblichkeit, der sich in der Kastrationsangst ausdrückt. Hier scheint etwas vorzuliegen, das mit dem Modus der Verdrängung nicht erklärt werden kann. Freud hat sich diesem Problem mit dem Verweis auf die Biologie entzogen. Wie aber zu sehen war, gibt die Biologie darauf keine Antwort; die geschlechtsübergreifende Haltung wie auch die Verdrängung derselben müssen als psychosexuelle Entwicklungen aufgefaßt werden. Wie kommt es aber dazu, daß die Verarbeitung der Geschlechterdifferenz bei beiden Geschlechtern – mit unterschiedlichen Folgen – zu einer „Ablehnung der Weiblichkeit" führt?

Ich möchte hier die Einbeziehung des Mechanismus der *Verwerfung* vorschlagen. Wie Laplanche/Pontalis ausführen, kann nur verdrängt werden, was bereits mit einem Bild, einer Idee verknüpft war[19]. Nicht Triebe, Affekte oder Wünsche werden verdrängt, sondern deren Repräsentanzen. Das würde erklären, warum der Penis – als Repräsentanz des Männlichen und gleichzeitig der Lust – im Penisneid „aufbewahrt" ist. Was ist aber, wenn ein Wunsch nicht repräsentiert oder symbolisiert werden kann? Ist es möglich, daß das Weibliche nicht symbolisierbar ist, vor allem nicht im Zusammenhang mit Triebwünschen, und deshalb nicht nur verdrängt, sondern verworfen werden muß? Lacan interpretiert den Modus der Verwerfung als doppelten Prozeß zum einen der Einbeziehung des Symbolisierbaren ins Ich und zum anderen der Ausstoßung des Nichtsymbolisierbaren aus dem Ich. Er nimmt Freuds Analyse der Verleugnung der Wahrnehmung der Penislosigkeit der Frau auf und interpretiert sie als symbolische Aufhebung, die einen nichtdiskursiven Bereich, das Reale, neben dem Symbolischen errichtet: „Die Verwerfung besteht demnach darin, nicht zu symbolisieren, was hätte symbolisiert werden sollen (die Kastration)"[20]. Das bringt uns aber nicht unmittelbar weiter, weil, wie oben beschrieben, der „männliche Protest" eine gelungene Symbolisierung in diesem Sinne darstellt, eine Einbeziehung des Symbolisierbaren ins Ich. Warum muß aber „diese brutale Gegebenheit der Penislosigkeit der Mutter"[21] in Form einer Kastrationstheorie verarbeitet werden? Warum stellt das Weibliche das „Loch" in der Signifikantenkette dar[22]?

Zur Annäherung an diese Fragen ist es notwendig, sich noch einmal genauer die Umstände anzusehen, unter denen die genitale Geschlechterdifferenz wahrgenommen wird. Freud verweist an anderer Stelle auf die Bedeutung, die die »Nachträglichkeit« in diesem Zusammenhang einnimmt. Zum Zeitpunkt des erstens Bemerkens der genitalen Unterschiede ist seiner Meinung nach der

Junge noch nicht in der Lage, das Fehlen des männlichen Genitals bei der Mutter (oder bei Mädchen) im Rahmen einer Kastrationstheorie zu verarbeiten.

„Sie leugnen diesen Mangel, glauben doch ein Glied zu sehen, beschönigen den Widerspruch zwischen Beobachtung und Vorurteil durch die Auskunft, es sei noch klein und werde erst wachsen, und kommen dann langsam zu dem affektiv bedeutsamen Schluß, es sei doch wenigstens vorhanden gewesen und dann weggenommen worden."[23]

Erst in der phallischen Phase werde die „Entdeckung" mit der Angst vor dem Verlust des eigenen Organs zusammengebracht und gewinne ihre schreckliche Bedeutung. Zwischen der Wahrnehmung des genitalen Geschlechtsunterschieds und der Verarbeitung desselben innerhalb der Kastrationstheorie liegt danach eine Zeit, in der, wie Freud es ausdrückt, die Wahrnehmung selbst „verworfen" wird. Dazu schreiben aber Laplanche/Pontalis sehr richtig:

„Aus Freuds Arbeiten geht nicht klar hervor was verworfen oder verleugnet wird, wenn das Kind die Kastration zurückweist. Ist es die Kastration selbst? In diesem Falle wäre es eine interpretative Theorie der Tatsachen und nicht eine einfache Wahrnehmung, die verworfen würde. Handelt es sich um den 'Penismangel' bei der Frau? Aber dann ist es schwierig, von einer 'Wahrnehmung', die verleugnet würde, zu sprechen, denn die *Abwesenheit* ist nur insoweit eine Sache der Wahrnehmung, als sie mit einer möglichen *Präsenz* in Beziehung gesetzt wird."[24]

An dieser Stelle würde ich aber nicht wie Laplanche und Pontalis fortfahren, die Lacans Begriff der Verwerfung als Lösung anbieten, sondern die Möglichkeit in Betracht ziehen, daß das, was hier verworfen wird, eben weil es nicht symbolisiert werden kann, ein Teil des weiblichen Genitals ist. Es ist ja nicht allein das Fehlen des Penis, was den Schrecken auslöst, sondern, wie Freud in seiner Metapher des Medusenhauptes beschreibt, „ein erwachsenes, von Haaren umsäumtes (Genitale, C.O.)"[25]. Es ist also die weibliche Vulva, die da wahrgenommen wird und die durchaus eine Präsenz darstellt. Eine Präsenz, die allerdings nicht in der Sprache repräsentiert ist und die, wenn wir Freud ernstnehmen, dem in diesem Zusammenhang nur das grauenerregende Medusenhaupt einfiel, nur als Schrecken symbolisiert werden kann – durchaus im Gegensatz zur lusterregenden Vagina, die „nun als Herberge des Penis geschätzt (wird, C.O.)"[26]. Ein kursorischer Überblick über die Darstellung und Benennung der weiblichen Genitalien in Aufklärungsbüchern für Kinder unterstützt den Eindruck, daß die Vulva tatsächlich nicht „repräsentiert" werden kann: Das sichtbare weibliche Genital taucht dort nur als Schlitz, Loch oder Öffnung auf.

Harriet E. Lerner hat die Bedeutung solcher Fehlbenennungen für die psychosexuelle Entwicklung von Mädchen herausgearbeitet. Das Mädchen, das seine Vulva als lustspendende und empfindsame Körperregion durch die Pflegehandlungen seiner Bezugspersonen sowie durch eigene Erkundungen kennengelernt hat und sie als wertvollen Teil seines Selbst empfindet (ebenso wie der Junge seinen Penis) muß feststellen, daß dieser Teil ihres Selbst nicht nur nicht anerkannt wird, sondern daß es „das" eigentlich gar nicht gibt. Lerner schließt daraus:

„Es wird vermutet, daß die Allgegenwart des weiblichen 'Kastrationskomplexes' nicht in erster Linie daher rührt, daß die Klitoris ein kleineres (und somit minderwertigeres) Organ als der Penis ist. Eher kann das Gefühl des Mädchens, betrogen worden zu sein, das elterliche Versagen widerspiegeln, ausdrücklich anzuerkennen, daß die Vulva (insbesondere die Klitoris) ein wichtiger Aspekt dessen ist, 'was Mädchen haben'. Da sichtbare und empfindliche Teile dem Mädchen nicht benannt werden, kann es das Gefühl entwickeln, es habe kein 'Recht', sich zu einer sexuell empfindenden Frau zu entwickeln."[27]

Diese Nichtanerkennung geht aber über die Akte der Benennung hinaus. So hat die Mädchen gegenüber rigidere Sauberkeitserziehung auch zur Folge, daß der Genitalzone des Mädchens weniger Aufmerksamkeit und Pflege gewidmet wird wie auch, daß die mit der noch nicht reglementierten Ausscheidung verbundenen lustvollen und als autonom erlebten Sensationen schneller unterbunden werden als bei Jungen[28]. Die Anregung zur Erforschung der eigenen erogenen Körperlichkeit wie auch der selbstbestimmte Umgang mit ihr kann damit erheblich eingeschränkt werden. Ich möchte weiter nahelegen, daß diese Geringschätzung der weiblichen Genitalien und die damit einhergehende Verleugnung der Fähigkeit, sich Lust und Befriedigung verschaffen zu können, nicht nur Auswirkungen auf kleine Mädchen hat. Kleine Kinder fragen und versuchen, sich eine „Sexualtheorie" zu erarbeiten. Was mag es wohl auslösen, wenn auf die kindlich-neugierige Frage „Hast Du auch einen Penis?" die Antwort folgt: „Nein, ich habe ein Loch"? Zumal der kleine Frager ja nicht (nur) nach dem Organ fragt, sondern nach einem hochgeschätzten Ort lustvoller Sensationen? Die Fehlbenennung der weiblichen Genitalien steigert den „Wert" des Penis und die Angst um ihn, er erscheint nun als einzig möglicher Zugang zur (in diesem Alter erreichbaren) Lust. Die Kastrationsangst des Jungen ist meiner Meinung nach auch auf diesem Hintergrund zu verstehen, der signalisiert, daß es ohne Penis keine Möglichkeit gibt, sich Lustgefühle zu verschaffen. Weiblichkeit oder die feminine Position kann dann tatsächlich Schrecken einjagen: als Unmöglichkeit, sich aktiv und lustvoll seines Selbst bestätigen zu können.

Um Lacans Figur der Verwerfung noch einmal aufzunehmen, könnte also die Wahrnehmung des weiblichen Genitals im Zusammenhang mit der Kastrationstheorie tatsächlich als Verwerfung gesehen werden, die dadurch zustande kommt, daß ein Teil des weiblichen Genitals, die Vulva, nicht symbolisierbar ist und der andere Teil, die Vagina, nur als Fehlen des Penis interpretiert werden kann. Ins Ich aufgenommen wird die Angst um den Penis und die Wertschätzung des Männlichen, symbolisiert durch den Mangel; ausgestoßen wird das nicht im Mangel aufgehende weibliche Genital und damit ein Teil der Weiblichkeit, der durch die Nichtrepräsentanz „unheimlich" bleibt. Dieser Teil des Weiblichen erhält sich im Bereich des „Realen", erschreckend, abstoßend und faszinierend zugleich[29]. Freuds Beobachtung der „Ablehnung der Weiblichkeit" erweist sich dann als folgerichtig. Der Junge muß – in einer phallozentrischen symbolischen Ordnung – seine gegengeschlechtlichen

Identifizierungen nicht nur verdrängen, sondern verwerfen. Das Mädchen kann sich zwar gegengeschlechtliche Identifikationen erhalten, aber auf Kosten einer genital-libidinösen Besetzung des „Weiblichen". Die Auseinandersetzung in der Frauenbewegung um „männerzentrierte Genitalität" und „frauenidentifizierte Erotik" verweist darauf.

Diese Schieflage in der Verarbeitung der geschlechtlichen Differenz hat aber nicht nur die „Abwertung des Weiblichen" zur Folge. Verwerfungen eröffnen einen Bereich des »Realen«, dem – da er außerhalb von diskursiven und symbolischen Ordnungen steht – ein Moment des Grauens anhaftet. Ich denke, daß hier eines der Affektmomente seinen Ausgang nimmt, das in gewalttätige Übergriffe auf Frauen eingeht. Untersuchungen zeigen, daß Männergewalt gegen Frauen vor allem auf die nicht auf Männer bezogene Lust der Frauen antwortet: als sei die Wahrnehmung autonomer sexueller und anderer Wünsche bei Frauen eine immense Bedrohung männlicher Selbstbilder[30].

Adoleszenz und heterosexuelle Normierung

Wird in den Theorien zur frühkindlichen Entwicklung vornehmlich auf die in der Familie stattfindenden Differenzierungsprozesse eingegangen, eröffnen die Ansätze einer Psychoanalyse der Adoleszenz den Blick auf die Bedeutung außerfamiliärer Institutionen. Sie widersprechen der Auffassung, daß die psychische Differenzierung mit der frühen Kindheit wenn nicht gerade abgeschlossen, so doch weitgehend determiniert sind.

Wenn nun die Adoleszenz als eine Phase betrachtet wird, in der frühkindliche Konflikte wiederbelebt und erneut Gegenstand psychischer Verarbeitung – aber auch gesellschaftlicher Regulierungsverfahren – werden, ist anzunehmen, daß auch der Konflikt zwischen geschlechtsübergreifenden Orientierungen und geschlechtertrennender Realität erneut aufbricht. Wie wird dieser Konflikt verarbeitet, der sich unter den Eindrücken der körperlichen Veränderungen, die widersprüchlichen und hierarchischen kulturellen Deutungen unterliegen, besonders drastisch stellt? Welche Bedeutung hat die sich in der Adoleszenz stellende Aufgabe der erneuten außerfamiliären *und* heterosexuellen Objektwahl für diesen Konflikt? Auf welche gesellschaftlichen und kulturellen Disziplinierungen/Normalisierungen trifft das heranwachsende Mädchen, der heranwachsende Junge?

Eine dieser Fragen nimmt Eva S. Poluda-Korte in ihrem Beitrag zur Psychoanalyse der weiblichen Adoleszenz auf[31]. Sie beschreibt diese Phase als ein Hin- und Herschwanken zwischen den Polen Verlust und Gewinn, Beschneidung und Eröffnung. Mit der Wahrnehmung körperlicher Veränderungen und sexueller Erregung stehe einmal mehr der geschlechtliche Körper im Mittelpunkt des Erlebens, dessen sexuelle Strebungen nun weniger leicht verdrängt werden könnten, als dies in der infantilen Phase noch möglich gewesen wäre. Damit, so Poluda-Korte, würden die grandios-omnipotenten

Wünsche nach einem nicht durch das Geschlecht eingegrenzten Selbst mit einer Realität konfrontiert, die ihnen widerspreche.

„Die Manifestation des einen biologischen Geschlechts in der Pubertät wird demgegenüber wiederum als 'Beschneidung' von Möglichkeiten des Gegengeschlechts erlebt, die vorher offen schienen."[32]

Auf der einen Seite verspricht diese Entwicklung eine Eröffnung neuer Freiheiten und einen Lustgewinn, der mit festen Geschlechtsidentitäten und mit ihnen einhergehenden gesellschaftlichen Einbindung als Erwachsene verbunden scheint. Auf der anderen Seite werde die Geschlechtsreife zunächst als enttäuschend und problematisch erlebt und konzentriere sich auf die Bewältigung der körperlichen Veränderungen, da die „Gewinnseite" in der Regel durch gesellschaftliche Restriktionen in weiter Ferne liegt. Poluda-Korte spricht von einer narzißtisch getönten Phase der Adoleszenz, in der das

„Mädchen sich narzißtisch auf sich selbst zurück- und eine Grenze um sich zieht, innerhalb der es sich auto- und homoerotisch mit dem eigenen Geschlecht beschäftigt. Die Wiederkehr der kindlichen Konflikte mit dem eigenen Geschlecht ist mit der Chance verbunden, die ehemalige Lösung zu revidieren."[33]

Diese Auseinandersetzung fände ihren Ort in Mädchenfreundschaften (wie Jungen ihre Jungenfreundschaften haben), die sowohl Abwehr- als auch Schutzcharakter hätten. Auf der subjektiven Seite spielen hier wahrscheinlich ähnliche Bewältigungsstrategien eine Rolle, die auch schon die frühe Geschlechtsdifferenzierung begleitet haben: Überhöhung und Abwertung, Neid und Idealisierung, aber auch Verleugnung von und Festhalten an phantasmatischen Vorstellungen, sowohl das eigene Geschlecht als auch das andere betreffend. Auf der objektiven Seite spielen kulturelle Spielräume oder Restriktionen eine entscheidende Rolle, ob und wie die ambivalenten Wünsche und Wahrnehmungen verarbeitet werden und ob der kulturell geforderte Verzicht, der die Voraussetzung für spätere Lust und Glück zu sein scheint, – zumindest vorläufig – geleistet wird.

Kompliziert wird dieser Prozeß durch die Bedeutung, die die Objektwahl in dieser Lebensphase erhält. Es reicht nicht mehr, weiblichen oder männlichen Zuschreibungen zu genügen, zusätzlich wird eine entsprechende heterosexuelle Ausrichtung erwartet. Flaake und King[34] haben anhand der Überlegungen von Helene Deutsch zur weiblichen Adoleszenz die Schwierigkeiten herausgearbeitet, dieser heterosexuellen Anforderung nachzukommen: Sie scheint zu verlangen, daß homoerotische/homosexuelle Bindungen aufgegeben werden, die für die heranwachsenden Mädchen (ebenso wie für Jungen) eine große Bedeutung für Selbstwahrnehmung und -wertschätzung haben. Auch hier zeigt sich das Muster der „Beschneidung", das Poluda-Korte herausgearbeitet hat: Um das heterosexuelle Ziel zu erreichen, müssen anscheinend wichtige und hoch affektiv besetzte Bindungen aufgegeben werden bzw. zumindest deren primäre Bedeutung.

Diese Ambivalenzen verweisen meiner Ansicht nach auf einen Widerspruch, der heterosexueller Normierung inhärent ist: Sie verlangt auf der einen Seite zwei distinkte Geschlechtsidentitäten, die ihre unterschiedlichen Charakteristika unter Beweis stellen müssen, auf der anderen Seite aber deren Bezogenheit aufeinander als Paar. Das „Paar" verlangt aber eine partielle Auflösung der Grenzen zwischen den Geschlechtern. Das kann zum einen als Chance zur individuellen Befreiung von Geschlechtsgrenzen angenommen und gewünscht werden. Dem Wunsch, in der intimen Beziehung mit einer/einem gegengeschlechtlichen PartnerIn den erlittenen Verlust geschlechtsübergreifender Haltungen zu mildern, stehen jedoch Erwartungen gegenüber, die von Geschlechtsrollenstereotypen geprägt sind. Die tendentielle Auflösung der Geschlechtergrenzen in heterosexuellen Beziehungen kann somit zu Konflikten mit der Norm der Zwei-Geschlechter-Ordnung führen. Die endlich erlaubte sexuelle Vereinigung und/oder das enge Zusammensein bergen aber auch die Gefahr der Reaktivierung verdrängter oder verworfener Wünsche, wie sie oben beschrieben wurden. Sie können zu einer tiefen Verunsicherung der eigenen Geschlechtsidentität führen. Diese Konflikte finden ihr Ventil nicht selten in physischer Gewalt, zu der vor allem Männer greifen. So schreibt Carol Hagemann-White, daß sich die Gewalt gegen Frauen stets gegen das Frau-Sein des Opfers richtet und daß im Laufe einer Gewaltbeziehung eine Verfestigung von Rollenstereotypen stattfindet:

> „Am Anfang ihrer 'Gewaltkarriere' stand vielleicht der Wunsch nach Zärtlichkeit oder Liebe, doch an dessen Stelle ist längst eine sexualisierte Machtvorstellung, ein von Macht durchsetzter Sex getreten. Je länger sie sich in Gewalt gegen Frauen üben, desto abstrakter und rigider werden ihre Vorstellungen über die Geschlechterrollen – darüber, was der Frau und was dem Mann zukommt und wie sie sein zu haben. Die konkrete, lebendige Frau und die eigene lebendige Persönlichkeit verschwinden hinter einer Schablone, welche die Gewalt rechtfertigt und wiederum von der Gewalt bestätigt und verstärkt wird."[35]

Gewalt in heterosexuellen Beziehungen scheint u.a. ein Mittel zu sein, in Fluß geratene Geschlechtergrenzen neu zu ziehen, „Mann-sein" und „Frau-sein" ein für alle mal „festzuklopfen". Die beiden widersprüchlichen Anforderungen von Heterosexualität – Geschlechtertrennung und Geschlechtervereinigung – können gerade unter gesellschaftlichen Bedingungen, die „Männlichkeit" höher bewerten als „Weiblichkeit", zu Konflikten führen, die dergestalt ein Ventil finden.

Besonders konfliktreich ist die Adoleszenz für diejenigen, deren sexuelle Phantasien und Sehnsüchte sich nicht auf das Gegengeschlecht richten. In einer Gesellschaft, die Heterosexualität als Norm setzt, stehen kaum Modelle bereit, die heranwachsenden Jungen und Mädchen bei der Integration nichtheterosexueller Wünsche in ihre Persönlichkeit und ihr Leben helfen könnten. Heterosexuelle Jugendliche können sich an ihrer Umwelt, noch mehr an den Botschaften aus Filmen, Büchern und Popmusik orientieren und daran ihre Wünsche und Sehnsüchte strukturieren. Diese Möglichkeit besteht für junge

Lesben und Schwule kaum. Hinzu kommt, daß sie nicht nur aufgrund ihrer sexuellen Orientierung Gefahr laufen, diskriminiert zu werden, nicht selten wird ihnen auch unterstellt, keine richtige Frau oder kein richtiger Mann zu sein. Geschlechtsnormen und heterosexuelle Normen verweisen aufeinander und verstärken sich gegenseitig: Eine lesbische Frau ist keine richtige Frau, bei einer heterosexuellen Frau, die nicht den Geschlechtsnormen entspricht, wird der Verdacht laut, sie sei eine Lesbe. Auch heranwachsende Jungen werden über homophobe Sanktionen zur normgerechten Geschlechtsidentität angehalten. Judith Butler behauptet, daß das (geschlechtliche) Subjekt nicht zuletzt durch die Verwerfung nichtheterosexueller Subjektpositionen fixiert wird:

„In this reformulation of psychoanalytic theory, sexed positions are themselves secured through the repudiation and abjection of homosexuality and the assumption of a normative heterosexuality. What in Lacan would be called 'sexed positions', and what some of us more easily call 'gender', appears then to be secured through the depositing of non-heterosexual identifications in the domain of the cultural impossible, the domain of the imaginary, which on occasion contests the symbolic, but which is finally rendered illegitimate through the force of the law."[36]

Heterosexualität und Zwei-Geschlechter-Ordnung wären damit auf den Ein- und gleichzeitigen Ausschluß von homosexuellen Objektwahlen konstitutiv bezogen. Mir scheint Butlers These in diesem Zusammenhang weitgehend richtig zu sein. Die Ängste, die durch die Errichtung eines abgewerteten, nicht-heterosexuellen gesellschaftlichen Raumes erzeugt werden können, korrespondieren den Ängsten, die durch Errichtung eines abgewerteten, nur teilweise symbolisierten Weiblichen entstehen können. Sie bilden *gemeinsam* die affektive Unterfütterung einer hegemonialen, asymmetrischen Zwei-Geschlechter-Ordnung und Heterosexualität.

Geschlechtlich/sexuelle Individuation und Vergesellschaftung

Die herangezogenen Texte zeigen, daß weder körperliche noch psychische Dispositionen eine stabile oder gar determinierende Grundlage der Geschlechterdifferenz darstellen. Sie bilden aber den affektiv besetzten Untergrund, auf dem sich das System der Zwei-Geschlechter-Ordnung und das System der Heterosexualität reproduzieren können. Das kann den Erwerb der geforderten Geschlechtsidentität, hier verstanden als gelungene Verschränkung von geschlechtlich gekennzeichneter Körperlichkeit, Geschlechtsrolle und sexueller Orientierung auf das Gegengeschlecht, erleichtern, aber ebensogut erschweren. Desweiteren kann nicht davon ausgegangen werden, daß Geschlechtsidentität in einer bestimmten Lebensphase endgültig erworben wird und konstant ist[37]; genausowenig sind aber die erworbenen Selbst- und Fremdbesetzungen beliebig formbar und „wählbar". Es muß eher angenommen werden, daß die in diesem Prozeß zu leistenden Verzichte stets virulent bleiben und sich in Abwehrbildungen am Leben erhalten. „Die Ablehnung der Weiblichkeit“ ist eine davon, in der Homophobie kann eine weitere gesehen werden. Diese Affektstrukturen können, wie Gewalt gegen Frauen, aber auch gegen Lesben und Schwule zeigt, in offene Feindseligkeit umschagen. Auch die Rolle der primären Sozialisationsinstanz, der Mutter-Vater-Kind-Konstellation muß relativiert werden: Bildet diese zwar unbestreitbar die Grundlage erster Identifizierungen und Subjekterfahrungen, so reicht sie weder aus – auch nicht in der Einbeziehung außerfamiliärer Einflüsse –, die geforderte Geschlechtsidentität zu sichern, noch bietet sie die eindeutige Vorlage zur Geschlechtsdifferenzierung, wie immer wieder angenommen wird[38].

Die Herausbildung von Geschlechtsidentität ist auch nicht ausschließlich der Effekt von physischer oder psychischer Unterdrückung, wie Kate Millet und andere nahelegen, noch einer diskursiven, juridischen Macht, wie Judith Butler behauptet. Wie zu sehen war, sind Inzesttabu und Tabu der Homosexualität nicht die einzigen Mechanismen und würden auch nicht ausreichen, die gewünschte/geforderte Geschlechtsidentität herzustellen. Ebenso vereinseitigend ist ein Ansatz, der allein physische und psychische Gewalteinwirkung als geschlechtsidentitätskonstituierend ansieht. Vielmehr ist davon auszugehen, daß disziplinierende, normalisierende Machtmechanismen auf KörperSubjekte einwirken, deren subjektive Motive diese sowohl stützen wie auch abschwächen können. Weiter zeigt sich die Schwäche eines Ansatzes, der den diskursiven Einwirkungen – so der Unterwerfung des Subjekts unter die Sprache – eine vorrangige Bedeutung zuspricht. Die Interaktionen zwischen Kindern und Bezugspersonen umfassen in besonderem Maße Kommunikationsstrukturen, die nicht in Diskursen aufgehen: motorische und sensorische Reize, Mimik und Gestik, Gerüche, Raumwahrnehmungen, der spielerische Umgang mit Dingen, aber auch körperliche Züchtigungen, Alleingelassenwerden, affektive Zuwendungen, körperliche Pflege, Zeitrituale.

K. Desirat faßt in ihrer Untersuchung zur Transsexualität die Ergebnisse der Forschungen über geschlechtsspezifische Erziehung zusammen: diese weisen unterschiedliche Muster beim Stillen, beim Entwöhnen, bei der Sauberkeitserziehung, in grob- oder feinmotorischer Anregung, in zeitlicher Zuwendung, in der Häufigkeit von Anlächeln oder in den Arm nehmen, nach. Eine wesentliche Rolle spielt auch das Eingehen auf kindliche Sexualregungen bzw. deren Verleugnung. Es ist durchaus anzunehmen, daß diese Praktiken eine besondere Bedeutung erhalten, wenn sie häufig mit sprachlichen Geschlechtszuweisungen verbunden sind[39]. Für die Zeit der Adoleszenz zeigt dieselbe Autorin, welchen Konfliktstoff Mode und Bekleidung, aber auch Hobbies, beinhalten können, wenn biologisches Geschlecht und Geschlechtsidentität auseinanderklaffen. Im Umkehrschluß kann auf die Bedeutung von geschlechtsunterscheidender Kleidung, Haartracht, Kosmetik, Accessoirs oder Hobbies wie Motorradfahren, Fußballspielen oder Ballett zur Verkörperung von Geschlecht geschlossen werden, wobei sich die geschlechtsspezifische

Aussage/Norm in diesen kulturellen Praktiken eng *an* den Körper oder als sensorische Wahrnehmung *in* den Körper legt. Ein großer Teil der gesellschaftlichen Räume, Tätigkeiten oder Gewohnheiten sind geschlechtlich konnotiert, sie können die Geschlechtsidentität verstärken oder verunsichern.

In diesem Zusammenhang wird beispielsweise die Berufswahl, die in der Adoleszenz erfolgen soll, interessant: Es ist bekannt, daß auch Berufe geschlechtlich konnotiert sind. Für die Wahl des Berufes wird daher dieser Aspekt in einer Phase der Verunsicherung, der Anpassung oder des Protestes gegenüber geschlechtlichen Restriktionen, eine Rolle spielen: Mädchen mögen zum einen einen Beruf wählen, der die weibliche Identität stärkt, und damit auch ihre Verachtung für „männliche" Eigenschaften und Fähigkeiten bekunden. Sie können aber auch von der Umwelt, die die Geschlechterdifferenz aufrechterhalten möchte, in solche Berufe gedrängt werden. Auf der anderen Seite mag es den Protest des Mädchens gegen die Beschneidung ihrer Möglichkeiten ausdrücken, wenn es einen sog. männlichen Beruf ergreift. Die Einbeziehung solcher Muster in die Entwicklung psycho-sexueller Identität könnte ein neues Licht auf die häufig beobachtbaren und dokumentierten Einschränkungen der Berufswahl von Mädchen werfen. Hier spielt der Aspekt der *Darstellung* von Geschlecht eine wichtige Rolle, den vor allem die Ethnomethodologie und die Interaktionstheorien herausstellen. Die Darstellung der Geschlechtszugehörigkeit wird danach nicht nur erwartet, sondern stellt eine Leistung des Subjekts dar, in der sich selbst und den anderen gezeigt wird, daß man sein Geschlecht auch wirklich *ist*. Die Beobachtung von Jungen und Mädchen in der Adoleszenz zeigt die Mühe, die diese Darstellung macht, sehr deutlich. Falsch wäre es aber, Darstellung als einen Akt zu sehen, der dem Bewußtsein stets zugänglich und variabel wäre, bzw. der nur eine Reaktion auf gesellschaftliche Normen wäre. Maskerade oder Parade[40] als weibliche bzw. männliche Darstellungsstrategien sind eng verschränkt mit unbewußten Dynamiken. Die Ethnomethodologie weist zudem nach, wie wichtig das *Wissen* um „richtiges", angeblich geschlechtsspezifisches Verhalten ist. Im Zusammenhang damit gewinnt ein Bereich an Bedeutung, der hier allerdings nur angedeutet werden kann: die Flut der Ratgeber, Zeitschriften, Aufklärungsbücher, Liebesromane u.v.m[41], mit denen versucht wird, sich ein solches Wissen anzueignen. Auch Pornographie scheint mir – zumindest zum Teil – ein Aspekt der Anleitung zur richtigen Darstellung von (sexueller) Männlichkeit und Weiblichkeit zu sein.

Triebdynamik, Objektbeziehungen und soziale Umwelt stellen auch in meinen Ausführungen die Bezugspunkte dar, innerhalb derer die Prozesse der geschlechtlichen Subjektkonstituierung erfaßt werden müssen. Das Motiv der „Bigeschlechtlichkeit" zusammen mit der Fokussierung auf den lustvollen Selbstbezug scheint mir ein Baustein zu sein, mit dem – zusammen mit anderen – die Geschichte der Körper und Lüste mit psychoanalytischen Mitteln rekonstruiert werden kann. Die Unterscheidung und

Vermittlung der Prozesse, die zu Sexuierung und Sexualisierung des Subjektes führen, sind dabei von wesentlicher Bedeutung. Sie verlaufen zwar weitgehend zeitgleich, können aber in einem konflikthaften Verhältnis zueinander stehen. Die stärkere Einbindung der adoleszenten Entwicklung in eine Theorie der Herausbildung von geschlechtlich/sexueller Subjektivität kann dazu beitragen, in ihr nicht eine abgeschlossene Entwicklung zu sehen und verstärkt eine Verbindung zu sozialen Bedingungen, unter denen diese stattfindet, herzustellen. Natürlich ist dies nur eine erste Skizze: Es ging mir darum, Wege aufzuzeigen, die aus heterosexistischen und geschlechtsontologischen Setzungen herausführen können.

Im nächsten Abschnitt werde ich meine Perspektive wechseln und mich mit den Problemen der Erfassung geschlechtlich/sexueller Vergesellschaftung befassen.

3.2 Beschneiden und Eröffnen

Soziostrukturelle Untersuchungen zur Organisation von Sexualität und Geschlechterdifferenz, die dem Verständnis von sexuellen Ausdrucksformen und Verwandtschaftsstrukturen breiten Raum einräumen, legen vor allem ethnologische Forschungen vor. Der Fokus dieser Untersuchungen ist aber nahezu ausschließlich auf die Erklärung der Reproduktion von (hierarchischen) *sex/ gender systems* gerichtet. D.h., das biologische Geschlecht und die heterosexuelle Orientierung werden nicht als erklärungsbedürftig in die Analysen einbezogen, sondern als gegeben hingenommen[42]. Das zeigt sich u.a. daran, daß die Erklärung „abweichender" Geschlechtsidentität und sexueller Orientierung fast immer unter der Prämisse einer „natürlichen" Geschlechterdifferenz und einer ebenso natürlichen Anziehung der Geschlechter vorgenommen wird. So schreibt z.B. Alice Schlegel in einer neueren Veröffentlichung:

> „The two sexes are the natural basis for two gender categories as a fact of social organisation, each defining itself in terms of the other as a contrast set, although the degree to which these categories are differentiated is itself culturally variable. Every society has come to terms with the dilemma of a dual-sexes species, finding the common ground of humanity through complementarity of parts."[43]

Judith Butlers Kritik der sex/gender Unterscheidung zielt gerade auf eine derartige Verengung der Forschungsperspektive, durch die weite Felder gesellschaftlich/kultureller Aktivitäten ausschlossen werden. Die Grenzen dieser Kritik habe ich aufgezeigt. Ich möchte daher im folgenden Gayle Rubins Thesen zu sex/*gender systems* und *sex systems* nochmals aufgreifen. Rubin vertritt die Auffassung, daß sowohl die Unterteilung der Individuen in zwei oder mehr Genusgruppen als auch die heterosexuelle Bezogenheit Ergebnis sozialer

Aktivitäten sind, die in jeder Gesellschaft zur Herausbildung eines *sex/gender systems* führen. Weiterhin behauptet sie eine Schichtung von Gesellschaften über Privilegierung/Diskriminierung bestimmter Sexualitäten.

Trotz der Probleme, die Rubins Analysen inhärent sind, stellen sie die meiner Meinung nach ausgereiftesten analytischen Werkzeuge bereit, um Verkürzungen in systemischen Untersuchungen zu Zwei-Geschlechter-Ordnung und Heterosexualität zu vermeiden. Ich stütze mich im folgenden auf ethnologische Forschungen, die über spezifische *sex/gender systems* Auskunft zu geben suchen. Diese *sex/gender systems* wie auch die Gemeinschaften, in die sie eingelassen sind, unterscheiden sich von unserer Gesellschaft und damit auch von den uns vertrauten Verschränkungen von biologischem und sozialem Geschlecht, heterosexueller Bezogenheit und generativen Regelungen. Trotz der methodischen Schwierigkeiten, die kulturvergleichende Untersuchungen bereiten, lassen sich im Blick auf „das Fremde" exemplarisch gewisse Grundprobleme der Organisation von Geschlechterdifferenz und reproduktiver Heterosexualität herausarbeiten. Zum Problem kulturvergleichender Untersuchungen schreibt Ilse Lenz:

> „Bei der Untersuchung, der Nachzeichnung und der vergleichenden begrifflichen Erfassung der anderen Gesellschaft ist ein Hinterfragen und eine Reflektion des eigenen zugrundeliegenden Selbstverständnisses unerläßlich. Die eigenen sozialen Strukturen, ihre Veränderungen und vor allem die möglichen Optionen gewinnen andere Umrisse, sie treten schärfer hervor im reflektierten Kontrast; und das Verstehen des Fernen setzt Verständnis für die eigene Geschichte und Identität frei. Diese kontrastierende Selbstreflektion wird sich auf Gemeinsamkeiten und Unterschiedlichkeiten beziehen."[44]

Ich werde im folgenden am Beispiel der Konstituierung des weiblich-geschlechtlichen Körpers in einem spezifischen gesellschaftlichen Kontext die oben skizzierte Forschungsperspektive vertiefen. Ich möchte zum einen den Zusammenhang zwischen diskursiven und nichtdiskursiven Praxen bei der Herstellung von Zwei-Geschlechter-Ordnung, Heterosexualität und Generativität herauszuarbeiten. Dabei interessiert mich besonders das Spannungsverhältnis zwischen Körpertechniken und Leiblichkeit, zwischen Disziplinierungen und lebendigen Subjekten. Als zweites liegt mir daran, mit Hilfe von Historisierung und Kontextualisierung ahistorische und universalisierende Vorstellungen von biologischem und sozialem Geschlecht, von Generativität und Heterosexualität weiter zu unterminieren. Drittens geht es mir darum, die hier sichtbar werdende Bearbeitung und Beschneidung gerade des weiblichen Körpers in eine Relation zu unterschiedlichen, nicht ausschließlich repressiven Machttypen zu setzen. Wenn dies an einem grausamen Ritual, zudem in einem nichtwestlichen Land angesiedelt, versucht wird, heißt das nicht, daß die Praxis der Beschneidung eine „primitive" oder „vormoderne" ist. Zum einen ist die Beschneidung der Genitalien keine Praxis, die allen nichtwestlichen, nichtindustrialisierten Gesellschaften zu allen Zeiten gemeinsam ist. Zum anderen verfügen gerade westliche, „moderne" Gesellschaften über eine große Anzahl von „Beschneidungstechniken“, die im Dienste der Herstellung idealer Weiblichkeit (und zunehmend auch Männlichkeit) hemmungslos an den Körpern angewandt werden.

Ein Körper ist ein Körper

„Machmal genießt sie den Sex, aber nicht häufig. Viele Dinge stehen dem im Wege. Manchmal ist sie zu müde, und sehr häufig streiten sie. ‘Es gibt so häufig Geld- und Familienprobleme.‘. Sie sind eigentlich nicht für einander geschaffen, sagt sie. Sie scheinen bei allem und jedem anderer Meinung zu sein. Dennoch, so sagt sie, lieben sie einander und die sexuelle Beziehung ist gut. Sie mag es, wenn er ihre Brüste, ihren Hals ihren Po und ihre Hüften liebkost. Sie hat starke erogene Empfindungen in der Narbe ebenso wie in der Wand ihrer Vagina und am Gebärmuttermund. Etwa jedes zweite Mal bekommt sie einen Orgasmus. Der Geschlechtsverkehr dauert etwa eine Stunde, und es ist so wichtig für ihn, daß sie den Orgasmus erreicht, daß sie schließlich so tut als ob, wenn es nicht von selbst kommt.“[45]

Die Frau, die Harriet Lightfoot-Klein hier zu Wort kommen läßt, ist Sudanesin und wurde im Alter von sieben Jahren pharaonisch beschnitten wie über 90% der Frauen im Sudan. Die pharaonische Beschneidung beinhaltet die Entfernung der Klitoris, der kleinen und großen Schamlippen und schließlich die Vernähung der so entstandenen Wunde bis auf eine 1/2 bis zwei cm große Öffnung. Die Entjungferung – die der Ehemann ohne Hilfsmittel herbeiführen muß, ein (öffentlich gewordener) Mißerfolg hätte einen Ehrverlust mit sich gebracht – ist schmerzhaft. „Es schien ihm nichts auszumachen, wie sehr er mich verletzte. (...) Doch schließlich wurde alles normal und angenehm.“[46] Anläßlich ihrer fünf Geburten wurde sie zunächst aufgeschnitten und anschließend wieder zugenäht.

Lightfoot-Klein hat in ihrer Untersuchung über die Beschneidungspraktiken im Sudan eine Reihe solcher Interviews geführt, die ein komplexes und oft erstaunliches Bild dieser Verstümmelungspraxis am weiblichen Körper ergeben. Obwohl die Autorin nie einen Zweifel an ihrer vehementen Ablehnung dieser Praxis läßt, führt sie das nicht zu einer vorschnellen Urteilsbildung über deren Bedeutung für die sie vornehmende Gemeinschaft wie über die Folgen der Beschneidung für die Frauen. Für unsere westliche Auffassung der anatomisch bestimmbaren, erogenen und orgasmusauslösenden „Körperorte“ scheint die operative Entfernung derselben das ultimative Ende von Erregbarkeit und Orgasmusfähigkeit, somit von sexuellem Erleben darzustellen. Nicht zuletzt aufgrund dieser Annahme wird die Beschneidung von Frauen häufig als Maßnahme zur Unterdrückung der weiblichen Sexualität gedeutet. Auch ein Teil der Sudanesinnen sieht in der genitalen Verstümmelung eine Praxis, die gegen ihre sexuelle Erlebnisfähigkeit gerichtet ist und vor allem die Selbstbestimmung der Frauen unterbinden soll. Es steht m. E. außer Zweifel, daß die Praxis der Beschneidung in patriarchalen Systemen auch diesen Zwecken dient. Angesichts der Tatsache, daß Frauen trotz der Verstümmelung sexuelle Lust und Befriedigung nicht nur erleben, sondern auch herbeizuführen verstehen, stellt sich aber die Frage, ob diese naheliegende Erklärung nicht doch zu kurz greift. Während eines ihrer ersten Interviews stellte Lightfoot-Klein an eine 40jährige beschnittene Frau die Frage, ob diese den Geschlechtsverkehr genießen könne:

„Diese Frau riß die Augen weit auf und schnappte hörbar und ungläubig nach Luft. Dann folgte eine höchst erstaunliche Reaktion. Sie brach in Gelächter aus, begann sich auf die Schenkel zu schlagen und fiel schließlich vom Stuhl auf den Fußboden, wo sie weiterhin in explosivem und unkontrollierbarem Gelächter hin und herrollte. (...) Am Ende hatte sich meine Dolmetscherin genügend beruhigt, um mich aufzuklären. 'Sie sagt, (...)Sie müssen ja vollkommen verrückt sein, ihr eine solche Frage zu stellen. Sie sagt 'Ein Körper ist ein Körper und keine Beschneidung kann das ändern. Was immer sie dir auch wegschneiden – das können sie niemals ändern!'"[47]

Es wäre also zu einfach, von den hegemonialen Diskursen oder Körperpraktiken, selbst von so drastischen wie der genitalen Beschneidung, kausal auf entsprechende (Körper)Empfindungen oder Einstellungen der Individuen zu schließen. Ebenso falsch wäre es aber auch, diesen Zusammenhang zu leugnen, nur weil er sich nicht in dieser Engführung herstellen läßt. Denn selbst wenn 'der Körper ein Körper bleibt', so ist doch die Verfügungsmöglichkeit und Chance, über ihn Befriedigung oder Selbstvergewisserung zu erlangen, kanalisiert und determiniert. Was allerdings die Orgasmusfähigkeit und -häufigkeit der beschnittenen Frauen angeht, unser „Gradmesser" für sexuelle Erfüllung, so besteht in den Statistiken zwischen Sudanesinnen und westlichen Frauen kein Unterschied – vor allem kein Unterschied in der Uneinschätzbarkeit dieser Zahlen. Die Schätzungen variieren hier und dort zwischen 40 und 90 Prozent. Und Lightfoot-Klein stellt fest:

„In meiner eigenen Studie wurde recht deutlich, daß eine beeindruckende Zahl von Frauen allem Anschein nach sich nicht nur entsprechend äußerten, sondern auch einen ausgesprochen lustvollen und sexuell erfüllten Eindruck machten. Sie waren in der Lage, klare und eindeutige Äußerungen darüber zu treffen, was sie erlebten oder nicht erlebten, was sie unter einem Orgasmus verstanden, unter welchen Umständen sie ihn erreichten oder nicht und welche Zeit des Vorspiels und des Geschlechtsverkehrs dazu notwendig war."[48]

Das ist umso erstaunlicher, da der hegemoniale Diskurs im heutigen Sudan sexuelle Erregung und Befriedigung von Frauen verurteilt. Eine „anständige" Frau äußert keine sexuellen Wünsche. Dennoch verfügen die Frauen über Wissen und Vorstellungen von sexueller Erfüllung. Die Gründe, die sudanesische Frauen für das Nichterreichen von sexueller Befriedigung angeben, ähneln denen der westlichen Frauen: Streitigkeiten, mangelnde Liebe und mangelndes sexuelles Einfühlungsvermögen des Mannes. Vor allem das Unvermögen der Männer, die schmerzhafte Penetration zu Beginn der Ehe durchzuführen, führt zu manchmal lebenslanger oder doch lang anhaltender Anorgasmie bzw. Widerwillen der Frauen gegen den Koitus – auch dies unterscheidet sich nicht sehr von den Erzählungen westlicher heterosexueller Frauen

Das Argument der Unterdrückung der weiblichen Sexualität durch die Beschneidung wird weiterhin fragwürdig, wenn Vorstellungen über die Rechtmäßigkeit vorehelicher sexueller Beziehungen bzw. über die Bedeutung der Jungfräulichkeit einbezogen werden. Während in den untersuchten Gemeinschaften im Sudan aufgrund der weitgehenden Islamisierung[49] die Jungfräulichkeit der Frauen und das Verbot außer- und vorehelicher Beziehungen mit der Beschneidungspraxis koinzidiert, ist dies bei anderen afrikanischen Völkern nicht der Fall. So berichtet S. Dinslage[50] von den Ubi, die beschnittenen Frauen vor der Ehe große sexuelle Freizügigkeit zugestehen. Die Beschneidung stelle, so Dinslage, gleichzeitig die Erlaubnis zur Aufnahme von sexuellen Kontakten dar. Unmöglich wird die Herstellung eines monokausalen Zusammenhangs zwischen Beschneidung und sexueller Repression auch dadurch, daß mit einer spezifischen Form der Islamisierung – oder Christianisierung – eine Sexualnorm an Einfluß gewann, die mit der Beschneidungspraxis und deren mythischer Genese und Bedeutung im Alltagsleben – die weder im Islam noch im Christentum verankert ist – nicht übereinstimmt. Anstatt in der Praxis der Beschneidung und der repressiven Sexualmoral heutiger islamisierter/christianisierter afrikanischer Gesellschaften einen gradlinigen Zusammenhang zu sehen, scheint es vielmehr angebracht, die sich überlagernden Schichten verschiedener Einflüsse abzutragen. Ein Land wie Sudan als Sammelbecken unterschiedlichster Religionen, kultureller Einflüsse, regionaler und gemeinschaftsspezifischer Traditionen widersetzt sich derart ahistorischen Zuschreibungen ganz besonders.

Doch wozu dieser gefährliche, verstümmelnde Eingriff am Körper der Frau, wenn nicht vorrangig zur Einschränkung weiblicher Sexualität und damit der Unterwerfung der Frauen unter patriarchale Herrschaft?

Bevor ich mich dieser Frage zuwende, zunächst einige ethnographische Anmerkungen. Über „den Sudan" zu sprechen ist ein Unterfangen, das von vornherein zum Scheitern verurteilt ist. Die Vielfalt der ethnischen Gemeinschaften und Völker, in der sich die Wanderbewegungen vieler Jahrhunderte widerspiegeln, die Geschichte der Kolonialisierung und Islamisierung – im Süden Sudans der Christianisierung – sowie zerstörerische Bürgerkriege, deren letzter bis heute andauert, erschweren es, Untersuchungen über Sudan in die Kategorien „Tradition" und „Wandel" einzufügen, von Gegenwart und Vergangenheit zu sprechen. Die „Berliner Sudangruppe" spricht von einem kulturellen „Patchwork"[51]. Die Geschichte der pharaonischen Beschneidung ließe sich daher auch als eine Geschichte der „Umschriften" lesen, die eine kulturelle Praxis im Laufe ihres Wanderungsweges in die gegenwärtige/immer schon gewesene Alltagswelt durchmacht. Als Anhaltspunkte über die im Fluß befindlichen Lebenswelten können statistische und soziale Daten dienen: Sudan ist ein armes Land, Folge der Kolonialisierung und der Bürgerkriege, aber auch der Klimaveränderungen der letzten Jahrzehnte. Seit 1983 herrscht koranisches Recht im Sudan, ebensolange währt der Bürgerkrieg. Die Mehrheit der Bevölkerung im Norden wird als islamisch, im Süden als christlich beschrieben, dabei sucht der Norden, seinen Einflußbereich auf den Süden auszuweiten. Über 90% der Frauen im Sudan sind in irgendeiner Form beschnitten. Sudan liegt im Osten eines „Beschneidungsgürtels", der sich von Küste zu Küste durch Zentral- und Teile Nordafrikas zieht. Die Untersuchungen, auf die hier Bezug genommen wird, geben folgende verallgemeinerungsfähige Informationen: Die untersuchten Gemeinschaften betreiben Ackerbau, leben in patrilinear strukturierten Dorfgemeinschaften, bevorzugen die endogame Heirat mit der Parallel-Cousine. Scheidungen sind häufig, die nachfolgenden Heiraten werden auch mit anderen, nicht so eng verwandten, PartnerInnen eingegangen. Die Geschlechter leben in Segregation: sowohl in der Ausgestaltung des privaten Lebensraums als auch bei der Arbeit. In Städten wie z.B. Karthum vermischt sich diese strenge Segregation bei der Arbeit, wird aber ansonsten weitgehend beibehalten. Alle westlichen AutorInnen (die sich *vor* dem letzten Bürgerkrieg im Sudan aufhielten) heben Herzlichkeit, Großzügigkeit und Hilfsbereitschaft der Sudanesen und Sudanesinnen hervor. Allerdings bewirke die Geschlechtersegregation, daß zwischen den Geschlechtern kaum Beziehungen bestünden und daß das Zusammensein in gemischten Gruppen als „unbequem" angesehen werde. So schreibt Janice Boddy:

> „Indeed, the most notable feature of village life is this polarisation of the sexes, most marked between men and women of childbearing age. To the outsider it almost appears as though there are two virtually separate, coexisting societies that only occasionally overlap. Men and women generally do not eat together, they occupy separate quarters in the family compound, and they associate with those of their own sex in segregated areas at ceremonies and religious events."[52]

Die pharaonische Beschneidung ist im islamischen Recht verboten. Lediglich die sunna, eine Beschneidungspraxis, bei der die Vorhaut der Klitoris angeritzt oder entfernt wird, ist – analog zur Vorhautbeschneidung beim Mann – erlaubt bzw. vorgeschrieben. Die Herkunft der pharaonischen Beschneidungspraxis ist unbekannt, sie wird zum Teil als aus Ägypten kommend betrachtet, zum Teil als vorislamischer, afrikanischer Brauch. Unterschiedlich ist die Einbettung der Beschneidung in Initiationsriten: stellt sie bei einigen Gemeinschaften tatsächlich ein Moment der weiblichen Initiation dar – analog der männlichen Beschneidung – und ist Teil eines Festes, ist sie bei anderen ein Eingriff, der eher nebenbei geschieht: „Her circumcision is celebrated by the briefest and most subdued of ceremonial feasts: morning tea."[53] Auch das Alter, in dem die Beschneidung stattfindet, variiert: von 5 Monaten bis 13 Jahre, manchmal erfolgt sie auch erst nach der Hochzeit mit einem Mann, der oder dessen *Lineage* die Beschneidung verlangt. Die Beschneidung wird nach Geburten, Ehescheidungen oder dem Tod des Ehemannes wiederholt. Rose Oldfied Hayes weist in diesem Zusammenhang darauf hin, daß Jungfräulichkeit in diesem Kontext nicht etwas Gegebenes darstellt, z.B. durch das Hymen Bezeichnetes, sondern etwas, was erst hergestellt wird und immer wieder neu hergestellt werden kann. Das Vordringen westlicher medizinischer Versorgung hat einen zwiespältigen

Effekt. Auf der einen Seite wird zur schmerzstillenden Spritze und zu antiseptischen Maßnahmen gegriffen, die die Prozedur erträglicher machen und Komplikationen verringern. Auch entsteht ein geschärftes Bewußtsein über die Gefahren und psychischen Folgen der Beschneidung. Andererseits trägt der medizinische Fortschritt dazu bei, die Beschneidung als „Schönheitsoperation“ zu verbreiten, eine Möglichkeit, die z.B. von Ehefrauen genutzt wird, die ihren Männern – und sich selbst? – damit gefallen wollen, daß sie wieder „eng“ sind. Anstatt von einem Abnehmen der Beschneidungspraxis auszugehen, ist es den Berichten nach eher angebracht, eine weitere Verbreitung derselben, wenn auch oft modifiziert, weniger schmerzhaft und gesundheitsschädigend, anzunehmen. So wird von Frauen berichtet, die in Gegenden leben, in denen die Beschneidung bisher nicht verbreitet ist – z.B. in den südsudanesischen Städten –, daß sie es „chic“ finden, es den nordsudanesischen Frauen gleichzutun.

Damit ist eine der heute üblichen Begründungen für die pharaonische Beschneidung genannt: Die Beschneidung mache die Frauen schön, attraktiv und sauber. Eine unbeschnittene Frau gilt dementsprechend als übelriechend und häßlich, es gilt als sicher, daß kein Mann eine solche Frau heiraten wolle. Eine weitere Begründung ist, daß die Beschneidung die „Promiskuität“ und „sexuelle Gier“ der Frauen hemme; unbeschnittene Frauen gelten als Prostituierte. Eines der gröbsten Schimpfwörter lautet übersetzt: Sohn einer unbeschnittenen Frau. Eine unbeschnittene Frau hat – vor allem in den traditionell arrangierten Ehen, die der Logik des patrilinearen Verwandtschaftssystems folgen – keine Chance, geheiratet zu werden. Das heißt, daß sie in dem sozialen Gefüge der Verwandtschaftssysteme keine Überlebenschance hat. Aber selbst wenn eine den Regeln nach beschnittene Frau verheiratet ist, steht sie immer in Gefahr, ihren Status durch Scheidung – die nach dem islamischen Gesetz für den Mann einfach ist – zu verlieren oder aber durch Nebenfrauen verdrängt zu werden. Attraktiv zu sein, ist damit für die meisten sudanesischen Frauen kein oberflächliches Attribut, sondern überlebenswichtig. Die Beschneidung macht attraktiv, erst sie ist die „Eintrittskarte“ in das soziale Netz der Verwandtschaftssysteme. Die Wiederbeschneidung nach Geburten oder zur „Verschönerung“ soll die Gefahr der Scheidung – und damit des sozialen Todes – mindern. Das macht verständlich, warum Frauen – vor allem die Großmütter – alles tun, die Praxis nicht nur aufrechtzuerhalten, sondern auch Ausschau zu halten nach „verbesserten“ Beschneidungstechniken. So schildert Lightfoot-Klein den Fall eines Dorfes, in dem bisher die Sunna durchgeführt wurde und das schließlich zur pharaonischen Beschneidung überging: Der Ruhm einer Beschneiderin, besonders schöne Beschneidungen durchzuführen, drang zu diesem Dorf vor und wurde von den Großmüttern, die damit die Heiratschancen ihrer Enkelinnen erhöhen wollten, aufgegriffen.

Unter den bisher beschriebenen Begründungszusammenhängen liegen jedoch tiefere Bedeutungsschichten, die sich nicht allein auf die Unterdrükkung der weiblichen Sexualität und auf Überlebensstrategien zurückführen lassen, auch wenn sie mit diesen in Zusammenhang stehen. Anstatt den Aspekt der Unterdrückung in den Vordergrund zu stellen, der Boddy zufolge eher einen Effekt als die Ursache der Praxis darstellt, rückt sie die *Produktion der weiblichen Gebärfähigkeit* in den Mittelpunkt ihrer Erörterung und bindet sie in den größeren Kontext des Alltagslebens einer Dorfgemeinschaft ein.

Boddy vergleicht die Bedeutungszuweisungen, die mit der Beschneidung verbunden sind, mit Bedeutungszuweisungen an Alltagsgegenstände bzw. Kultgegenstände. Sie weist auf die Übereinstimmung zwischen Fruchtbarkeitssymbolen – Vogeleiern und einer Art von Kürbisfrüchten – und der durch die Beschneidung hergestellten Oberfläche des weiblichen Schoßes hin. Fruchtbarkeit wird codiert als glatt, geschlossen, rein und sauber. Was durch die Beschneidung herzustellen gesucht wird, ist Boddy zufolge Weiblichkeit, Jungfräulichkeit und Fruchtbarkeit von Mädchen, die bis dahin – ebenso wie die Jungen – in einem geschlechtsübergreifenden Körperbild gedacht würden. Wie den Jungen die Vorhaut entfernt werden müsse, damit sie männlich werden – die Vorhaut steht für das weibliche „Umhülltsein der Genitalien" –, müsse den Mädchen alles Nicht-glatte, vor allem aber die Öffnung der Genitalien, entfernt werden, damit sie „Frau" werden könnten. Während diese „Vergeschlechtlichung" für den Jungen ein einmaliger Vorgang ist, ist sie für die Frauen eine sich stets aufs neue wiederholende Prozedur: bei der Hochzeit, bei der geschlechtlichen Vereinigung, nach Geburt oder Scheidung bzw. Neuverheiratung. Neben der Beschneidung gibt es noch andere Körpertechniken, die den erwünschten Zustand des „Frauseins" herbeiführen sollen: die „Kosmetik". Bei der Hochzeit und später vor der geschlechtlichen Vereinigung mit dem Ehemann, haben sich die Frauen kosmetischen Prozeduren zu unterwerfen, die ihrer Haut zu der erforderlichen Glätte, Reinheit und helleren Farbe verhelfen sollen, die Fruchtbarkeit visualisieren sollen. Dazu gehört die Entfernung der Körperhaare bis aufs Haupthaar mit einem wachsähnlichen Produkt sowie ein „Rauchbad", das die obere Hautschicht ablösen und eine hellere, darunterliegende Schicht freigeben soll.

> „These preparations, which may take several days to complete, are intended to make her skin soft, smooth, clean, fragant, and desirably lighter in color. After such treatments, performed for the first time when she becomes a bride, and henceforth whenever she wants to attract the sexual attentions of her husband, a women's body shares several qualities with the ostrich egg fertility object: both are smooth, both are clean and 'white' and both are pure. What is more, the shape of the ostrich egg, with its tiny orifice, corresponds to the idealized shape of the circumcised woman's womb."[54]

Die Visualisierungen und Materialisierungen von Weiblichkeit erschöpfen sich nicht in den Fruchtbarkeitsobjekten und den Körpertechniken, sie finden sich in den Praktiken der Arbeitsteilung zwischen den Geschlechtern und in der Aufteilung und Gestaltung der Räume des Dorfes wieder. So wird das Grundnahrungsmittel des Dorfes, kisra, in einem Gefäß gemischt, welches in Form und Konsistenz die Attribute der weiblichen Fruchtbarkeit wiederholt: Glätte, umhüllter Raum mit kleiner Öffnung. Auch in der Gestaltung der Häuser und Siedlungen wird dieses Motiv aufgenommen. Wenn auch nicht jedes Haus von einer Mauer umgeben ist, so wird doch zumindest angestrebt, eine glatte Einfassung des Innenraumes anzudeuten. Der Innenraum wird peinlich sauber gehalten und gilt als sicher und rein. Den gleichen Mustern folgt die Innengestaltung der Häuser: es gibt unterschiedliche Räume für Männer und Frauen, die verschiedene Eingänge haben. Die „front door" ist den Männern und den Besuchern (die in der Regel enge Verwandte sind) vorbehalten, die Räume der Männer schließen sich dieser Tür an, während die Frauenräume einen (kleineren) „Hintereingang" haben und geschützt einen eigenen Innenraum im Haus bilden. Die Tür der Männer öffnet sich ihren Verwandten, ihren Nachkommen, während sich die Tür der Frauen zu einem Innenraum öffnet:

> „Thus, an implicit association exists between the khashm el-beyt, meaning the men's door of the courtyard – and, metaphorically, one man's immediate descendants- and the khashm of the beyt el-wilada, a women's genitale orifice. The mens's door literally opens into an enclosed area occupied by a man's sons and daughters, his zuriy'a. The khashm el-beyt el-wilada, the door of the womb also opens into an enclosed area which is more completely enclosed and purified by a woman's circumcision and infibulation."[55]

Während nun Boddy all diese Bedeutungsverkettungen als Ausdruck der Symbolisierung der Fruchtbarkeit von Frauen liest[56] und in der Beschneidung die Auslöschung der weiblichen Sexualität zugunsten der Reproduktion und des Verwandtschaftsystems sieht, möchte ich eine andere mögliche Lesart in den Vordergrund stellen, die Boddy ebenfalls implizit angesprochen hat. Ich möchte vorschlagen, in diesen Praktiken auch die sozialen und kulturellen Bemühungen zur Institutionalisierung von Zwei-Geschlechter-Ordnung und Heterosexualität zu sehen, die aus nicht oder ungenügend geschlechtlich differenzierten Individuen einander begehrende „Frauen" und „Männer" machen sollen. Erst wenn diese Aufgabe vollbracht ist, können sie in den Verwandtschaftssystemen und den segregierten Arbeitswelten ihre distinkten, aber aufeinander verwiesenen Aufgaben übernehmen.

Für das Verständnis dieses Zusammenhangs sind *Vorstellungen* über Geschlecht, Sexualität und Reproduktion aufschlußreich. Baumann, der in den 50er Jahren die Berichte westlicher ForscherInnen über Praktiken und Mythen bisexueller Vorstellungswelten zusammengestellt hat, berichtet von den Bambura, die im Westsudan lebten und deren Vorstellungswelt. Die Bambura hätten mit einer ganzen Reihe von Völkern die Vorstellung geteilt, die Menschen seien „ursprünglich" geschlechtlich nicht differenziert. Die von ihnen angewandten Praktiken der männlichen und weiblichen Beschneidung dienten der „Reinigung" der Körper, die als durch bisexuelle Wesenskräfte verunreinigte begriffen würden. Solche Wesenskräfte würden keineswegs als immateriell aufgefaßt, sondern als in Körperteilen materialisiert, in der Vorhaut des Mannes, in der Klitoris und der Vulva der Frau. Obwohl die Wesenheiten nach Auffassung der Bambura niemals völlig gebannt werden könnten und eine Reihe weiterer Anstrengungen notwendig seien, sie in Schach zu halten, müßten sie vordringlich durch die Beschneidung unschädlich gemacht werden. Die bisexuellen Wesenskräfte würden als Ursache für Unordnung und Unfruchtbarkeit angesehen:

„Um heiraten und zeugen zu können, um ein gefestigter Mensch zu werden, ist die Beschneidung nötig, sowohl als Excision wie auch als Circumcision. Der größte Teil der Wanzo-Kraft fließt in die Erde."[57]

In der Tat werde die Beschneidungszeremonie häufig mit der Opferung der beschnittenen Körperteile an die Erde verbunden, da angenommen würde, sie fördere die Fruchtbarkeit der Felder. Als besonders „giftig" werde die Klitoris der Frau angesehen, von der die Bambura glauben, ein Mann könne getötet werden, wenn er während des Geschlechtsverkehrs mit ihr in Berührung käme[58]. Verbreiteter sei jedoch die Vorstellung, daß erst die Beschneidung beider Geschlechter die heterosexuelle Begegnung und die Zeugung neuen Lebens ermöglicht. Die Vermischung vorgeblich verschiedenen Geschlechtern vorbehaltener Körperteile in einem Geschlecht wird als Bedrohung für die Reproduktion des Lebens angesehen.

Heterosexualität, Zwei-Geschlechter-Ordnung und Generativität werden demnach als Ergebnis menschlicher Arbeit an Körpern gesehen, die eben *keine* natürliche Basis für Zwei-Geschlechter-Ordnung und reproduktionsorientierte Sexualität abzugeben scheinen, trotz der anatomischen Gebundenheit von Zeugungsfähigkeit und Gebärfähigkeit. Die Arbeit am Körper geht darüber hinaus in eine Reihe von Bedeutungszuschreibungen ein, die die erwünschte Körperlichkeit in anderen Kontexten wiederholt und ausarbeitet.

Allerdings scheint in der „Produktion" geschlechtlich distinkter Körper und der erwünschten heterosexuellen Praxis eine Ambivalenz zu liegen, die sich an dem Zwang, den „weiblichen Körper" immer neu zu erschaffen, aufzeigen läßt. Wie Boddy herausgearbeitet hat, ist in der Vorstellung der von ihr untersuchten Dorfgemeinschaft der weibliche, fruchtbare Schoß glatt, geschlossen und flüssigkeitsabweisend, im Gegensatz zu dem von der Natur „gelieferten" Genital, das als offenes, stacheliges, von Flüssigkeiten durchdrungenes und verunreinigtes Körperteil angesehen wird. Das Ideal des weiblichen Schos-es wird jedoch durch den heterosexuellen Akt und die Geburt immer wieder zerstört und muß – in den Ritualen des Rauchbades vor der Vereinigung oder in der Reinfubilation nach Geburten oder Trennungen – stets *neu* erschaffen werden. Die Trennung der – ursprünglich bisexuell gedachten – Individuen in distinkte Frauen und Männer ist demzufolge zwar die Bedingungsmöglichkeit heterosexueller Stabilisierung und generativer Reproduktion, gleichzeitig „entwischt" die Geschlechterdifferenz durch die aus sexueller Vereinigung und Geburt resultierenden Veränderungen der Frauenkörper. In der erwünschten Gebärfähigkeit der Frau scheint gleichermaßen das Skandalon der Bisexualität auf: Im schwangeren Körper der Frau vermischen sich die sorgfältig getrennt gehaltenen Geschlechtsmerkmale, vor allem, wenn die Frau einen Sohn austrägt. Zwischen Heterosexualität, Generativität und Zwei-Geschlechter-Ordnung herrschen – aller kultureller Arbeit zum Trotz – ambivalente Beziehungen. Diese Ambivalenzen aufnehmend, erweitert sich Rubins Ansatz der *sex/gender systems* um eine Ebene, die es erlaubt, Konfliktlinien zu erfassen und damit die Dimenson des Handlungspotentials der Menschen einzubeziehen.

Trennung und Vermischung

Während die Beschneidungspraxis, die Tabuisierung von Tätigkeiten und Räumen für das jeweils andere Geschlecht, die Vergeschlechtlichung von Symbolen und Kultgegenständen der Produktion und Aufrechterhaltung von *Geschlechterdifferenz* und *Geschlechtertrennung* zugerechnet werden können, kann die Art und Weise, wie diese Aufteilungen miteinander in Beziehung gesetzt werden, mit der Institutionalisierung der *Geschlechterbezogenheit* in Verbindung gesetzt werden. Ein Beispiel für das In-Beziehung-setzen der Geschlechter ist die Zubereitung des kisras, dem Hauptnahrungsmittel. Feldarbeit, strikt den Männern vorbehalten, und Wasserholen, strikt den Frauen vorbehalten, führt erst durch die Zusammenführung zur Sicherung der Existenz. Was hier, um mit Rubin zu sprechen, symbolisch gesichert wird, ist die *Abhängigkeit der Geschlechter* voneinander. Das Ausmaß der Trennung der Geschlechter ist bereits dargestellt worden, was sie zueinander in Beziehung setzt, aber auch stets aufs neue die Geschlechtertrennung legitimiert, ist ihre Abhängigkeit voneinander in der Produktion der Lebenssicherung. Diese Abhängigkeit wird auch durch die Einschränkung weiblicher Erwerbsmöglichkeiten und die Diskriminierung unverheirateter und geschiedener Frauen im nicht-ländlichen Bereich des Sudans aufrechterhalten. Darüber hinaus sorgt das Verwandtschaftssystem als Zentrum sozialer und ökonomischer Aktivitäten und als Verteilungszentrum von Status und Macht für eine möglichst dauerhafte Sicherung der Beziehungen zwischen den Geschlechtern. Das Verwandtschaftssystem verknüpft die Individuen über die Verwandtschaftsbezeichnungen miteinander und legt ihnen dementsprechende Rechte und Pflichten auf. Der Ausschluß der Frauen aus den Entscheidungsprozessen, die die ganze Gemeinschaft betreffen – z.B. Heiratsvermittlungen – sichert die Stabilität dieses Systemes.

Trotzdem unterliegen auch die hier beschriebenen Systeme historischen Veränderungen. So berichtet Theis über Veränderungen des Verwandtschaftssystems bei den Koma aufgrund der Erfahrung von Verfolgung und Vertreibung[59]. Bei den zahlreichen Überfällen durch andere Völker erwies sich das patrilineare Verwandtschaftssystem als untauglich: Die Männer ließen oft genug Frauen und Kinder auf der Flucht zurück; als verläßliche Bindungen blieben die zur Mutter und zum Mutterbruder. In der Folge etablierten sich matrifokale Organisationsformen, die dieser Erfahrung Rechnung trugen, während die patrilineare Organisationsform meist als Idealform und Ideologie eine Rolle spielt oder in bruchstückhafter Form neben matrifokalen Clans weiter-existiert.

„Noch heute zählen Kinder aus Tauschehen zum Clan ihres Vaters, Kinder aus Geldehen oder freien Ehen (Ehen, die nicht nach dem Schwesterntausch organisiert sind, C.O.) dagegen zu dem ihrer Mutter. Heute haben meist nur Erstheiraten die Form des Schwesterntauschs; da zudem Scheidungen häufig sind, rechnet sich nun eine Mehrheit der Koma zum Clan der Mutter."[60]

Der Frauentausch begründet in diesem geschilderten Zusammenhang nur eine Form des Verwandtschaftssystems neben anderen und kann schwerlich als das „sine qua non" der Kultur, auch nicht der patriarchalischen, angesehen werden. *„Doing sex"*, *„doing gender"* und *„doing heterosexuality"* erscheinen vielmehr als heterogene Strategien, deren Spannungsverhältnis dieses Unterfangen zu einem stets aufs neue auszubalancierenden macht. Inzesttabu und Frauentausch sind in diesem Bündel von Praktiken sicher wichtige Elemente. Sie zu isolieren und einem „Gesetz" zu stilisieren, hieße aber, die Mannigfaltigkeit der sozialen Aktivitäten und die darin aufgehobene Konfliktträchtigkeit zu ignorieren. Eine solche Perspektive unterschlägt gerade die Konfliktlinien, an denen sich Machtsysteme entzünden, ausbreiten und sich mit anderen gesellschaftlichen Differenzierungen verbinden oder brechen. Die Aufrechterhaltung der analytischen Trennung von *sex*, *gender* und *heterosexuality*, ohne dabei biologisches Geschlecht oder Heterosexualität als natürliche Faktoren zu setzen, kann dagegen dazu beitragen, die unterschiedlichen Ebenen und Machtmechanismen, die wirksam werden, zu erfassen.

Das angeführte Beispiel der Veränderung von Verwandtschaftsbeziehungen verweist aber auch noch auf einen anderen Zusammenhang. *sex/gender systems* sind nicht das einzige Strukturierungsprinzip von Gesellschaften. Im oben geschilderten Fall waren es Bedrohungen durch Konflikte *zwischen* Gemeinschaften, die zu Veränderungen im *sex/gender system* führten. Maurice Godelier verweist dagegen auf die Auswirkungen der Kolonialisierung auf die Organisation der Beziehungen der Geschlechter in dem von ihm untersuchten Volk der Baruya[61]. Doch auch die innerhalb von Gesellschaften angelegte ökonomische und/oder politische Strukturierung kann u. U. zu Veränderungen von *sex/gender systems* führen. So können Umwälzungen in der Bewertung der (geschlechts)arbeitsteilig erbrachten Leistungen in Konflikt zu bisherigen Regelungen des Geschlechterverhältnisses treten, wenn z.B. die erbrachten Arbeitsleistungen plötzlich nicht mehr gleichwertig sind. In Gesellschaften, in denen Männern exklusiv die Kriegsführung auferlegt wird, können länger andauernde kriegerische Auseinandersetzungen zu einem Machtzuwachs der Männer führen, der gegen die Interessen der Frauen eingesetzt werden kann. Auch die Praxis der Beschneidung ist in einen solchen Zusammenhang einzubetten: Unter dem Zwangssystem der Kolonialisierung, das alles daran setzte, die Kultur der Kolonialisierten zu unterdrücken, wurde auch die Beschneidung verboten. Im Befreiungskampf erhält die Beschneidung eine neue Bedeutung: Sie steht für eine Rückeroberung kultureller Identität. Trotz der hier aufgeführten Faktoren halte ich Erklärungsansätze, die hierarchische Machtverhältnisse zwischen Frauen und Männern ausschließlich auf Konflikte „außerhalb der Geschlechterbeziehungen" zurückzuführen, wie dies G. Dux[62] versucht, für unzutreffend. Gleichwohl müssen sie in eine Analyse einbezogen werden.

Das *sex/gender system* in den hier zugrundegelegten Gemeinschaften des Sudans kann zusammenfassend als ein Bündel unterschiedlicher Aktivitäten und Funktionen beschrieben werden:

1. die Herstellung und Aufrechterhaltung geschlechtlich binär differenzierter Körper (u.a. durch Initiationsriten, durch fortdauernde Arbeit an den Körpern)
2. die Trennung der Geschlechter (u.a. durch Zuteilung unterschiedlicher Räume, Status, Funktionen und Tätigkeitsgebiete)
3. die Herstellung und Aufrechterhaltung der Bezogenheit beider Geschlechter aufeinander (u.a. durch Versagung von sexuellen Aktivitäten oder Ausdrucksformen, die nicht auf den Koitus verweisen, durch Verschränkung der arbeitsteilig erbrachten Leistungen, durch Verbot geschlechtsübergreifender Tätigkeiten)
4. die Bereitstellung von Modellen des Zusammenlebens und der sexuellen Praxis für beide Geschlechter (u.a. durch Verwandtschaftssysteme mit Heiratsregeln und Sexualregelungen)
5. die Regulierung der Generativität (u.a. durch Bereitstellung oder Verweigerung von Verhütungsmöglichkeiten, durch genealogische Regelungen, Heiratsge- bzw. -verbote)
6. die Verarbeitung und Kanalisierung der Konflikte, die sich aus der binären Geschlechtertrennung und der Institutionalisierung der heterosexuellen Ordnung ergeben (u.a. durch Mythen, Reinigungsrituale, institutionelle Homosexualität der Männer vor der Ehe, Machtverteilung in den Familien und der Gemeinschaft)
7. die Integration des *sex/gender systems* in die Gesamtheit der sozialen Praxen einer Gemeinschaft (durch Sexualisierung und Vergeschlechtlichung von Symbolen, Tätigkeiten, Räumen)

Erst das Zusammenspiel all dieser Dimensionen kann eine in sich geschlossene, natürlich erscheinende Ordnung hervorbringen, die nur so und nicht anders vorstellbar ist. Wenn trotz dieser allgegenwärtigen „Wirklichkeit" Zweifel an ihrer Natürlichkeit auftreten, sorgt die Drohung des sozialen (und realen) Tods, den ein „Ausstieg" aus dieser Ordnung nach sich zieht, für Gefügigkeit.

Hier ist indes noch eine Dimension hinzuzufügen, die eine nicht zu unterschätzende Bindungskraft darstellt, aber auch einen Ansatzpunkt zur Subversion bietet. *Sex/gender systems* können nicht ohne die Einbeziehung des Wunsches der Individuen nach Glück und Befriedigung verstanden werden. In den Aussagen der Sudanesinnen wird deutlich, wie herrschende Diskurse in der individuellen Interpretation umgestaltet und verschoben werden. So kommt dem schon erwähnten Reinigungsritual auch die Funktion zu, sexuelles Begehren zu signalisieren. Das Ritual wird Bestandteil einer eigenen sexuellen Praxis, die sich zwar nicht außerhalb des Regelsystems bewegt, aber seine Elemente spielerisch neu zusammensetzt. Da es für sudanesische Frauen nicht schicklich ist, sexuelles Begehren zu zeigen, greifen sie auf kulturell legitimierte Zeichen zurück, um über diesen Umweg ihrem Begehren Ausdruck zu verleihen. Auch innerhalb starrer, scheinbar allgegenwärtiger, sexueller Reglementierungen ist mit solchen Umformulierungen eine Möglichkeit gegeben, dem Begehren, das sich nicht umstandslos einordnen läßt, einen Platz einzuräumen. Darüber hinaus ist dieses Begehren eingebunden in die gegebenen Ausdrucksformen und -möglichkeiten, die die Art der Wünsche und Bedürfnisse prägen. Wenn Glück bedeutet, einen Mann und viele Kinder zu haben, und damit später als Großmutter beträchtliche Macht und Anerkennung zu erlangen, dann kann der Wunsch, an diesem Glück teilzuhaben, die bestehende Organisation von Sexualität und Geschlechterordnung stützen. Der Wunsch, Kindern und Enkelkindern diesen Weg zum Glück zu öffnen, ist eine der Motivationen, die gerade Frauen zu der treibenden Kraft macht, die Beschneidung – notfalls mit Gewalt und Entführung – durchzusetzen. Der Wunsch nach Glück, Liebe und Befriedigung der Lust enthält damit immer beides: Verschiebung und Fixierung bestehender Verhältnisse. Die Funktionsweisen von *sex/gender systems* können nur erfaßt werden, wenn subjektive Motive mit ihrer stabilisierenden *und* subversiven Kräften einbezogen werden.

Festzuhalten ist, daß die Strukturierungsprinzipien von *sex/gender systems* – *Geschlechtertrennung* und *heterosexuelle Bezogenheit* – widersprüchliche Effekte hervorbringen. Die Produktion der Geschlechterdifferenz weist eine Tendenz zur Vereindeutigung auf: Alle geschlechtsübergreifenden Zeichen müssen entfernt werden, darüber hinaus müssen die Geschlechter getrennte Arbeits- und Lebensbereiche haben. Heterosexuelle Bezogenheit dagegen weist eine Tendenz zur Vermischung auf: Die Zubereitung des kisra wie auch die heterosexuelle Vereinigung sind streng ritualisierte Formen der Aufhebung vereindeutigter Geschlechtspositionen. Diese beiden Effekte stehen in einem Spannungsverhältnis, das m. E. eine potentielle Instabilität von *sex/gender systems* hervorruft. Die aufwendigen Aktivitäten, die sich um den Frauenkörper gruppieren, weisen darauf hin, daß dieser Zeichen der Instabilität ist und die daraus resultierende Irritation nur durch die stetige Arbeit an einem „Weiblichen" abgemildert werden kann. Der „weibliche Körper" steht scheinbar im Widerspruch zu einem starren System der Geschlechterdifferenz, der auch nicht durch Disziplinierung (im Foucaultschen Sinne) vollständig gelöst werden kann. Dieser Bedrohung wird u.a. durch die soziale und kulturelle Unterdrückung des „Weiblichen“ begegnet. Sie kann Teil der symbolischen Ordnung sein, die ausdrücklich Gewalt gegen Frauen legitimiert, sie kann aber auch erst dadurch, daß ein Teil des Weiblichen nicht in der symbolischen Ordnung repräsentiert ist, als Gewalt im Realen explodieren[63].

Die Lösungen, die die hier vorgestellten Gemeinschaften für Probleme der sexuellen und geschlechtlichen Vergesellschaftung gefunden haben, sind selbstverständlich nicht auf andere Gemeinschaften oder Gesellschaften übertragbar. Ethnologische Studien haben eine Vielzahl unterschiedlicher Formen von *sex/gender systems* beschrieben. Harriet Whitehead z.B. zeigt in ihrer Untersuchung über die „institutionalisierte Homosexualität“ bei einigen Gemeinschaften der Ureinwohner Nordamerikas[64] unterschiedliche ideelle und praktische Lösungen der Vergeschlechtlichung und der sexuellen Beziehungen auf. Sie weisen Whitehead zufolge verschiedene Formen der Bewertung von körperlichen und sozialen Aspekten auf. So spielten beispielsweise biologische Erklärungen, also die Annahme eines angeborenen Geschlechts, bei einem Teil der Gemeinschaften, bei denen institutionalisierter Geschlechtswechsel Bestandteil ihres *sex/gender systems* ist, keine Rolle. Das Geschlecht werde nicht als angeborenes Persönlichkeitsmerkmal betrachtet, sondern als etwas, das sich dem oder der einzelnen in Visionen kund tue. Ebenso wie andere wichtige Fragen der Existenz und der Eingliederung in die gesellschaftliche Ordnung werde ihre Beantwortung den Eingebungen einer spirituellen Welt überlassen. Weder die genitale Ausstattung noch die Präferenz einer sexuellen Objektwahl gäben den Ausschlag, einem bestimmten Geschlecht zugerechnet zu werden. Ausschlaggebend sei vielmehr die Vision, bestimmte Tätigkeiten ausführen zu wollen, zum Beispiel Töpferin oder Krieger werden zu wollen. Die Arbeiten und Aufgaben in der Gemeinschaft seien streng geschlechtlich unterschieden. Um die Arbeiten ausüben zu können, sei es notwendig, das entsprechende Geschlecht, das zu den Tätigkeiten gehört, in Benehmen, Kleidung und in den ihm entsprechenden sexuellen Praktiken anzunehmen, auch z.B. entsprechende Heiraten einzugehen. Festzuhalten ist, daß die Körper in den von Whitehead beschriebenen Gemeinschaften durch *Tätigkeiten* geschlechtlich bezeichnet und sexualisiert werden[65]. Die sexuelle Praxis eines Geschlechtswechslers wird immer als heterosexuelle aufgefaßt, da er/sie aufgrund der Vision, zu dem anderen Geschlecht zu gehören, „halb Frau/halb Mann“ ist, unabhängig von den Genitalien, und er/sie dieses Geschlecht durch entsprechendes Verhalten und Übernahme von entsprechenden Tätigkeiten und Pflichten „wahr“ macht.

Bei anderen Gemeinschaften, die ebenfalls Geschlechtswechsel institutionalisiert haben, sind biologische Vorstellungen von geschlechtlicher Differenzierung nicht unbekannt, Priorität wird jedoch ebenfalls der Geschlechtszuweisung durch die Vision zugesprochen. Sie lösen den Konflikt zwischen

Vorstellungen eines angeborenen Geschlechts und einer in der Vision zugeteilten Geschlechtsidentität, indem sie annehmen, daß sich das biologische Geschlecht entsprechend der Vision ändert. So geben z.B. „Mann zu Frau Wechsler“ vor, zu menstruieren, während „Frau zu Mann Wechsler“ vorgeben, nicht zu menstruieren. Auch hier wird die sexuelle Beziehung zwischen einer „Frau zu Mann Wechslerin“ mit einer Frau nicht als homosexuelle angesehen, sondern als heterosexuell.

Geschlecht – sowohl das biologische als auch das soziale – wird in den von Whitehead beschriebenen Systemen entlang der geschlechtlichen Teilung der Arbeit – wie Töpfern, Körbe flechten u.ä. als weibliche Tätigkeiten; Krieg führen, Jagen, Pferde züchten u.ä. als männliche Tätigkeiten – institutionalisiert. Wie sich jedoch die Individuen auf die beiden angebotenen Identitäten verteilen, wird als eine Angelegenheit außerhalb der Zuständigkeit der Gemeinschaft oder des Individuums angesehen. Nicht selten haben Geschlechtswechsler einen erhöhten Status als drittes Geschlecht mit besonderen Fähigkeiten und Aufgaben. Dessenungeachtet bleibt die ideelle Grundlage des Systems, Heterosexualität und Zwei-Geschlechter-Ordnung, unangetastet. Sie wird weder durch die in unserem Verständnis homo- oder bisexuelle Praxis der Geschlechtswechsler noch durch die Schaffung eines dritten Geschlechts in Frage gestellt. Dieses System findet seinen Ausdruck und seine Bedeutungskraft in der geschlechtsspezifischen Arbeitsteilung, in Bekleidungs- und Verhaltensweisen sowie in der spirituellen Ordnung.

Eine ganz andere Form der Institutionalisierung von Geschlecht und Heterosexualität zeigt Whitehead an der Praxis einer Reihe von Gemeinschaften in Papua-Neuguinea auf. In diesen Gesellschaften spielen die Körper bzw. die ihnen zugewiesenen Zuschreibungen eine determinierende Rolle bei der Vergeschlechtlichung der Individuen und der Interpretation der sexuellen Beziehungen. Hierbei kommt den Körperflüssigkeiten eine immense Wichtigkeit zu. Die Bedeutungszuweisung an Körperausscheidungen (Ernährungsfunktion des Spermas, Giftigkeit der Ausscheidungen der Frauen, insbesondere des Menstruationsblutes) führt zu einer Ausdifferenzierung von gesellschaftlichen Räumen, die jeweils nur einem Geschlecht vorbehalten sind. Der Austausch von Körperausscheidungen führt darüber hinaus zur Bildung eines Verwandtschaftssystems, das sich von der heterosexuellen Struktur loslöst und neben diesem besteht. Über den Spermaaustausch der Männer werden bindende Beziehungen zwischen ihnen hergestellt, die die Gesellschaft ebenso strukturieren wie das heterosexuelle Verwandtschaftssystem. Diese Praxis wird allerdings nicht als homosexuelle Praxis begriffen, sondern als notwendiges Stadium zur Erreichung von geschlechtlicher Identität. Zumindest männliche Identität ist auch hier nicht angeboren, sondern muß erst kulturell erzeugt werden. Auch in diesem Fall wird dadurch weder die Zwei-Geschlechter-Ordnung noch die heterosexuelle Struktur in Frage gestellt. Homosexualität ist verpönt. Die ebenfalls existierende strenge geschlechtliche Arbeitsteilung spielt für die kulturelle Ausarbeitung der

Zwei-Geschlechter-Ordnung scheinbar eine geringere Rolle, hat dafür aber große Bedeutung für die Geschlechterhierarchie. Die Vorenthaltung von Arbeitsmitteln und von symbolischen Gegenständen durch die Männer legitimieren zusätzlich die Abwertung und Unterordnung der Frauen. Die hoch affektive Besetzung von Körperflüssigkeiten als Zeichen der geschlechtlichen Identität führt zu einer Reihe von Konflikten vor allem in der Ausgestaltung der heterosexuellen Beziehungen. Da der sexuelle Kontakt mit dem anderen Geschlecht eine Vermischung der geschlechtlich differenzierten Körperflüssigkeiten mit sich bringt, stellt der Koitus in Hinblick auf die Norm der Geschlechtertrennung eine recht gefährliche Aktivität dar, die u.a. damit entschärft wird, daß eine Reihe von Regelungen (Zeit, Ort, Reinigungsrituale) einzuhalten sind. Die heterosexuelle Beziehung ist zwar einerseits Grundpfeiler der sexuellen Organisation, andererseits scheint sie die Zwei-Geschlechter-Ordnung in Frage zu stellen. Die Beziehungen der Geschlechter tendieren, so auch Godelier in seiner Studie über die Baruyas zeigt, zur Feindseligkeit[66], während das Verwandtschaftssystem, das durch den Flüssigkeitstausch der Männer gestiftet wird, freundschaftlich ist. Über die Austauschbeziehungen zwischen Frauen sagt Godelier leider nur wenig, er deutet jedoch an, daß auch die Frauen ihre Körperflüssigkeiten austauschen.

Diese Beispiele zeigen, daß *„doing sex“*, *„doing gender“* und *„doing heterosexuality“* variable Elemente sind, die in unterschiedlichen Praxisfeldern mit Bedeutung aufgeladen werden und erst in ihrer Verschränkung die Grundlage eines kohärenten, weitgehend stabilen *sex/gender systems* ergeben. So scheint weder allein die Vervielfältigung von Geschlechtern noch die Möglichkeit des Geschlechtswechsels noch der Einschluß nichtheterosexueller Praxen noch der Auschluß von biologischen Determinanten die Praxis der Zwei-Geschlechter-Ordnung, der gegengeschlechtlichen Beziehungsnorm und der überwiegend hierarchischen Geschlechterordnung ernsthaft in Frage zu stellen. Jedoch zeigen die Beispiele, daß *sex/gender systems* stets die Institutionalisierung von *Geschlechterunterscheidung, -trennung und -bezogenheit* aufweisen, auch wenn Begründungszusammenhänge und/oder soziale Formen von Geschlecht und Sexualität variieren. Die Beziehung von Zwei-Geschlechter-Ordnung, diskreten Geschlechtsidentitäten und der Privilegierung gegengeschlechtlicher Beziehungen erweist sich weniger als homogenes System, denn als ein kompliziertes Zusammenspiel unterschiedlicher Ausarbeitungen der einzelnen Dimensionen.

Ich denke aber, daß die Strukturprinzipien »Trennung« und »Bezogenheit« mit ihren Effekten Vereindeutigung und Vermischung die Variationsmöglichkeiten für jede gesellschaftliche Organisation von Geschlechterdifferenz, Heterosexualität und Generativität beeinflussen. Damit es die beiden Geschlechter verläßlich gibt, die sich langfristig im exogamen, heterosexuellen Geschlechtsakt begegnen und diesen auch reproduktiv vollziehen können, scheint es notwendig zu sein, diese *zum einen* durch die Geschlechterunterscheidung und -trennung zu produzieren und *zum anderen* die Voraussetzung zur (heterosexuellen) Bezogenheit der Geschlechter zu schaffen[67]. Dabei kann sowohl Zwei-Geschlechter-Ordnung in darüber hinausgehende Geschlechtspositionen ausgearbeitet werden, wie auch neben Heterosexualität im engeren Sinne (auf Fortpflanzung und Koitus bezogen) andere sexuelle Verbindungen gefördert werden können, wenn sich diese dem hegemonialen Muster von Zwei-Geschlechter-Ordnung und Heterosexualität nicht widersetzen.

Geschlechtertrennung und die *Zusammenführung des Getrennten* sind indes Strukturprinzipien, die miteinander in Konflikt stehen. So können z.B. Verwandtschaftssysteme die Reproduktion der Geschlechtertrennung fördern, die Geschlechtertrennung führt hingegen nicht zwangsläufig zur Reproduktion der Verwandtschaftssysteme, sie scheint der Bildung von stabilen und reproduktiven Verwandtschaftsbeziehungen eher entgegenzuwirken[68]. Erfordert Heterosexualität zwar die Geschlechtertrennung, so führt diese nicht unbedingt zu einer – durchgängigen – heterosexuellen Praxis. Die Institutionalisierung homosexueller Praxis wiederum stellt hegemoniale Heterosexualität nicht zwangsläufig in Frage. »Allianz« und »Sexualität« können demzufolge keine säuberlich zu unterscheidende Funktionen zugeschrieben werden, etwa der Allianz die Funktion der Sicherung von Generativität und Sexualität die Funktion der Einschränkung oder Bereitstellung sexueller Positionen. Wie hier zu sehen ist, variieren diese Funktionen. Was allerdings deutlich wird, ist, daß Allianz und Sexualität erst in ihrer Verwobenheit soziale Wirkmächtigkeit gewinnen. Trotzdem gilt es m. E., Allianz und Sexualität analytisch in der Form zu trennen, so daß es möglich wird, Transformationen in beiden Systemen zu erfassen.

Darüber hinaus zeigt sich, daß die Ergebnisse dieser gesellschaftlichen Aktivitäten, so unterschiedlich sie sind, zumeist eine hierarchische Struktur des Geschlechterverhältnisses aufweisen, was zum Beispiel Sandra Harding dazu veranlaßt, von *sex/gender systems* als Systemen männlicher Herrschaft zu sprechen[69]. Es scheint mir allerdings notwendig, zunächst die gesellschaftliche Konstruktion/Organisation von Zwei-Geschlechter-Ordnung und heterosexueller Praxis von der Problematik der Dominanz des Maskulinen zu trennen, um deren Zusammenhang *und* Divergenz herausarbeiten zu können. So ist zwar zum einen anzunehmen, daß die Geschlechtertrennung Ungleichheit – z.B. als Unterscheidungsmerkmal – fördert, andererseits steht eine hierarchische Beziehung der Geschlechter zu der angestrebten Komplementarität und Anziehung der Geschlechter im Widerspruch[70]. Ich halte es daher für sinnvoller, *sex/gender systems* als Bereiche gesellschaftlicher Auseinandersetzungen zu erfassen, die – zu einer bestimmten Zeit, in einem bestimmten Kontext – zur Ausbildung von Hierarchien führen können. Diese Auseinandersetzungen gälte es dann jeweils zu rekonstruieren.

3.3 Lust, Geschlecht, Generativität und gesellschaftliche Transformation

Die Diskussionen um Sexualität, deren Komplexität Gegenstand meiner Arbeit war, haben in die deutschsprachige Frauenforschung kaum Eingang gefunden. In theoretischen Herangehensweisen, die die Erforschung des Geschlechterverhältnisses an gesamtgesellschaftliche Analysen rückbinden, taucht die Frage nach der *gesellschaftlichen Organisation von Sexualität* zumeist nur als programmatische Forderung auf[71]. Grundlegender für eine Analyse, die Geschlechterhierarchie *und* das gesellschaftliche Ganze umfassen soll, sind Fragen nach den sozio-ökonomischen Dimensionen des Geschlechterverhältnisses[72] und nach der Bedeutung von „Geschlecht" für gesellschaftliche Strukturierungs- und Machtprozesse[73]. Sexualität, so scheint es auf den ersten Blick, steht „quer" zu Konzepten geschlechtshierarchischer Arbeitsteilung und/oder Konzepten gesellschaftlicher Totalität. Die Akzentuierung der geschichtlichen Gewordenheit von Arbeitsteilungen und Eigentumsformen wie der hierarchischen und widersprüchlichen Ausdifferenzierung des gesellschaftlichen Ganzen deutet vielmehr auf versachlichte und rationalistische, „asexuelle" Vergesellschaftungsprinzipien hin.

Gleichwohl werden Anknüpfungspunkte zur Einbeziehung von Sexualität benannt. Neben der Betonung der Bedeutung von psychosexuellen Prozessen für die Organisation des Geschlechterverhältnisses ist vor allem ein Teilaspekt der gesellschaftlichen Organisation von Sexualität, »Generativität«, in feministische gesellschaftstheoretische Entwürfe aufgenommen worden. Dem gilt im weiteren mein Interesse, dabei beziehe ich mich auf Ursula Beers Entwurf einer „generativen Reproduktion". Ich werde zeigen, daß die Einbeziehung von normativer Zwei-Geschlechter-Ordnung sowie der Privilegierung gegengeschlechtlichen Begehrens in einen Ansatz der „generativen Reproduktion" dazu beitragen kann, offene Probleme der Tradierung von Geschlechterungleichheit weiter zu erschließen.

Ursula Beers Konzept der Bevölkerungsweise

Ausgangspunkt der historisch-empirischen Untersuchung, die Ursula Beer in „Geschlecht, Struktur, Geschichte" an ihre metatheoretischen Überlegungen zum Strukturbegriff anschließt, ist der Transformationsprozeß von der ständischen zur bürgerlich-kapitalistischen Gesellschaft. Sie geht der Frage nach, wie sich die soziale Konstitution des Geschlechterverhältnisses unter bürgerlich-kapitalistischen Bedingungen vollzieht bzw. welche *Funktion* sie für die aufkommende Industriegesellschaft übernimmt. Eine zentrale These ihrer Untersuchung lautet, der Nachweis einer strukturellen Verankerung des Geschlechterverhältnisses könne nicht allein durch einen Rekurs auf ökonomische Strukturierungsprinzipien geführt werden. Beer zeigt, daß auch eine kapitalistische Gesellschaft zu ihrer Reproduktion auf nichtmarktvermittelte, „naturalwirtschaftliche" Versorgungsleistungen angewiesen ist. Dazu gehört neben der Zeugung, dem Austragen und Gebären von Kindern die Sicherung ihrer emotionalen und materiellen Versorgung. Diese – in der Marx'schen Theorie weitgehend ausgesparte – Dimension gesellschaftlicher Reproduktion verweist darauf, daß die Menschen in kapitalistischen Gesellschaften nicht allein über marktökonomische Zusammenhänge vergesellschaftet sind, sondern auch über ihr generatives Vermögen:

„Im Unterschied zur traditionellen marxistischen Theorie, die menschliche Produktivkraft nur in ihrer marktökonomischen Vergesellschaftung zum Gegenstand hat, stellt jene in dem hier vorgeschlagenen Modell nur eine von mehreren und voneinander zu unterscheidenden Vergesellschaftungsformen von Menschen dar: Menschliche Subjekte erfahren eine (geschlechtsspezifische) Vergesellschaftung ihres Arbeits- und ihres generativen Vermögens; sie figurieren als Lohn- oder Familienarbeitskraft, auf historisch-besondere Art und Weise als Mütter oder Väter, sind menschliche Produktivkraft aber auch als 'Kapitalist' oder patriarchaler Nutznießer von Familienarbeitskraft." [74]

Eine Ausdifferenzierung von Strukturzusammenhängen industrialisierter Gesellschaften in „Produktionsweise" und „Bevölkerungsweise" gestattet es Beer zufolge, „das ursprüngliche feministische Anliegen, die Gebärtätigkeit von Frauen in eine materialistische Theorie hereinzuholen, auf eine sehr viel breitere Grundlage zu stellen: generative Reproduktion im Sinne demographischen Wandels und demographischer Strukturen zum Gegenstand von Gesellschaftstheorie zu machen"[75].

Auf dieser Grundlage untersucht Beer die Veränderungen der Bevölkerungsweise und deren Folgen für das Geschlechterverhältnis. Im Übergang von feudaler zu kapitalistischer Produktionsweise zerfielen die traditionellen Strukturen, die die generative Reproduktion, und damit die Regulierung des Bevölkerungsbestandes, bis dahin abgesichert hatten. Heiratsbeschränkungen, die Menschen ohne eigene ökonomische Absicherung daran hindern sollten sich fortzupflanzen, wurden aufgehoben; materielle Verpflichtungen, die die Herkunftsfamilie gegenüber ihren (auch erwachsenen) Kindern hatten, fielen weitgehend fort; Dienstverhältnisse, die Ehe- und Kinderlosigkeit unter Strafandrohung durchsetzten, wurden durch Arbeitsverhältnisse ersetzt, die in diesem Bereich keine Sanktionen einschlossen. Was ehemals gemeinschaftlich gesichert wurde – die Begrenzung der generativen Reproduktion auf diejenigen Bevölkerungsschichten, die dann sowohl die Möglichkeit als auch die Pflicht hatten, für die Versorgung ihrer Nachkommen aufzukommen – wurde im Zuge der Trennung von Erwerb und Familie wie im Übergang von Eigentum zu Kapital als Grundlage der Produktionsweise zur „Privatsache", zur Aufgabe und Pflicht der Familien. Die Menschen waren nun frei, Ehen einzugehen und (legitime) Kinder zu bekommen, gleichzeitig entsteht aber ein „Vakuum" in der Sicherstellung der Reproduktion der Bevölkerung.

Was zunächst wie eine Partizipationsmöglichkeit aller an vormals auf wenige begrenzten sozialen Vorrechten erscheint, erweist sich jedoch für Frauen als widersprüchlich. Sie sind es, die nunmehr zur Sicherung der generativen Reproduktion „verpflichtet" werden; es sind ab jetzt die Eh*efrauen*, die mit ihrer unbezahlten Arbeit die Sicherung des Bevölkerungsbestandes gewährleisten. Die Zuweisung generativer Aufgaben und Zuständigkeiten an Ehefrauen zieht, wie Beer zeigt, ihren Ausschluß von marktvermittelter Arbeit bzw. ihren prekären Einschluß in sog. „bad jobs" nach sich. Dieses wiederum hatte zur Folge, daß sich männliche Vorrechte – nunmehr über die Verfügungsmöglichkeit über Lohn bzw. Kapitaleinkünfte gestiftet – durch die Privilegierung des „Ernährers" als „Familienoberhaupt" im Familienrecht erneuern und, wie Ursula Beer schreibt, in nie gekannter Form verallgemeinern.

Diese neue Form von Geschlechterungleichheit nennt Ursula Beer daher „doppelten Sekundärpatriarchalismus", weil er sowohl in der Erwerbssphäre wie in der Familiensphäre dem männlichen Geschlecht eine privilegierte Position sichert. Der „doppelte Sekundärpatriarchalismus" ist für Beer nicht das Ergebnis männerbündischer Zusammenschlüsse, sondern *funktional* für die industriekapitalistische Gesellschaft, die neben der marktvermittelten Arbeit auf naturalwirtschaftlicher Arbeit zur Sicherung der gesamtgesellschaftlichen Reproduktion beruht. Er sei die historisch-spezifische Antwort auf das Problem, wie eine industrielle Gesellschaft ihre „biologisch-natürliche" Bestandssicherung[76] vergesellschaftet.

Unklar bleibt jedoch, warum es gerade die F*rauen* sind, die auf die Sicherung der naturalwirtschaftlichen Elemente der Industriegesellschaft verwiesen werden, während Männer an den neu entstandenen Vergesellschaftungsformen von Arbeit partizipieren konnten[77]. Auch Ursula Beer weist darauf hin, daß sich die geschlechts*hierarchische* Arbeitsteilung weder aus den Erfordernissen der neuen Produktions- und Bevölkerungsweise noch aus der Gebärfähigkeit von Frauen ergeben muß. Denkbar wäre auch, daß sich aus einem solchen tiefgreifenden Umbruchprozeß neue, egalitäre Formen der Verteilung der generativen Arbeit auf beide Geschlechter ergeben könnten. Beer führt die neuen Unterdrückungsverhältnisse auf eine „kulturell tradierte Geschlechterungleichheit" zurück, die bereits in der ständischen Gesellschaft zur Abwertung von Frauenarbeit führte und auch im patriarchalen Familienmodell wirksam war. Die Tradierung von Geschlechterprivilegien könne jedoch nicht als ein intentionaler Prozeß verstanden werden: „ist sogar unwahrscheinlich, demgegenüber *eher eingebettet in ein kulturelles Muster, das 'ganz selbstverständlich' Geschlechterherrschaft beinhaltete und voraussetzte.*"[78]

Die gesellschaftliche Notwendigkeit der Reproduktion der Bevölkerung und deren spezifische Lösung in bürgerlich-kapitalistischen Gesellschaften kann also allein nicht erklären, warum sich erneut ein hierarchisches Geschlechterverhältnis herausbildet. Ursula Beer hat aber mit der Vermutung eines „kulturellen Musters" einen Anknüpfungspunkt für diese Frage angedeutet. Obwohl m. E. davon ausgegangen werden muß, daß wir es weniger mit einem konsistenten, universellen kulturellen Muster, sondern vielmehr mit einer Reihe von heterogenen kulturellen Mustern zu tun haben, zeigt die Arbeit, daß die sozialen, kulturellen und diskursiven Formierungen einer heterosexuellen Norm besonders gut dazu geeignet sind, Ungleichheitslagen zu naturalisieren und damit zu verdecken. Dieses kulturelle Muster setzt sich, so meine These, aus einer vereinheitlichenden und vereindeutigenden Normierung von Zwei-Geschlechter-Ordnung, von heterosexuellem Begehren *und* von Generativität zusammen. Um diesen Zusammenhang näher bestimmen zu können, bedarf es einer Untersuchung der gesellschaftlichen Organisation von Sexualität und der Art und Weise, wie diese in das Geschlechterverhältnis und in gesellschaftliche Verhältnisse eingebettet ist. Hier bietet sich Michel Foucaults Konzept der Bio-Macht als theoretische Zugangsweise an, das ich eingangs vorgestellt habe. Ich fasse es an dieser Stelle noch einmal kurz zusammen.

Auch Foucaults sozialhistorisch ausgerichtete Arbeiten zur Macht beschäftigen sich mit dem Transformationsprozeß feudalistischer/absolutistischer Gesellschaften in bürgerlich-kapitalistische Gesellschaften, in dem – und das ist Foucaults zentrale These – neue Formen der Machtausübung nicht zu einer Verringerung von Macht, sondern vielmehr zu einer nie gekannten Ausweitung von Macht in alle sozialen Bereiche führen. Beschreibt Foucault einerseits die „Disziplinartechnologie der Arbeit", d.h. die Zurichtung von Menschen in „Arbeitskräfte", einen gewaltigen Machtkomplex, der erst die Grundlage kapitalistischer Produktionsweise – die Ware Arbeitskraft – hervorbringt, wendet er sich andererseits mit seinen Überlegungen zur Bio-Macht dem zu, was Ursula Beer strukturtheoretisch mit dem Begriff der Bevölkerungsweise zu fassen sucht:

„....der Gesamtheit von Prozessen (...) wie etwa dem Verhältnis von Geburten und der Todesfälle, der Reproduktionsrate, der Fruchtbarkeit einer Bevölkerung usw. Es sind diese Prozesse der Geburtenrate, der Mortalität, der Lebensdauer, die gerade in der zweiten Hälfte des 18. Jahrhunderts in Verbindung mit einer ganzen Menge von ökonomischen und politischen Problemen (...) die ersten Wissensobjekte der Bio-Politik und die ersten Zielscheiben bio-politischer Kontrolle bildeten."[79]

Foucault zufolge wird die Bio-Macht zu einem beherrschenden Modus der Vergesellschaftung in modernen Gesellschaften. Sie beruht auf der produktiven Durchsetzung und Ausweitung des Prinzips „Leben": der Sicherung des individuellen wie des kollektiv-nationalen (Über)Lebens vor Risiken und Unwägbarkeiten der „Natur". Die Bio-Macht durchdringt den Raum des Politischen, augenfällig sowohl in der Etablierung von „Sozialpolitik" als auch in der blutigen Ausgrenzung „unwürdigen Lebens"; sie tangiert den Raum des Ökonomischen, wo Gentechnologie und Atomindustrie die Ambiguität des „Rechts auf Leben" aufzeigen. Die Bio-Macht strukturiert ebenso die sozialen Beziehungen, ja die Beziehungen der Menschen zu sich selbst. Die vernünftige Auswahl der LebenspartnerInnen, die sorgfältige Planung und Pflege des Nachwuchses, eine gesunde Lebensführung, die Steigerung von Lebensgenuß und -dauer sowie die Absicherung vor Unglücksfällen aller Art sind individuelle Anstrengungen, mit denen die Menschen sich selbst und in bezug auf andere als normale, mündige Mitglieder der Gesellschaft definieren. Auch hier zeigt sich die janusköpfige Gestalt der Bio-Macht: Auf der Rückseite des „Leben-Machens" liegt die zerstörerische Kraft der (auch gewalttätigen) Ausgrenzung dessen, was nicht der Maximierung von Lebenschancen dient oder ihnen im Weg zu stehen scheint. Dies können Anteile des Selbst sein oder die Ausgrenzung ganzer Bevölkerungsgruppen. Bio-Macht, so Foucault, lagert sich im individuellen wie im kollektiven Körper ab. Sie strukturiert das Selbst, z.B. in Bewußtes/Unbewußtes, Körper/Geist, Verstand/Gefühl ebenso wie die Bevölkerung in gesund/krank, normal/verrückt, angepaßt/kriminell. Foucault geht noch weiter, indem er sagt, daß auch die Unterscheidung von „Rassen" der Strukturierung der Bevölkerung dient.

Zusammen mit der von Foucault vorgenommenen Analyse der Ausdifferenzierung gesellschaftlicher Klassen wird deutlich, daß er in der Bio-Macht das soziale Band sieht, das moderne Gesellschaften in einer spezifisch paradoxen Art strukturiert: Sie ermöglicht es, daß sich die Menschen als einzigartige „Subjekte" verstehen lernen und schließt sie zugleich als amorphe, vereinheitlichte „Bevölkerungsmasse" zusammen. Dabei ist die Kehrseite des „Rechts auf Leben" stets die Ausgrenzung bzw. Vernichtung von Leben.

Die Bio-Macht bediene sich, so Foucault, spezifischer Diskurse und sozialer Praktiken, die sich um Sexualität situierten. Die diskursive und soziale Zähmung der Lüste ist Foucault zufolge so bedeutsam für die neue Form der Macht, weil sie die Verknüpfung von (Individual)Disziplin und (Bevölkerungs)Regulierung ermöglicht und sichert.

In den Diskursen und Praktiken der Moderne haben, so Foucault, die Lüste eine spezifische Gestalt angenommen, die durch eine doppelte Verknüpfung von *Lust und Subjekt* sowie von *Lust und Fortpflanzung* gekennzeichnet ist. Die Sexualisierung des Subjekts (die Produktion der gemeinsam geteilten Vorstellung, daß unser Begehren, unser Geschlecht tiefste Wahrheiten über unser Selbst birgt) und die Erotisierung von Zeugungs- und Gebärfähigkeit (die Produktion der gemeinsam geteilten Vorstellung, daß nur sexuelle Ausdrucksformen, die zumindest potentiell zur – qualitativ wertvollen – Fortpflanzung führen, „gesund" und „natürlich" sind) verschränken sich im 19. Jahrhundert zu einem Alltagsverständnis von „Sexualität" als gefährliche und mächtige Kraft, die der sorgsamen Pflege und Überwachung bedarf. Vor allem die bürgerliche Klasse sucht sich über die Hygienisierung des Triebes – z. B. durch die Bekämpfung der Masturbation, durch die Behandlung „hysterischer" Frauen, durch die Kriminalisierung oder Psychiatrisierung sog. „Perverser" – einen „Körper" zu geben, der ihren Anspruch auf Hegemonie dadurch bestätigt, daß er leistungsfähig und überlegen ist.

„Unnatürliche" Sexualität – Sex mit dem „falschen" Geschlecht, Masturbation, empfängnisverhütende Praktiken, Verkehr mit Prostituierten – wird dabei zu einem Problem, das nicht nur einzelne betrifft, sondern vielmehr das

Wohl der Bevölkerung gefährdet. Es verbreitet sich, so Foucault, eine „Theorie der Degeneration“: Ungezügelte Sexualität führe nicht nur zur Schädigung des Organismus, sondern zur Schädigung des Erbgutes und somit der nachfolgenden Generationen. Was letzten Endes gefährdet ist, ist das Leben. Über die Diskurse und Praktiken des „Sexualitätsdispositivs“ können sich die neuen Machtformen tief im Alltag und Bewußtsein der Individuen verankern und sie zu ihren getreuen Helfern verpflichten. Machtbeziehungen „verkleiden“ sich als Erfordernisse der Natur.

Foucaults Ansatz der Bio-Macht und die Rolle, die er der „Sexualität“ für die Einbindung jedes/r einzelnen in die neuen Machtformationen zuweist, stellt m. E. eine fruchtbare Erweiterung zu Ursula Beers Überlegungen zur „Bevölkerungsweise“ dar. Er geht über die Ebene des Ökonomisch-Funktionellen hinaus und kann subjektive Motive erfassen, die die einzelnen an die neue Macht ketten, ohne daß dies zu durchschauen wäre. Jedoch läßt sich auch aus Foucaults Ansatz nicht unmittelbar entnehmen, wie sich das *Machtgefälle zwischen den Geschlechtern* in diesem Transformationsprozeß verändert bzw. neu formiert.

Foucault selbst spart die Veränderungen, die der Übergang in die neuen Machtverhältnisse für das Geschlechterverhältnis mit sich bringt, weitgehend aus. AutorInnen, die Foucaults Ansatz aufgenommen haben, zeigen in historisch angelegten Studien, wie sich im 18. und 19. Jahrhundert die Deutungsmuster von Geschlechterdifferenz, von biologischem und sozialem Geschlecht, von sexuellem Begehren sowie von dem Zusammenleben der Geschlechter verändert haben[80]. Obwohl in diesem Zeitraum eine Reihe sich widersprechender Vorstellungen miteinander konkurrieren[81], erweist sich die folgende als dominant: Die Geschlechter sind biologisch – aufgrund ihrer leiblichen Konstitution – *fundamental verschieden*, und sozial – aufgrund ihrer (erotisierten) Fortpflanzungsverpflichtung – *komplementär aufeinander verwiesen.* Diese Vorstellung löst das „Eingeschlechtermodell“ (Laqueur) und die Hierarchisierung der Geschlechter durch ständische Gebundenheit weitgehend ab.

Auf der Ebene des sozialen Lebens nimmt der Druck für beide Geschlechter immer mehr zu, sich in legitimen heterosexuellen Verbindungen, der Ehe, zusammenzuschließen. Die verallgemeinerte heterosexuell-monogame Lebensgemeinschaft wird zum zentralen (Über)Lebensort, sowohl was die generative Reproduktion betrifft als auch auch die ökonomische Existenzsicherung[82]. Scheint dieses komplementäre Arrangement der Geschlechter auf den ersten Blick egalitär, so zeigt sich, daß in der Konstruktion von der leiblich-konstitutionellen Geschlechterdifferenz wie der heterosexuellen Bezogenheit eine tiefgreifende Hierarchisierung der Geschlechter versteckt ist. Der zu dieser Zeit allgemein akzeptierten Auffassung vom Organismus folgend, in der jedes noch so kleine Teil die Funktion und Aufgabe des Ganzen bestimmt, wird die sexuelle Differenz zum „sozialen Platzanweiser“ in der sich ausdifferenzierenden Gesellschaft: Dem nach außen gerichteten, aktiven, begehrenden Mann gehört nun „natürlicherweise“ der Platz im Öffentlichen, in den neu entstehenden Wirtschaftsformen;

der verletzlichen, nach innen gerichteten, passiven Frau der Platz im Privaten, im Haus. Das normative Ideal der heterosexuellen Begegnung, der Koitus, wird zum Leitbild der Beziehungen der Geschlechter in der Ehe und im Erwerbsleben: Der Mann, aktiv eindringend, gibt (das Geld, die Arbeit), die Frau, passiv erwartend, empfängt. Mit der Herausbildung einer neuen Familienform verschränkt sich eine neue sexuelle und geschlechtliche Matrix.

Nicht alles ist neu in dieser Neucodierung von Geschlecht und Begehren; vieles hat seine Wurzeln in tradierten hierarchischen Vorstellungen von Geschlechterdifferenz, die dem Weiblichen die Rolle des Minderen zuweisen. Neu ist, so der Tenor der Untersuchungen, der Ausschluß von ambivalenten Vorstellungen, die bis dahin den Geschlechterdiskurs prägten: z.B. der Vermischung von Weiblichem und Männlichem in einem Körper, von aktivem und passivem Begehren, von gleichgeschlechtlicher und gegengeschlechtlicher Liebe. Neu ist ebenso die Ausweitung des Geltungsbereiches dieser normativen Anforderungen, nicht zuletzt durch die „Verwissenschaftlichung des Lebens". Jede und jeder ist verpflichtet, ihre/seine Lust zu prüfen zur Bewahrung der eigenen Gesundheit wie zur Wahrung der „Volksgesundheit". Neu ist auch die Fortpflanzungsanforderung an alle, die nicht allein quantitativ betrachtet wird, sondern die Sorge um das Erbgut in sich birgt.

Die neue heterosexuelle Norm beinhaltet darüber hinaus eine Spannung, die aus ihren paradoxen Effekten gespeist ist: Die heterosexuelle Norm individualisiert und totalisiert zugleich, sie macht die Menschen zu klar unterscheidbaren Subjekten ihrer „Sexualität" mit unwägbaren, unvergleichlichen Geheimnissen und zugleich schließt sie sie als „Träger" des Erbgutes zusammen. Diese Spannung kann ohne Wissen der Akteure sowohl den Widerstand gegen spezifische Normierungen von Sexualität mobilisieren als auch deren Unterstützung, sie stellt ein Reservoir für die affektive Unterfütterung solcher Kämpfe dar. Ich habe dies im vorigen Kapitel aufgezeigt.

Was ich zunächst weitgehend diskurstheoretisch erschlossen habe, werde ich im folgenden anhand der Sittlichkeits- und Hygienebewegung, die im wilhelminischen Deutschland entstand, auf der Ebene der sozialen Praxis nachzeichnen.

Reinheit und Vermischung – Die Sorge um die Nation

Aus der Sorge um die Bevölkerung entsteht um die Jahrhundertwende im deutschen Kaiserreich eine bürgerliche Massenbewegung, die sich – obwohl außerhalb des Parteiensystems – als politische und soziale Kraft etabliert. Das Selbstverständnis der bürgerlichen Klasse als Trägerin des „Kulturstaates", die liberale Idee des Rechts und der Pflicht zur Gesundheit, die konflikthafte Entwicklung der nationalen Einheit und der Industrialisierung, die Selbstbeschränkung des Staates auf Nichteinmischung in die ökonomische Entwicklung und der Aufstieg der Naturwissenschaften bilden die Grundlage einer „Gesundheits-, Hygiene- und Sittlichkeitsbewegung“[83]. Eine Vielzahl von Wohlfahrtsverbänden, von Vereinen für soziale und moralische Erneuerung, von Beratungsstellen für Hygiene, Gesundheit, Geburtenkontrolle und richtiges Stillen, von Antialkoholvereinigungen, von Vereinen gegen die Frauenemanzipation wie von Vereinen für die Frauenemanzipation, von Vereinen gegen Unzucht, gegen die Verbreitung von Geschlechtskrankheiten u.v.a.m. belegen das weitgestreute Tätigkeitsfeld dieser Bewegung. Sie überschreitet teilweise politische Grenzen; Konservative, Sozialisten und Feministinnen schließen sich z. B. in Kampagnen gegen Abtreibung zusammen, andere, ebenso bunte Koalitionen, engagieren sich für Abtreibung. Obwohl die Wissenschaften für die Argumentationen und Praxis der Vereine von größter Wichtigkeit sind, sind es nicht überwiegend professionelle Wissenschaftler, die zusammenfinden. Unternehmer, Honoratioren, ja alle, die sich berufen fühlen, ihr Engagment für die deutsche Nation zu bekunden, werden hier tätig – allerdings innerhalb der Klassengrenzen. Diese „soziale Bewegung“ trägt erheblich zur Verbreitung eines einheitlichen Lebensstils bei, da die Diskurse und Praxen der Gesundheits-, Sittlichkeits- und Hygienebewegung eine größere Reichweite hatten als die offizielle Politik: Sie dringt in die Häuser und in die Körper der Individuen vor. Für den Bereich der Gesundheitspolitik schreibt Paul Weindling:

> „Öffentliche Gesundheitspflege diente zur Disziplinierung und Mäßigung der industriellen Arbeiterschaft. Es gab ein System der medizinischen Polizei, die das Recht hatte, Quarantäne zu verhängen, zu desinfizieren und, in Fällen bestimmter geistiger oder ansteckender Krankheiten, die Verwahrung in Hospitälern anzuordnen. Neben diesen Überwachungsaufgaben funktionierte die Medizin als Agentur informeller Sozialisationsprozesse. Die Produktion eines gesunden Lebensstils, sanktioniert durch wissenschaftliche 'Gesetze', war das Ergebnis subtiler und informeller Prozesse der Erziehung, der Nachahmung, der Mode und des Konsums. Bürgerlicher Status drückte sich nicht allein durch politische und ökonomische Macht, sondern auch durch einen ordentlichen, selbstdisziplinierenden und vernünftigen Lebensstil aus, ein Lebensstil, der große Akzeptanz erzielte. Gesundheit war ein Mittel, mit dem während der Umwälzungen der Industrialisierung versucht wurde, zu einer geschlossenen und integrierten Gesellschaft zu gelangen.“[84]

In den Diskursen und Praktiken der Gesundheits-, Sittlichkeits- und Hygienebewegung sind Auseinandersetzungen um die „Natur“ der Geschlechter, um sexuelle Beziehungen und Praktiken wie auch um die generative Reproduktion zentral. Sexuelle Metaphern und sexuelle Analogien prägen die meisten in dieser Zeit geführten Diskussionen, sie ermöglichen die Verflechtung ganz unterschiedlicher Diskussionen – über nationale Identität, Klassen- und Geschlechterkonflikte, aber auch über „Rassen“. Die „heterosexuelle Matrix“ (Butler) trägt dazu bei, daß sich die heterogenen Praxisfelder verdichten und institutionalisieren können, um schließlich Bestandteil professionalisierter Politik zu werden. Ich möchte dies an zwei Beispielen exemplarisch aufzeigen.

„Was wir aber heute sehen, was in unseren Großstädten außerhalb der bürgerlichen Ordnung und Sitte heute sein Wesen treibt, das geht über das erträgliche Maß hinaus; das bedeutet nicht mehr einen notwendigen Abfluß gefahrdrohender Säfte, durch den der Gesellschaftskörper gereinigt wird, das ist selbst eine fürchterliche Krankheit, die das Volkstum zu entnerven und im Kern zu zerstören droht; das ist kein notwendiges und bei der Mangelhaftigkeit alles menschlichen Wesens entschuldbares Übel, sondern wildeste Entartung; nicht mehr unvollkommene, ungeläuterte Natur, sondern selbst üppigste, raffinierteste Kultur, deren gefährlicher Reiz, deren glänzender Schimmer weltmännischer Ungebundenheit Unzählige zur Vergeudung der Mittel verlockt, mit denen sie bei gutem Willen einen eigenen Haushalt sehr wohl hätten gründen können."[85]

Die „wildeste Entartung", von der Ika Freudenberg hier spricht, ist außerehelicher Geschlechtsverkehr, vor allem Prostitution, und ihre Folgen: Geschlechtskrankheiten. Als Vertreterin der konservativen Frauenbewegung greift sie damit ein Thema auf, das das öffentliche Interesse stark bewegt. Die Bekämpfung der Geschlechtskrankheiten, die als schwere Bedrohung des „Gesellschaftskörpers" angesehen werden, wird zum Ausgangspunkt eines Kampfes gegen sog. „Unsittlichkeit". Wird einerseits durch medizinische Versorgung und Vorbeugung, durch Aufklärung und Verhütungsmittel versucht, die Krankheiten in den Griff zu bekommen, etabliert sich andererseits eine breite Sittlichkeitsbewegung, die eher daran interessiert ist, die Angst zu schüren und damit gleichzeitig das Ideal der monogamen, ehelichen Sexualität normativ durchzusetzen. Statt Kondomen empfehlen die Sittlichkeitsvereine Enthaltsamkeit und einzig auf Fortpflanzung bezogene eheliche Sexualität. Geschlechtskrankheiten werden zum Synonym für ungeregelte, naturwidrige, antideutsche Lasterhaftigkeit und so zum Zeichen des Verfalls sittlicher und moralischer Werte. Gesundheit, Hygiene, Fragen des sexuellen Verhaltens und der Zukunft der Nation werden in engster Weise miteinander verknüpft.

John C. Fout stellt in seiner Untersuchung der Sittlichkeitsbewegung im wilhelminischen Deutschland die These auf, daß die Sittlichkeitsvereine eine männerbündische Antwort auf das Erstarken der Frauenbewegung wie auf die steigende weibliche Erwerbstätigkeit sind. Hauptangriffsziel der Sittlichkeitsbewegung sind Fout zufolge Homosexuelle und Prostituierte, letztere überwiegend gleichgesetzt mit den proletarischen Frauen.

„Zur gleichen Zeit, als es einen deutlichen Wunsch nach Aufrechterhaltung einer patriarchalen Gesellschaft gab, richtete sich die Botschaft der moralischen Reinheit direkt an die Männer. Was wir sehen ist der Versuch, ein geeignetes männliches Verhalten in einer Zeit zu 'redefinieren', in der die Aktivitäten und Organisationen von Frauen die Männer dazu zwangen, ihre Rolle als Mann zu überdenken. In anderen Worten, die Antwort der Männer auf die Frauenbewegung bestand in der Gründung einer Männerbewegung, die zum Ziel hatte, den Anstrengungen der bürgerlichen Frauen, ihre Einflußsphäre zu erweitern und Gleichheit zu erreichen, entgegenzuwirken."[86]

Aufschlußreich ist Fouts Analyse der Rolle, die die ansteigende Verfolgung und Diskriminierung der Homosexuellen in diesem Zusammenhang einnimmt. Trotz (und wegen) der sich etablierenden Sexualwissenschaften, die die „Perversität" der Homosexuellen wissenschaftlich legitimierte, beginnen sich um die Jahrhundertwende homosexuelle Männer zu organisieren. Mit Aufklärungschriften und Versammlungen versuchen sie, Homosexualität als normale und „gutartige" Form der Sexualität zu etablieren. Mit anderen Worten, der homosexuelle Mann taucht als eine Variation der Geschlechter auf, als „drittes Geschlecht". Fout sagt nun, daß bereits bestehende homophobe Tendenzen dazu instrumentalisiert werden, um diese neu auftauchende männliche Geschlechtsidentität zu diskriminieren und gleichzeitig eine Hypermaskulinität als einzig normale und gesunde Männlichkeit durchzusetzen.

„Anwälte der Sittlichkeit wie auch andere hofften, daß der neue Mann den klassischen männlichen Prototyp wieder stärken würde, Männer sollten das dominante Geschlecht im Geschlechterverhältnis bleiben. Der männliche Homosexuelle wurde als kränklich, effeminisiert, pervers und unkontrolliert dargestellt, als das genaue Gegenteil des 'normalen' Mannes, der körperlich stark und aktiv war, die Rolle des Familienoberhauptes innehatte, der sowohl in der Welt der Politik als auch im Hause wie auch in der Fremde dominant war, der seine Sexualität und Gefühle unter Kontrolle hatte. Der männliche Homosexuelle verkörperte nur weibliche Charakteristika, wie Passivität, physische und emotionale Schwäche."[68]

Am so konstruierten „homosexuellen Mann" kann die Gefahr, die von der *Vermischung von Weiblichkeit und Männlichkeit* angeblich ausgeht, „sinnfällig" gemacht werden. „Er" stellt das Person gewordene „monströse Produkt" der Auflösung „natürlicher" (Geschlechter)Grenzen durch die steigende Erwerbstätigkeit der Frauen und deren Einforderung gleicher Rechte dar. Das Konstrukt des effeminisierten Mannes zeigt aber auch noch einmal deutlich die sich durchziehende Abwertung von Frauen auf: Weit entfernt von der postulierten Gleichwertigkeit, werden weibliche Eigenschaften hier offen als minderwertig bezeichnet.

Während sich die Kampagnen gegen Homosexualität eher an Männer allgemein wenden, sind Kampagnen gegen Prostituierte und gegen die „lose Moral" proletarischer Frauen als Warnung an die Mittelschichtsfrauen gerichtet. Ihr Tenor ist, daß das Arbeiten von Frauen außer Haus die Moral und die Volksgesundheit zersetzt. Die Sittlichkeits- und Gesundheitsbewegung ist jedoch nicht nur als bürgerlich-hegemoniale Machtstrategie einzuordnen. Die zunehmende Erwerbstätigkeit von Frauen und das Erstarken der Frauenbewegung wird nicht nur von der bürgerlichen Klasse als Gefahr und Konkurrenz registriert. Selbst die Gewerkschaftspolitik unterstützt den Ausschluß von Frauen, obwohl sie offiziell die Gleichstellung von Frauen fordert. Diskurse über sexuelle Moral und Gesundheit machen es u.a. möglich, diesen Widerspruch zu verschleiern und den Ansprüchen der Frauen, auch im öffentlichen Leben mitgestalten zu wollen, entgegenzutreten. Was hier unter dem Deckmantel der Moral und der Gesundheit verhandelt wird, nämlich die (erneute) Durchsetzung der Geschlechtertrennung und des männlichen Hegemonieanspruchs, formulierte der Deutsche Bund zur Bekämpfung der Frauenemanzipation ganz unverblümt:

„Wir wollen, daß die Arbeitsteilung der Geschlechter, wie sie in geschichtlicher Entwicklung der bisherigen Kultur zu Grunde liegt, zum Segen des Volksganzen bestehen bleibe. Die Frau soll dem Hause und der Familie, ihrem eigentlichen Wirkungskreise, erhalten bleiben, der außerhäusliche Frauenerwerb darf nur als Ausnahme und Notbehelf angesehen werden und bewertet werden und ist nach Möglichkeit überflüssig zu machen. Der Mann darf in seinem Berufe und in seinem Arbeiten in Gemeinde und Staat durch das Dazwischentreten der Frau keine Behinderung erfahren."[88]

Die Sorge um die Aufrechterhaltung der Geschlechterdifferenz, die Propagierung ehelicher Monogamie und die Diskriminierung Homosexueller legitimiert und naturalisiert heterogene politisch-soziale Diskurse, deren eigentliches Ziel es ist, Grenzen zu reetablieren, die zu erodieren drohen, bzw. neue Grenzen zu etablieren: die Grenzen zwischen den Geschlechtern, zwischen Klassen und Nationen, schließlich auch zwischen der „arischen Rasse" und den anderen „Rassen". Der ständige Rekurs auf die „Natur" des Sexes ermöglicht es, das Private als Politisches zu artikulieren, um es zugleich zu „privatisieren", d.h. die machtpolitischen Dimensionen zu verdecken.

Gesundheit, Hygiene und der Erhalt der Bevölkerung

Die vielfältigen Vorschriften, Anregungen und Praxisanleitungen, die der Sorge um Gesundheit und Hygiene entsprangen, sind vor allem an Frauen gerichtet. Ob es um die Zubereitung gesunden Essens, um die Sauberkeit der Wohnungen, um die medizinische und moralische Beobachtung der Familienmitglieder oder um die gesunde Aufzucht des Nachwuchses geht: Es sind Frauen, die dies mit ihrer (unbezahlten) Arbeit sicherstellen sollen. Die Verteilung der Arbeit auf die Geschlechter kann damit nicht nur neu geregelt, sondern darüber hinaus mit neuen Inhalten gefüllt werden, deren Umfang und Wichtigkeit mehr als nur nahelegen, daß Beruf und Familie für Frauen nicht vereinbar sind. Besonders augenfällig sind hier die Diskurse, die das Wohl der Säuglinge und Kinder zum Gegenstand haben. Im Deutschland der Jahrhundertwende wird die „sinkende Geburtenrate" als Bedrohung für die junge Nation angesehen, obwohl die Bevölkerungsziffer kontinuierlich zunahm[89]. Das Nicht-Stillen der Säuglinge wird für die hohe Säuglingssterblichkeit verantwortlich gemacht und mangelnde Versorgung durch die Mutter für die Krankheiten der Kinder. Natürlich werden auch andere Gründe genannt, z.B. die schlechten Wohnverhältnisse, Armut, unsterile Milch. Aber selbst medizinische Abhandlungen über die Säuglingssterblichkeit lassen es sich nicht nehmen, über die Stellung der Frau in der Gesellschaft zu resümieren:

„Die sozialen Ursachen der Säuglingssterblichkeit lassen sich also in zwei Hauptgruppen teilen, 1. in solche, welche die Mutter an der Stillung überhaupt oder an hinreichend langer Stillung hindern, 2. in solche, die auf das Flaschenkind einwirken."[90]

Nachdem der Mediziner Tugendreich die Flaschenstillung als Hauptfaktor der Säuglingssterblichkeit ermittelt hat, was eine höchst einseitige Interpretation der zugrundeliegenden Daten ist[91], widmet er sich den Ursachen, aus denen Frauen nicht stillen. Neben ethischen und intellektuellen Gründen ist es die *Erwerbstätigkeit der Frauen*:

„In dem rücksichtslosen Herausdrängen des jungen Mädchens, der Frau und Mutter aus der Familie liegt vielleicht die schwerste Sünde, die unsere Zeit gegen die Volksgesundheit begeht. Mit der Auflösung der proletarischen Familie fällt für das junge Mädchen die Möglichkeit fort, sich wie ehedem unter Leitung der Mutter auf die schwere, verantwortungsvolle Aufgabe vorzubereiten, die ihrer dereinst im eigenen Haushalt harrt."[92]

Der „Zerfall" der proletarischen Familie wird nach Ansicht des Autors durch die sozialen Einrichtungen wie Kinderkrippen u.a. weiter begünstigt, damit aber im Endeffekt die „Volksgesundheit" und der Bestand der Nation gefährdet. Die Angst vor einer „Dezimierung" der Bevölkerung beherrscht nicht nur konservative Kreise, auch die Linke ist besorgt: Der fehlende Nachwuchs wird als bedrohlich für den Sieg des Proletariats angesehen. Die „Rassen"hygieniker konnten sich dieser allgemeinen Sorge bedienen und fügten ihr noch die Sorge um die *Qualität* der Bevölkerung hinzu. Die Verbesserung der Umweltbedingungen, wie die Restabilisierung der Familie, reicht nach den Vorstellungen der „Rassen"hygieniker nicht aus, um das Überleben der deutschen Nation zu sichern. Es gilt ihrer Meinung nach, das Erbgut zu schützen, das durch die unkontrollierte Vermehrung vor allem der unteren Schichten bedroht ist. Auch bei ihnen steht an einer der ersten Stellen der Diskurs gegen die berufstätige Frau: allerdings gegen die *bürgerliche berufstätige Frau*. Ist es die Vorstellung der „Rassen"hygieniker, die proletarische Schicht von der Vermehrung weitgehend auszuschließen, so muß die bürgerliche Schicht entsprechend „nachwuchsintensiv" sein. Dem steht aber die zunehmende Erwerbstätigkeit der bürgerlichen Frauen entgegen. In einer mit vielen statistischen Daten angereicherten wissenschaftlichen Abhandlung versucht Fritz Linz, die Abträglichkeit des weiblichen Universitätsstudiums für die „Rasse" nachzuweisen. Gerade die Frauen, die die „Auslese der Rasse" darstellten und damit für die Weitergabe qualitativ wertvollen Erbgutes prädestiniert seien, blieben durch das Studium und die Erwerbstätigkeit ehe- und kinderlos. Damit entstehe der „Rasse" ein unermeßlicher Schaden. Durchaus moderat argumentiert Linz gegen die weibliche Erwerbstätigkeit:

„Ich verkenne durchaus nicht, daß infolge der Gestaltung der wirtschaftlichen Verhältnisse das einzelne Mädchen heute gezwungen ist, einen Beruf zu ergreifen. Der wirtschaftliche Zwang aber ist nicht aus innerer Notwendigkeit der Wirtschaftsentwicklung entstanden, sondern daraus, daß von seiten des Staates und der Gesellschaft nichts Ernstliches zum

Schutz der Familie geschehen ist. Die Schuld liegt auch hier in einer Verirrung der *sozialen Moral.* Wie eine wirkliche Lösung der Frauenfrage zu erreichen wäre, soll in der praktischen Rassenhygiene gezeigt werden."[93]

Das liest sich dann wie folgt:

„Besonders schwierig liegt die Berufsfrage für die Töchter gebildeter Familien. Am besten ist es selbstverständlich, wenn gesunde und tüchtige Mädchen möglichst früh heiraten und möglichst viele Kinder aufziehen. Jeder andere Beruf für das weibliche Geschlecht muß im Vergleich zum Mutterberuf als ein unvollkommener Ersatz gelten, und *vereinbar sind beide ja doch nicht.* (...) Die beste Berufsausbildung für das Weib ist die, in deren Verlauf es dazu kommt, daß die Ausübung des Berufes unnötig wird. (...) Die Fortführung eines Berufes durch eine verheiratete Frau unter Verzicht auf Kinder widerstreitet selbstverständlich den Forderungen der Rassenhygiene in hohem Grade."[94]

In Linz' Ausführungen fehlen auch nicht Angriffe auf die Frauenbewegung. Quintessenz seiner „Rassen"hygiene ist die kinderreiche Familie derjenigen, die wertvolles Erbgut weitergeben; Familien, in denen die Frau ihre wertvolle Arbeit als Gebärerin und Erzieherin ausübt, und der Mann zeugt und arbeitet. „Rassenhygienische" Ratgeber sparen nicht mit Hinweisen für eine „gesunde" eheliche Sexualität und für die Sexualerziehung der Kinder. Homosexualität wird als Beweis für die „Degeneration" der „arischen" Rasse angesehen, die vorgebliche „Effeminisierung" der jüdischen Bevölkerung als Beweis ihrer „Minderwertigkeit". Auch hier wird unermüdlich die „heterosexuelle Matrix" aufgerufen, um Grenzen zu etablieren und gleichzeitig zu naturalisieren.

Diskurstheorie und Gesellschaftstheorie

Es ging mir darum, eines der „kulturellen Muster" (Beer) sichtbar zu machen, das die Ungleichheit zwischen den Geschlechtern tradiert und politische Auseinandersetzungen auf die Ebene des „Natürlichen" zurückzuführen und damit zu neutralisieren sucht. Die Untersuchungen über die Verfolgung von Homosexuellen zeigen, daß mittels eines Diskurses der normativen Heterosexualität weitere gesellschaftliche Grenzen (so z.B. zwischen „Normalen" und „Perversen", zwischen „hochwertigen" und „degenerierten" Völkern und „Rassen" sowie zwischen den Klassen) gezogen und gesichert werden konnten. Dabei habe ich auf die Ansätze zurückgegriffen, die einen Zusammenhang zwischen normativer Zwei-Geschlechter-Ordnung, heterosexueller Normierung und der Aufrechterhaltung hierarchischer Geschlechterverhältnisse herstellen. Erst wenn heterosexuelles Begehren und Geschlechterdifferenz ebenfalls als „gesellschaftlich Gewordenes" begriffen wird, das – wie die Sicherung des Bevölkerungsbestandes – Ergebnis einer Vielzahl von kulturellen und sozialen Aktivitäten ist, erschließt sich ein Machtkomplex, der, wie zu sehen war, wesentlich zur Aufrechterhaltung von Ungleichheitslagen beiträgt. Um die Wirkungsweise einer „heterosexuellen Matrix" zu erfassen, ist es notwendig, über die sozio-ökonomische Dimension des Geschlechterverhältnisses hinauszugehen. Es zeigt sich, daß dafür ein diskurstheoretischer Ansatz, wie Foucault ihn entwickelt hat, äußerst fruchtbar ist.

Es ist aber notwendig, einige Fragen hinsichtlich diskurstheoretischer Prämissen zu klären. Es wäre meines Erachtens zu einfach, die Verschränkung der Diskurse von Geschlecht, „Rasse", Volk, Nation nur als Ausdruck eines „Wechsels der Episteme" zu sehen, der im Bereich der Erkenntnis an die Stelle von „Ähnlichkeit" die „Differenz" setzt. Auch aus der gemeinsamen Geschichte von „Rasse" und „Geschlecht" als Gegenstände der Wissenschaft vom Menschen läßt sich diese Verschränkung nicht allein erklären. Beides spielt mit Sicherheit eine Rolle. Es erklärt aber nicht ausreichend, warum ausgerechnet die Frage der „Rasse" so bedeutsam werden konnte, daß sie zum Leitdiskurs der Moderne um die Jahrhundertwende wurde. Weiterführend erscheint es mir, dieses Phänomen als einen Prozess der *Bedeutungsverkettung* zu sehen, in dem bestimmte Zeichen und Bedeutungen aufgrund subjektiver und objektiver Konfliktlagen vereinheitlicht werden. Nach Demirovic's Ausführungen zur Diskursanalyse entstehen Vorstellungen, Bewußtsein oder Ideen durch die Bedeutung, die in dialogischen Prozessen bestimmten Zeichen oder Zeichenformationen gegeben wird.

> „Denn insofern Signifikanten nur aufgrund von Konventionen einen spezifischen Bedeutungsgehalt haben, kann und wird dieser durch jede Äußerung modifiziert. Bedeutungen müssen, mit anderen Worten, in der kollektiven Sprachpraxis ständig reproduziert, also neu aufgenommen und in immer neuen dialogischen Kontexten durch Sprecherinnen und Sprecher behauptet werden, damit sie als solche relativ stabil werden und das Alltagsbewußtsein bestimmen können."[95]

Wie ein solcher Signifikant durch dialogische Bemühungen mit Bedeutung geladen werden kann, zeigen die Quellen, die Claudia Honneger und Thomas Laqueur bearbeitet haben, deutlich. Jede Hautfalte, jeder Knochen wird im Laufe der textuellen Dialoge zum untrüglichen Zeichen von Geschlecht und Geschlechtsdestination stilisiert, wobei deren Bedeutungen durchaus differieren können. Die „Vielzahl der Nerven" im weiblichen Körper werden sowohl als Zeichen für die Beschränkung der Frau auf das Häusliche als auch als Zeichen für die besondere Begabung der Frau für die Wissenschaft ausgedeutet. Im dialogischen Prozeß der Zitation werden bestimmte Bedeutungen gefestigt, andere dem Vergessen anheim gegeben. Ähnlich verfährt die Anatomie der „Rassen": gelocktes Haar, Knochenbau u.v.m. „zeigt" Überlegenheit, Verschiedenheit, Minderwertigkeit von „Rassen" oder aber wird als Zeichen der einen, unteilbaren „Menschenrasse" mit Bedeutung belegt. Zeichen und Bedeutung sind nicht von vornherein „eindeutig", sie sind nicht prästabilisiert durch eine Struktur des Bewußtseins. Sie können aber vereindeutigt werden, wenn eine Vielzahl von Zeichen in eine Bedeutungskette integriert werden können, wenn Zeichen in bezug auf andere Zeichen stets als Analogien gedeutet werden können. Das kann nach Demirovic durch soziale Kollektive oder Akteure beschleunigt werden. Ein solcher Prozeß kann aber, und muß sogar, wie ich meine, durch bestimmte Konfliktlagen (subjektive wie objektive) in Gang gesetzt werden.

Ein Beispiel für eine solche Bedeutungskette liefert Janice Boddys Untersuchung über die weibliche Beschneidung im Sudan, die bereits weiter oben vorgestellt wurde. Boddy arbeitet die zahlreichen Analogisierungen zwischen der Ikonisierung des weiblichen Körpers als abgeschlossenem, innerem Raum und der Abschließung des sozialen Raums (des Hauses, des Dorfes, der Heiratsgewohnheiten) gegenüber dem „Fremden" heraus. Als konstituierende Faktoren dieser Bedeutungskette können sowohl die objektive Bedrohung durch Fremde (der Sudan war und ist ein von Kriegen und Fehden geprägtes Land) als auch die subjektive Bedrohung durch das „eigene" Fremde, die durch die Konstruktion der Geschlechterbinarität auszustoßenden Selbstanteile, angenommen werden. Auch hier sorgen Kollektive oder Akteure für die Konstanz dieser Bedeutungskette, u.a. durch die Weitergabe der Beschneidung an die nächste weibliche Generation.

Betrachtet man die Diskurse über die Geschlechterfrage, über die Klassenfrage, über Homosexualität, über den Zustand und die Zukunft der Nation, die im Ausgang des 19., Anfang des 20. Jahrhunderts in Deutschland explizit politische Diskurse waren, wie auch die aus ihnen folgenden politischen und sozialen Praxen, fällt die ihnen gemeinsame Obsession mit den Begriffen „Vermischung" und „Reinheit" auf. Die Diskurse gegen Homosexualität formulierten die Furcht vor der Vermischung von Weiblichkeit und Männlichkeit im homosexuellen Mann. Die bürgerliche Klasse fürchtete die Vermischung mit der proletarischen. Das Zusammenarbeiten der Geschlechter in Fabriken drohte einer Vermischung der Geschlechter Vorschub zu leisten. Promiskuität, die unkontrollierte Vermischung von Körpersäften, bedrohte die Volksgesundheit. Flaschennahrung, die Vermengung von Kuhmilch mit anderen Inhalten, schien unweigerlich den Tod von Säuglingen nach sich zu ziehen. Die Vermischung des Bluts unterschiedlicher „Rassen" stellte eine Gefahr für den Fortbestand der Nation dar. Reinheit dagegen wurde als Heilmittel für all diese Gefahren propagiert: als Sauberkeit in Wohnungen und Spitälern, als abgetrennte Wohnviertel für die verschiedenen Klassen, als getrennte Arbeitsbereiche für Frauen und Männer, als „reine" Geschlechtscharaktere, als Sexualhygiene, als reine Muttermilch, als eugenische Geburtenkontrolle, als „Rassen"hygiene. Das Motiv „Reinheit" und „Vermischung" verweist aber auf die Problematik des paradoxen Zusammenschlusses von Geschlechterdifferenz und normativer Heterosexualität, wie meine Untersuchungen gezeigt haben. Dieses Paradox gewinnt meiner Meinung nach gerade in Zeiten der Transformation an Bedeutung: Es liefert die konfliktgesättigte Folie, auf der sich Frauenverachtung, Homophobie und Rassismus verbinden können und sich gegenseitig legitimieren.

Die Strukturierungseffekte der hier ausgeführten Diskurse und Praktiken erschließen sich aber nur, wenn eine gesellschaftstheoretische Perspektive herangezogen wird, die die Trennung und den hierarchischen Zusammenschluß der gesellschaftlichen Sphären, in denen Frauen und Männer unterschiedlich verortet sind, aufzeigt[96]. Erst dann wird deutlich, wie auch mit Hilfe einer „Technologie des Sexes" soziale Verhältnisse – Klassen- und Geschlechterverhältnisse – verdeckt werden. Eine strukturtheoretische Perspektive kann aufzeigen, *wie* Frauen von diesen neuen Machtverhältnissen doppelt betroffen sind: durch den nur partikulären Einschluß in die Erwerbssphäre und durch die Zuständigkeit für die (unbezahlte und deklassierte) reproduktive Arbeit in den Familien. Ebenso ist es notwendig, den Umschlag des „öffentlichen Gemurmels" (Foucault) in rechtliche Kodierungen aufzuzeigen, der die im Fluß befindlichen Machtbeziehungen zum Nachteil der Frauen (und anderer gesellschaftlicher Gruppen) fixiert[97].

Was um die Jahrhundertwende zunächst dezentral und unterhalb institutionalisierter Formen den Raum des Sozialen durchzog, wird unter nationalsozialistischer Herrschaft blutige Gewaltherrschaft, die Ernst macht mit den hier bereits angelegten Ausgrenzungen. Wer sich die Programme neofaschistischer und rechtsextremer Parteien ansieht, wird schnell erkennen, daß auch heute wieder eine starre heterosexuelle Norm, verknüpft mit unflexiblen, gewaltverherrlichenden Geschlechtsstereotypen, der Verallgemeinerung der reproduktiven Geschlechtsfunktionen und der Ausgrenzung von Homosexualität aufgerufen wird, um rechtsradikale Politik populär zu machen[98].

3.4 Zusammenfassung

Es ging mir in diesem Kapitel besonders darum, die Frage nach dem Verhältnis von »Geschlecht« und »Sexualität« näher zu bestimmen.

In der Psychoanalyse spielen sexuelle Wünsche und Konflikte eine konstituierende Rolle bei der Herausbildung von geschlechtlicher Subjektivität. Allerdings zeigt sich, daß »Sexualität«, soweit sie sich in Objektbeziehungen äußert, stets als heterosexuell betrachtet wird. Das Begehren eines gleichgeschlechtlichen Liebesobjekts wird als Abweichung betrachtet. Daran entzündete sich die Kritik vor allem der *lesbian and gay studies*. Foucault kritisiert die von der Psychoanalyse vorgenommene Einbettung der „Körper und Lüste" in ein Familiensystem, das nun die natürliche Grenze sowohl möglicher Subjektpositionen als auch von Begehren darstelle. Diese Verschränkung habe zur Folge, daß eine bestimmte, historisch kontingente Form der Sexualität als natürlich erscheine, als immer schon eingebunden in Generativität und in eine Vater-Mutter-Kind-Konstellation. Ich habe gezeigt, daß die Einbeziehung von psychoanalytischen Ansätzen, die eine »geschlechtsübergreifende Haltung« in den Mittelpunkt setzen, dazu beitragen können, dieser Familienoptik zu entkommen. Die Zwei-Geschlechter-Ordnung und die heterosexuelle Objektwahl erscheinen in dieser Perspektive als normative Einschränkungen möglicher Subjektpositionen sowie möglicher Formen des Begehrens. Weiter können mit der Einbeziehung solcher Ansätze, die das Schicksal narzißtischer Lust nachzeichnen, Konflikte aufgezeigt werden, die mit dieser Normativität einhergehen. Sie schlagen sich in Affektstrukturen nieder, die sich in Frauenverachtung und Homophobie manifestieren können. Die Erweiterung des Blikkes auf die Prozesse der psychosexuellen Entwicklung durch Konzepte, die die Adoleszenz einbeziehen, ermöglicht es darüber-hinaus, stärker den über die Familie hinausgehenden Interaktions- und Darstellungscharakter sexuell/geschlechtlicher Vergesellschaftung einzubeziehen. Dabei wird auch deutlich, daß die heterosexuelle Norm die (konflikthafte) Herausbildung von starren männlichen und weiblichen Geschlechtspositionen unterstützt.

Das System der Zwei-Geschlechter-Ordnung stützt sich wesentlich auf die heterosexuelle Norm und bezieht aus dieser eine Affektbesetzung. Auf der anderen Seite erhält diese heterosexuelle Norm den Schein ihrer Naturhaftigkeit aus der Zwei-Geschlechter-Ordnung. »Geschlecht« und »Sexualität« beziehen ihre Wirkkraft durch die beständige „Zitation" des jeweils anderen. Jedoch ist diese Verschränkung nicht widerspruchsfrei. Funktioniert die Zwei-Geschlechter-Ordnung nach dem Prinzip der »Trennung«, ist die heterosexuelle Norm dem Prinzip der »Vermischung« verpflichtet. Aus der konflikthaften Erfahrung der Individuen mit den Anforderungen von »Geschlecht« und »Sexualität« können sich sowohl die Auflehnung gegen die Normativität der Kategorien als auch die aggressive Unterwerfung unter sie speisen.

In die Zwei-Geschlechter-Ordnung und heterosexuelle Norm sind Frauen und Männer in ungleicher Weise eingebunden, das hierarchische Geschlechterverhältnis schlägt sich auch hier nieder. Frauen können auf der einen Seite eher an „geschlechtsübergreifenden Suchbewegungen" (Becker-Schmidt) festhalten als Männer, auf der anderen Seite scheinen sie der heterosexuelle Norm insofern ausgeliefert, als ihre Möglichkeiten, sich selbst als Subjekt von Lust (wahr) zu nehmen, eingeschränkt sind.

Im zweiten Abschnitt habe ich das Verhältnis von »Geschlecht« und »Sexualität« im Rahmen des Konzepts sex/gen*der* Systeme (Rubin) untersucht. An der gewalttätigen Praxis der Verstümmelung weiblicher Genitalien läßt sich die paradoxe Verschränkung von »Geschlecht« und »Sexualität« exemplarisch aufzeigen. Die Subsummierung dieser Praxis unter das Erklärungsmodell „männliche Herrschaftssicherung" greift zu kurz: Sie ist zwar dafür instrumentalisierbar, z.B. als Mittel, weibliche Sexualität zu kontrollieren. Die Praxis der Beschneidung ist aber – in den hier zugrundegelegten Gesellschaften – konstitutiv für eine verläßliche Unterscheidung der Geschlechter und für das Funktionieren von Heterosexualität. An der Praxis der Beschneidung läßt sich exemplarisch eine spezifische Form der Verschränkung von »Geschlecht« und »Sexualität« aufzeigen: Die Bemühungen, durch die Bearbeitung des Körpers die Geschlechterdifferenz sichtbar zu machen, werden mit der heterosexuellen Vereinigung zunichte gemacht. Das Ideal des geschlossenen, nach innen gekehrten weiblichen Körpers (im Gegensatz zu dem nach außen gerichteten, offenen männlichen Körper), das mit der Beschneidung herzustellen versucht wird, wird im heterosexuellen Verkehr, noch stärker bei der Geburt, zerstört. Die Folge ist eine stete Wiederholung des Verschließens des weiblichen Körpers. Geschlechtertrennung und heterosexuelle Bezogenheit stehen hier in einem Spannungsverhältnis, beide sind füreinander notwendig, aber gleichzeitig haben sie die Tendenz, Paradoxien auszubilden. Gewalt ist ein Mittel, diesem System Stabilität zu geben. Diese Gewalt richtet sich gegen Frauen, weil deren Körper in der Vorstellungswelt der Gemeinschaft auf eine der Fruchtbarkeit entgegenstehende Bigeschlechtlichkeit verweist. Die hier vorgestellte Lösung des Konflikts zwischen den paradoxen Anforderungen von Geschlechtertrennung und heterosexueller Bezogenheit ist nicht verallgemeinerbar. Auch Geschlechtswechsel, die Institutionalisierung eines dritten Geschlechts wie auch die rituelle Aufhebungen der Zwei-Geschlechter-Ordnung und/oder der heterosexuellen Norm sind, wie andere Untersuchungen zeigen, Möglichkeiten, mit dem Paradox umzugehen.

Im letzten Abschnitt dieses Kapitels habe ich gezeigt, daß die Einbeziehung von »Sexualität« in einen Entwurf zur Transformation des Geschlechterverhältnisses in modernen Gesellschaften dazu beitragen kann, die Tradierung von Herrschaft zu erklären. Die neue Form der Allianz, die sich mit der bürgerlich-kapitalistischen Gesellschaft herausbildet, die verallgemeinerte „Hausfrauenehe“ mit dem in ihr enthaltenen Ausbeutungsverhältnis – unbezahlte Familien- und Hausarbeit der Frauen –, legitimiert sich als „natürliche geschlechtsspezifische Arbeitsteilung“ wesentlich über die heterosexuelle Norm, die Liebe, Lust, Ehe und Fortpflanzung verschränkt. Es bildet sich – nicht ohne Widerstand – das normative Ideal der beiden biologisch/sexuell begründeten Geschlechtscharaktere heraus: Männer und Frauen sind körperlich und in ihren sexuellen Wünschen verschieden, aber komplementär aufeinander bezogen. Diesem normativen Ideal entspricht eine normative Familienform, die Frauen und Männer in der Ehe zusammenfügt und ihnen gleichzeitig unterschiedliche Arbeitsfelder zuweist: dem Mann die Erwerbsarbeit, der Frau die Haus- und Familienarbeit. Allianzprinzip und Sexualitätsdispositiv verschränken sich, es zeigt sich aber, daß es sich nicht um eine bloße Tradierung eines „alten“ Allianzprinzips handelt. Es ist vielmehr ein Allianzprinzip, das mit der bürgerlich-kapitalistischen Gesellschaft gleichursprünglich ist. Die Durchsetzung dieses neuen *sex/gender system* verläuft nicht konfliktfrei. Die Frauenbewegung und die Schwulenbewegung, die vor allem im intellektuellen Milieu angesiedelten Experimente mit anderen Beziehungsformen verweisen auf die Ambivalenz, die die komplementäre Zwei-Geschlechter-Ordnung mit fortpflanzungsbezogener Sexualität birgt. Die Sorge um „Reinheit“ und „Vermischung“, die das soziale und politische Leben um die Jahrhundertwende prägt, können als Reaktion auf ein paradoxes Strukturierungsprinzip des *sex/gender systems* aufgefaßt werden: Die Anforderung klar unterschiedener sexueller Geschlechtscharaktere, die sich in allen Lebensbereichen zu äußern hat, und die Anforderung des engen, dauerhaften Zusammenlebens, das zudem Elemente der Freiwilligkeit enthalten soll, werden von den Individuen als konflikthaft erfahren. Homophobie, Frauenverachtung und Rassismus können aufgrund dieser Ambivalenz eine unheilvolle Allianz eingehen. Die Sittlichkeits- und Hygienebewegung im wilhelminischen Deutschland, die eng mit der „Rassenfrage“ verknüpft ist, zeigt eine solche Allianz auf.

»Geschlecht« und »Sexualität«, so zeigen meine Skizzen, sind Deutungs- und Handlungskontexte, Verfahrenspraktiken und Aneignungsformen von Körperlichkeit und Lust, die einander stets zu zitieren scheinen und enge Verbindungen eingehen. Sie müssen daher in ihrer Verschränkung erfaßt werden. Um den normativen Gehalt dieser Verschränkung erfassen zu können, ist es aber notwendig, »Geschlecht« und »Sexualität« analytisch zu trennen. Eve K. Sedgwick erläutert diese Forschungsperspektive, wenn sie sagt:

> „Sexualitätsforschung ist nicht deckungsgleich mit Geschlechterforschung; ebenso wie antihomophobische Untersuchungen nicht mit feministischen Untersuchungen deckungsgleich sind. Aber wir können nicht im Voraus wissen, wie sie sich unterscheiden.“[99]

Ähnliches scheint mir auch für eine Untersuchung von „Allianzprinzip“ und „Sexualitätsdispositiv“ zu gelten. Die Frage nach der Wirkmächtigkeit von Allianz und Sexualität in der gegenwärtigen Zeit, in unserer Gesellschaft, wird daher den Abschluß meiner Arbeit bilden.

4. »Geschlecht« und »Sexualität« Ergebnisse und Ausblick

Mein besonderes Interesse galt im Verlauf dieser Arbeit der These, daß die Analysen der gesellschaftlichen Organisation von Sexualität oder Geschlecht unterschiedlichen Forschungsfeldern zuzurechnen seien, die jeweils eigenständige theoretische und methodische Herangehensweisen erforderten. Bestätigt hat sich, daß »Geschlecht« und »Sexualität« nicht als kausal verschränkte Bereiche sozialer Praxis angesehen werden können, wie etwa frühe feministische Entwürfe nahelegen. Die dort vielfach zugrundeliegende Ausgangsthese, die herrschende Sexualnorm und -praxis sei allein Mittel männlicher Herrschaftssicherung, verdeckt die Diskriminierung und Verfolgung nicht-heterosexueller Lebensweisen. Darauf verweisen vor allem die Untersuchungen, die im Umfeld der *lesbian and gay* wie auch *queer studies* entstanden sind. In diesem Kontext ist allerdings festzustellen, daß „Heterosexualität" als privilegierte Lebensweise analysiert, dabei ihre hierarchische Struktur ausgeblendet wird. Meine Untersuchung zeigt, daß zwischen den diskursiven und nichtdiskursiven Praktiken, die »Geschlecht« und »Sexualität« in unserer Gesellschaft zur Wirkung bringen, eine ständige „Kommunikation" stattfindet: Jedes der beiden Prinzipien zitiert das jeweils andere. Besonders deutlich wird diese Funktionsweise im englischen Wort *sex* oder im französischen *sexe*: Geschlechterdifferenz bezieht ihre normative Stabilität aus einer Sexualität, die sich auf das Gegengeschlecht richtet und umgekehrt. Verstärkt wird dieser Effekt durch die diskursive Einbeziehung der Fortpflanzung als Ursache und Zweck sowohl einer Zwei-Geschlechter-Ordnung als auch Heterosexualität. Der ständige Verweis auf das jeweils andere läßt beide als natürlich erscheinen, verständlich daher die Hoffnung, daß mit der Destabilisierung von »Geschlecht« die heterosexuelle Norm an Mächtigkeit verliert – und mit der Destabilisierung der heterosexuellen Norm auch die mit der Geschlechterdifferenz verschränkte hierarchische Organisation von »Geschlecht«. Historische Untersuchungen zeigen, daß die spezifische Verstrickung von »Geschlecht«, »Sexualität« und »Generativität«, getragen von dem Wahrheitsprinzip „Natur", in unserem Kulturkreis das (recht junge) Ergebnis einer historischen Entwicklung ist. Es kann also festgehalten werden, daß nicht nur »Geschlecht« und »Sexualität«, sondern auch deren Verhältnis zueinander geschichtlichen Veränderungen unterworfen ist.

Ich habe gezeigt, daß Foucaults Entwurf einer »Genealogie der Sexualität« theoretische und methodische Impulse für die Analyse der gesellschaftlichen Organisation von Sexualität enthält, aber in bezug auf subjekttheoretische Implikationen und in bezug auf die ihr zugrunde liegenden Machtanalyse zu ergänzen ist. Meine These war, daß u.a. die Ausblendung der Geschlechterhierarchie in Foucaults Arbeit zu vereinseitigenden Konzepten der Prozesse der Herausbildung von Subjektivität, der sexuellen Vergesellschaftung und der Analyse der Machtverhältnisse in modernen Gesellschaften führt. Das bestätigte die Untersuchung der Diskussion um Sexualität und Macht, die im US-amerikanischen Raum geführt wird. Die Einbeziehung der alle Bereiche der Gesellschaft durchziehenden Hierarchie der Geschlechter, die Männern prinzipiell mehr Privilegien und Chancen zusichert als Frauen[1], ermöglicht es, sowohl widersprüchliche Konstellationen in der individuellen Enkulturation von Geschlecht und Sexualität als auch ungleichzeitige Formen der Vergesellschaftung und die damit verbundenen Machtformen zu erfassen. Foucaults These einer alles durchdringenden Disziplinargesellschaft mit auf „gelehrige Körper" reduzierten Subjekten sowie seine Behauptung der Verallgemeinerung „produktiver Macht" ist auf diesem Hintergrund nicht haltbar. In Foucaults insgesamt fruchtbaren Analyse fehlt ein Ansatz, der die kumulativen Effekte von Disziplinierungen und Entdiszplinierungen fassen könnte, d.h. die Ausbildung von Hierarchien in einer spezifischen Gesellschaft.

Obwohl Foucault die Geschlechterhierarchie unberücksichtigt läßt, liegt mit seinen Begriffen Allianzdispositiv und Sexualitätsdispositiv ein Hinweis auf das Verhältnis von »Sexualität« und »Geschlecht« vor. Foucault bezeichnet mit dem Allianzdispositiv gesellschaftliche Regulierungen der Sexualbeziehungen, die vor allem ein System der Heiraten, der Festlegung und Entwicklung von Verwandtschaften, der Weitergabe von Namen und Gütern beinhalten. Seine primäre Institution ist nach Foucault die Familie, seine primäre Funktion die Reproduktion der Gesellschaft. Das Sexualitätsdispositiv sei dagegen ein System der stetigen Durchdringung der Subjekte, ihrer Körper und Lüste, es diene der Individuation der Subjekte als Sexualsubjekte und gleichzeitig dem Zusammenschluß der Individuen als Bevölkerung mit ganz spezifischem Erbgut. Seine Funktion ist die Differenzierung und Optimierung der Subjekte sowie deren Kontrolle. Das Sexualitätsdispositiv hat zunächst keinen bestimmten Ort, es zeichnet sich gerade dadurch aus, daß es sich im ganzen gesellschaftlichen Raum ausbreitet und ein Oberflächennetz ausbildet. Foucault stellt Allianzdispositiv und Sexualitätsdispositiv in ein geschichtliches Verhältnis. Das Sexualitätsdispositiv habe sich aus dem Allianzdispositiv entwickelt, sich zunächst unabhängig von diesem weiterentwickelt, um sich schließlich an das Allianzdispositiv» anzuschließen, genauer gesagt an die Familie. Beide Dispositive würden durch diese Verschränkung verstärkt: Die Familie, die ihre Bedeutung in modernen Gesellschaften eingebüßt habe, gewinne als Institution der Regulierung von Sexualität neue Funktionen; das Sexualitätsdispositiv könne sich durchsetzen, indem es sich an eine Institution anlehnen kann, die nunmehr für seine stetige Verbreitung sorgen werde. Mit dem Allianzdispositiv und dem Sexualitätsdispositiv verbindet Foucault ganz bestimmte Machttypen. Ersteres mit der juridischen Macht, dem Gesetz und der Repression, letzteres mit der produktiven Macht, die anreizt, diszipliniert und überschreitet. Mit der Verschränkung der beiden Dispositive» verschränken sich auch die Machtformen: eine Verschränkung, die Foucault nur andeutet[2].

Aus der Funktionsbeschreibung der Dispositive lassen sich indirekt Hinweise auf die beiden Organisationsprinzipien »Sexualität« und »Geschlecht« entnehmen. Das Allianzdispositiv kanalisiert und reproduziert Foucault zufolge die Geschlechtspositionen, indem die Familie das heterosexuelle Paar (Frau/Mann) und Elternschaft (Vater/Mutter) als einzig mögliche Subjektpositionen hervorzubringen sucht. Das Sexualitätsdispositiv dagegen vermehre ständig die möglichen Subjektpositionen, was Foucault an den in den Wissenschaften des 19. Jahrhunderts auftauchenden „Perversen" festmacht. Daraus könnte geschlossen werden, daß Hervorbringung und Reproduktion von »Geschlecht« eher an das Allianzdispositiv, die Herausbildung sexueller Identitäten sowie des hierarchischen Gegensatzes von Heterosexualität und Homosexualität historisch eher an das Sexualitätsdispositiv gekoppelt war. Diese These findet sich – mit oder ohne Bezug auf Foucault – in aktuellen Ansätzen zu »Geschlecht« und »Sexualität« wieder und spiegelt sich in politischen Ansätzen:

So hat die Frauenbewegung Hoffnung in die Veränderung bzw. Auflösung der Kleinfamilie als privilegiertem Hort patriarchaler Herrschaft gesetzt; den Geschlechtsstereotypen männlich/weiblich werde damit die Grundlage entzogen. Teile der Lesben- und Schwulenbewegung sind dagegen der Auffassung, daß eine Einbettung schwuler und lesbischer Beziehungen in das Regelwerk der Allianz, z.B. durch die Zuerkennung der Ehefähigkeit, ihre Diskriminierung zumindest lindern könne: Die hierarchische Unterscheidung heterosexuell/homosexuell verlöre ein Stück ihrer Wirkmächtigkeit. *Lesbian and gay studies* sowie *queer studies* begründen die Autonomie ihres Forschungsgebietes mit der Eigenständigkeit der Analysen von Allianz- und Sexualitätsdispositiv. Die Unterscheidung zwischen Allianzdispositiv (als Hort von »Geschlecht«) und Sexualitätsdispositiv (als Hort von »Sexualität«) ist – zumindest in den theoretischen Ansätzen und politischen Forderungen – implizit oder explizit virulent. Mich interessiert nun, inwieweit diese analytische Figur tatsächlich dabei helfen kann, das gegenwärtige Verhältnis von »Geschlecht« und »Sexualität« zu erfassen.

Wolfgang Hegener, Andrea Bührmann und Gerburg Treusch-Dieter haben ihren Untersuchungen der Veränderungen im Geschlechterverhältnis und in der gesellschaftlichen Organisation von Sexualität Foucaults Unterscheidungskategorien zugrunde gelegt. Ihre Schlußfolgerungen lassen Grenzen und Reichweiten dieses Analyserasters erkennen. Mit diesen drei Ansätzen werde ich mich im folgenden beschäftigen.

Für Wolfgang Hegener ist es ausgemacht, daß die Familie in der modernen Industriegesellschaft nach und nach ihre Funktion verliert. Reduzierte sie sich im 18./19. Jahrhundert von der Produktionsgemeinschaft zur bürgerlichen Kleinfamilie, übernähme der Staat ab Ende des 19. Jahrhunderts eine Reihe von vormals der Familie zugeschriebenen Funktionen. Die neuere Entwicklung sei durch die Reduktion der Kleinfamilie auf die Restfamilie bzw. in logischer Konsequenz durch die völlige Auflösung von Beziehungs-, Ehe- und Familienformen gekennzeichnet. Vor allem der expandierende Dienstleistungsbereich mache Hausarbeit überflüssig und damit auch die Einbindung der Frauen in die Hausfrauentätigkeit. Frauen stünden nun – wie zuvor schon Männer – der marktvermittelten Arbeit zur Verfügung, die weibliche Lebensform funktioniere nun zunehmend direkt marktvermittelt. Die steigende Zahl von Singlehaushalten in Großstädten ist für Hegener sichtbares Produkt dieser Entwicklung, die einen völlig neuen Sozialcharakter hervorbringe:

„Er ist gekennzeichnet durch Mobilität, Flexibilität, Verfügbarkeit und relative Bindungslosigkeit. Sein Vergesellschaftungsmodus ist paradox: Vergesellschaftung durch Individualisierung. Individualisierung bedeutet aber nicht per se Unabhängigkeit und Autonomie. Im Gegenteil: Individualisierte Existenzen sind im großen Umfang einer 'Außensteuerung und -standardisierung' ausgeliefert, sie sind extrem abhängig von institutionalisierten Kontrollstrukturen, von vielfältigen Seelendiensten.“[3]

Diese auf Ulrich Beck zurückgehende Analyse der gesellschaftlichen Entwicklung verknüpft Hegener mit der Frage, welches Schicksal die Geschlechterdifferenz in einer solchermaßen modernisierten Moderne hat. Dazu greift er Foucaults Begriffe Allianz- und Sexualitätsdispositiv auf. Seine These ist, daß mit dem Funktionsverlust der Familie das Allianzdispositiv schwindet und sich gleichzeitig das Sexualitätsdispositiv totalisiert:

„An seinem Ende steht ein geschlechtsloses/sexualisiertes Selbst, ein Mannequin, ein produzierender und konsumierender Modekörper. Die Unterschiedlichkeit der Geschlechter ist damit tendenziell obsolet geworden, sie löst sich auf in einer normalisierenden und warenförmig funktionierenden Sexualisierung. Die Logik des Gleichen, die Logik der Sexualität bringt die Differenz zum Schweigen."[4]

Hegener konstatiert also den Verlust der geschlechtlichen Differenz durch den zunehmenden Funktionsverlust des Allianzdispositivs. Obwohl er in seinen vorangehenden Skizzen zur Geschlechterdifferenz deren gewaltförmigen Charakter benennt, schwingt in ihrem Abgesang Wehmut mit. Ein mit der Unterdrückung eines Geschlechtes verbundenes Dispositiv wird, so können wir

Hegener interpretieren, durch eine nicht mehr erkennbare Zwangslogik ersetzt, die beide Geschlechter auflöst und in Marionetten einer wildwüchsigen Ökonomie verwandelt.

Meine Kritik setzt an zwei Punkten ein. Zunächst an der Art und Weise, wie Hegener das Sexualitätsdispositiv charakterisiert. Er folgt der Foucaultschen Analyse, die, wie ich gezeigt habe, die differente Einbindung von Frauen und Männern in das Sexualitätsdispositiv nicht aufnimmt. Daher kann Hegener auch behaupten, daß die durch das Sexualitätsdispositiv hervorgebrachten Subjekte geschlechtslos sexualisiert werden. Meine Untersuchung hat aber gezeigt, daß die normativen Diskurse und Praktiken, die sich um Sexualität situieren, alles andere als geschlechtsneutral sind und zudem dahin tendieren, sexuelle Identitäten zu vermehren. Sie bringen auch eine spezifische sexuelle Differenz hervor, die z.B. Millet als „Erotisierung von Dominanz und Unterwerfung" bezeichnet hat. Frau und Mann haben sich nach dieser neuen Norm als sexuelle Subjekte zu unterscheiden: Die Differenz ihrer Lust ist eine der Grundlagen des Sexualitätsdispositivs, eine Differenz, die durch die Privilegierung einer bestimmten Sexualität – der Heterosexualität – noch vertieft wird. Sie unterstützt die Herausbildung weiterer sexueller Subjekte, die sich, wie Rubin gezeigt hat, konzentrisch und Hierarchien ausbildend um das (ebenfalls hierarchisierte) heterosexuelle Paar gruppieren. Was Hegener dagegen behauptet, ist die Verabsolutierung des männlich sexuellen Subjekts, denn ein anderes bleibt nach der Auflösung „weiblicher Lebensformen" durch die Verallgemeinerung marktvermittelter Arbeit nicht übrig. Ausser dem männlichen sexuellen Subjekt existiert nichts, allerdings existiert es damit auch selbst nicht mehr. Denn: »Geschlecht« kann nur in der Differenz funktionieren, und zwar in einer Differenz, in dem das eine (weibliche) Geschlecht bezeichnet wird, worauf u.a. Monique Wittig hinweist. Rührt daher die Anhänglichkeit an eine, wenn auch als gewaltförmig benannte, Geschlechterdifferenz?

Zu hinterfragen ist auch Hegeners Entwurf des Allianzdispositivs. Die Geschichte der Familie in der Moderne kann nicht allein als deren zunehmender Funktionsverlust beschrieben werden. Sie hat – wie es vor allem Beer herausgearbeitet hat – vielmehr eine Reihe von Funktionen erst mit der Herausbildung der industriell-kapitalistischen Gesellschaft übernommen, so vor allem die Reproduktion der Gesellschaft durch Haus- und Familienarbeit. Auf diese ist das industriell-kapitalistische System grundlegend angewiesen. Ich habe an den Sittlichkeits- und Hygienedebatten der Jahrhundertwende exemplarisch weitere Funktionen aufgezeigt, die sich eher auf einer kulturell-symbolischen Ebene bewegen, dennoch zu durchgreifenden Veränderungen des Lebensalltags geführt haben. Neben der auferlegten Sorge um Gesundheit und Sittlichkeit ging es dabei besonders um die Sorge um den Nachwuchs. Dessen Optimierung – sei es durch gesunden Lebenswandel, durch richtige Partnerwahl, durch harmonisches Zusammenleben der Eheleute oder durch richtige Versorgung und Erziehung der Kinder – ist eine Funktion der Familie, die durch den „Dienstleistungssektor“ nicht abgedeckt ist. Oder, aus einer anderen Perspektive gesehen, die industriell-kapitalistische Gesellschaft ist auf einen Raum angewiesen, der dem Kapital nicht real subsummiert ist, obgleich er aber auf dessen Zielsetzungen ausgerichtet ist (Becker-Schmidt).

Ich halte daher die These des „Funktionsverlust“ des Allianzdispositivs für falsch. Die Institution „Familie“ verändert sich, was u.a. die zunehmende Zurkenntnisnahme der Existenz von alleinerziehenden Müttern und von nichtehelichen Beziehungsformen zeigt. Diese Zurkenntnisnahme aber verweist bereits auf die Bemühungen, sie dem „Allianzdispositiv“ einzuverleiben. Die faktische Anwendung des Allianzdispositivs auf Nicht-Familien ist bei der Verteilung von Sozialhilfe und Arbeitslosenhilfe bereits verwirklicht: Zusammenlebende verschiedenen Geschlechts werden als „eheähnliche Gemeinschaft“ behandelt. Die geplante Ausweitung des gemeinsamen Sorgerechts auch auf unverheiratete Paare, die Diskussion um gleiche Rechte für „eheähnliche Gemeinschaften“, die teilweise auch gleichgeschlechtliche Paare einbezieht, zeigt m.E. die Tendenz zur Anpassung und Stabilisierung des Allianzdispositivs. Unter dem Zeichen des Abbaus des Sozialstaates wird sich diese Tendenz eher verstärken, da die Lasten der Individualisierung der Lebensrisiken von Singlehaushalten kaum aufgefangen werden können.

Problematisch ist darüber hinaus die Verschränkung von »Geschlecht« mit einem vor allem als „Familie“ verstandenen Allianzdispositiv. Diese Verschränkung impliziert, daß die Geschlechterdifferenz allein in der Familie hervorgebracht wird, andere gesellschaftliche Räume dagegen »geschlechtsneutral« sind. Deutlich zeigt sich diese Sichtweise, wenn Hegener den Eintritt der Frauen in die Erwerbssphäre mit dem Verschwinden „weiblicher Lebensformen“ und letztlich mit dem Verschwinden von »Geschlecht« gleichsetzt. Nun zeigt sich aber, daß »Geschlecht« auch in die Erwerbssphäre eingelagert ist, Frauen und Männern finden dort unterschiedliche Partizipationsmöglichkeiten vor. Darauf verweist sowohl die Aufteilung der Berufswelt in „männliche“ und „weibliche“ Bereiche, wobei letztere weniger Prestige genießen und zudem niedrigere Verdienstmöglichkeiten bieten, als auch die vertikale Segregation innerhalb „gemischtgeschlechtlicher“ Berufe, die zeigt, daß Status und Einkommen auch entlang der Achse »Geschlecht« verteilt sind. Die Einbeziehung der Frauen in „marktvermittelte Arbeit“ folgt nach wie vor einem Familienmodell, das Hausfrau und Ernährer beinhaltet – weitgehend unbeeindruckt vom Wandel der Familie. Männliche Dominanzansprüche im Privaten können sich gerade durch den Verweis auf eine Erwerbssphäre, in der sich das häusliche Machtverhältnis spiegeln kann, durchsetzen. Die Integration von Frauen in die Erwerbssphäre ist immer noch quantitativ und qualitativ eingeschränkt, unter dem Druck ansteigender Arbeitslosigkeit kommt es nachgewiesenermaßen eher zu Desintegrationstendenzen. Ein einseitiger Blick auf die Familie bzw. die Privatsphäre verdeckt die sphärenübergreifende Einbindung von »Geschlecht« in modernen Gesellschaften, die auch in Hinblick auf kulturelle und symbolische Systeme gegeben ist.

Zur Einschätzung der Veränderungen, die geschlechtlich/sexuelle Vergesellschaftung erfährt, bedarf es einer Perspektive, die solche Gesamtzusammenhänge – auch in ihrer Widersprüchlichkeit – erfassen kann. Das Analyseraster Allianzdispositiv ist dafür nicht geeignet, wenn es auf die Institution „Familie“ eingegrenzt wird und dieser dann ein Funktionsverlust zugeschrieben wird. Dennoch läßt sich mit dem Allianzdispositiv eine bestimmte Form der Vergesellschaftung benennen: Das betrifft sowohl eine nicht durchrationalisierte Zuwendungs- und Sorgehaltung, die vor allem von Frauen realisiert werden soll, als auch ein Machtverhältnis, das ständische Züge aufweist. Dieses Dispositiv ist allerdings nicht auf die Familie beschränkt. Auf die Ressourcen Fürsorge und Zuwendung wird auch außerhalb der Kernfamilie zurückgegriffen. Eine große Anzahl von sog. Frauenberufen stellen diese (unterbezahlten, wenig Prestige und Aufstiegsmöglichkeiten beinhaltenden) Leistungen zur gesellschaftlichen Verfügung, ob es sich dabei um den Beruf der Sekretärin handelt oder um klassische Pflegeberufe. Auch das für die Familie typische Ausbeutungs- und Unterordnungsverhältnis, allzu oft mit Gewalt verknüpft, setzt sich über die Familie hinaus fort. Es zeigt sich in der als selbstverständlich vorausgesetzten Verfügungsmöglichkeit über sog. weibliche Potentiale bis hin zur weit verbreiteten Frauenverachtung und Gewalt gegen Frauen, die eben nicht nur in der Familie stattfindet.

Meine Untersuchung hat gezeigt, daß gerade das Sexualitätsdispositiv mit seiner Erotisierung von Dominanz und Unterwerfung hier einen doppelten Effekt hat: Verschleiert es zum einen die Ausbeutungsverhältnisse, in denen sich Frauen befinden, ermöglicht es zum anderen die Artikulation von Ansprüchen auf Autonomie als sexuelles Subjekt mit all seinen Ambivalenzen. So führt z.B. die Erfahrung von sexueller Belästigung und Diskriminierung im Berufsleben sowohl zur Anpassung an vorgegebene Strukturen als auch zur Auflehnung dagegen. Die Erkenntnis, als „Sexualobjekt“ ausgebeutet zu werden, setzt die Denkmöglichkeit eines „Sexualsubjektes“ voraus.

Festzuhalten bleibt, daß Hegener das Sexualitätsdispositiv um die Dimension der sexuell differenten Konstitutionsgeschichte der Subjekte verkürzt, einen Funktionsverlust der Familie unterstellt und schließlich »Geschlecht« ausschließlich an ein Allianzdispositiv bindet, das nur die Institution Familie umfaßt. Diese perspektivischen Verengungen münden in die These des vorgeblich geschlechtslosen (letztendlich aber männlichen) „Mannequin“ als zukünftiger Vergesellschaftungsform moderner Subjektivität.

Hegener verknüpft mit dieser Entwicklung eine andere Machtform. Mit der Durchsetzung des Sexualitätsdispositivs setze sich an die Stelle repressiver Macht eine Macht, die „kein souveränes Zentrum“ und auch kein „ihr äußerliches Gegen“ habe. Befreiungskämpfe, auch und gerade um Geschlecht und Sexualität situiert, verfehlen deshalb ihr Ziel, Hegener zufolge sind sie vielmehr an der Herausbildung moderner Macht konstitutiv beteiligt. Auch Andrea Bührmann folgt einer solchen Machtanalyse.

In „Das authentische Geschlecht“ stellt Bührmann die These auf, daß die Sexualitätsdebatte der neuen Frauenbewegung als ein Normalisierungsdiskurs aufgefaßt werden muß, der die Zwei-Geschlechter-Ordnung und die normative Sexualität erneut verfestigt.

„Diese (die Sexualitätsdebatte, C.O.) stellt nicht nur den Beginn einer Liberalisierung des sexuellen Klimas für Frauen und einen zentralen Beitrag zur Befreiung der Frauen dar. Vielmehr kann sie als Normalisierungsinstanz betrachtet werden und läßt sich insofern in die Tradition mächtiger Normalisierungs- und Disziplinierungsmechanismen einordnen.“[5]

Der Normalisierungseffekt bestehe in der feministischen diskursiven und nichtdiskursiven Konstruktion wesenhafter Weiblichkeit, als deren Protagonisten das Modell der „Mutter“ und das Modell der „Lesbe“ zu verstehen seien. Sowohl „Mutter“ als auch „Lesbe“ seien als authentische Subjektpositionen konstruiert, die sich aus der Verschränkung von Körperlichkeit und Identität ergeben. Die zahlreichen Bücher und Selbsterfahrungsgruppen sowie die Einrichtung von Frauenzentren und Frauenhäusern stellen, Bührmann zufolge, die spezifischen Praktiken dar, die diese „authentische“ Weiblichkeit hervorbringen. Dort werde eine von Machtverhältnissen unberührte, natürliche Weiblichkeit unterstellt. Damit aber, so Bührmann, leiste die feministische Sexualitätsdebatte einen wesentlichen Beitrag zu einem Normalisierungsdiskurs, der die Menschen über die Unterscheidung Normal/Nichtnormal in „kalkulierbare Einheiten (..) spalte(..)“[6].

Die Durchsetzung des Sexualitätsdispositives in einer Normalisierungsgesellschaft führt also Bührmann zufolge zu einer neuen Verfestigung der Geschlechterdifferenz als nunmehr sexueller Differenz. An diesem Prozeß sind Frauen bzw. die Frauenbewegung maßgeblich beteiligt, indem sie Sexualität an eine bestimmte Machtform binden (an eine patriarchale Macht) und eine „wahre“ sexuelle Identität unterstellen (die sich grundlegend von männlicher sexueller Identität unterscheidet).

Im Gegensatz zu Hegener konzipiert Bührmann ein Sexualitätsdispositiv, das Frauen und Männer unterschiedlich erfaßt und formt. Der differenten Einbindung von Frauen und Männern in die Erwerbssphäre sowie dem Gebot der Übernahme der Rollen „Hausfrau und Mutter“ an die Frauen folgt das Sexualitätsdispositiv, indem es sexuelle Identitäten schafft, die diese Rollendifferenzierung naturalisieren. Während nun dieser Erweiterung des Foucaultschen Konzepts zuzustimmen ist, liegen die Probleme des Entwurfs von Bührmann in ihrer Konzeption von Macht und in der ihr folgenden Diskursanalyse. Sie sieht in Foucaults Machtanalyse einen produktiven Gegenentwurf zu feministischen Machtmodellen, die in einer Täter/Opfer Konstellation verhaftet seien. Mit der Einführung der Foucaultschen Machtanalyse wird

„(..) die Vergesellschaftung von Frauen nicht mehr allein als Zurichtung und Unterdrükkung verstehbar. Vielmehr werden der Körper der Frau selbst, die Differenzierung der Körper in männliche und weibliche sowie die Ausbildung von geschlechtsspezifischen Sozialcharakteren zu produzierten Gegenständen, die in strategischen Auseinandersetzungen hervorgebracht werden. Zudem erscheint die Frau im Rahmen einer Ökonomie der Macht als tätiges Subjekt, da alle Individuen als Elemente strategischer Auseinandersetzungen hervorgebracht werden. Die patriarchale Kultur, die Vergesellschaftungsmodi und die gesellschaftliche Deklassierung entlang der sozialen Strukturierungskategorie Geschlecht werden dann zu Effekten strategischer Machtkämpfe. Das impliziert, daß Frauen nicht nur an diesen Machtkämpfen und ihren Resultaten beteiligt sind, insofern sie mit Männern agieren oder aus der Gesellschaft emigrieren (..). Vielmehr partizipieren Frauen darüber hinaus auch an der Gestaltung der Machtverhältnisse, indem sie als Gegnerinnen einer Diskriminierung von Frauen, also z.B. in Gestalt der Frauenbewegung auftreten."[7]

Bührmann behauptet also zum einen eine Machtform, die im wesentlich über den produktiven Anreiz funktioniert, zum anderen die egalitäre Partizipation von Frauen und Männern an einem vorwiegend diskursiven Machtkampf. Zunächst zur Machtform. Ich habe gezeigt, daß sich die Behauptung einer an die Stelle von Repression tretenden anreizenden Macht u.a. der Ausblendung der Gewalt gegen Frauen verdankt. Die physische und psychische Gewalt gegen Frauen, die sich realisiert oder als Drohung durch alle gesellschaftlichen Bereiche zieht, verweist auf die Persistenz einer repressiven Machtform. Zudem hat meine Untersuchung gezeigt, daß die Unterscheidung zwischen „Repression" und „produktiver Macht" nicht trägt. Auch Unterdrückung und Gewalt wollen „produzieren": sie zerstören nicht, sondern stellen die u.a. normative Unterscheidung zwischen „Frauen" und Männern" her. Ich habe diese Wirkungsweise an der Funktion von männlicher Gewalt gegen Frauen dargestellt: sie dient wesentlich der Verfestigung bzw. Hervorbringung von Geschlechtsstereotypen mit dem Ziel, eine spezifisch männliche Identität zu sichern[8]. Bührmann sieht in den Entwürfen der Frauenbewegung zu männlicher Gewalt nur noch eine „diskursive Unterscheidungspolitik" zwischen machtgesättigter männlicher und „authentischer" weiblicher sexueller Identität: diese diskursive Unterscheidung werde durch eine Kriminalisierung männlicher Sexualität erreicht[9] . Sie dreht damit das Täter/Opfer Verhältnis einfach um: In ihrem Modell sind es die Frauen, die mit der Skandalierung männlicher Gewalt ihre Identität auf Kosten der Männer sichern wollen.

Der zweite Punkt meiner Kritik betrifft Bührmanns Konstruktion der egalitären Partizipationschancen von Frauen und Männern an der Gestaltung moderner Machtverhältnisse. Obwohl sie anhand der unterschiedlichen Einbindung von Frauen und Männern in die Erwerbs- bzw. Privatsphäre deren daraus folgende, unterschiedliche Erfassung durch das Sexualitätsdispositiv herausarbeitet, behauptet sie, daß sich der feministische Sexualitätsdiskurs in eine Reihe mit anderen „Normalisierungsdiskursen" stellen lasse, wie z.B. der Psychoanalyse oder der Sexualwissenschaften.

Nun ist es legitim und notwendig zu untersuchen, inwieweit in feministischen Sexualitätsdiskursen Tendenzen zu einer neuerlichen Begründung normativer Zweigeschlechtlichkeit vorhanden sind. Eine solche Selbstreflektion ist sicher in dem Zeitraum, den Bührmann untersucht (1970-1984) hinter dem Interesse an der Entwicklung einer Kritik des Phänomens maskuliner Dominanz zurückgetreten. Trotzdem läßt sich gerade an den Auseinandersetzungen dieser Jahre darüber, was denn nun „wahre“ Weiblichkeit bzw. weibliche Sexualität ist, bzw. ob es so etwas überhaupt geben kann, ablesen, daß diese Kategorien gerade keine stabile Grundlage feministischer Politik werden konnten. Die beiden u.a. entwickelten Modelle, „Mutter“ und „Lesbe“, verweisen eher auf die Unmöglichkeit, ein kohärentes Konzept von „Weiblichkeit“ hervorzubringen. Die diversen Aufspaltungen der Frauenbewegung wie „der“ feministischen Theorie spiegeln dies. Ich habe das nicht zuletzt an der Pornographiediskussion aufgezeigt. Es läßt sich jedoch nicht leugnen, daß einige feministische Entwürfe in der Tat essentialistische Konstruktionen von Weiblichkeit, die zudem in westlichen Denkmustern verhaftet sind, beinhalten. Gerade über rassistische Formulierungen von „Weiblichkeit“ bilden sich seit längerer Zeit kritische Diskussionen aus.

Um eine solche Reflektion scheint es Bührmann aber gar nicht zu gehen. Sie nutzt vielmehr Ausschnitte aus der feministischen Diskussion, um den Nachweis anzutreten, daß Frauen und Männer – als Subjekte im Foucaultschen Sinne – gleichermaßen an der Produktion moderner Machtverhältnisse beteiligt sind, eine Produktion die, so Bührmann, vorwiegend diskursiv abläuft. Grundlage ist ihr dabei die „entfaltete Foucaultsche Machtanalyse“[10]. Nun habe ich gezeigt, daß „Subjektivierung“ und die diskursive Produktion von Machtverhältnissen nur ein Teil der Foucaultschen Machtanalyse darstellen. Neben der Art und Weise, wie sich Individuen selbst als Subjekte konstituieren und damit in Machtbeziehungen eintreten, untersucht Foucault auch den Prozeß der sozialen Differenzierung, den Ein- und Ausschluß bzw. die Über- und Unterordnung von sozialen Gruppen. Foucault hat solche Prozesse an der Herausbildung des Führungsanspruches der bürgerlichen Klasse und an der Ausgrenzung sozialer Gruppen durch die Einführung des Unterscheidungsmerkmals „Rasse“ skizziert. „Frauen“ und „Männer“ lassen sich auch mit Foucault nicht nur als Individuen mit der Tendenz, sich zu besondern, analysieren, sondern auch als soziale Gruppen, die durch spezifische Regulierungsverfahren zueinander in ein Verhältnis gesetzt werden. Es ist für Foucault gerade das Spannungsverhältnis zwischen Individualisierung und Totalisierung, das zum Ausgangspunkt von Widerstand werden kann.

Wird nur auf den Prozeß der Subjektivierung eingegangen, erscheinen Frauen und Männer gleichermaßen in der Lage, sich der kulturellen Mittel zu bedienen, die aus Individuen Subjekte machen, z.B. durch die Diskursivierung von Erfahrungen. Betrachten wir Frauen und Männer als soziale Gruppen, wie es in den Untersuchungen geschieht, die die Kategorie Geschlecht zentral setzen, zeigt sich, daß Frauen und Männer unterschiedlichen Zugang zu gesellschaftlichen Ressourcen haben, also auch zu Diskursen. Diskurse verstehe ich hier, Foucault folgend, als ein System von Sinnproduktionen, in dem Zugangsvoraussetzungen, Produktion und Distribution entlang sozialer Machtverhältnisse verregelt sind. „Die Ordnung des Diskurses“ ist Niederschlag und ein Ort der Produktion der sozialen Ordnung, sie zeichnet sich gerade durch den Versuch aus, Zufall, Chaos und Veränderung auszuschließen[11]. Ebenso werden diskursive Teilsysteme, wie z.B. innerhalb der „Wissenschaft" die „Disziplinen", nach ähnlichen Prinzipien geregelt. Die feministische Diskussion um Sexualität als Diskurs kann danach in zweifacher Weise untersucht werden. Zum einen intern, d.h., es kann danach gefragt werden, welche Diskursstränge sich im feministischen Diskurs durchsetzen können, welche marginalisiert werden, welche außerhalb feministischer Medien zirkulieren. Eine solche Untersuchung würde z.B. zeigen, daß die beiden Modelle, die Bührmann auf gleicher Ebene situiert, „Lesbe" und „Mutter", durchaus nicht gleiche Akzeptanz und Wertigkeit erreichen. Zum anderen hieße es zu sehen, in welchem Verhältnis feministische Diskurse zu anderen stehen, die sich ebenfalls mit Sexualität beschäftigen. Dieser Vergleich würde aber zeigen, daß feministische Diskurse im Gesamt der Diskurse um Sexualität nur eine marginale Rolle spielen. Ein flüchtiger Blick z.B. in die Medien zeigt, daß im Gesamt der Diskurse um Sexualität soziobiologische oder gentechnologische Diskurse dominieren, in denen neue Begründungsmuster für männliche Dominanz und normative Heterosexualität verfestigt werden. Hier schlägt das Ungleichgewicht zwischen den sozialen Gruppen Frauen und Männer durch.

Festzuhalten bleibt, daß Bührmanns Machtanalyse weit hinter den Möglichkeiten zurückbleibt, die Foucaults Arbeiten zu Macht bereitstellen. Ihre Analyse des feministischen Sexualitätsdiskurses als Normalisierungsdiskurs tendiert dazu, das Machtungleichgewicht zwischen den sozialen Gruppen Frauen und Männern zu nivellieren. Das läßt natürlich auch den Widerstand gegen die Geschlechterhierarchie als überflüssig erscheinen. Bührmann holt zwar »Geschlecht« als ein umkämpftes Terrain des Sexualitätsdispositives ein, allerdings nur als Unterscheidungskategorie zwischen normal/unnormal. D.h., sie betrachtet »Geschlecht« bzw. die Zwei-Geschlechter-Ordnung als normative Anforderung, die es ermöglicht, abweichende Geschlechtspositionen als „unnormal" zu behandeln. Das ist aber nur eine Dimension von »Geschlecht«. »Geschlecht« hat auch die Funktion, soziale Gruppen zu kennzeichnen und im Falle unserer Gesellschaft hierarchisch zu positionieren. Die Ausklammerung dieser Funktion führt zu einer verzerrten Darstellung von Machtverhältnissen.

Eine dritte Position zur Einschätzung gegenwärtiger Entwicklungen im Zusammenhang mit »Geschlecht« und »Sexualität« wird von Gerburg Treusch-Dieter vertreten. Auch sie konstatiert einen Funktionsverlust der Familie bei gleichzeitiger Durchsetzung eines Sexualitätsdispositivs, durch das vor allem die Teilhabe an bürgerlichen Rechten über die An- bzw. Aberkennung von „Normalität" geregelt wird. Zentrale Rechte sind für Treusch-Dieter die im Grundgesetz verankerte Würde des Menschen, Eigentums- und Freiheitsrechte.

Im Zuge der Technologisierung von Fortpflanzung – die sich ebenfalls eines Sexualitätsdispositives verdanke, das die Sorge um das Erbgut zum zentralen Gegenstand diverser Wissensproduktionen sowie der Familien- und Gesundheitspolitik werden ließ – werde nun, das ist Treusch-Dieters These, das Sexualitätsdispositiv vom Gendispositiv abgelöst. Dieses neue Dispositiv habe neben der Verbreitung von Gen- und Reproduktionstechnologie eine Neudefinition bürgerlicher Rechte und neue, gravierende Formen staatlicher Übergriffe zur Folge. Das Gendispositiv löse die Fortpflanzung sowohl von einer „natürlichen“ Sexualität“ als auch von sozialem Geschlecht und Elternschaft ab. Damit tendiere es dazu, „eine elternlose, das Familien- und Persönlichkeitsrecht auflösende Gesellschaft“ zu produzieren:

„Sie könnte, erstens, nicht mehr auf ein an das Erbrecht angebundenes Privateigentum zu verpflichten sein; zweitens wäre sie kaum über Personenstandsangaben zu identifizieren, wenn sie sich aus den zivilen Codierungen des Persönlichkeits- und des Familienrechts löst; umgekehrt könnte diese Gesellschaft möglicherweise ganz einer profitorientierten Fortpflanzungsmedizin ausgeliefert sein.“[12]

Das Recht auf Leben werde sich damit auf das Recht des Ungeborenen auf Leben verschieben, welches wiederum in Gefahr stehe, durch die Genanalyse beeinträchtigt zu werden. Der Staat, so analysiert Treusch-Dieter anhand des österreichischen Bundesgesetzes zur Fortpflanzungshilfe, greift nun nicht ein, um der drohenden Gefahr der Eugenik entgegenzutreten, sondern um seinen Zugriff auf die Individuen zu erhalten und auszudehnen. Dies geschehe auf zweierlei Wegen: Zum einen werde das Recht auf Fortpflanzungshilfe auf eheliche bzw. eheähnlich verbundene Personen beschränkt, zum anderen werde eine Grundrechtsnorm „Kindeswohl“ geschaffen, das eine „genetische Identität“, also das ungeborene Leben als Rechtssubjekt einführt.

„Die Doppelfunktion des Rechts, das einerseits auf der gen- und reproduktionstechnologischen Wissensproduktion basiert, andererseits auf das Grundgesetz bezogen ist, das mit seinem vorausgesetzten Wert des Menschen dessen Zerlegung bis hin in seine Gene legitimiert; diese Doppelfunktion des Rechts potenziert und politisiert sich in dem Maß, wie seine Normativität mehr und mehr 'Lebensverrechtlichungen' formuliert, die außerrechtliche sind und weitergehend Verfassungsänderungen implizieren. Die Erhebung des Embryos zum 'Rechtssubjekt', dessen 'Kindeswohl' nur ein anderer Name für das menschliche Genom darstellt, ist die erste und grundlegendste davon, die ab jetzt das 'geborene' Leben mehr und mehr durch das in der Verfassung verankerte 'ungeborene' Leben bestimmen wird. (..) das Versprechen, das Recht könne durch seine normativen Sicherungen und Sanktionen die gesellschaftliche Auflösung verhindern, die von ihm selbst – stets nachträglich – vorangetrieben wird; dieses Versprechen ist fiktiv und ausschließlich dazu da, das 'mehr an Staat', das innerhalb des sich herausbildenden gen- und reproduktionstechnologischen Dispositivs auf den Plan gerufen wird, zu legitimieren.“[13]

Treusch-Dieter sieht somit als logische Folge des »Gendispositivs« eine Ausweitung staatlicher und technologischer Macht, die die in Foucaults Entwurf der Disziplinargesellschaft angelegte völlige Durchdringung der (Körper) Subjekte weiter vorantreibt. An die Stelle einer Familienpolitik werde eine Gesundheitspolitik treten, die zum einen die Körper immer stärker kontrolliert, bis in ihre Zellen, zum anderen immer mehr Subjekte erreicht, da sie auch „eheähnliche Gemeinschaften“ unter die neue Norm subsummiert. Allerdings werde auch die neue Gesundheitspolitik Frauen und Männer unterschiedlich erfassen, darauf deuten die differenzierten Regeln zur künstlichen Befruchtung und zur Leihmutterschaft hin. Frauen würden auch unter dem neuen Recht auf ihre familiale Position als „Mütter“ verwiesen, ihre Abhängigkeit vom (gentechnologischen Eingriffen zustimmenden) Mann bliebe bestehen.

Treusch-Dieter entwirft ein Bild widersprüchlicher Entwicklungen. Auf der einen Seite steht ein Gendispositiv, welches das soziale Geschlecht mit den darin enthaltenen heterosexuellen Normierungen tendenziell auflöst, aber am biologisch-genetischen Geschlecht festhält und dieses aufwertet. Am Ende dieser Entwicklung könnte die doppelte Differenzierung kranke/gesunde Eizelle/Samenzelle stehen, in die allerdings, eingedenk der jüngsten „Entdekkung“ eines Homosexuellen-Gens heterosexistische Normierungen eingehen. „Entdeckungen“ femininer oder maskuliner Eigenschaftsgene stehen noch aus, sind aber denkbar. Auf der anderen Seite stehen staatlich-regulative Eingriffe, die über Gesetze und Beratungspflicht neue Rechtspositionen schaffen, u.a. die Ausweitung von Rechtsnormen auf eheähnliche Gemeinschaften und das ungeborene Leben. Staatliche Interventionen suchen darüber hinaus, biologisches Geschlecht weiter an soziales Geschlecht und heterosexuelle Normen zu binden, letztere sind zwar nicht mehr „eheförmig“, aber setzten nach wie vor Mann/biologischer oder sozialer Vater und Frau/biologische Mutter voraus. Die weitgehenden Rechte, die dem biologischen/sozialen Vater eingeräumt werden, verweisen auf die Neuordnung der Geschlechterhierarchie gruppiert um das „Kindeswohl“.

In diesem Entwurf wird eingeholt, was in den vorangegangenen ausgeklammert wurde: der Aspekt der Fortpflanzung und der Generativität sowie die Regulierungen, mit denen der Staat über Eigentumsrechte, Personenstandsregelungen und Familienrecht in die Organisation von »Geschlecht« und »Sexualität« eingreift. Deutlich wird, daß hier der Wunsch nach „Kontrolle über die generative Reproduktion“ (Becker-Schmidt) eine wesentliche Rolle bei der Zu- und Aberkennung von Rechten spielt. Die unterschiedliche Stellung von Frauen und Männern hinsichtlich der Generativität, die Männer im unklaren läßt, ob sie der Vater eines Kindes sind, bildet eine nicht zu vernachlässigende Quelle für Motive, Kontrolle über die Genealogie durch entsprechende Verregelungen zu gewinnen. Der Staat hat u.a. die Funktion übernommen, Ansprüche von Männern auf das Fortbestehen männlicher Genealogien rechtlich abzusichern. Wie in der vorliegenden Analyse zu sehen ist, ist die Verstetigung der Geschlechterhierarchie und der heterosexuellen Norm ein Weg, eine solche „Kontrolle über die generative Reproduktion“ zu sichern.

Ist Treusch-Dieters Entwurf eher in die (nahe) Zukunft gerichtet, so läßt sich an der gegenwärtigen Diskussion um die Neuformulierung des Kindschaftsrechts eben diese Tendenz der erneuten Stabilisierung der Geschlechterhierarchie und der heterosexuellen Norm weiter konkretisieren. Sie verdeutlicht zudem die besondere Beziehung zwischen Staat, Familie und patriarchalen Suprematiewünschen. Das „Kindeswohl“ wird in Zeiten des (befürchteten) staatlichen und patriarchalen Kontrollverlustes zum zentralen Rechtsbegriff, mit dem eine erodierende Ordnung wiederherzustellen gesucht wird.

Die aktuelle Diskussion um das „Kindeswohl" zentriert sich um die Neuformulierung der Regelung der elterlichen Sorge nach Scheidung bzw. der Gleichstellung ehelicher und unehelicher Kinder[14]. Geplant ist, das gemeinsame Sorgerecht auch nach der Scheidung bestehen zu lassen und auch unverheirateten, zusammenlebenden Paaren zuzusprechen. Es bestehen auch Überlegungen, generell den biologischen Vater in das Sorgerecht einzubeziehen, unabhängig von dessen Beziehung zur Mutter. Begründet wird dieses Vorhaben mit dem „Kindeswohl": Es wird davon ausgegangen, daß es für das Kind am besten sei, eine vollständige, also aus leiblicher Mutter und leiblichem Vater bestehende Familie zu haben. Was hier zunächst als Sorge um das Kind erscheint, entpuppt sich bei genauerem Betrachten als Sorge um die Wiederherstellung allianzförmiger patriarchaler Machtverhältnisse, die nunmehr nicht mehr die Institution Ehe betrifft, sondern die Institution Elternschaft. Im Gegensatz zur Ehe – die zunehmend eine Vertragsform angenommen hat, in der beide Eheleute Rechtssubjekte sind, die den Vertrag aushandeln und kündigen können – wird Elternschaft als lebenslange Bindung betrachtet, in der die Rechte der Eltern hinter den Rechten des Kindes zurücktreten. Konkret heißt dies, daß sich Eheleute trennen können, sie als Eltern aber zusammen bleiben müssen.

Darüber hinaus begünstigt die angestrebte Regelung eine Ausweitung der Vaterrechte. Lautete die bisherige Rechtsprechung, daß die Person, die für das Kind sorgt und eine kontinuierliche Bindung an es hat, nach einer Trennung auch das alleinige Sorgerecht erhält, sollen nun beide Elternteile, unabhängig von der tatsächlichen Bindung, das gemeinsame Sorgerecht z.B. nach einer Scheidung behalten. Das bedeutet aber real eine Beschneidung der Rechte der Frauen, die in der Regel diejenigen sind, die für das Kind sorgen. Sie können nicht mehr allein entscheiden, wie sie ihr Leben mit dem Kind gestalten. Gestärkt wird dagegen die Position des Vaters: Unabhängig davon, welche Beziehungen er zum Kind hat und welche Anstrengungen er unternimmt, um für das Kind zu sorgen, wird ihm das Recht zugesprochen, in das Leben des Kindes einzugreifen. Und nicht nur in das Leben des Kindes, auch auf das Leben der Mutter hat der Vater nun – über das Einverständnis der Frau hinaus – „lebenslang" Zugriff. Schulwechsel, Wechsel des Wohnsitzes, gesundheitliche Maßnahmen, Beziehungen und Freundschaften, bei allem hat nun – sollte der Gesetzentwurf angenommen werden, und es spricht zur Zeit alles dafür – der Vater ein Mitsprache- und Vetorecht. Schon vor Inkrafttreten des neuen Gesetzes wirken Jugendämter bei Trennungen der Eltern darauf hin, daß sich die Eltern auf die Beibehaltung des gemeinsamen Sorgerechtes einigen. Dabei steht mehr und mehr die Auffassung im Vordergrund, daß auch ein schlechter Vater besser sei als gar kein (biologischer) Vater. So machen Mitarbeiterinnen von Frauenhäusern immer häufiger die Erfahrung, daß auch gewalttätigen Vätern mit Hinweis auf das „Kindeswohl" weitgehende Besuchs- und Umgangsrechte eingeräumt werden. Dabei wird das fiktive „Kindeswohl“ höher eingeschätzt als das Recht der Frau auf körperliche Unversehrtheit und ein Leben in Sicherheit.

Tendenzen, das gemeinsame Sorgerecht auch auf den biologischen Vater unehelich geborener Kinder unabhängig von dessen tatsächlichen Beziehungen zur Mutter oder zum Kind als Regelfall zu übertragen, zeigen, daß hinter dem Gesetz weniger das Interesse für die Bedürfnisse des Kindes steht, als vielmehr für die Absicherung der Rechte des Mannes auf seine Nachkommen.

Die Anwendung des Begriffs „Kindeswohl“, definiert als Anspruch des Kindes auf die biologische Mutter und den biologischen Vater, ermöglicht es, vaterrechtliche Strukturen in einer formalen Geschlechtergleichheit zu reetablieren. Bemerkenswert ist das Festhalten am biologischen Elternpaar: Das „Kindeswohl“ orientiert sich nicht an den tatsächlichen Bindungen des Kindes, die sehr wohl zu sozialen „Eltern“ aufgebaut werden könnten und die darüber hinaus auch nicht unbedingt die heterosexuelle Norm repräsentieren müssen. Diese Definition des „Kindeswohl“ ist neueren Datums, sie löst die bis in die 70er Jahre bestehende Definition ab, daß das „Kindeswohl“ am besten durch die Stärkung und Absicherung der tatsächlichen Beziehungen und der pflegenden und sorgenden Bezugsperson gewährleistet ist[15]. Mit der Neudefinition wird über die männliche Genealogie hinaus auch das System der Heterosexualität abzusichern gesucht, als das einzige System, das dem „Wohl des Kindes“ zuträglich sei. Die „Erfindung“ eines „Kindeswohls“ als Recht auf seine Herkunftsfamilie, auch wenn diese zerbricht oder nie bestanden hat, ist ein Kunstgriff, der es ermöglicht, sich ausdifferenzierende Beziehungs-und Verwandtschaftsstrukturen auf das altbewährte, hierarchische Vater-Mutter-Kind Modell zurückzuführen und damit kontrollieren zu können.

Treusch-Dieters düstere Vision des „Gendispositivs“ scheint damit in greifbare Nähe gerückt. Vom „Kindeswohl“ des geborenen Kindes ist es kein großer Schritt zum „Kindeswohl“ des ungeborenen Kindes. Treusch-Dieter hat gezeigt, daß in dessen Definition ähnliche Motive einfließen. Deutlich wird hier das besondere Interesse des Staates, Beziehungs- und Verwandtschaftsstrukturen zu kontrollieren, an die nach wie vor nicht nur die Absicherung der generativen Reproduktion gebunden ist, sondern auch Personenstands-und Eigentumsrechte. Dabei wird immer noch davon ausgegangen, daß die Sicherstellung der väterlichen Rechte die wirksamste Form der Kontrolle darstellt. Dabei sind durchaus widersprüchliche Tendenzen festzustellen. Die freie Wahl des Ehenamens sowie des Namens des Kindes verweist auf eine Lockerung eines Allianzssystems, das bisher männliche Genealogien privilegierte. Die Stärkung von Vaterrechten dagegen verweist auf deren Reetablierung. Das Gendispositiv verdrängt demnach das Allianzdispositiv nicht, ebensowenig wie das Sexualitätsdispositiv. Eher kann von einer „Modernisierung“ dieser Organisationsprinzipien gesprochen werden, die, obwohl widersprüchlich, hinter emanzipatorische Entwicklungen zurückfällt.

Ich hatte eingangs die Frage gestellt, inwieweit die Foucaultschen Begriffe Allianzdispositiv und Sexualitätsdispositiv geeignet sind, das gegenwärtige Verhältnis von »Geschlecht« und »Sexualität« zu erfassen. Zunächst ist festzuhalten, daß eine einseitige Zuweisung von »Geschlecht« zu einem Allianzdispositiv verkennt, daß »Geschlecht« auch durch das Sexualitätsdispositiv hervorgebracht wird. Die Vergeschlechtlichung von Lust, die Erotisierung von „männlicher" Dominanz und „weiblicher" Passivität ist ein Beispiel dafür. Die Verkürzung des Allianzdispositivs auf die Institution Familie wird den vielfältigen Verflechtungen, die die Institution Familie mit den anderen gesellschaftlichen Sphären verbindet, nicht gerecht. Das zeigt u.a. die geschlechtshierarchische Arbeitsteilung, die über die Familie hinaus zur Ausbildung von Ungleichheitslagen führt und in sie zurückwirkt. Das Allianzdispositiv verweist aber auf eine spezifische Organisation von geschlechtlicher und sexueller Vergesellschaftung, die wesentlich auf die Erhaltung einer bestimmten Dominanzstruktur zielt. Die Verbreitung von sexueller Diskriminierung und Gewalt gegen Frauen in allen gesellschaftlichen Bereichen deutet auf eine fortbestehende Verschränkung dieses spezifischen Allianzdispositivs mit dem Sexualitätsdispositiv hin. Sie weist aber Spannungen auf: Während das Allianzdispositiv auf die Reproduktion einer phallokratischen, heterosexuellen Zwei-Geschlechter-Ordnung zielt, tendiert das Sexualitätsdispositiv dazu, neue sexuelle Identitäten zu produzieren. Foucaults Analyse, daß diese Spannung durch die Reetablierung allianzförmiger Beziehungen zu bewältigen versucht wird, bestätigt u.a. die gegenwärtige Diskussion um das „Kindeswohl". Schließlich deutet sich ein drittes Dispositiv an, das die Organisation von Geschlecht und Sexualität um die genetische Identität zu situieren sucht. Auch hier zeigt sich, daß Allianz- und Sexualitätsdispositiv nicht abgelöst werden, sondern u.a. durch staatliche Regulierungen in das Gendispositiv einfließen.

Als Begriffe zur Erfassung des Verhältnisses von »Geschlecht« und »Sexualität« sind Allianz, Sexualitäts- und Gendispositiv daher nur bedingt geeignet. Sie verweisen vielmehr auf unterschiedliche Formen der Organisation dieses Verhältnisses. Sie können aber als Ansatzpunkte genutzt werden, um dem Verhältnis von »Geschlecht« und »Sexualität« in der gegenwärtigen Gesellschaft theoretisch und methodisch näher zu kommen. Eine genauere Bestimmung wäre die Aufgabe weiterer Untersuchungen.

Anmerkungen

Einleitung

1 vgl. Warner, M., Introduction: Fear of a queer planet, in: Social Text, Jg. 9, Nr. 4, 1991; Sedgwick, E.K., Epistemology of the closet, Berkeley, 1990
2 Weeks, J., Sexuality, Tavistock, London, 1986, S. 15 und S. 25
3 vgl. hierzu Gissrau, B., Sympathie für die „Anormalität"? Ist Homosexualität an sich eine Krankheit?, in: Alves, E. M. (Hg), Stumme Liebe. Der »lesbische Komplex« in der Psychoanalyse, Freiburg, 1993, S. 25f
4 Becker-Schmidt, R., Individuum, Klasse und Geschlecht aus der Perspektive der Kritischen Theorie, S. 392, in: Zapf, W., (Hg), Die Modernisierung moderner Gesellschaften, 25. Soziologentag 1990, Bd.1
5 vgl. hierzu Rohde-Dachser, C., Männliche und weibliche Homosexualität, in: Psyche 9/10, 1994, sowie Gissrau, B., Sympathie für die „Anormalität"? Ist Homosexualität an sich eine Krankheit?, a.a.O.
6 z.B. Schmitz, H., System der Philosophie, Bonn, 1982

Kapitel 1

1 Foucault, M., Von der Subversion des Wissens, Frankfurt am Main, 1978, S. 135f
2 vgl. hierzu Fink-Eitel, H., Michel Foucaults Analytik der Macht, in: Kittler, F.A. (Hg), Die Austreibung des Geistes aus den Geisteswissenschaften, Paderborn, 1980; speziell Fußnote 9, S. 70: „(...) Pathos und Folgen dieser ebenso bestürzend-plötzlichen wie verspäteten Erkenntnis verdanken sich nicht zuletzt auch der hartnäckigen französischen Nicht-Rezeption beispielsweise der deutschen antifaschistischen und antistalinistischen Literatur seit der frühen Kritischen Theorie."
3 Foucault, M., Mikrophysik der Macht, Berlin, 1976, S. 114ff
4 Foucault, M., Recht der Souveränität/Mechanismus der Disziplin, in: Dispositive der Macht, Berlin, 1978, S. 89
5 Foucault, M., Der Wille zum Wissen, Frankfurt am Main, 1977, S. 162f
6 ebd., S. 110

7 Foucault, M., Überwachen und Strafen, Frankfurt am Main 1976; ders., Der Wille zum Wissen, a.a.O.
8 Foucault, M., Der Gebrauch der Lüste, Frankfurt am Main, 1986; ders., Die Sorge um sich selbst, Frankfurt am Main, 1986
9 Foucault, M., Der Wille zum Wissen, a.a.O., S. 114
10 ebd., S. 117
11 Foucault, M., Recht der Souveränität/Mechanismus der Disziplin, in: Dispositive der Macht, a.a.O., S. 79ff
12 ebd., S. 80
13 ebd.
14 ebd., S. 82
15 ebd., S. 85
16 ebd., S. 54
17 siehe hierzu die Übersicht und Diskussion von Hradil, S., Die Erforschung der Macht, Stuttgart, 1980, S. 20 - 61
18 siehe hierzu die an Althusser anschließende Arbeit von Poulantzas, N., Politische Macht und gesellschaftliche Klassen, Frankfurt am Main, 1975. Auch die Regulationstheorien beziehen sich kritisch auf Althusser, als Einstieg siehe: Demirovic, A. (Hg), Hegemonie und Staat, Münster, 1992.
19 siehe hierzu die Arbeiten von Norbert Elias und auch die empirischen Studien der Kritischen Theorie. Ist es für Elias die Transformation der politischen Herrschaft, die im Sozialen zu Verhaltensänderungen führt, so bestimmt in der Kritischen Theorie der Warentausch die menschlichen Beziehungen und damit das Soziale.
20 Foucault, M., Dispositive der Macht, a.a.O., S. 111
21 Foucault, M., Das Subjekt und die Macht, in: Dreyfuß, H.L., Rabinow, P., Jenseits von Strukturalismus und Hermeneutik, Frankfurt am Main, 1987, S. 243
22 Foucualt, M., Überwachen und Strafen, a.a.O., S. 42
23 Wobei Lacan dies als Funktionsweise der Sprache, Derrida jedoch als Effekt von Herrschaft, die sich in Sprache ausdrückt, auffaßt.
24 Foucault, M., Die Ordnung des Diskurses, Frankfurt am Main, 1991, S. 14
25 ebd., S. 15
26 Nietzsche, F., Der Wille zur Macht, besonders deutlich in: Der Wille zur Macht II, §305. Die hier zitierte Ausgabe: Nietzsche, Leipzig 1939, S. 434
27 Marti, U., Michel Foucault, München, 1988, S. 78
28 Fink-Eitel, H., Foucault zur Einführung, Hamburg, 1989, S. 66ff.
29 Foucault, M., Der Gebrauch der Lüste, a.a.O, S. 10
30 Foucault, M., Die Ordnung der Dinge, Frankfurt am Main, 1971, S. 412,
31 Ferry, L., Renaut, A., Antihumanistisches Denken, München, 1987
32 so z.B. Fraser, N., Foucault on Modern Power: Empirical Insights and Normative Confusions, in: Fraser, N., Unruly Practices, Power, Discourse, and Gender in Contemporary Social Theory, University of Minnesota Press, Minneapolis, 1989
33 so z.B. Habermas, J., Der philosophische Diskurs der Moderne, Frankfurt am Main, 1985
34 so z.B. Hartsock, N., Foucault on Power: A Theory for Women?, in: Lejienaar, M. (Hg), Power and Gender, A Symposium, Leiden, 1987
35 vgl. hierzu: Giddens, A., Die Konstitution der Gesellschaft, Frankfurt am Main, 1988, S. 315f
36 Foucault, M., Hermeneutik des Subjekts, in: ders., Freiheit und Selbstsorge, Frankfurt am Main, 1985, S. 50
37 vgl. hierzu: McNay, L., Foucault and Feminism, Cambridge, 1992, vor allem S. 48ff
38 Foucault, M., Freiheit und Selbstsorge, a.a.O., S. 19ff, besonders S. 26f
39 Foucault, M., Das Subjekt und die Macht, a.a.O., S. 254
40 ebd.
41 vgl. Fink-Eitel, H., Foucault zur Einführung, a.a.O., S. 97 ff

42 vgl. hierzu: Becker, H., Heimliche Erregung der dritten Art, in: Foucault, M., Freiheit und Selbstsorge, a.a.O., 1985, S. 73

43 An dieser Stelle ist Adornos und Horkheimers Kritik moderner Subjektivität radikaler, wenn sie sagen, daß die Herausbildung von Identität stets mit Verwerfungen verbunden ist, die sowohl im Subjekt selbst wie im Verhältnis mit dem anderen Herrschaftstrukturen bewirken. Sie lassen keinen Zweifel daran, daß die „Logik des Identischen" stets zu Herrschaft führt. Zu Gemeinsamkeiten und Differenzen der Subjektkritiken von Adorno und Foucault siehe: Honneth, A., Foucault und Adorno. Zwei Formen der Kritik der Moderne, in: Kemper, P. (Hg), 'Postmoderne' oder der Kampf um die Zukunft, Frankfurt am Main, 1988

44 Vgl. Benjamin, J., Herrschaft - Knechtschaft: Die Phantasie der erotischen Unterwerfung, in: List, E., Studer, H., Denkverhältnisse. Feminismus und Kritik, Frankfurt am Main, 1989

45 Irigaray, L., Waren, Körper, Sprache; der ver-rückte Diskurs, Berlin, 1979

46 Vgl. McNay, L., a.a.O., S. 177, S. 190

47 Benhabib, S., Kritik, Norm und Utopie, Frankfurt am Main, 1992, S. 145

48 ebd., S. 135

49 vgl. u.a. Becker-Schmidt, R., u.a., Nicht wir haben die Minuten, die Minuten haben uns, Bonn-Bad Godesberg, 1982; Becker-Schmidt, R., Identitätslogik und Gewalt, Zum Verhältnis von Kritischer Theorie und Feminismus, in: Müller-Warden, J., Welzer, H., (Hg), Fragmente Kritischer Theorie, Tübingen, 1991

50 vgl. hierzu die vielfältigen Ansätze der Kritik, die an dem Ausschluß der Problematik des Geschlechterverhältnisses in Foucaults Arbeit ansetzen, bspw. in: Diamond, I., Quinby, L. (eds), Feminism and Foucault, Northeastern University Press, 1988

51 Foucault, M., Das Subjekt und die Macht, a.a.O., S.246

52 vgl. dazu: Foucault, M., Der „Anti-Ödipus" - Eine Einführung in eine neue Lebenskunst, in: Dispositive der Macht, a.a.O., S. 229f.

53 Veröffentlicht in: Foucault, M., Die Subversion des Wissens, Frankfurt am Main, 1974; eine weitere Präzisierung und Modifizierung der Genealogie stellt Foucault in seiner 1976 gehaltenen Vorlesung vor: Historisches Wissen der Kämpfe und der Macht, auf deutsch veröffentlicht in: Dispositive der Macht, a.a.O.

54 Foucault, M., Nietzsche, die Genealogie, die Historie, a.a.O., S. 89

55 ebd., S. 95

56 ebd., S. 97f

57 „Am Leitfaden des Leibes" betitelt Nietzsche §306 in „Der Wille zur Macht III" und hebt so sowohl die subversive wie auch die zu bevorzugende Erkenntnismöglichkeit hervor, die sich am Körper statt an der Seele oder dem Geist orientiert. Vgl. auch: §217, §249, ebd.

58 Auf die Ambivalenz dieser Zurückweisung habe ich bereits hingewiesen. In diesem Text distanziert sich Foucault klar von biologischen Setzungen.

59 Foucault, M., Nietzsche, die Genealogie, die Historie, a.a.O., S. 97

60 „Wir glauben jedenfalls, daß der Körper nur den Gesetzen seiner Physiologie unterliegt und daß er der Geschichte nicht ausgesetzt ist. Auch das ist ein Irrtum: er ist dem Wechsel der Lebensweisen unterworfen; er ist den Rhythmen der Arbeit, der Muße und der Feste ausgesetzt; er wird vergiftet - von Nahrungen und von Werten, von Eßgewohnheiten und moralischen Gesetzen; er bildet Resistenzen aus." Foucault zitiert hier Nietzsche. ebd., a.a.O. S. 97

61 ebd., S. 91f

62 ebd., S. 99

63 Foucaults Untersuchungen zur Geburt des Gefängnisses umfassen den Zeitraum 1750-1850 und beschränken sich hauptsächlich auf den Raum Frankreichs. Sowohl seine Zentrierung auf die Entwicklung in Frankreich wie auch auf eine Einzelstudie als Grundlage des Konzeptes der Bio-Macht ist zum Gegenstand von Kritik geworden, vgl. Honegger, C., 1980; Fraser, N., 1989. Es wäre auch zu fragen, inwieweit die historische Fixierung auf den Zeitraum der franz. Revolution als Umschlagpunkt zur „modernen Macht", die einen ihrer Hauptaspekte in der Disziplinierung der Körper hat, nicht auch einer spezifisch französischen Präferenz zuzuschreiben ist. Zu dieser Frage gibt z.B. Michael Schröters Studie über die

Veränderungen des Heiratsverhaltens im späten Mittelalter Anlaß, der, von der Zivilisationstheorie Elias ausgehend, ähnlich körperzentrierte Techniken zu einer viel früheren Zeit feststellt, wie im übrigen auch Elias selbst. Vgl. Schröter, M., Wo zwei zusammenkommen in rechter Ehe, Frankfurt am Main, 1985; Elias, N., Über den Prozeß der Zivilisation, Frankfurt am Main, 1976. Das Problem der Historisierung und Lokalisierung von Machtphänomenen wird im Laufe meiner Arbeit noch des öfteren zum Thema werden.

64 Foucault, M., Überwachen und Strafen, a.a.O., S. 178

65 ebd., S. 176

66 ebd., S. 177

67 Breuer, S., Foucaults Theorie der Disziplinargesellschaft. Eine Zwischenbilanz. In: Leviathan, Heft 3, 1987, S. 319-337

68 Habermas, J., Der philosophische Diskurs der Moderne, a.a.O., S. 337f

69 Honneth, A., Kritik der Macht, Frankfurt am Main, 1985, S. 210; ders., Foucault und Adorno. Zwei Formen einer Kritik der Moderne, a.a.O., S. 114f

70 Foucault, M., Überwachen und Strafen, a.a.O., S. 200f

71 Foucault, M., Mikrophysik der Macht, a.a.0., S. 106

72 Entgegen seiner programmatischen Thesen behauptet Foucault später einen Widerstandspunkt gegen die Macht ausgerechnet in den „Körpern und Lüsten". Für Fink-Eitel ist dies ein Zeichen dafür, daß Foucault sehr wohl ein - im nietzscheanischen Sinn - „Natürliches" annimmt. Nancy Fraser kritisiert, daß Foucault zwar von „Körper" und „Lüsten" redet, aber nie präzisiert, was er darunter versteht. Judith Butler moniert Foucaults „Essentialismus", der in seinen romantischen Äußerungen über Körper und Lust zum Vorschein komme. Fink-Eitel, H., Foucault zur Einführung, a.a.O., S.93ff; Fraser, N., Foucault's Body Language: A Posthumanist Political Rethoric?, in: dies., Unruly Practises, a.a.O., S. 60ff; Butler, J., Das Unbehagen der Geschlechter, a.a.O., S. 142ff

73 Gesa Lindemann und Hilge Landweer haben - in jeweils unterschiedlichen theoretischen Kontexten - andere Lösungsvorschläge für das „Körperproblem" gesucht. Lindemann schlägt vor, an H. Plessners anthropologische Philosophie anzuknüpfen, während Landweer in der phänomenologischen Körperphilosophie von H. Schmidt Weiterentwicklungsmöglichkeiten sieht. Ich halte allerdings die Psychoanalyse mit ihrem konfliktorientierten Ansatz für geeigneter, dieses Problemfeld anzugehen. Lindemann, G., Die leiblich-affektive Konstruktion des Geschlechts. Für eine Mikrosoziologie des Geschlechts unter der Haut, in: Zeitschrift für Soziologie, Jg. 21, Heft 5, Oktober 1992, S. 330-346; Landweer, H., Kritik und Verteidigung der Kategorie Geschlecht. Wahrnehmungs- und symboltheoretische Überlegungen zur sex/gender Unterscheidung, Feministische Studien, 2, 1993

74 vgl. Gast, L., Libido und Narzissmus, Tübingen, 1992

75 Becker-Schmidt, R., Knapp, G.-A., Das Geschlechterverhältnis als Gegenstand der Sozialwissenschaften, Frankfurt am Main, 1995, S. 9

76 vgl. Becker-Schmidt, R., Individuum, Klasse und Geschlecht aus der Perspektive der Kritischen Theorie, in: Zapf, W., Die Modernisierung moderner Gesellschaften, 25. Soziologentag, 1990, Bd. 1

77 ebd., S.387

78 ebd., S. 387f.

79 Becker-Schmidt, R., Knapp, G.-A., Das Geschlechterverhältnis als Gegenstand der Sozialwissenschaften, Frankfurt am Main, 1995, S. 10

80 ebd., S. 11

81 vgl. dazu: Becker-Schmidt, R., Von Jungen, die keine Mädchen und von Mädchen, die gerne Jungen sein wollten. Geschlechtsspezifische Umwege auf der Suche nach Identität, in: Becker-Schmidt, R., Knapp, G.-A., Das Geschlechterverhältnis als Gegenstand der Sozialwissenschaften, a.a.O., S. 220 - 246

82 Foucault, M., Der Wille zum Wissen, a.a.O., S. 166.

83 ebd., S. 168

84 Foucault erläutert seinen Dispositiv-Begriff ausführlich in: Dispositive der Macht, a.a.O., S. 119ff

85 Foucault, M., Leben machen und sterben lassen: Die Geburt des Rassismus, Vorlesung März 1976, veröffentlicht in: Les temps modernes, Februar 1991, übersetzt in: diskus, Nr.1, Frankfurt am Main, Febr. 1992, Zitat S. 52

86 Foucault, M., Der Wille zum Wissen, a.a.O., S. 170

87 Foucault, M., Leben machen und sterben lassen: Die Geburt des Rassismus, a.a.O., S. 56. Die Brisanz dieser Analyse wird u.a. in den Argumenten sichtbar, die hierzulande in der „Asyldebatte" von fast allen Parteien und weiten Teilen der Bevölkerung angeführt werden. Es sind überwiegend Argumente, die die Gefährdung der Arbeitsplätze, der sozialen Sicherung, der Wohnmöglichkeiten, des Wohlstandes, der kulturellen Werte, aber auch die Gefährdung des Leibes, der Gesundheit und Hygiene, der Unversehrtheit der Körper (allerdings nur der „eigenen") betonen. Diese Argumentationsketten durchziehen und verbinden unterschiedliche gesellschaftliche Gruppen, individuelle und nationale „Interessen", die Sphäre der großen Politik wie die der privaten Lebensplanung. Auch die Argumentationen sog. multikultureller Fürsprecher bedienen sich solcher Elemente, wenn auch mit umgekehrter Zielsetzung: Hier liegt die Betonung auf der Bereicherung der Gesellschaft durch die ImmigrantInnen, sei es durch Steueraufkommen, Geburtenzifferausgleich oder kulturelle Vielfalt, die der eigenen Bevölkerung zugute kommen könnte.

88 Foucault, M., Leben machen und Sterben lassen. Die Geburt des Rassismus, a.a.O., S. 55

89 Foucault, M., Der Wille zum Wissen, a.a.O., S. 174 u. 175

90 vgl. Reich, W., Der Einbruch der sexuellen Zwangsmoral, Frankfurt am Main, 1981

91 vgl. Freud, S., Das Unbehagen in der Kultur, G.W. Bd. 14, Frankfurt am Main, 1948

92 vgl. Marcuse, H., Der eindimensionale Mensch, Neuwied u.a., 1967

93 vgl. Foucault, M., Der Wille zum Wissen, a.a.O., S. 9-25

94 ebd., S. 76

95 ebd., S. 58

96 Foucault, M., Leben machen und Sterben lassen, a.a.O., S. 51

97 Die nichtdiskursiven Praxen werden zwar angedeutet (Anti-Masturbationskampagne, Hysteriebehandlung etc.), aber nicht ausgeführt. In gewisser Weise fällt Foucault hier hinter seine erklärte und in „Überwachen und Strafen" eingelöste Absicht zurück, diskursive und nichtdiskursive Praktiken als Gesamtheit zu analysieren. Zwangsläufig wird damit der Fehler, der diskurskritischen Analysen eigen ist, wiederholt: Es entsteht ein vermeintlich geschlossenes System, das sich dem handelnden Individuum entzieht. Die Konsequenzen werden z.B. in Judith Butlers Arbeiten deutlich, auf die ich später eingehen werde.

98 ebd., S. 54

99 Foucault, M., Der Wille zum Wissen, a.a.O., S. 129

100 ebd., S. 150

101 ebd., S. 128

102 ebd., S. 132

103 Davidhoff, L., The Role of Gender in the 'First Industrial Nation', in: Crompton, R., Mann, M. (eds), Gender and Stratification,1986, S. 192

104 vgl. zum Beispiel Rubin, G., Thinking Sex: Notes for a Radical Theory of the Politics of Sexuality, in: Vance, C.S. (ed), Pleasure and Danger, Boston, 1984; Hegener, W., Der Diskurs des Anderen und die Logik des Gleichen, in: Kornbichler, T., Maaz, W., Variationen der Liebe. Historische Psychologie der Geschlechterbeziehung. Tübingen, 1995; differenzierter auch bei: Treusch-Dieter, G., Analyse des Bundesgesetzes über die medizinische Fortpflanzungshilfe beim Menschen, in: Fleischer, E., Winkler, U., (Hg), Die kontrollierte Fruchtbarkeit, Wien, 1993

105 Foucault, M., Der Wille zum Wissen, a.a.O., S. 137

106 Dies ist ein aus dem Zusammenhang gerissenes Zitat von Foucault. Der komplette Satz heißt: „In der christlichen Pastoral codierte das Gesetz der Allianz das Fleisch, das man entdeckte, und zwang ihm von vornherein ein immer noch rechtliches Vorzeichen auf; mit der Psychoanalyse ist es die Sexualität, die den Regeln der Allianz Leib und Leben verleiht, indem sie sie mit Begehren sättigt." ebd., S. 137

107 Foucault, M., Leben machen und sterben lassen, a.a.O., S. 55

108 vgl. Laquer, T., Auf den Leib geschrieben. Die Inszenierung der Geschlechter von der Antike bis Freud, Frankfurt am Main, 1992; Honneger, C., Die Ordnung der Geschlechter, Frankfurt am Main, 1991

109 Balibar, E., Wallerstein, I., Rasse, Klasse, Nation, Hamburg, Berlin, 1990

110 Foucault, M., Herculine Barbin, Being the Recently Discovered Memoirs of a Nineteenth-Century Hermaphrodite, Übersetzung: Richard McDougall, New York, 1980, Vorwort, S. viii

111 Hirschauer, S., Die soziale Konstruktion der Transsexualität, Frankfurt am Main, 1993, S. 66ff, speziell S. 76f.

112 Hier ist auch auf die christlichen Kirchen hinzuweisen, die wesentlich an der Verbreitung einheitlicher Normen mitgewirkt haben, die Sexualität, Fortpflanzung und die Stellung der Geschlechter betrafen. Foucault hat - in einem anderen Kontext - auf den Zusammenhang zwischen „Pastoralmacht" und „Bio-Macht" hingewiesen. Siehe Foucault, M., Das Subjekt und die Macht, a.a.O.

113 Foucault, M., Der Wille zum Wissen, a.a.O., S. 187

Kapitel 2

1 Foucault, M., Das Subjekt und die Macht, a.a.O., S. 245

2 Foucault, M., Der Wille zum Wissen, a.a.O., S. 16

3 Rich, B.R., Feminism and sexuality in the 1980s, S. 531, in: Feminist Studies 12, no. 3, Fall 1986

4 Shulman, A.K., Sex and Power: Sexual bases of Radical Feminism, in: Stimpson, C.R., Person, E.S., Women - Sex and Sexuality, Chicago/London, 1980, S. 23

5 Sie entwickelt diese These anhand Genets Beschreibungen des homosexuellen Milieus; Millet, K., Sexus und Herrschaft, Frankfurt am Main, 1971, S. 33

6 Stoller, R.J., Sex and Gender, New York, 1968

7 Millet, K., a.a.O., S. 90

8 Millet, K., a.a.O., Fußnote S. 39

9 Eine ähnliche Auffassung vertritt Toril Moi in ihrer literaturtheortischen Kritik an Millet, in: Moi, T., Sexus, Text, Herrschaft: Feministische Literaturkritik, Bremen, 1989, S. 38f

10 Millet, K., a.a.O., S. 88

11 Brownmiller, S., Gegen unseren Willen, Frankfurt am Main, 1978

12 Firestone, S., Frauenbefreiung und sexuelle Revolution, Frankfurt am Main, 1975, S. 18

13 ebd., S. 212f

14 ebd., S. 69

15 Mitchell, J., Psychoanalyse und Feminismus, Frankfurt am Main, 1976, S. 407

16 Rich, B.R., Feminism and Sexuality in the 1980s, in: a.a.O., Creet, J., Daughter of the movement: The Psychodynamics of Lesbian S/M Fantasy, in: differences: a Journal of feminist Cultural studies, 3.2, 1991

17 King, K., Producing Sex, Theory, and Culture: Gay/Straight Remappings in Contemporary Feminism, in: Hirsch, M., Keller E.F., (eds), Conflicts in Feminism, New York, 1990

18 So bei Rubin, G. in: Thinking Sex: Notes for a Radical Theory of the politics of Sexuality, in: Vance, C.S., (ed), Pleasure and Danger, Boston, London, Melbourne, 1984; weniger drastisch bei Freccero, C., Notes of a post-Sex Wars Theorizer, in: Hirsch, M., Keller E.F. (eds), a.a.O., ebenfalls Gegenstand der Untersuchung von Rich, B. R., a.a.O.

19 Pally, M., Szenen eines Bildersturms, in: DIE ZEIT, 10.7.1992; Paglia, C., Die Masken der Sexualität, Berlin, 1992

20 Mit den Begriffen *hate speech* und *hate crimes* wird versucht, Grundlagen für Gesetzesvorlagen zu schaffen, die es erlauben, diskriminierende Äußerungen und tätliche Angriffe auf Minoritäten entsprechend zu verfolgen. In den USA ist ersteres nicht strafbar, weil es unter

das Recht zur freien Meinungsäußerung fällt und nicht, wie beispielsweise in der BRD, als Volksverhetzung geahndet werden kann. Die Einführung des Straftatbestandes *hate crimes* soll eine schärfere Bestrafung solcher Verbrechen ermöglichen, die bisher als „Affekttaten" mildernde Umstände einklagen konnten. Auf einer von der Universität von Chicago veranstalteten Konferenz trafen sich im März 1993 rund 600 VertreterInnern unterschiedlicher Gruppen und aus unterschiedlichen Fachgebieten, um über Pornographie, *hate crimes* und *hate speech* zu konferieren. Siehe dazu: „Meinungsfreiheit, die Schweigen erzwingt", taz, 22.3.1993; Speech, Equality and Harm, in: Off our Backs, Vol. 13, Nr. 4, April 1993; kritisch zu hate speech und hate crime siehe die taz, 29.8.92, S.13

21 MacKinnon, C., Toward a feminist theory of the state, Cambridge, MA, 1989; Dworkin, A., Pornographie: Männer beherrschen Frauen, Frankfurt am Main, 1990

22 MacKinnon, C., Toward a feminist theory of the state, a.a.O., S. 137

23 MacKinnon, C., Feminism Unmodified, Harvard College, 1987, S. 127ff

24 Es ist bis heute umstritten, ob es sich bei diesen Filmen um reale oder gestellte Mordszenen handelt. Tatsache ist jedoch, daß die Filme die Ermordung von Frauen zum Zwecke der sexuellen Erregung und Befriedigung zeigen.

25 MacKinnon, C., Toward a feminist theory of the state, a.a.O., S. 170

26 MacKinnon, C. zitiert im Bericht über die Konferenz „Speech, Equality and Harm", die vom 5.-7. 3. 1993 an der University of Chicago Law School stattfand. In: Off our backs, April 1993, S. 4-5 und 12-20.

27 Valverde, M., Beyond Gender Dangers and Private Pleasures: Theory and Ethics in the Sex Debates, in: Feminist Studies, 15, No. 2, Summer 1989, S. 252

28 Eine Auswertung dieser Untersuchungen legt Selg vor. Tatsächlich belegen die meisten klinischen Untersuchungen, daß zwischen der Konsumierung von Pornographie und aggressiven/diskriminierenden Handlungsabsichten (!) kein Zusammenhang besteht. Allerdings kommen Feshbach und Malamuth zu dem Ergebnis, daß vor allem die Verbindung von Sex und Gewaltszenen aggressives Verhalten hervorruft. Sie weisen auch darauf hin, daß die Verbindung von sexueller Lustentladung mit Gewaltdarstellungen zu einer erotischen Aufladung von Gewalt führen kann. Selg, H., Pornographie. Psychologische Beiträge zur Wirkungsforschung, Bern 1986; Feshbach, S., Malamuth, N., Sex und Gewalt, in: Psychologie heute, Februar 1979, und diess., Jaffree, Y., Sexual Arousal and Aggression: Recent Experiments and Theoretical Issues, in: Journal of social Issues, Vol. 33, No. 2, 1977.

29 Die S/M Diskussion in der feministischen Bewegung verlief hauptsächlich zwischen lesbischen Frauen. So die Samois Gruppe, die mit ihrer Veröffentlichung: Coming to power: Writings and graphics on Lesbian S/M, Boston, Alyson Publications, 1982, für erheblichen Wirbel sorgte und mit ihrem Eintreten für sadomasochistische Praktiken den Entwurf der sadomasochistischen Zwangsheterosexualität in Frage stellten. Als Reaktion erschien wenig später: Against Sadomasochism, A Radical Feminist Analysis, Linden, R.H. u.a., East Palo Alto, Calif., Frog in the Well Press, 1982. Dokumentiert und analysiert in: Rich, B.R., a.a.O. S/M Praxen heterosexueller Frauen wurden nicht thematisiert (vielleicht, weil im theoretischen Rahmen der sadomasochistischen Heterosexualität eine solche Thematisierung überflüssig erscheint).

30 Pally, M., Aus den Augen, aus der Welt, taz, 30.1.93.

31 Vgl. dazu: Rich, B.R., a.a.O.

32 Echols, A., The new feminism of Yin and Yang, in: Snitow, A., Stansell, C., Thompson, S. (eds), Powers of Desire, Monthly Review Press, New York, 1983, S. 455

33 Diese Entwicklung korrespondiert mit der Popularität des Kommunitarismus in den USA, der sich außerhalb der klassischen Rechts-Links Lager definiert und sich als alternative Politik empfiehlt.

34 Der Begriff „Identität" wird in der vorherrschenden anglo-amerikanischen Theoriebildung sowie in der mehr im gesellschaftlichen Raum verankerten Ich-Psychologie kaum problematisiert . Eine Kritik dieses Begriffs, wie sie z.B. die Kritische Theorie vorgelegt wurde, ist im USamerikanischen Raum lange Zeit nicht geleistet worden. Es ist vielmehr - beson-

ders seit den politischen Kämpfen der Bürgerrechtsbewegungen - die Tendenz vorherrschend, „Identität“ als Kampfbegriff gegen eine Gesellschaft anzuführen, die nur eine Identität, die des weißen, mittelständigen, männlichen Amerikaners anerkennt. „Identität“ bezeichnet gerade in den politischen Kontexten nicht vorherrschend das Ergebnis eines sozialisatorischen Prozesses, sondern die Behauptung und Durchsetzung von Verschiedenheit. *Identity politics* stehen damit nicht für eine Kritik der Identitätslogik oder der Normen, die zu einem Identitätszwang führen, sondern für den Kampf um Anerkennung von gesellschaftlichen Gruppen, denen eine „Identität“ abgesprochen wurde. Erst auf diesem Hintergrund ist zu verstehen, daß „Identität“ auch von der Frauenbewegung und in der Frauenforschung erst in jüngster Zeit - gefördert gerade durch die Theorien der Dekonstruktion - problematisiert wird.

35 Philipson, Ilene, The Repression of History and Gender: A Critical Perspective on the Feminist Sexuality Debate, in: Signs, 1984, vol. 10, no. 1, S. 113-118

36 Ich beziehe mich hier auf Lewis Aarons Interpretation der Urszene. Aaron, L., Die internalisierte Urszene, in: Benjamin, J., Unbestimmte Grenzen. Beiträge zur Psychoanalyse der Geschlechter, Frankfurt am Main, 1994, bes. S. 36ff

37 Foucault, M., Die Ordnung des Diskurses, Frankfurt am Main, 1991, vor allem S. 37

38 Rich, A., Zwangsheterosexualität und lesbische Existenz, in List, E./Studer, H., (Hg) Denkverhältnisse. Feminismus und Kritik, Frankfurt am Main, 1989, S. 263

39 ebd., S. 254f

40 ebd., S. 251

41 ebd., S. 265

42 Rich führt dies nicht weiter aus, da sie jedoch auf Chodorow rekurriert, ist anzunehmen, daß auch Rich davon ausgeht, daß die spezifische Bedeutung von Separation und Autonomie in der frühkindlichen Entwicklung von Jungen das spätere Sexualverhalten weitgehend beeinflußt. In diese Richtung geht auch Benjamin in einem frühen Essay, indem sie nahelegt, daß Sadismus ein solchermaßen erworbenes männliches Sexualverhalten sein kann. Benjamin, J., Herrschaft-Knechtschaft: Die Phantasie der erotischen Unterwerfung, in List, E./Studer, H., Denkverhältnisse, a.a.O.

43 Diese Unterscheidung zwischen Geschlechtsrolle und anatomischem Geschlecht war für die Radikalen Feministinnen sehr wichtig. So betont z.B. Koedt in Auseinandersetzung mit lesbischen und heterosexuellen Frauen: „Thus again the crucical point is not the sex of your bed partner but the sex role of your bed partner.“, aus: Koedt, A., Lesbianismus and Feminism, in Koedt, A., Levine, E., Rapone, A., Radical Feminism, New York, 1972, S. 251

44 Rich, A., a.a.O., S. 266

45 Man könnte auch hinzufügen: sexophoben Tendenzen. Im Kontext dieser Arbeit wird zwangsläufig der Eindruck erweckt, daß alle mit dem Thema Sexualität beschäftigt sind, daß Sexualität für alle Individuen zu allen Zeiten ihres Lebens tatsächlich so immens wichtig und konfliktreich ist, wie dies u.a. die Medien etc. verbreiten. Ich möchte dies bezweifeln. Es ist aber andererseits gerade in einer Gesellschaft, in der „Königin Sex“ regiert, anzunehmen, daß Individuen ob dieses Druckes Ängste gegenüber Sexualität entwickeln, die sich auch in der Verleugnung der eigenen Sexualität - und der der anderen - ausdrücken können.

46 Daly, M., Gyn-Ökologie: Eine Meta-Ethik des radikalen Feminismus, München 1981; Chodorow, N., Das Erbe der Mütter, München, 1985; Hartsock, N.C.M., Money, Sex and Power, New York, 1983; Irigaray, L., Zur Geschlechterdifferenz, Wien, 1987

47 Morgan, R., Going Too Far, New York, 1978, S. 93, zitiert in Echols, A., a.a.O., S. 449

48 Sexualität wird in feministischen Entwürfen häufig als verbindende Energie, als „bonding energy“ definiert. Damit wird aber nur eine Seite von Lust erfaßt. Vgl. Ferguson, M., Blood at the roots - motherhood, sexuality and male dominance, London, 1989

49 Creet, a.a.O., S. 145

50 Mit der Verdeckung der Austauschprozesse zwischen Müttern und Töchtern beschäftigen sich italienische feministische Philosophinnen, deren Entwurf des „Affidamento“ auch hierzulande kontrovers diskutiert wurde. Ausgehend von den Thesen Luce Irigarays, entwikkeln sie ein Konzept der „sexuellen Differenz“, die, gerade durch eine Auseinandersetzung

auch mit den konflikthaften Anteilen der Mutter-Tochter-Beziehung, in eine symbolische Ordnung eingeschrieben werden solle, die bislang männlich dominiert sei. Im Zentrum des ursprünglichen Modells der „sexuellen Differenz" steht allerdings nicht eine biologische oder durch spezifisch weibliche Fähigkeiten hervorgebrachte Differenz, sondern eine Differenz, die durch den unterschiedlichen Zugang von Frauen und Männern zum Begehren entsteht. In späteren Entwürfen wurde allerdings eine biologistischere Fassung der „sexuellen Differenz" vorgelegt. Interessanterweise scheint die Figur der „sexuellen Differenz" in der US-amerikanischen Sexualitätsdebatte wieder an Einfluß zu gewinnen. Vgl.: Sotto Sopra, Mehr Frau als Mann, Sonderausgabe, Mailand, Januar 1983; Libreria delle donne di Milano, Wie weibliche Freiheit entsteht, Berlin, 1988; Diotima, Der Mensch ist zwei. Das Denken der Geschlechterdifferenz, Wien, 1989; kritisch dazu: Knapp, G.-A., Zur Theorie und politischen Utopie des „affidamento", Feministische Studien, 9. Jg, Nr. 1, Mai 1991

51 So führt z.B. David Lockwood das Argument der „üblichen heterosexuellen Beziehungen" dazu an, um die Bedeutung der Kategorie Geschlecht in Theorien der sozialen Ungleichheit zu leugnen. Geschlecht sei keine Strukturkategorie, da eventuelle Ungleichheitslagen zwischen den Geschlechtern nicht sozialen, sondern „natürlichen" Ursprungs seien. Lockwood, D., Class, Status, Gender, in: Crompton, R., Mann, M., Gender and Stratification, Polity Press, Cambridge, 1986, S. 15

52 Die erst junge Entwicklung, daß alle Mitglieder einer Gesellschaft ein Recht haben zu heiraten, wird meist nur unter dem Aspekt der Erweiterung bürgerlicher Rechte gesehen, nicht aber als eine Form der Normierung und der gesellschaftlichen Strukturierung, die andere Möglichkeiten ausschließt.

53 vgl. Rubin, G., The Traffic in Women, in: Reiter, R.R. (Hg) Toward an anthropology of Women, London, 1975, S. 159 und S. 165. Alle folgenden Übersetzungen C.O.

54 Cockburn, C., Blockierte Frauenwege. Wie Männer Gleichheit in Institutionen und Betrieben verweigern, Hamburg, 1993, S. 14

55 Rubin, G., The Traffic in Women, a.a.O., S. 180

56 ebd., S. 177

57 ebd., S. 175

58 ebd., S. 192

59 ebd., S. 189

60 ebd., S. 204

61 Einen phantasievollen Versuch, andere Strukturierungsprinzipien von Allianz zu verorten, legt Cucchiari vor: Cucchiari, S., The gender revolution and the transition from bisexual horde to patrilocal band, in: Ortner, S.B., Whitehead, H., (eds), Sexual meanings, Cambridge, New York, 1981

62 vgl. hierzu: Weiss, F., Zur Kulturspezifik der Geschlechterdifferenz und des Geschlechterverhältnisses. Die Iatmul in Papua-Neuguinea, in: Becker-Schmidt, R., Knapp, G.-A., Das Geschlechterverhältnis als Gegenstand der Sozialwissenschaften, Frankfurt am Main, 1995. Weiss beschreibt hier Mythen, die die Möglichkeit des Geschlechtswechsels thematisieren. Sie sieht darin den Versuch, den Konflikt, der aus der „biologischen Geschlechtertrennung" für die Menschen entsteht, zu bewältigen. Auch beobachtet sie rituelle Geschlechtswechsel, in die das Bedürfnis der Individuen, die Geschlechtertrennung zu unterlaufen, einfließt.

63 vgl. hierzu: Evans-Pritchard, E.E., Sexual inversion among the Azande, in: American Anthropologist, 1970; Whitehead, H., The bow and the burden strap: a new Look at institutionalized homosexuality in native North Amerika, in: Ortner, S.B., Whitehead, H., Sexual meanings, a.a.O.

64 Rubin stellt diese Frage nicht. Allerdings sieht Juliet Mitchell, die ebenfalls von Lacan und Levi-Strauss ausgeht, die Chance zu einer Veränderung darin, daß in der kapitalistischen Gesellschaft der Einfluß der Verwandtschaftssysteme zurückgedrängt wird und damit ein Raum entsteht, in dem sich neue Strukturen ausbilden können. Es bleibt aber auch bei Mitchell die Frage, ob sich solche neuen Strukturen nicht ebenfalls „hinter dem Rücken der Individuen" etablieren. Immerhin löst Mitchell die überhistorische Perspektive, die Rubins

Arbeit - entgegen ihrer eigenen Intention - inhärent ist, ein Stück weit auf. Mitchell, J., Psychoanalyse und Feminismus, a.a.O., S. 465ff.

65 Rubin, G., Thinking Sex: Notes for a Radical Theory of the politics of Sexuality, a.a.O., S. 307

66 ebd., S. 308

67 ebd., S. 276

68 ebd., S. 277

69 ebd., S. 293; Als aktuelles und bestätigendes Beispiel mag folgendes dienen: Im Zusammenhang mit der Aufhebung des Verbotes der Homosexualität in Irland wird der irische Senator David Norris mit seinem Kommentar zur Gesetzesänderung zitiert: „Es ist das erste Mal, daß ich mich in meinem Land als vollwertiger Bürger fühle." taz, 26.6.93, S. 9

70 Diese andere Sichtweise auf Pornographie findet sich in Weeks, J., Sexuality and its discontents, London, 1985, S. 23. Er zitiert G. Talese, der den Herausgeber von Playboy, Hefner, als den Mann charakterisiert, der als erster damit reich wurde, daß er masturbatorische Liebe öffentlich vermarktet hat.

71 Rubin, G., Thinking sex, Notes for a Radical Theory of the politics of Sexuality, a.a.O., S. 302

72 ebd., S. 278

73 Word, J., The nature of Heterosexuality, S. 145, 147, in: Handscombe, G./ Humphries, M.,(eds) Heterosexuality, London, 1987

74 Siehe dazu: Weeks, J., Questions of identity, in: Caplan, P., The cultural construction of sexuality, London, 1987

75 Miller, M., in einem Interview zu seinem Coming out, New York Times, Jan. 17, 1971, zitiert in Koedt, A., a.a.O., S. 252

76 Gayle Rubin zugeschrieben, in: Rich, B.R., S.532, a.a.O.

77 Weeks, J., Sexuality and its discontents, a.a.O., S. 191

78 Califa,P., Sapphistry. The Book of Lesbian Sexuality, New York, 1980, S. 165; Altman, D., The Homosexualization of America, S. 73f ; beide zitiert in: Weeks, J., Sexuality and its discontents, a.a.O., S. 186

79 Weeks, J., Questions of identity, a.a.O., S. 43

80 Kitzinger, C., Wilkinson, S., Perkins, R., Theorizing Heterosexuality, in: Feminism & Psychology, Vol. 2, No. 3, 1992, S. 306

81 vgl. zur historischen Konstituierung von Homosexualität, aber auch anderen „abweichenden" Sexualitäten z.B. Fout, J.C. (ed), Forbidden History. The State, Society and the Regulation of Sexuality in Modern Europe, Chicago, 1992; zur Ausdifferenzierung von Geschlechtsrollen innerhalb lesbischer Beziehungen z.B. Nestle, J. (ed), The persistent Desire. A femme-butch Reader, Boston 1992; zu neueren Ansätzen lesbischer und schwuler Theorien z.B. Fuss, D., Inside/Out, Lesbian Theories, Gay Theories, New York, 1991; zur Schwulenbewegung z.B. die Arbeiten von Weeks, J., a.a.O.; für einen Überblick über queer theories z.B. Hark, S., Queer Theories, in: Feministische Studien, 2/93; zu Problemen von Identitätsbildungsprozessen z.B. Rust, P.C., 'Coming out' in the age of social constructionism: Sexual Identity Formation among Lesbian and Bisexual Women, in: Gender & Society, Vol. 7, No. 1, March 1993; zu cross dressing Garber, M., Vested Interests. Cross dressing & cultural Anxiety, Routledge, New York, 1993, um nur einige zu nennen.

82 Gerade hier scheinen sich die stärksten Verschiebungen anzubahnen, gerade im Zusammenhang mit der Gen- und Reproduktionstechnologie. Dabei darf aber nicht übersehen werden, daß Generativität mehr umfaßt als nur die Fortpflanzung der Spezies. An ihr hängen genealogische Funktionen wie die Weitergabe von Eigentum, Namen und Familientraditionen, pflegerisch-fürsorgliche Funktionen, wie Versorgung, Erziehung und Sicherung der generativen Fürsorge sowie Sicherungssysteme, die nicht vom Staat abgedeckt sind.

83 um nur einige zu nennen: Gürtler, S., Die Subversion der Geschlechter. Zur Studie von Judith Butler, in: Fragmente, 39/40, Dez. 1992; Trittin, K., Rezension in: Die Philosophin, 6, Okt. 1992; Hark, S., Vom Subjekt zur Subjektivität, Feminismus und die Zerstreuung des

Subjekts, in: Mitteilungen aus der kulturwissenschaftlichen Forschung, 31, Nov. 1992; Landweer, H., Herausforderung Foucault, in: Die Philosophin, 4. Jahrgang, Heft 7, April 1993; die Serie Sex & Gender in der Frankfurter Rundschau, 4.5., 18.5., 29.6., 18.7.1993; sowie die Beiträge in den Feministischen Studien, 2/93

84 eine der größten Schwierigkeiten an Butlers Arbeit ist ihre Verwendung von „gender" und „gender identity", die in der deutschen Übersetzung noch verschärft werden, da hier „gender" zumeist mit Geschlechtsidentität übersetzt wurde. Butler differenziert nicht zwischen den unterschiedlichen Dimensionen von Gender - als sozialer Platzanweiser, als Element von Subjektivität, als Klassifikation und als Geschlechtsrolle. Sie betont vielmehr - in Anlehnung an Foucault - den diskursiven und grammatikalischen Aspekt von Identität im Sinne einer Kritik von Identitätslogik: das Subjekt werde damit gezwungen, sich und andere als mit-sich-selbst-identisch wahrzunehmen, was stets zu Ausgrenzungen und Diskriminierungen führe - sowohl innerhalb des Selbst wie auch in Bezug auf andere Subjekte. Es ist jedoch auch zu beachten, daß sich Butler einer in den USA weit verbreiteten „identity politics" entgegensetzt, in der kulturelle Identität - als ethnische, schwule, lesbische, weibliche, männliche - zunehmend essentialistische Züge annimmt und damit den überwunden geglaubten biologistischen Begründungen von Differenz gefährlich nahekommt. Auf diese Besonderheiten im Umgang mit dem Begriff „Identität" im US-amerikanischen Kontext habe ich bereits hingewiesen. Butlers große Schwäche ist es, daß sie die sozialen und historischen Bedingungen, unter denen Geschlecht nicht nur am Individuum Spuren hinterläßt, sondern auch in den gesellschaftlichen Raum eingelassen ist, nicht beachtet.

85 Butler, J., Das Unbehagen der Geschlechter, Frankfurt am Main, 1991, S.28

86 ebd., S. 16

87 ebd., S. 24

88 ebd., S.60

89 ebd., Fußnote 6, S. 219f, ergänzt durch die Originalfassung, Gender Trouble, Routledge, New York, 1990, S. 151

90 Wittig, M., On the social contract, in: dies., The straight mind and other essays, Boston, Massachusetts, 1992, S. 33-45, Zitat S. 38, Übersetzung C.O.

91 ebd.

92 Für Wittig ist nur das weibliche Geschlecht grammatikalisch markiert, Männer stellten dagegen das unmarkierte Geschlecht dar: „For example, the concept of difference between the sexes ontologically constitutes women into different/others. Men are not different, whites are not different, nor are the masters.", Wittig, M., The straigt mind, in dies., The straight mind and other essays, a.a.O., S. 29

93 Butler, J., Das Unbehagen der Geschlechter, a.a.O., S. 66

94 ebd., S. 64

95 ebd., S. 109

96 Butler, J., Das Unbehagen der Geschlechter, a.a.O., S. 88. Ich habe den ersten Satz des Zitats durch meine eigene Übersetzung ersetzt, da Katarina Menkes Übersetzung in diesem Zusammenhang falsch ist und zu Mißverständnissen führt. Das engl. Original lautet: We might then rethink the very notions of masculinity and feminity constructed here as rooted in unresolved homosexual cahtexis. Menke übersetzt: „Somit müssen wir auch die Begriffe der Männlichkeit und Weiblichkeit neu überdenken, die hier so konstruiert sind, daß sie aus ungelösten Besetzungen entstehen." constructed here bezieht sich aber auf die vorhergehende Erörterung der Konstruktionen von Lacan und Riviere, die in keiner Weise Männlichkeit und Weiblichkeit als aus homosexuellen Besetzungen resultierend verstehen, so daß as rooted in auf Butlers Neuformulierung verweist.

97 ebd., S. 109

98 ebd., S. 113

99 Butler unterscheidet - wie Torok und Abraham - zwischen zwei Modi der Verarbeitung des Verlustes eines geliebten Objekts. Bei der Einverleibung handelt es sich danach um einen Modus, bei dem die Trauer um das verlorene Objekt nicht bewußt werden darf, da die Liebe selbst verdrängt werden muß, während die Verinnerlichung einen Trauerprozeß voraus-

setzt, der teilweise bewußt ist. Bringt die Verinnerlichung einen „inneren Raum" hervor, das Ich-Ideal, bleibe die Einverleibung an der Körperoberfläche. Butler nimmt den Modus der Einverleibung an, weil es in einer heterosexuellen Gesellschaft keine symbolische Anerkennung von Homosexualität gebe und damit Trauerarbeit unmöglich sei. Der Text von Torok und Abraham liegt meines Wissens nicht in deutscher Übersetzung vor: Deuil ou mélancholie, introjecter-incoperer, réalité métapsychologique et fantasme, in: L'ecorce et le noyeau, Paris 1987

100 Butler, J., Critically queer, in: dies., Bodies that matter, New York, 1993, S. 236

101 Butler zitiert hier Freud, Trauer und Melancholie, Studienausgabe Bd. 3, Frankfurt am Main, 1982, S. 301f, in: Butler, J., Das Unbehagen der Geschlechter, a.a.O., S. 100

102 Butler, J., Das Unbehagen der Geschlechter, a.a.O., S. 215

103 vgl. hierzu u.a.: Gildemeister, R., Wetterer, A., Wie Geschlechter gemacht werden. Die soziale Konstruktion der Zweigeschlechtlichkeit und ihre Reifizierung in der Frauenforschung, in: Knapp, G.-A., Wetterer, A., Traditionen Brüche, Freiburg i.Brs., 1992; Hirschauer, St., Die soziale Konstruktion von Zweigeschlechtlichkeit, Frankfurt am Main, 1993; Kessler, S., McKenna, W., Gender: An Ethnomethodological Approach, Chicago, 1978; Ortner, S., Whitehead, H., Sexual Meanings: The cultural Construction of Gender and Sexuality, Cambridge, 1981; Hagemann-White, C., Wir werden nicht zweigeschlechtlich geboren, in: dies., Rerrich, M.S, FrauenMännerBilder, Bielefeld, 1988; Fausto-Sterling, A., Gefangene des Geschlechts?, München 1988, Bleier, R., Science and Gender, New York, 1984

104 Butler, J., Das Unbehagen der Geschlechter, a.a.O., S. 193ff. Auch in „Bodies That Matter" bietet Butler m.E. keine Alternative zu dieser Interpretation an, in: dies., Bodies That Matter, a.a.O., S. 27ff

105 Trotz meiner Kritik denke ich, daß mit der „literalisierenden Phantasie" ein wichtiges Moment der geschlechtlichen Differenzierung erfaßt werden kann. „Ich sehe in den Spiegel und sehe meine Mutter" - in diesem Buchtitel ist m. E. eine Erfahrung von Frauen aufgehoben, die auf solche melancholischen Identifizierungsprozesse hindeutet. Allerdings verweisen die Berichte von Frauen in diesem Zusammenhang eher auf die Ambivalenz solcher Identifizierungsprozesse.

106 vgl. hierzu Becker-Schmidt, R., Von Jungen, die keine Mädchen und von Mädchen, die gerne Jungen sein wollen. Geschlechtsspezifische Umwege auf der Suche nach Identität, in: Becker-Schmidt, R., Knapp, G.-A., Das Geschlechterverhältnis als Gegenstand der Sozialwissenschaften, a.a.O.

107 Laplanche, J., Pontalis, J.B., Das Vokabular der Psychoanalyse, Frankfurt am Main, 1972, S. 543, Anmerkung a)

108 Grosz, E., Contemporary Theories Of Power And Subjectivity, S. 92f, in: Gunew, Sneja (ed), Feminist Knowledge: critique and construct, London, New York, 1990, S. 59-120, Unterstreichung C.O.

109 Sedgwick, E.K., Epistomology of the closet, Berkeley/Los Angeles, 1990, S. 25

Kapitel 3

1 Foucault, M., Der Wille zum Wissen, a.a.O., S. 157

2 ebd., S. 136

3 Chodorow, Nancy, Das Erbe der Mütter, München, 1985

4 zur Kritik Chodorows siehe u.a. Othmer-Vetter, R., "Muttern" und das Erbe der Väter. Eine neuere Affäre zwischen Feminismus und Psychoanalyse, in: Feministische Studien, 2, 1989

5 Cornell, D., Gender, Geschlecht und gleichwertige Rechte, in: Benhabib, S.; Butler, J.; Cornell, D.; Fraser, N., Der Streit um Differenz - Feminismus und Postmoderne in der Gegenwart, Frankfurt am Main, 1993, S. 88

6 Mitchell, J., Feminismus und Psychoanalyse, a.a.O., S. 413ff. Für Mitchell ist es ausgemacht, daß in der kapitalistisch-industriellen Gesellschaft Verwandtschaftsbeziehungen, also die Allianzsysteme, an Bedeutung verlieren und damit Widersprüche auftauchen, die auch die symbolischen Strukturen tangieren. Siehe hierzu S. 465ff

7 Becker-Schmidt, R., Probleme einer feministischen Theorie und Empirie in den Sozialwissenschaften, in: Feministische Studien 2, 1985, S. 99

8 Becker-Schmidt grenzt ihre These, daß Frauen und Männer Innen und Außen, Sexualität und Sinnlichkeit aufgrund ihrer Körperlichkeit unterschiedlich erleben, ein, indem sie betont, daß weibliche oder männliche Körperwahrnehmungen auch im jeweils anderen Geschlecht auftreten können. (a.a.O., S. 99 und Fußnote 16, S. 104). Dies ist m.E. ein Hinweis darauf, daß biologische oder morphologische Körperlichkeit einen geringeren Anteil am phantasmatischen Körpererleben haben, als oftmals angenommen wird. Andererseits verkennt eine Theorie, die das Unbewußte in Sprache auflöst und Körperfunktionen/-sensationen unberücksichtigt läßt, das Konfliktpotential eigenwilliger Körperlichkeit.

9 vgl. hierzu vor allem Irigaray, L., Zur Geschlechterdifferenz, Wien, 1987: „Bestimmte körperlich-sexuelle Erfahrungen von Männern werden nie die meinen sein, auch wenn ich von ihnen affiziert werde, an ihnen partizipiere, von ihnen Freude oder Schmerz erfahre. Ich könnte sie niemals so wie die Männer fühlen, imaginieren, sprechen.“, ebd. S. 70

10 Die Historizität von Körperwissen und Körperbewußtsein hat eindrucksvoll Barbara Duden herausgearbeitet. Duden, B., Geschichte unter der Haut, Stuttgart, 1987

11 Fast, Irene, Von der Einheit zur Differenz, Berlin 1991

12 ebd., S.112

13 Auch für den Knaben nimmt Freud, aufgrund der Entdeckung des negativen Ödipuskomplexes, eine bisexuelle Anlage an, wobei die Bisexualität des Jungen auf seinen Wunsch, vom Vater penetriert zu werden, beschränkt ist. Jedoch stellt das Postulat der männlichen Genitalität für beide Geschlechter (die sog. phallische Stufe) in der frühen Sexualentwicklung die Regel dar, die für die Erklärung der Entwicklung des Mädchen sehr viel größere Probleme aufwarf, als für den Jungen, was Freud auch sah. Fast geht an anderer Stelle ihres Buches auf die, wie sie sagt, konkurrierenden Versionen männlicher Geschlechtsentwicklung in Freuds Theorie ein, vgl., a.a.O., S. 40ff

14 Benjamin, J., Die Fesseln der Liebe, Frankfurt am Main, 1990, S. 120. Benjamin betont weiter das Mißlingen dieser notwendigen Identifikationen unter patriarchalen Bedingungen, da gerade dem Mädchen die Identifikation mit dem Vater verweigert wird, da dieser dem Mädchen nicht die Unterstützung gibt, die es eigentlich bräuchte. Becker-Schmidt/Knapp zitieren aus Simone de Beauvoirs „Memoiren einer Tochter aus gutem Haus“, in der diese Verweigerung im Rückblick - und auf eine spätere Lebensphase verschoben - schmerzhaft ausdrückt wird. Becker-Schmidt, R.,Knapp, G.-A., Geschlechtertrennung-Geschlechterdifferenz, Bonn, 1987, S. 118ff

15 So arbeitet Fast sehr stark mit Begriffen wie geglückte oder verfehlte Entwicklung der Geschlechterdifferenzierung, die eng mit gelungener oder mißlungener Identität verbunden sind. Sie legt ein Schwergewicht auf mißglückte Identitätsentwicklungen, die sie in Borderline-Symptomen und Psychosen als gegeben sieht. Ohne hier die Leiden, die mit solchen Störungen verbunden sind, leugnen zu wollen oder eine Glückseligkeit der Nicht-Identität zu unterstellen, halte ich es doch für angebracht, die Schwierigkeiten der Identitätsausbildung auch im Zusammenhang mit den Identitätszwängen in dieser Gesellschaft in Verbindung zu denken, deren Rigidität jede Abweichung als pathologisch erscheinen läßt. Diese Zwänge sind nicht ausschließlich an die patriarchale Geschlechtertrennung geknüpft.

16 Becker-Schmidt, R., Von Jungen, die keine Mädchen und von Mädchen, die gerne Jungen sein wollten. Geschlechtsspezifische Umwege auf der Suche nach Identität, a.a.0, S. 231

17 Freud, S., Die endliche und unendliche Analyse, GW XVI, Frankfurt a.Main, S.99

18 So konstatiert Becker-Schmidt, ausgehend von einer empirischen Untersuchung, daß Männer - im Gegensatz zu Frauen - sich nicht an Wünsche, dem anderen Geschlecht anzugehören zu wollen, erinnern. Becker-Schmidt, R.,Von Jungen, die keine Mädchen und von Mäd-

chen, die gerne Jungen sein wollten. Geschlechtsspezifische Umwege auf der Suche nach Identität, a.a.O.

19 Laplanche, J., Pontalis, J.B., Das Vokabular der Psychoanalyse, Bd. 2., Frankfurt am Main 1972, S. 586

20 ebd., S. 611

21 ebd., S. 611

22 „Am Punkt der Anrufung des Namen-des-Vaters (...) kann also im Anderen schlicht und einfach ein Loch antworten, daß durch das Fehlen der Metapherwirkung ein Loch hervorruft, das dem Platz der phallischen Bedeutung entspricht." Lacan. J., Schriften II, Olten S.91

23 Freud, S., Die infantile Sexualorganisation, in: GW XIII, Frankfurt am Main, 1940, S. 296.

24 Laplanche, J., Pontalis, J.B., a.a.O., S. 611

25 Freud, S., Das Medusenhaupt, in: GW XVII, Frankfurt am Main, 1941, S. 49

26 Freud, S., Die infantile Genitalorganisation, a.a.O., S. 298

27 Lerner, H.E., Fehlbenennungen des weiblichen Genitals, in: Psyche 34, S. 1104

28 vgl. hierzu auch Flaake, K., Es besser machen als die eigene Mutter. Mütter - Töchter - Sexualität., in: Nuber, U. (Hg), Wir wollten alles..was haben wir nun? Eine Zwischenbilanz der Frauenbewegung, Zürich, 1993

29 In diesem Zusammenhang sind auch Luce Irigarays u.a. Anstrengungen um eine Symbolisierung weiblicher Sexualität und Genitalität zu erwähnen. Paula Bennent weist darüber hinaus auf die Repräsentationen von Vulva und Klitoris in den literarischen Entwürfen von Frauen im 19. Jahrhundert hin. Sie zeigen, daß das weibliche Genitale auch in unserer symbolischen Ordnung durchaus repräsentierbar ist und auch repräsentiert wurde. „Women are not necessarily 'invisible' within our system of representation nor are their genitals definitionally without signifying power. That women (like members of other minoritized and colonized groups) nevertheless experience themselves as invisible or 'lacking' seems beyond dispute. The causes of this lack are political, however, and they can be changed. In moving to change them, like Spivak I can think of no better place to begin than with a construction of female sexuality that takes the clitoris centrally into account." Bennent, P., Critical Clitoridectomy: Female Sexual Imagery and Feminist Psychoanalytic Theory, in: Signs, 1993, vol. 18, no. 2, S. 256f

30 MacCannell, D., MacCannell, J.F., Violence, power and pleasure: a revisionist reading of Foucault from the victim perspective, in: Ramazanoglu, C., (ed), Up Against Foucault, New York, 1993

31 Poluda-Korte, E..S., Identität im Fluß. Zur Psychoanalyse weiblicher Adoleszenz im Spiegel des Menstruationserlebens, in: Flaake, K.,King, V., Weibliche Adoleszenz, Frankfurt a. Main, 1992, S. 147 -165; Poluda-Korte stellt jedoch die biologische Geschlechterdifferenz als prästabilisierende Komponente nicht in Frage, und letztlich auch nicht die Ableitung spezifischer weiblicher Wünsche - sie nennt Hingabe, Fruchtbarkeitsgelüste - aus diesen biologischen Determinanten. So stellt sich ihr der Konflikt adoleszenter Mädchen als ein Konflikt zwischen Beruf und Geschlechtsidentität dar, der sich vorwiegend daran entzündet, daß Berufstätigkeit als Hindernis zur Erfüllung von spezifisch weiblichen Triebwünschen erlebt wird. Diese Interpretation widerspricht m.E. ihrer anfänglich sensiblen Analyse der prinzipiellen Offenheit der geschlechtlichen Entwicklung.

32 ebd., S. 147

33 ebd., S. 156

34 Flaake, K., King, V., Weibliche Adoleszenz, a.a.0.

35 Hagemann-White, C., Gewalt gegen Frauen. Forschungsstand und Schlußfolgerungen. Referat, gehalten auf dem Fachkongreß „Gewalt gegen Frauen. Ein Thema für Männer", Bonn, 10.12.1993, Informationen des Bundesministeriums für Frauen und Jugend.

36 Butler, J., Bodies that mattter, New York, 1993, S. 111,

37 Zum Verhältnis von sexueller Identität und Geschlechtsidentität sowie deren Inkonstanz siehe: Rust, P.C., „Coming Out" in the age of social constructionism: Sexual Identity Formation among Lesbian an Bisexual Women, in: Gender & Society, Vol. 7, No. 1, March 1993

38 Wird einerseits in psychoanalytischen Theorien stets davon ausgegangen, daß die Geschlechtsentwicklung unsicher und gefährdet ist, wird andererseits bei der Erklärung dieser Entwicklung häufig von idealtypischen Mutter- und Vaterfiguren ausgegangen, deren gelungene Geschlechtsdifferenzierung außer Frage zu stehen scheint, so zum Beispiel bei Chodorow. Uneindeutige Elternfiguren erscheinen dagegen als Quelle von Perversion, so zum Beispiel bei Stoller. Der psychoanalytischen These der generellen Gefährdung der Geschlechtsidentität folgend, müßte generell von instabilen Geschlechtsidentitäten der Elternfiguren ausgegangen werden.

39 Desirat, K., Die Problematik der weiblichen Geschlechtsrollendifferenzierung am Beispiel der transssexuellen Frau, Dissertation, Universität Hannover, 1982

40 Übernommen von Heath, Stephen „Joan Riviere and the masquerade", in: Burgin, U. u.a., Formations of Fantasy, London, 1986

41 Aufschlußreich ist hierzu Margaret Jacksons Text über Sexratgeber und deren Rolle bei der Konstruktion von Heterosexualität. Jackson, M., Facts of life or the eroticization of women's oppression? Sexology and the social construction of heterosexuality, in: Kaplan, Pat, The social Construction of Sexuality, Tavistock Publ. Ltd., 1987

42 so schreibt Cucchiari, daß das Bemühen, die Geschlechterhierarchie zu erklären, die Existenz von Gendersystemen voraussetzt, obwohl diese erst zu erklären wäre. Damit sind diese Ansätze Theorien der Reproduktion der Geschlechterhierarchie., Cucchiari, S., The gender revolution and the transition from bisexual horde to patrilocal band, in: Ortner, S.B.,Whitehead, H., (eds), Sexual meanings, Cambridge, New.York, 1981, S. 40

43 Schlegel, A., Gender Meanings: General and specific, in Sanday, P.R., Goodenough, R.H., Beyond the second sex: New Directions in the Anthropology of Gender, Philadelphia, 1990, S.21

44 Lenz, I., Geschlecht, Herrschaft und internationale Ungleichheit, in: Becker-Schmidt, R., Knapp, G.-A., Das Geschlechterverhältnis als Gegenstand der Sozialwissenschaften, a.a.O., S. 23ff, Zitat S. 25

45 Lightfoot-Klein, H., Das grausame Ritual, Frankfurt am Main, 1992, S. 301

46 ebd.

47 ebd., S. 41f

48 ebd., S. 108

49 Mit „Islamisierung" meine ich die politische Durchsetzung einer spezifischen Form des Islams, die eng mit einer Geschlechtersegregation einhergeht und Frauen weitgehend aus der öffentlichen Sphäre auszuschließen sucht. Diese Form des Islams normiert die sexuellen Beziehungen zwischen den Geschlechtern und legt vor allem Frauen eine strenge Sexualmoral auf. Daß dies nur eine spezifische Form des Islams ist und nicht die einzig mögliche, zeigen vor allem die Arbeiten muslimischer Wissenschaftlerinnen.

50 Dinslage, S., Mädchenbeschneidung in Westafrika, Hohenschäftlarn, 1981, S. 71ff

51 Der Begriff „kulturelles Patchwork" ist der Arbeit der „Berliner Sudangruppe" entnommen, deren Forschungsansatz versucht, einen poststrukturalistischen Blick für die Ethnographie fruchtbar zu machen. Vgl. Kramer, F.W., Patchwork, Zwischen Struktur und Anomie, in: Kramer, F.W., Streck, B., Sudanesische Marginalien, München, 1991. Ich möchte die - nicht nur für die Untersuchung fremder Völker- Schwierigkeit, mit dem Problem der zeitlichen Verortung des Beobachteten umzugehen, anhand der Überlegungen des Autors hier festhalten:

„Das sog. ethnographische Präsens ist vielleicht das vertrackteste Tempus, in das sich die Verben moderner Sprachen konjugieren lassen. Während das historische Präsens nur der Anschaulichkeit der Darstellung dient und nie darüber hinwegtäuscht, daß der Text von der Vergangenheit handelt, scheint das ethnographische Präsens jede Art von geschichtlicher Zeit überhaupt zu verleugnen. Und in gewisser Hinsicht ist das unvermeidlich; denn obwohl der Ethnograph sein Material innerhalb eines begrenzten Zeitraumes sammelt, beschreibt er Verhältnisse, von denen wir mit Fug und Recht annehmen, daß sie vorher so oder so ähnlich beschaffen waren und auch in der Zukunft Bestand haben werden. Andererseits steigt bekanntlich niemand zweimal in den selben Fluß. Selbst der hartgesottenste

Strukturalist muß zugeben, daß soziale Strukturen sich im Wechsel der Generationen oder sogar schon mit dem Älterwerden einer bestimmten Generation verändern. Daß die Betroffenen, zumal in schriftlosen Gesellschaften, in der die Überlieferung unwillkürlich angepaßt und unwidersprochen manipuliert werden kann, davon oft kein Bewußtsein haben, gibt uns kein Recht dazu, den objektiven Wandel, sofern wir ihn vermitteln oder vermuten, außer Acht lassen oder gar verleugnen. Trotzdem wird das ethnographische Präsens durch das Fehlen eines im engeren Sinn historischen Bewußtseins in der beschriebenen Gesellschaft wenigstens zum Teil legitimiert. Denn deren Selbstverständnis, nämlich der Annahme konstanter Verhältnisse, wäre es ja auch nicht angemessen, wenn man umgekehrt Veränderungen, deren Tragweite sich nur schwer abschätzen lassen, als historische Ereignisse und Epochenschwellen behandeln wollte." ebd., S. 123f

52 Boddy, J., Womb as a oasis: the symbolic context of pharaonic circumcision in rural northern Sudan, in: American Ethnologist, 9 (4), Washington, 1982, S. 688. Außerdem verwandte Literatur: Fluehr-Lobban, C., Agitation for change in the Sudan, in: Schlegel, A., (ed) Sexual stratification,New York, 1977; Oldfield Hayes, R., Female genital mutilation, fertility control, women' roles, and the patrilineage in modern Sudan: a functional analysis, in: American Ethnologist, 2 (4), Washington, 1975, S. 627-637; Ismail, E., Makki,M., Frauen im Sudan, Wuppertal, 1990

53 Boddy, I.,Womb as a oasis, a.a.O., S. 683

54 ebd., S. 691

55 ebd., S. 695

56 „Through it they emphasize what they hold to be the essence of feminity: morally appropriate fertility, the potential to reproduce the lineage or to found a lineage section, (...) it socializes or, if the phrase is permitted, culturalizes a woman's fertility.", ebd., S. 695

57 Baumann, H., Das doppelte Geschlecht: Studien zur Bisexualität in Ritus und Mythos, Berlin, 1955, 1986, S. 89 Baumann hat eine ganze Reihe solcher Vorstellungen und Praktiken zusammengetragen, die die Anstrengung vieler Völker, aus nicht geschlechtlich eindeutigen Individuen distinkte Frauen und Männer zu machen, belegen. Dazu zählen neben den erwähnten Körperpraktiken Kleiderwechsel, ritueller und institutionalisierter Geschlechtswechsel und Mythen, die bisexuelle Gottheiten zugrundelegen. Baumann spricht von einem Sieg des (Geschlechts)Antagonismus über die zugrundeliegenden bisexuellen Vorstellungen.

58 Epelboin, S./Epelboin, A., Special Report: Female Circumcision. People, 6(1), S. 24-29, zitiert in Lightfoot-Klein, Das grausame Ritual, a.a.O., S. 55

59 Ein Volk, das im Sudan an der Grenze zu Äthiopien lebt.

60 Theis, J., Nach der Razzia, in: Kramer, F.W., Streck,B., Sudanesische Marginalien, a.a.O., S. 38f

61 Godelier, M., Die Produktion der großen Männer, Frankfurt am Main, 1987

62 Dux, G., Die Spur der Macht im Verhältnis der Geschlechter, Frankfurt am Main, 1992

63 für die erste Position siehe MacCannell, D., MacCannell, J.F., Violence, power and pleasure: a revisionist reading of Foucault from the victim perspective, in: Ramazanoglu, C., Up Against Foucault, Routledge, New York, 1993. Für die letztere Position siehe meine Ausführungen zum Mechanismus der Verwerfung.

64 Whitehead, H., The bow and the burden strap: a new look at institutionalized homosexuality in native North Amerika, in: Ortner, S.B., Whitehead, H., Sexual Meanings, a.a.0.

65 Wohingegen es in unserer Gesellschaft die Berufe sind, die ihr Geschlecht wechseln. Aber auch bei uns sind Reste dieser Vorstellung vorhanden, wenn davon die Rede ist, daß Frauen in bestimmten Berufen, die Männern vorbehalten sind, „vermännlichen" können.

66 Die Untersuchung der Baruyas durch Godelier stellt diesen Zusammenhängen breiten Raum zur Verfügung. Godelier, M., Die Produktion der großen Männer, a.a.O. Wie Godelier zugibt, sind seine Erkenntnisse über die weibliche Sozialisation sehr gering, da ihm die Frauen der Baruyas ihre Riten nur bruchstückhaft mitgeteilt haben.

67 So können Gemeinschaften, die neben der Trennung der Geschlechter nicht auch ihre Vereinigung sicherstellen, in ihrer Existenz bedroht werden. Ein Beispiel dafür ist Sparta, wo

die kriegsbedingte Trennung der Geschlechter sowie deren Auseinanderleben die Bevölkerung drastisch schrumpfen ließ und damit die Vormachtstellung Spartas bedrohte. Vgl. Pomeroy, S.B., Frauenleben im klassischen Altertum, Stuttgart, 1985

68 Tyrell kommt mit seiner Analyse, daß es hier mit monokausalen Erklärungen nicht getan sei, diesen Unterscheidungen sehr nahe. Er trennt jedoch nicht zwischen den divergierenden Zielsetzungen und erkennt deren Gegenläufigkeit nicht. So benennt er einerseits die Sexualität als Anziehungskraft der Geschlechter, sieht aber andererseits die Anziehungskraft des „Gleichen". In seinem Bemühen, die Konstruktion der Geschlechterdifferenz außerhalb von Machtbeziehungen zu klären, ist es ihm nicht möglich, über eine vage Aufzählung unterschiedlicher Faktoren hinauszugehen. Besonders deutlich wird diese Schwäche in seiner Auffassung, daß Binarität eine positive Funktion für das Funktionieren von Gesellschaften hat: zuvor hat Tyrell jedoch anhand der nichtbinären Flexibilität von Primatenhorden, die ihre „Geschlechterrollen" den Umwelterfordernissen anpassen, deren evolutionäre Überlegenheit betont. Tyrell, H., Überlegungen zur Universalität geschlechtlicher Differenzierung, in: Martin, J., Zoepffel, R., Aufgaben, Rollen und Räume von Frau und Mann, Freiburg 1989

69 Harding, S., Why has the sex/gender system become visible only now?, in: Harding, S. Hintikka, M.B., Discovering reality, New York, 1983

70 Die Diskrepanz zwischen Geschlechterliebe und Geschlechterungleichheit hat z.B. Dux zum Ausgangspunkt seiner Untersuchung zu Macht und Geschlecht genommen. Wenn ich seinen Thesen auch nicht zustimme (Dux geht von der biologischen Determination des Unterschieds zwischen den Geschlechtern sowie von einer natürlichen heterosexuellen Orientierung aus), ist doch zu beachten, daß die Ungleichheit auch zu Feindseligkeiten zwischen den Geschlechtern führt, die dem Ziel - der heterosexuellen Gemeinschaft und der Reproduktion - entgegenstehen. Vgl., Dux, G., Die Spur der Macht im Verhältnis der Geschlechter, a.a.O.

71 vgl. Gerhard, U., Patriarchatskritik als Gesellschaftsanalyse. Ein nicht erledigtes Projekt. In: Arbeitsgemeinschaft Interdisziplinärer Frauenforschung und -studien (Hg.), Feministische Erneuerung von Wissenschaft und Kunst, Pfaffenweiler, 1990

72 Beer, U., Geschlecht, Struktur, Geschichte, Frankfurt am Main, 1990, S. 12

73 Becker-Schmidt, R., Geschlechterdifferenz - Geschlechterverhältnis: soziale Dimensionen des Begriffs „Geschlecht", in: Zeitschrift für Frauenforschung, 1+2, 1993, S. 44

74 Beer, U., Geschlecht, Struktur, Geschichte, a.a.O., S. 147

75 Beer, U., Geschlecht - Klasse - Struktur, in: Hauch, G. (Hg), Geschlecht - Klasse- Ethnizität. 28. Internationale Tagung der Historiker und Historikerinnen der Arbeiterbewegung, Wien, Zürich, 1993,S. 19

76 ebd., S. 20

77 vgl. Braun, K., Gewerbeordnung und Geschlechtertrennung. Klasse, Geschlecht und Staat in der frühen Arbeitsschutzgesetzgebung, Baden-Baden, 1993, S. 33f

78 Beer, U., Geschlecht, Struktur, Geschichte, a.a.O, S. 275, Hervorhebung C.O.

79 Foucault, M., Leben machen und Sterben lassen, a.a.O., S. 52

80 z. B. Laqueur, T., Auf den Leib geschrieben, Die Inszenierung der Geschlechter von der Antike bis Freud, Frankfurt am Main, 1992; Moscucci, O., The science of woman. Gynaecology and gender in England, 1800 - 1929, Cambridge History of Medicine, Cambridge University Press, 1990; Honegger, C., Die Ordnung der Geschlechter, Frankfurt am Main, 1991

81 vgl. hierzu Moscucci, O., The science of woman. Gynaecology and gender in England, 1800 - 1929, a.a.0., vor allem S. 7 - 36.

82 vgl. Beer, U., Geschlecht, Struktur, Geschichte, a.a.O., S. 245ff

83 Ich beziehe mich hier und im weiteren auf die Analyse von Paul Weindling, Health, race and german politics between national unification and Nazism, 1870 - 1945, Cambridge History of Medicine, Cambridge University Press, 1989 Übersetzungen von mir.

84 Weindling, P., Health, race..., a.a.O., S.5

85 Freudenberg, I., Moderne Sittlichkeitsprobleme, in: Bäumer, G., u.a., Frauenbewegung und Sexualethik, Heilbronn, 1909, S. 9

86 Fout, J.C., Sexual Politics in Wilhelmine Germany: The Male Gender Crisis, Moral Purity, and Homophobia, in: ders. (ed), Forbidden History. The State, Society, and the Regulation of Sexuality, Chicago, 1992. Übersetzungen von mir, Zitat S. S.284,

87 ebd.

88 Deutscher Bund zur Bekämpfung der Frauenemanzipation, in: Frauenbewegung und Frauenbildungsfrage, Monatsblatt 1, Januar 1913, S. 1, zitiert in Fout, J.C., siehe oben.

89 „Although the population continued to rise, the birth rate fell by 70% between 1871 and the 1930s. There followed an emotive campain to raise the birth rate with idealization of motherhood, of large families as 'child rich' and of nationalist appeals that Germany was a 'nation without youth'. „ Weinling, P., Health, race..., a.a.O., S. 189

90 Tugendreich, G., Der Einfluß der sozialen Lage auf Krankheit und Sterblichkeit des Kindes, in: Mosse, M., Tugendreich, G., Krankheit und soziale Lage, Neuauflage Göttingen 1981, S. 227

91 Weindling zeigt, daß es vor allem die mangelnden Verordnungen über die Sterilität von Milch waren, die Flaschennahrung in Deutschland so gefährlich machte. In Frankreich wurden sehr bald nach Entdecken des Zusammenhangs zwischen Flaschenstillung und Säuglingssterblichkeit Verordnungen über Flaschengrößen und Milchsterilität erlassen. In Deutschland blieb dies aus. Weindling, P., Health, Race .., a.a.O., 199f. Weindling bezeichnet diese staatliche Zurückhaltung als gewollt: „The state sought to impose a nationalist ideology of motherhood by ignoring demands for purer milk while concentrating on breast feeding as a panacea for physical, moral and social ills.", ebd, S. 197f

92 Tugendreich, G., Der Einfluß der sozialen Lage auf Krankheit und Sterblichkeit des Kindes, a.a.O., S. 279

93 Linz, F., Menschliche Auslese und Rassenhygiene (Eugenik), München, 1932, erste Auflage 1922, München, S. 463, Hervorhebung C.O.

94 ebd.

95 Demirovic, A., Vom Vorurteil zum Neorassismus. Das Objekt Rassismus in Ideologiekritik und Ideologietheorie. In: Institut für Sozialforschung (Hg), Aspekte der Fremdenfeindlichkeit. Beiträge zur aktuellen Diskussion, Frankfurt am Main, 1992, S. 36

96 siehe Becker-Schmidt, R., Individuum, Klasse und Geschlecht aus der Perspektive der Kritischen Theorie, a.a.O.

97 so z.B. Ute Gerhard; Gerhard, U., Verhältnisse und Verhinderungen. Frauenarbeit, Familie und Rechte der Frauen im 19. Jahrhundert, Frankfurt am Main, 1978

98 vgl. hierzu Jäger, M., Frauen- und Familienbild im Rechtsextremismus, in: Jäger, S., Jäger, M., Aus der Mitte der Gesellschaft, Diss Texte, Nr. 25, Duisburg 1992

99 Sedgwick, E.K., Epistemology of the closet, a.a.O., S. 27; Übersetzung von mir.

Schluß

1 Dieses Machtverhältnis wird geschnitten von anderen Machtverhältnissen, wie z.B. Klasse, Nationalität, Ethnie, sexuelle Orientierung, Religionszugehörigkeit.

2 vgl. Foucault, M., Der Wille zum Wissen, a.a.O., S. 153ff

3 Hegener, W., Der Diskurs des Anderen und die Logik des Gleichen, in: Kornbichler, T., Maaz, W., Variationen der Liebe. Historische Psychologie der Geschlechterbeziehung, Tübingen, 1995, S. 335f

4 ebd., S. 340

5 Bührmann, A., Das authentische Geschlecht, Münster, 1995, S. 23

6 ebd., S. 49

7 ebd., S.20f

8 Auf einen ähnlichen Funktionszusammenhang verweist auch die Gewalt gegen MigrantInnen. Der Fremde bzw. die Fremde werden nicht nur zerstört, die Gewalt dient auch zur Herausbildung „deutscher" Identität.

9 Bührmann, A., Das authentische Geschlecht, a.a.O., S. 155ff

10 vgl. ebd., S. 16ff

11 vgl. Foucault, M., Die Ordnung des Diskurses, a.a.O

12 Treusch-Dieter, G., Analyse des Bundesgesetzes über die medizinische Fortpflanzungshilfe beim Menschen, a.a.O., S. 70

13 ebd., S. 79

14 vgl. Informationen des Bundesministeriums der Justiz, Reform des Kindschaftsrechts, Referat für Presse und Öffentlichkeitsarbeit des Bundesministeriums der Justiz, Bonn, 1.1.95; Öffentliche Themenmappe der autonomen Frauenhäuser West, Kindschaftsrecht I und II, August/Oktober 1995, zu beziehen über: ZIF, Effersuferstr. 104, 57072 Siegen.

15 vgl. hierzu Bahr-Jendges, J., Gleichberechtigung und Kindeswohl - ein Widerspruch? Die rechtliche Gestaltung von Geschlechter- und Elternbeziehungen bei der Regelung des Sorgerechts, in: Streit, 1 - 2, 1993

Literaturverzeichnis

Aaron, L.: Die internalisierte Urszene. In: Benjamin, J. (Hg.) (1994): Unbestimme Grenzen. Frankfurt am Main

Alves, E.M. (Hg) (1993): Stumme Liebe. Der »lesbische Komplex« in der Psychoanalyse. Freiburg i. Br.

Bahr-Jendgres, J. (1993): Gleichberechtigung und Kindeswohl – ein Widerspruch? Die rechtliche Gestaltung von Geschlechter- und Elternbeziehungen bei der Regelung des Sorgerechts. In: Streit, 1-2

Balibar, E./I. Wallerstein (1990): Rasse, Klasse, Nation. Hamburg, Berlin

Baumann, H. (1955): Das doppelte Geschlecht: Studien zur Bisexualität in Ritus und Mythos. Berlin

Becker, H.: Heimliche Erregung der dritten Art. In: Foucault, M. (1985): Freiheit und Selbstsorge. Frankfurt am Main

Becker-Schmidt, R./U. Brandes-Erlhoff, Rumpf, M./B. Schmidt (1982): Arbeitsleben – Lebensarbeit. Konflikte und Erfahrungen von Fabrikarbeiterinnen. Bonn

Becker-Schmidt, R. u.a. (1982): Nicht wir haben die Minuten, die Minuten haben uns. Bonn, Bad Godesberg

Becker-Schmidt, R. (1985): Probleme einer feministischen Theorie und Empirie in den Sozialwissenschaften. In: Feministische Studien 2

Becker-Schmidt, R./G.- A. Knapp (1987): Geschlechtertrennung-Geschlechterdifferenz. Bonn

Becker-Schmidt, R.: Individuum, Klasse und Geschlecht aus der Perspektive der Kritischen Theorie. In: Zapf, W. (Hg.) (1990): Die Modernisierung moderner Gesellschaften. 25. Soziologentag, Bd.1. Frankfurt am Main

– Identitätslogik und Gewalt. Zum Verhältnis von kritischer Theorie und Feminismus. In: Müller-Warden, J./H. Welzer (Hg.) (1991): Fragmente Kritischer Theorie. Tübingen

– (1993): Geschlechterdifferenz – Geschlechterverhältnis: soziale Dimensionen des Begriffs 'Geschlecht'. In: Zeitschrift für Frauenforschung 1+2/93

Becker-Schmidt, R./G.-A. Knapp (Hg.) (1995): Das Geschlechterverhältnis als Gegenstand der Sozialwissenschaften. Frankfurt am Main

Becker-Schmidt, R.: Von Jungen, die keine Mädchen und von Mädchen, die gerne Jungen sein wollen. Geschlechtsspezifische Umwege auf der Suche nach Identität: In: dies., Knapp, G.-A. (Hg.) (1995): Das Geschlechterverhältnis als Gegenstand der Sozialwissenschaften. A.a.O.

Beer, U.: Geschlecht – Klasse – Struktur. In: Hauch, G. (Hg.) (1993): Geschlecht – Klasse – Ethnizität. 28. Internationale Tagung der Historiker und Historikerinnen der Arbeiterbewegung. Wien, Zürich

– (1990): Geschlecht, Struktur, Geschichte. Soziale Konstituierung des Geschlechterverhältnisses. Frankfurt am Main

Benhabib, S. (1992): Kritik, Norm und Utopie. Frankfurt am Main

Benjamin, J.: Herrschaft-Knechtschaft: Die Phantasie der erotischen Unterwerfung. In: List, E./ H. Studer (Hg.) (1989): Denkverhältnisse. Feminismus und Kritik. Frankfurt am Main
– (1990): Die Fesseln der Liebe. Frankfurt am Main
– (Hg.) (1994): Unbestimmte Grenzen. Frankfurt am Main
Bennent, P. (1993): Critical Clitoridectomy: Female Sexual Imagery and Feminist Psychoanalytic Theory. In: Signs, vol. 18., no. 2.
Bleier, R. (1984): Science and Gender. New York
Boddy, J. (1982): Womb as a oasis: the symbolic context of pharaonic circumcision in rural northern Sudan. In: American Ethnologist, 9 (4)
Braun, K. (1993): Gewerbeordnung und Geschlechtertrennung. Klasse, Geschlecht und Staat in der frühen Arbeitsschutzgesetzgebung. Baden-Baden
Breuer, S. (1987): Foucaults Theorie der Disziplinargesellschaft. Eine Zwischenbilanz. In: Leviathan, Heft 3
Brownmiller, S. (1978): Gegen unseren Willen. Frankfurt am Main
Bührmann, A. (1995): Das authentische Geschlecht. Münster
Butler, J. (1990): Das Unbehagen der Geschlechter. Frankfurt am Main, engl. Original: Gender Trouble. New York, Routledge, 1990
– (1993): Bodies that matter. New York, Routledge
– (1993): Critically queer. In: dies., Bodies that matter. A.a.O.
Califa, P. (1980): Sapphistry. The Book of Lesbian Sexuality. New York
Chodorow, N. (1985): Das Erbe der Mütter. München
Cockburn, C. (1993): Blockierte Frauenwege. Wie Männer Gleichheit in Institutionen und Betrieben verweigern. Hamburg
Cornell, D.: Gender, Geschlecht und gleichwertige Rechte. In: Benhabib, S./J. Butler, Cornell, D./N. Fraser (1993): Der Streit um Differenz – Feminismus und Postmoderne in der Gegenwart. Frankfurt am Main
Creet, J. (1991): Daughter of the movement: The Psychodynamics of Lesbian S/M Fantasy. In: differences: a Journal of feminist Cultural studies, 3.2
Cucchiari, S.: The gender revolution and the transition from bisexual horde to patrilocal band. In: Ortner, S.B./H. Whitehead (eds.) (1981): Sexual meanings. New York, Cambridge; Cambridge University Press
Daly, M. (1981): Gyn-Ökologie: Eine Meta-Ethik des radikalen Feminismus. München
Davidhoff, L.: The Role of Gender in the 'First Industrial Nation'. In: Crompton, R./M. Mann (eds.) (1986): Gender and Stratification. London; Polity Press
Demirovic, A.: Vom Vorurteil zum Neorassismus. Das Objekt Rassismus in Ideologiekritik und Ideologietheorie. In: Institut für Sozialforschung (Hg.) (1992): Aspekte der Fremdenfeindlichkeit. Beiträge zur aktuellen Diskussion. Frankfurt am Main
– (Hg.) (1992): Hegemonie und Staat. Münster
Desirat, K. (1982): Die Problematik der weiblichen Geschlechtsrollendifferenzierung am Beispiel der transsexuellen Frau. Dissertation; Universität Hannover
Diamond, I./L. Quinby (eds.) (1988): Feminism and Foucault. Boston; Northeastern University Press
Dinslage, S. (1981): Mädchenbeschneidung in Westafrika. Hohenschäftlarn
Diotima (1989): Der Mensch ist zwei. Das Denken der Geschlechterdifferenz. Wien
Duden, B. (1987): Geschichte unter der Haut. Stuttgart
Dux, G. (1992): Die Spur der Macht im Verhältnis der Geschlechter. Frankfurt am Main
Dworkin, A. (1990): Pornographie: Männer beherrschen Frauen. Frankfurt am Main
Echols, A.: The new feminism of Yin and Yang. In: Snitow, A./C. Stansell, Thompson, S. (eds.) (1983): Powers of Desire, New York; Monthly Review Press
Elias, N. (1976): Über den Prozeß der Zivilisation. Bd. 1 u. 2; Frankfurt am Main
Epelboin, S./A. Epelboin: Special Report: Female Circumcision. In: People, 6(1)
Evans-Pritchard, E. E. (1970): Sexual inversion among the Azande. In: American Anthropologist, no. 72
Fast, I. (1991): Von der Einheit zur Differenz. Berlin

Fausto-Sterling, A. (1988): Gefangene des Geschlechts? München
Ferguson, M. (1989): Blood at the roots – motherhood, sexuality and male dominance. London
Ferry, L./A. Renaut (1987): Antihumanistisches Denken. München
Feshbach, S. /N. Malamuth/ Y. Jaffree (1977): Sexual Arousal and Aggression: Recent Experiments and Theoretical Issues. In: Journal of social Issues, Vol. 33, No. 2
Feshbach, S./N. Malamuth (1979): Sex und Gewalt. In: Psychologie heute, Februarausgabe
Fink-Eitel, H.: Michel Foucaults Analytik der Macht. In: Kittler, F.A. (Hg.) (1980): Die Austreibung des Geistes aus den Geisteswissenschaften. Paderborn
– (1989): Foucault zur Einführung. Hamburg
Firestone, S.(1975): Frauenbefreiung und sexuelle Revolution. Frankfurt am Main
Flaake, K.: Es besser machen als die eigene Mutter. Mütter – Töchter – Sexualität. In: Nuber, U. (Hg.) (1993): Wir wollten alles..was haben wir nun? Eine Zwischenbilanz der Frauenbewegung. Zürich
Flaake, K./V. King (1993): Weibliche Adoleszenz. Zur Sozialisation junger Frauen. Frankfurt am Main
Fluehr-Lobban, C.: Agitation for change in the Sudan. In: Schlegel, A. (ed.) (1977): Sexual stratification. New York; Columbia University Press
Foucault, M. (1971): Die Ordnung der Dinge. Frankfurt am Main
– (1976): Überwachen und Strafen. Frankfurt am Main
– (1976): Mikrophysik der Macht. Berlin
– (1977): Der Wille zum Wissen. Frankfurt am Main
– (1978): Dispositive der Macht. Berlin
– (1978): Recht der Souveränität/Mechanismus der Disziplin. In: ders.: Dispositive der Macht. A.a.O.
– (1978): Der 'Anti-Ödipus' – Eine Einführung in eine neue Lebenskunst. In: ders.: Dispositive der Macht. A.a.O.
– (1978): Von der Subversion des Wissens. Frankfurt am Main
– (1978): Nietzsche, die Genealogie, die Historie. In: ders.: Von der Subversion des Wissens. A.a.O.
– (Hg.) (1980): Herculine Barbin, Being the Recently Discovered Memoirs of a Nineteenth-Century Hermaphrodite. New York
– (1985): Freiheit und Selbstsorge. Frankfurt am Main
– (1985): Hermeneutik des Subjekts. In: ders.: Freiheit und Selbstsorge. A.a.O.
– (1986): Der Gebrauch der Lüste. Frankfurt am Main
– (1986): Die Sorge um sich selbst. Frankfurt am Main
– (1987): Das Subjekt und die Macht. In: Dreyfuß, H.L./P. Rabinow: Jenseits von Strukturalismus und Hermeneutik. Frankfurt am Main
– (1991): Die Ordnung des Diskurses. Frankfurt am Main
– (1992): Leben machen und sterben lassen: Die Geburt des Rassismus. Vorlesung März 1976; veröffentlicht in: Les temps modernes, Februar 1991; übersetzt in: diskus, Nr. 1, Febr. 1992
Fout, J.C. (ed.) (1992): Forbidden History. The State, Society and the Regulation of Sexuality in Modern Europe. Chicago; University of Chicago Press
– Sexual Politics in Wilhelmine Germany: The Male Gender Crisis, Moral Purity, and Homophobia. In: ders. (ed.) (1992): Forbidden History. The State, Society, and the Regulation of Sexuality in Modern Europe. A.a.O.
Fraser, N.: Foucault on Modern Power: Empirical Insights and Normative Confusions. In: Fraser, N. (1989): Unruly Practices, Power, Discourse, and Gender in Contemporary Social Theory. Minneapolis; University of Minnesota Press
Freccero, C.: Notes of a post-Sex Wars Theorizer. In: Hirsch, M./E. F. Keller (eds.) (1990): Conflicts in Feminism. New York; Routledge
Freud, S.: Die infantile Sexualorganisation. In: ders. (1940): Gesammelte Werke XIII. Frankfurt am Main
– Das Unbehagen in der Kultur. In: ders. (1948): Gesammelte Werke XIV. Frankfurt am Main

– Die endliche und unendliche Analyse. In: ders. (1941): Gesammelte Werke XVI. Frankfurt a.Main
– Das Medusenhaupt. In: ders. (1941): Gesammelte Werke XVII. Frankfurt am Main
– Trauer und Melancholie. In: ders. (1982): Studienausgabe Bd. 3. Frankfurt am Main
Freudenberg, I.: Moderne Sittlichkeitsprobleme. In: Bäumer, G. u.a. (1909): Frauenbewegung und Sexualethik. Heilbronn
Fuss, D. (ed.) (1991): Inside/Out. Lesbian Theories, Gay Theories. New York
Gast, L. (1992): Libido und Narzissmus. Tübingen
Garber, M. (1993): Vested Interests. Cross dressing & Cultural Anxiety. New York; Routledge
Gerhard, U. (1978): Verhältnisse und Verhinderungen. Frauenarbeit, Familie und Rechte der Frauen im 19. Jahrhundert. Frankfurt am Main
– Patriarchatskritik als Gesellschaftsanalyse. Ein nicht erledigtes Projekt. In: Arbeitsgemeinschaft Interdisziplinärer Frauenforschung und -studien (Hg.) (1990): Feministische Erneuerung von Wissenschaft und Kunst. Pfaffenweiler
Giddens, A. (1988): Die Konstitution der Gesellschaft. Frankfurt am Main, New York
Gildemeister, R./A. Wetterer: Wie Geschlechter gemacht werden. Die soziale Konstruktion der Zweigeschlechtlichkeit und ihre Reifizierung in der Frauenforschung. In: Knapp, G.-A./A. Wetterer (Hg.) (1992): TraditionenBrüche. Freiburg i.Br.
Gissrau, B.: Sympathie für die „Anormalität“? Ist Homosexualität an sich eine Krankheit?. In: Alves, E.M. (Hg.) (1993): Stumme Liebe. Der »lesbische Komplex« in der Psychoanalyse. Freiburg i.Br.
Godelier, M. (1987): Die Produktion der großen Männer. Frankfurt am Main
Grosz, E.: Contemporary Theories Of Power And Subjektivity. In: Gunew, S. (ed.) (1990): Feminist Knowledge: critique and construct. London, New York
Gürtler, S. (1992): Die Subversion der Geschlechter. Zur Studie von Judith Butler. In: Fragmente, 39/40, Dez.
Habermas, J. (1985): Der philosophische Diskurs der Moderne. Frankfurt am Main
Hagemann-White, C. (1993): Gewalt gegen Frauen. Forschungsstand und Schlußfolgerungen. Referat, gehalten auf dem Fachkongreß „Gewalt gegen Frauen. Ein Thema für Männer“, 10.12.1993; Informationen des Bundesministeriums für Frauen und Jugend.Bonn
– Wir werden nicht zweigeschlechtlich geboren. In: Hagemann-White, C./M. S. Rerrich (Hg.) (1988): FrauenMännerBilder. Bielefeld
Hanscombe, G.E./M. Humphries (eds.) (1987): Heterosexuality. London; GMP Publishers Ltd
Harding, S.: Why has the sex/gender system become visible only now? In: Harding, S./M. B. Hintikka (eds.) (1983): Discovering reality. New York; D. Reidel Publishing Company
Hark, S. (1992): Vom Subjekt zur Subjektivität. Feminismus und die Zerstreuung des Subjekts. In: Mitteilungen aus der kulturwissenschaftlichen Forschung 31, Nov.
– (1993): Queer Theories. In: Feministische Studien, 2/93
Hartsock, N. (1983): Money, Sex and Power. New York; Longman Inc.
– Foucault on Power: A Theory for Women?. In: Lejienaar, M. (ed.) (1987): Power and Gender. Leiden
Heath, S.: Joan Riviere and the masquerade. In: Burgin, U. et al. (1986): Formations of Fantasy. London
Hegener, W.: Der Diskurs des Anderen und die Logik des Gleichen. In: Kornbichler, T./W. Maaz (Hg.) (1995): Variationen der Liebe. Historische Psychologie der Geschlechterbeziehungen. Tübingen
Hirschauer, S. (1993): Die soziale Konstruktion der Transsexualität. Frankfurt am Main
Honegger, C. (1991): Die Ordnung der Geschlechter. Frankfurt am Main
Honneth, A. (1985): Kritik der Macht. Frankfurt am Main
– Foucault und Adorno. Zwei Formen der Kritik der Moderne. In: Kemper, P. (Hg.) (1988): ‘Postmoderne‘ oder der Kampf um die Zukunft. Frankfurt am Main
Hradil, S. (1980): Die Erforschung der Macht. Stuttgart
Informationen des Bundesministeriums der Justiz (1995): Reform des Kindschaftsrechts, Referat für Presse und Öffentlichkeitsarbeit des Bundesministeriums der Justiz 1.1.1995. Bonn

Irigaray, L. (1979): Waren, Körper, Sprache: der ver-rückte Diskurs. Berlin
– (1987): Zur Geschlechterdifferenz. Wien
Ismail, E./M. Makki (1990): Frauen im Sudan. Wuppertal
Jackson, M.: Facts of life or the eroticization of women's oppression? Sexology and the social construction of heterosexuality. In: Kaplan, P. (ed.) (1987): The social Construction of Sexualiy. London; Tavistock Publ. Ltd.
Jäger, M.: Frauen- und Familienbild im Rechtsradikalismus. In: Jäger, S./M. Jäger (1992): Aus der Mitte der Gesellschaft. Diss Texte Nr. 25, Duisburg
Kessler, S./W. McKenna (1978): Gender: An Ethnomethodological Approach. Chicago
King, K.: Producing Sex, Theory, and Culture: Gay/Straight Remappings in Contemporary Feminism. In: Hirsch, M./E. F. Keller (eds.) (1990): Conflicts in Feminism. New York; Routledge
Kitzinger, C./S. Wilkinson/R. Perkins (1992): Theorizing Heterosexuality. In: Feminism & Psychology, Vol. 2, Number 3
Knapp, G.-A. (1991): Zur Theorie und politischen Utopie des „affidamento". In: Feministische Studien, 9. Jg., Nr. 1
– Macht und Geschlecht. Neuere Entwicklungen in der feministischen Macht- und Herrschaftsdiskussion. In: Knapp, G.-A./A. Wetterer (Hg.) (1992): Traditionen Brüche. Freiburg i. Brsg
Koedt, A.: Lesbianismus and Feminism. In: Koedt, A./E. Levine/A. Rapone (1972): Radical Feminism. New York; Quadrangle Books,
Kramer, F.W.: Patchwork, Zwischen Struktur und Anomie. In: Kramer, F.W./B. Streck (Hg.) (1991): Sudanesische Marginalien. München
Lacan, J. (1975): Schriften II. Olten, Freiburg
Landweer, H. (1993): Herausforderung Foucault. In: Die Philosophin, 4. Jg, Heft 7
– (1993): Kritik und Verteidigung der Kategorie Geschlecht. Wahrnehmungs- und symboltheoretische Überlegungen zur sex/gender Unterscheidung. In: Feministische Studien, Nr. 2
Laplanche, J./J. B. Pontalis (1972): Das Vokabular der Psychoanalyse. Bd. 1 und 2. Frankfurt am Main
Laqueur, T. (1992): Auf den Leib geschrieben, Die Inszenierung der Geschlechter von der Antike bis Freud. Frankfurt am Main
Lenz, I.: Geschlecht, Herrschaft und internationale Ungleichheit. In: Becker-Schmidt, R., Knapp, G.-A., (Hg.), Das Geschlechterverhältnis als Gegenstand der Sozialwissenschaften. A.a.O.
Lerner, H.E.: Fehlbenennungen des weiblichen Genitals. In: Psyche 34
Libreria delle donne di Milano (1988): Wie weibliche Freiheit entsteht. Berlin
Lightfoot-Klein, H. (1992): Das grausame Ritual. Frankfurt am Main
Lindemann, G. (1992): Die leiblich-affektive Konstruktion des Geschlechts. Für eine Mikrosoziologie des Geschlechts unter der Haut. In: Zeitschrift für Soziologie, Jg. 21, Heft 5
Linden, R.H. et al. (1982): Against Sadomasochism. A Radical Feminist Analysis. East Palo Alto, California; Frog in the Well Press
Linz, F. (1932): Menschliche Auslese und Rassenhygiene (Eugenik). München. Erste Auflage 1922
Lips, H.M. (1991): Women, Men and Power. London, Toronto; Mayfield Publishing Company
Lockwood, D.: Class, Status, Gender. In: Crompton, R./M. Mann (eds.) (1986): Gender and Stratification. Cambridge; Polity Press
MacCannell, D./J.F. MacCannell: Violence, power and pleasure: a revisionist reading of Foucault from the victim perspective. In: Ramazanoglu, C. (ed.) (1993): Up Against Foucault. New York; Routledge
MacKinnon, C. (1987): Feminism Unmodified. Cambridge; Harvard College
MacKinnon, C. (1989): Toward a feminist theory of the state. Cambridge; Harvard University Press
Marcuse, H. (1967): Der Eindimensionale Mensch. Neuwied
Marti, U. (1988): Michel Foucault. München
McNay, L. (1992): Foucault and Feminism. Cambridge; Polity Press

Millet, K. (1971): Sexus und Herrschaft. Frankfurt am Main
Mitchell, J. (1976): Psychoanalyse und Feminismus. Frankfurt am Main
Moi, T. (1989): Sexus, Text, Herrschaft: Feministische Literaturkritik. Bremen
Morgan, R. (1978): Going Too Far. New York; Random House
Moscucci, O. (1990): The science of woman. Gynaecology and gender in England, 1800 – 1929. Cambridge History of Medicine, Cambridge University Press
Nestle, J. (ed.) (1992): The persistent Desire. A femme-butch Reader. Boston
Nietzsche, F. (1939): Der Wille zur Macht II. Leipzig
N.N.: Speech, Equality and Harm. In: Off our Backs, Vol. 13, No. 4, April 1993
N.N.: „Meinungsfreiheit, die Schweigen erzwingt“. taz, 22.3.1993
N.N.: Hate speech und hate crime. taz, 29.8.92
Oldfield Hayes, R. (1975): Female genital mutilation, fertility control, women‘ roles, and the patrilineage in modern Sudan: a functional analysis. In: American Ethnologist, 2 (4)
Ortner, S./H. Whitehead (eds.) (1981): Sexual Meanings: The cultural Construction of Gender and Sexuality. Cambridge
Othmer-Vetter, R. (1989): „Muttern“ und das Erbe der Väter. Eine neuere Affäre zwischen Feminismus und Psychoanalyse. In: Feministische Studien, 2
Paglia, C. (1992): Die Masken der Sexualität. Berlin
Pally, M.: Szenen eines Bildersturms. In: DIE ZEIT, 10.7.1992
– Aus den Augen, aus der Welt. In: taz, 30.1.93.
Philipson, I. (1984): The Repression of History and Gender: A Critical Perspective on the Feminist Sexuality Debate. In: Signs, vol. 10, no. 1
Poluda-Korte, E. S.: Identität im Fluß. Zur Psychoanalyse weiblicher Adoleszenz im Spiegel des Menstruationserlebens, In: Flaake, K./V. King (Hg.) (1992): Weibliche Adoleszenz. Frankfurt am Main
Pomeroy, S. B. (1985): Frauenleben im klassischen Altertum. Stuttgart
Poulantzas, N. (1975): Politische Macht und gesellschaftliche Klassen. Frankfurt am Main
Reich, W. (1981): Der Einbruch der sexuellen Zwangsmoral. Frankfurt am Main
Rich, A.: Zwangsheterosexualität und lesbische Existenz. In: List, E./H. Studer (Hg.) (1989): Denkverhältnisse. Feminismus und Kritik. Frankfurt am Main
Rich, B.R. (1986): Feminism and sexuality in the 1980s. In: Feminist Studies 12, no. 3
Rohde-Dachser, C. (1994): Männliche und weibliche Homosexualität. In: Psyche 9/10
Rubin, G.: The Traffic in Women. In: Reiter, R.R. (ed.) (1972): Toward an anthopology of Women. London; Monthley Press Review
– Thinking Sex: Notes for a Radical Theory of the Politics of Sexuality. In: Vance, C.S. (ed.) (1984): Pleasure and Danger. Boston
Rust, P.C. (1993): ‘Coming out‘ in the age of social constructionism: Sexual Identity Formation among Lesbian and Bisexual Women. In: Gender & Society, Vol. 7, No. 1
Samois (1982): Coming to power: Writings and graphics on Lesbian S/M. Boston; Alyson Publications
Schlegel, A.: Gender Meanings: General and specific. In: Sanday, P.R./R.H. Goodenough (eds.) (1990): Beyond the second sex: New Directions in the Anthropology of Gender. Philadelphia; University of Pennsylvania Press
Schmitz, H. (1982): System der Philosophie. Bonn
Schröter, M. (1985): Wo zwei zusammenkommen in rechter Ehe. Frankfurt am Main
Sedgwick, E.K. (1990): Epistemology of the closet. Berkeley
Selg, H. (1986): Pornographie. Psychologische Beiträge zur Wirkungsforschung. Bern
Shulman, A.K.: Sex and Power: Sexual bases of Radical Feminism. In: Stimpson, C.R./E. S. Person (eds.) (1980): Women – Sex and Sexuality. Chicago, London; The University of Chicago Press
Sotto sopra (1983): Mehr Frau als Mann. Sonderausgabe, Mailand, Januar 1983
Stolcke, V.: Is sex to gender as race is to ethnicity?. In: del Valle, T. (ed.) (1993): Gendered Anthropology. New York; Routledge
Stoller, R.J. (1968): Sex and Gender. New York

Theis, J.: Nach der Razzia. In: Kramer, F.W./B. Streck (Hg.) (1991): Sudanesische Marginalien. München

Torok, Abraham: Deuil ou mélancholie, introjecter-incoperer, réalité métapsychologique et fantasme. In: dies. (1987): L'ecorce et le noyeau. Paris

Treusch-Dieter, G.: Analyse des Bundesgesetzes über die medizinische Fortpflanzungshilfe beim Menschen. In: Fleischer, E./U. Winkler (Hg.) (1993): Die kontrollierte Fruchtbarkeit. Wien

Trittin, K. (1992): Rezension. In: Die Philosophin, 6

Tugendreich, G.: Der Einfluß der sozialen Lage auf Krankheit und Sterblichkeit des Kindes. In: Mosse, M./G. Tugendreich (1981): Krankheit und soziale Lage. Neuauflage; Göttingen

Tyrell, H.: Überlegungen zur Universalität geschlechtlicher Differenzierung. In: Martin, J./R. Zoepffel (Hg.) (1989): Aufgaben, Rollen und Räume von Frau und Mann. Freiburg

Valverde, M. (1989): Beyond Gender Dangers and Private Pleasures: Theory and Ethics in the Sex Debates. In: Feminist Studies, 15, No. 2

Warner, M. (1991): Introduction: Fear of a queer planet. In: Social Text, Jg. 9, Nr. 4

Weeks, J. (1985): Sexuality and its discontents. London; Routledge & Kegan Paul plc

– (1986): Sexuality. London; Tavistock Publications Ltd

– Questions of identity. In: Kaplan, P. (ed.) (1987): The cultural construction of sexuality. London; Tavistock Publications Ltd

Weindling, P. (1989): Health, race and German politics between national unification and Nazism, 1870-1945. Cambridge History of Medicine, Cambridge University Press

Weiss, F.: Zur Kulturspezifik der Geschlechterdifferenz und des Geschlechterverhältnisses. Die Iatmul in Papua-Neuguinea. In: Becker-Schmidt, R./G.A. Knapp (Hg.) (1995): Das Geschlechterverhältnis als Gegenstand der Sozialwissenschaften. A.a.O.

Whitehead, H.: The bow and the burden strap: a new look at institutionalized homosexuality in native North Amerika. In: Ortner, S.B./H. Whitehead (eds.) (1981): Sexual Meanings. Cambridge; Cambridge University Press

Wittig, M. (1992): The straight mind and other Essays. Boston, Massachusetts;

– On the social contract. In: dies.: The straight mind and other essays. A.a.O.

Word, J.: The nature of Heterosexuality, in: Handscombe, G./M. Humphries (eds.) (1987): Heterosexuality. London. GMP Publishers Ltd

Zentrale Informationsstelle der autonomen Frauenhäuser West (1995): Öffentliche Themenmappen Kindschaftsrecht I und II. (aktuelle Bezugsadresse über autonome Frauenhäuser, BRD)

Die Fertigstellung dieser Studie wäre ohne die Anleitung, Hilfe und Unterstützung von

Prof. Dr. Gudrun - Axeli Knapp, Prof. Dr. Regina Becker-Schmidt,
der Frauenanstiftung und Gabriele Tellenbach, Elke Buchholz,
Helga Gotzmann, Dr. Kathrin Braun, Anja Wolde, Susanne Stolt,
Dr. Max Behrendt, Dr. Gudrun Ehlert, Christiane Rasper, Alexandra Busch.

nicht möglich gewesen.

Den Studentinnen und Studenten meiner Seminare verdanke ich wertvolle Anregungen. Das Team des Frauenhauses Hannover hat durch großzügige Entlastung und stetiges Interesse die Abschlußphase unterstützt.
Die Herausgeberinnen der Reihe „Geschlecht und Gesellschaft“ sowie der Verlag Leske und Budrich machten eine schnelle Veröffentlichung möglich.
B. Kuck führte durch die Untiefen der Formatierung.

Allen möchte ich hiermit herzlich danken.

Gewidmet ist dieses Buch Karoline Kurzenberger.